Foto Marek Stanielewicz

„Es ist das bessere Leben..."

Freya von Moltke

Dieses Buch wollte der Autor Ludwig Mehlhorn
Freya von Moltke widmen. Sie verstarb im Januar 2010.
Wir erfüllen seinen Wunsch und erlauben uns zugleich,
dieses Buch gemeinsam ihr und ihm, verstorben im Mai 2011, zu widmen.

Ludwig Mehlhorn

Mitarbeit:
Fritz Delp,
Annemarie Franke,
Katarzyna Madoń-Mitzner

IN DER WAHRHEIT LEBEN

Aus der Geschichte von Widerstand und Opposition in den Diktaturen des 20. Jahrhunderts

Begleitbuch zur Ausstellung

Kreisau/ Krzyżowa 2012

Konzeption:
Ludwig Mehlhorn

Mitarbeit:
Fritz Delp, Annemarie Franke, Katarzyna Madoń-Mitzner

Grafik:
Danuta Błahut-Biegańska

Übersetzer/innen:
Joanna Barełkowska, Katarzyna Boruń-Jagodzińska, Hałyna Dubyk, Annemarie Franke, Agnieszka Knyt, Przemysław Konopka, Paulina Maloy, Ludwig Mehlhorn, Hildegart Mumm, Maria Podlasek-Ziegler, Maria Radziszewska, Magdalena Ruta, Milena Starosta, Sabine Stekel, Zofia Wóycicka, Maria Zadencka, Anna Zechenter

Redaktion:
Agnieszka Knyt, Sabine Stekel

Korrektur:
Sandra Hackert, Agnieszka Knyt, Ewa Kubaczyk

Bildrecherche:
Katarzyna Boruń-Jagodzińska, Tomasz Gleb, Agata Witerska

Satz:
Marta Ciućka

Bildbearbeitung:
ENVIGO

Projektkoordination:
Paulina Maloy

Die Fotos auf dem Umschlag entsprechen den im Buch veröffentlichten Bildern.

Herausgeber:
Stiftung Kreisau für Europäische Verständigung
und Kreisau Initiative e.V.
Krzyżowa 7
58-112 Grodziszcze

krzyżowa kreisau

Kreisau-Initiative

Partner:
Ośrodek KARTA
ul. Narbutta 29
02-536 Warszawa

Ośrodek Karta

Gefördert von der Bundesstiftung zur Aufarbeitung der SED-Diktatur

BUNDESSTIFTUNG AUFARBEITUNG

Druck:
Drukarnia JAKS

Kreisau/Krzyżowa 2012

ISBN 978-83-926273-5-7

Inhaltsverzeichnis

Bogdan Borusewicz

Ludwig Mehlhorn war eine der führenden Persönlichkeiten der Bürgerrechtsbewegung der DDR, großer Freund der „Solidarność" und Polens, jemand, der den schwierigen Weg für eine wahrhaftige deutsch-polnische Versöhnung bereitet hat.

Er gehörte zur Nachkriegsgeneration und wurde in einen Staat hinein geboren, der *de facto* unter sowjetischer Besatzung stand. In sein Gedächtnis müssen sich Ereignisse der DDR-Geschichte und des gesamten Ostblocks wie die Teilung Berlins durch den Mauerbau 1961 oder der Einmarsch der Warschauer Pakt-Staaten 1968 in die Tschechoslowakei tief eingeprägt haben. Damals begann er, die Verlogenheit der kommunistischen Ideologie deutlich zu verstehen. Diese Erfahrungen wirkten sich auf seine spätere Haltung zu der ihn umgebenden Wirklichkeit aus, aber die Konsequenz daraus war auch, dass er die Repressionen des Staatsapparates schmerzhaft zu spüren bekam. Für seine Überzeugungen wurde er mehrmals schikaniert.

Ein weiterer Impuls für seine oppositionelle Arbeit wurden seine Reisen nach Polen. Ludwig spürte eine moralische Verantwortung für die Verbrechen der Kriegsgeneration, obwohl in der DDR darüber weder geschrieben noch gesprochen wurde.

Im Jahr 1969 begann er zu studieren und engagierte sich bei Aktion Sühnezeichen. Diese mit der Evangelischen Kirche verbundene Organisation hatte sich zur Aufgabe gemacht, die Versöhung mit den während des Zweiten Weltkrieges durch das Dritte Reich besetzten Ländern zu fördern.

In dieser Bewegung fanden sich junge Deutsche, ebenfalls aus der DDR, zusammen, die als Freiwillige Friedhöfe restaurierten oder in Gedenkstätten der ehemaligen Konzentrationslager arbeiteten. Das war eine Form der Sühne, der Übernahme der Verantwortung für die Schuld der Väter. Nach Polen kamen auf diesem Weg viele junge Deutsche, interessiert und aufgeschlossen für Kontakte zu Polen. Nach einer gewissen Zeit bemerkten sie, dass obwohl Polen zum sowjetischen Block gehörte, hier dennoch eine größere Freiheit herrschte als in der DDR. Diese Reisen erlaubten den Jugendlichen, die staatliche Propaganda mit den Tatsachen zu konfrontieren.

Eine Erleichterung der Kontakte mit der Opposition war die Öffnung der Grenze zwischen der Volksrepublik Polen (VRP) und der DDR im Jahr 1972. Ludwig Mehlhorn reiste häufig nach Polen und begann intensiv Polnisch zu lernen. Mit der Zeit beherrschte er die Sprache so gut, dass er Texte der polnischen Opposition ins Deutsche übersetzte. Seine Kontakte mit unseren Oppositionellen intensivierten sich noch mehr nach der Gründung des Komitees zur Verteidigung der Arbeiter (KOR) 1976. Ludwig wirkte im Samizdat der DDR und verbreitete darüber die politischen Ideen der polnischen Opposition. Die Gründung der „Solidarność" setzte dem freien Reisen aus der DDR nach Polen ein Ende, aber Ludwig interessierte sich weiterhin stark für die Entwicklungen jenseits der Grenze. Die Hartnäckigkeit der polnischen Gesellschaft im Streben nach Freiheit und demokratischen Strukturen faszinierte ihn. Die ganze Zeit über blieb er Vermittler zwischen Polen und der DDR-Opposition.

Von Beginn an war er aktiv eingebunden in die „Friedliche Revolution" in der DDR im Herbst 1989. Er engagierte sich für die Gründung eines neuen deutschen Staates, der an Stelle der DDR entstehen sollte. Gemeinsam mit weiteren Vertretern der ostdeutschen Opposition gründete er die Bürgerbewegung „Demokratie Jetzt". Weiterhin blieb er Anwalt der deutsch-polnischen Versöhnung, der Gestaltung von Beziehungen zwischen den beiden Staaten und Völkern nach neuen Grundsätzen, ähnlich jenen, die sich zwischen Deutschland und Frankreich bewährt hatten.

In den alles entscheidenden Monaten des Jahreswechsels 1989/1990 geriet die Bewegung „Demokratie Jetzt", deren Mitglieder für eine erneuerte und demokratische DDR eintraten, ins politische Abseits. Die Mehrheit der ostdeutschen Gesellschaft sprach sich nämlich für eine sofortige Wiedervereinigung mit der Bundesrepublik Deutschland aus. Ludwig engagierte sich daraufhin noch stärker für den gesellschaftlichen Dialog und die deutsch-polnische Aussöhnung. Zentrale Bedeutung gewann dabei für ihn das Gut Kreisau bei Breslau, wo während des Zweiten Weltkrieges eine deutsche Widerstandsgruppe gewirkt hatte – der Kreisauer Kreis. Er entdeckte diesen Ort 1989 gemeinsam mit polnischen Freunden aus dem Breslauer Klub der Katholischen Intelligez (KIK) und war Teil jener zivilgesellschaftlichen Initiative, die in den folgenden Jahren die Gründung der Stiftung Kreisau für Europäische Verständigung und der Internationalen Jugendbegegnungsstätte Kreisau herbeiführte. Er war Co-Autor der im Schloss in Kreisau präsentierten ständigen Ausstellung „In der Wahrheit leben. Aus der Geschichte von Widerstand und Opposition in den Diktaturen des 20. Jahrhunderts". Aus Anlass des 60. Jahrestages des Attentats vom 20. Juli 1944 wurde diese Ausstellung 2004 im Auswärtigen Amt in Berlin gezeigt. Zur Eröffnung hielt ich in Anwesenheit von Freya von Moltke eine Rede.

Ich selbst habe Ludwig Mehlhorn verhältnismäßig spät kennengelernt, erst nach 1990. Viele Male haben wir uns getroffen – wenn ich in Berlin war und ebenfalls wenn er nach Polen kam. Das waren lange Gespräche unter Freunden, die sich perfekt verstehen.

Im Kontext seines ganzen Lebensweges verwundert die scheinbar mutige Zusammenstellung – in der Ausstellung in Kreisau und im Buch – von Personen aus dem deutschen Widerstand gegen den Nationalsozialismus und der demokratischen Opposition in den Ländern Mittel- und Osteuropas nicht. Ludwig war fasziniert von der geistigen Verwandschaft von Menschen, die sich gegen ein auf Lüge aufgebautes System und für ein „Leben in der Wahrheit" einsetzten und dafür einen hohen Preis zahlten, oftmals den höchsten Preis des eigenen Lebens. Ludwig war überzeugt, dass es sich lohnt, die von der Opposition praktizierten Werte an die junge Generation weiterzugeben und eine nonkonforme Haltung eines engagierten und kritischen Bürgers einzufordern.

Ich bin sicher, dass Ludwig Mehlhorns geistiges Erbe eine wichtige Inspiration für den zukünftigen deutsch-polnischen Dialog sein wird.

Roland Jahn

Die Polen hatten es wieder gewagt. Nach dem Arbeiteraufstand in der DDR 1953, nach Ungarn und Polen 1956 und der Tschechoslowakei 1968 hatten sie sich 1980 organisiert und eine Gewerkschaft gegründet. Sie wollten der Bevormundung des sozialistischen Staates etwas entgegen setzen: Solidarität. Solidarność. Für uns in der DDR, die wir versuchten der Bevormundung durch die SED zu entkommen, war dies ein gewaltiges Zeichen. Es geht doch! Der Mut der Polen beflügelte uns. Bis in den Herbst 1989 hinein, als die Menschen in der DDR auf die Straße gingen und sich endlich lautstark gegen die Diktatur wehrten. Auf eine gewissen Art demonstrierten unsere polnischen Nachbarn mit, ihr Mut als Wegbereiter. Als endlich die Angst überwunden wurde und die Diktatur zerbrach.

Weit war der Weg, doch wir sind angekommen. Gemeinsam angekommen in einem vereinten Europa. Und immer noch bewegt mich eine zentrale Frage: Warum hat es so lange gedauert, bis die Menschen ihre Angst überwanden? 40 Jahre hat die DDR existiert, bis das eigene Volk ihr den Garaus machte.

Angst – das war der Kitt, der die Diktatur zusammen hielt. Die Masse der Menschen passte sich den Regeln des herrschenden politischen Systems an. Sie wurden zu Mitläufern. Ergebenheitsadressen an die SED gehörten zum Alltag wie das Zähneputzen. In den Schulen, in den Universitäten, in den Betrieben. Das ist halt so – war die gängige Formel. Diplomarbeiten, Doktorarbeiten und selbst Schulaufsätze wurden mit Zitaten des Staatsratsvorsitzenden Erich Honecker garniert. Man bildete sich ein, dass man es müsste.

Anpassen, obwohl man eigentlich dagegen ist. Bei den Wahlen die Kandidaten auf der einzigen Einheitsliste abnicken, obwohl man sie gar nicht wählen wollte. Freie Wahlen waren das nicht. Aber protestieren wollte auch keiner. Hauptsache nicht auffallen. Das könnte Nachteile bringen.

Doch auch in der DDR konnte sich jeder Einzelne ein kleines Stück Freiheit nehmen, ohne einen zu hohen Preis zu zahlen. Es kostete nicht das Leben, wenn man sich verweigerte. Es kostete nur das Wohlleben, und oft nicht mal das.

In der DDR bin ich Ludwig Mehlhorn nie begegnet. Aber nach dem Rauswurf aus der DDR habe ich begriffen, dass ich dennoch dort auf seinen Spuren gewandelt bin. Es war Ludwig Mehlhorn, der vielen den Anstoß gab, nach Polen zu schauen und zum Beispiel den Widerstand um Jacek Kuroń zum Vorbild zu nehmen: Selber aktiv werden, gegen den Staat, aber auch selber sein Leben gestalten, trotz des Staates. Ludwig Mehlhorn war es ein Anliegen, zu zeigen und zu untersuchen, wie Menschen es schaffen, unter totalitären Bedingungen in der Wahrheit zu leben. Ihr eigenes Leben zu leben – gegen die Ideologie des Staates.

Was sind ihre Ideale, warum brechen sie aus und woher nehmen sie die Kraft und wie schaffen sie es?

Die Grundfragen, die Ludwig Mehlhorn mit dieser Ausstellung stellt, sind heute so wichtig wie früher. Mitmachen oder verweigern? Anpassen oder widersprechen? Wer entscheidet wie, wann und in welcher Situation? Die Frage nach dem eigenen Verhalten in der Diktatur ist eine Frage von Werten, von Anstand und Gewissen. Und damit ist sie ein Kompass für die demokratische Gesellschaft, in der es so viel einfacher ist, sich zu artikulieren, zu entscheiden, Position zu beziehen.

In der Beschäftigung mit Widerstand und Opposition in den Diktaturen des 20. Jahrhunderts finden wir eine Lebenshilfe für unser eigenes Verhalten heute. Sie schärft den Blick auf die Verantwortung für das eigene Handeln – wann sage ich ja oder nein, wann passe ich mich an oder widerspreche, welche Konsequenzen haben meine Entscheidungen?

Diese Fragen gibt Ludwig Mehlhorn uns mit auf den Weg und das ist sein Geschenk an uns alle, die wir unsere Gesellschaften in der Beschäftigung mit der Diktatur aktiv und mit geschärften Sinnen gestalten können.

IN DER WAHRHEIT LEBEN
Widerstand und Opposition in den Diktaturen des 20. Jahrhunderts

Ludwig Mehlhorn

Wofür steht Kreisau? Was ist die Botschaft dieses in einem unscheinbaren niederschlesischen Dorf gelegenen historischen Ortes für die Zukunft? Was kann seine Geschichte den jungen Menschen aus Polen und Deutschland, Litauen und Frankreich, Spanien und Tschechien erzählen, die nun schon seit über zehn Jahren in der neu entstandenen Begegnungs- und Tagungsstätte auf dem früheren Gutshof der Familie von Moltke einen Raum zum Gespräch und zum gemeinsamen Lernen finden?[1] Was hat er den Älteren zu sagen, die selber Zeugen einer Epoche der Barbarei in der Mitte des 20. Jahrhunderts waren – oder zumindest mit deren politischen Konsequenzen und geistigen Hinterlassenschaften konfrontiert waren? Und wie kann diese Botschaft adäquat vermittelt werden?

Demokratische Zukunft in Freiheit und Frieden

Diese Fragen standen am Beginn des Nachdenkens über die Gestaltung des „Neuen Kreisau". Das inhaltliche Profil der Stiftung musste aus der historischen Substanz des Ortes entwickelt werden, dem Widerstand des Kreisauer Freundeskreises gegen die nationalsozialistische Diktatur. Das Erbe des „Alten Kreisau" wurde in der Umbruchzeit Ende der 1980er Jahre auch von Polen – und zunehmend Menschen aus anderen bis dahin kommunistischen Ländern – anerkannt: Weil sich der Kreisauer Kreis für die geistige und politische Überwindung der nationalsozialistischen Diktatur in allen Bereichen des gesellschaftlichen Lebens eingesetzt hatte (in Politik und Wirtschaft, Kultur und Bildung, für eine Neuordnung Europas, und nicht nur für einen simplen Regierungswechsel), erkannten kritische Polen im Werk der Kreisauer ein Paradigma für die eigene Situation – wir stehen schließlich vor einer ähnlichen Aufgabe, nämlich mit den geistigen und materiellen Hinterlassenschaften des Kommunismus fertig werden zu müssen, was ebenfalls nicht mit einem bloßen Auswechseln der Regierenden getan sein würde.

Anfang der 1940er Jahre, auf dem Höhepunkt der Machtentfaltung des „Tausendjährigen Reiches", mitten im Weltkrieg, der die Völker Europas mit Tod und Verderben überzog, eine demokratische Zukunft in Freiheit und Frieden zu denken – das war nicht nur ein risikoreiches Unternehmen, das viele der Beteiligten mit dem Leben bezahlten. Es war auch eine enorme intellektuelle und menschliche Leistung einer kleinen, prozentual verschwindenden Minderheit, die nicht den Weg der angepassten Mehrheit und auch nicht den Weg der „inneren Emigration", des erzwungenen Schweigens, gewählt hatte. Es bedurfte einiger Jahrzehnte, bis dies von den meisten Deutschen anerkannt wurde.

[1] Die Textfassung stammt aus dem Jahr 2007.

Nach 1945 war der östliche Teil Europas unter sowjetische Herrschaft geraten und musste weitere vierzig Jahre Diktatur ertragen, und auch dort entwickelten sich Haltungen des Widerstehens. Abhängig von den nationalen und kulturell-geistigen Traditionen der einzelnen Länder entstand eine mehr oder minder starke Kultur, die nonkonforme Überzeugungen förderte. Einzelne Menschen und kleine Gruppen schufen Inseln des freien Denkens, widersetzten sich der Wirklichkeit von Unrecht und Unterdrückung, Entmündigung und ideologischer Indoktrination und suchten nach Alternativen zum Status quo.

So liegt die Frage nahe: Lassen sich im Handeln von Widerstand und Opposition – über die Grenzen der politisch und ideologisch verschiedenen totalitären Systeme – für die einzelnen Akteure und Gruppen, die stets nur kleine Minderheiten bildeten, Gemeinsamkeiten und geistige Verwandtschaften feststellen? Gibt es Einsichten und Überzeugungen, Haltungen und menschliche Qualitäten, die ihnen gemeinsam sind? Ist es richtig und wichtig, das vielfältige Erbe des Widerstands in den Diktaturen – jenseits von Heroisierung – auch in einer demokratischen Welt zu erinnern?

Unserer Ausstellung liegt die Überzeugung zugrunde, dass alle diese Fragen mit Ja beantwortet werden können, sogar müssen. Sie lädt dazu ein, sich mit dieser These am Beispiel von einzelnen Menschen und Gruppen, ihrem Werdegang und ihrer Zeugenschaft auseinander zu setzen, den moralischen Dilemmata, denen sie sich in ihrem Handeln gegenüber sahen, den Gewissensentscheidungen, die sie trafen, den erzwungenen und freiwilligen Kompromissen, dem Zwang zur Tarnung und Konspiration, den Irrtümern und Ängsten, von denen niemand verschont blieb, der Einsamkeit, die fast alle kennen lernten, mit ihren Leistungen und ihrem Scheitern, schließlich mit ihrem Schicksal, das sie nicht selten zu Opfern der politischen Strafjustiz machte.

Widerstand als Akt der Selbstbefreiung

Beginnen wir mit Helmuth James von Moltke, geboren 1907 im schlesischen Kreisau. Er war Jurist und wollte Richter werden. 1933 war ihm klar, dass dies im Dritten Reich nicht möglich sein würde, wenn er sein eigenes Rechtsbewusstsein nicht verraten würde. Folglich bemühte er sich um eine berufliche Alternative, ging nach England und machte eine Zusatzausbildung zum britischen Anwalt. Bei Kriegsausbruch wurde er eingezogen, sodass sich sein Plan zerschlug, in eine Londoner Kanzlei einzutreten.

Nun saß er im September 1939, nach der Einberufung zur Wehrmacht, im Amt Ausland/Abwehr, einer Abteilung des militärischen Geheimdienstes. Das war zwar keine sonderlich einflussreiche Position, aber auch keine unwichtige Stelle im Apparat. Dort mühte er sich durch Gutachten als Experte für Völkerrecht, die Wehrmachtsführung auf eine rechtskonforme Behandlung von Kriegsgefangenen zu verpflichten. Er führte mit den ihm zu Gebote stehenden Argumenten des internationalen Rechts einen juristischen Kleinkrieg. Aber er war nicht sehr erfolgreich. Im Frühjahr 1940 geriet er in eine schwere innere Krise. Am 22. April 1940 schrieb er in einem der fast täglichen Briefe an seine Frau: „Heute war wieder ein entsetzlicher Tag, weil wir jetzt anfangen, uns in Norwegen zu benehmen wie in Polen. Es ist entsetzlich, SS ist hingeschickt und die organisatorischen Veränderungen, die beschlossen worden sind, wirst Du ja in einigen Tagen in der Zeitung lesen. Und das alles macht das Militär mit. Ich bin grässlich niedergeschlagen."[2]

Noch deutlicher wurde er im Mai 1940, als der Krieg nach Westen ausgeweitet wurde und ganz Deutschland sich in den militärischen Erfolgen sonnte: „Jetzt kommt eine fürchterliche Zeit. [...] Weiß der Himmel, was ich in Berlin soll. Der Hauptzweck meiner Arbeit ist weggefallen."[3] Es war ihm nicht gelungen, den Krieg zu verhindern.

[2] Beate Ruhm von Oppen (Hg.), Helmuth James von Moltke, *Briefe an Freya 1939–1945*, München 1988.
[3] Ebd.

Nach einigen Monaten überwand Moltke die Krise. Er gewann die Orientierung und fand eine eigene Strategie, sich der Situation anzupassen – nämlich gemeinsam mit einer aufzubauenden Gruppe längerfristig eine geistige, politische und personelle Alternative zum bestehenden System zu erarbeiten und damit die Möglichkeiten zum Sturz des Systems auszuweiten.

Szenenwechsel. Gut zwanzig Jahre später ging Petro Hryhorenko (so nannte sich der als Pjotr Grigorenko bekannte Dissident, nachdem er seine ukrainischen Wurzeln wiederentdeckt hatte) ans Rednerpult einer Parteikonferenz in Moskau. Er war sowjetischer General, Held des Vaterländischen Krieges, Dozent der Militärakademie. Er war fast 60 und hatte eine große Karriere gemacht, in der Sowjetunion war er eine angesehene Führungspersönlichkeit im Kreise der Nomenklaturkader.

Aber da war ein Moment, an dem es ihm zu eng wurde: „Was soll ich hier eigentlich noch?" Später wird er sagen, ihm habe die Luft zum Atmen gefehlt. Er redete spontan und prangerte den Personenkult um Chruschtschow an, ohne eine Chance, dafür Beifall oder Zustimmung zu bekommen. Ähnlich wie bei Moltke war dieser plötzliche, bekenntnishafte Schritt zunächst einmal ein Akt der Selbstbefreiung von einem unerträglichen Druck auf das eigene Gewissen. In seinen Erinnerungen, nach der Ausweisung in Amerika verfasst, schrieb er: „Es ist mir später nie gelungen, richtig auszudrücken, was damals mit mir passiert ist. Ich fühlte mich selbst nicht mehr. So muss es einem Todeskandidaten ergehen. Vielleicht war es eine Massenhypnose, da der Saal mich wie gebannt anblickte. Auf jeden Fall habe ich etwas Schrecklicheres nie erlebt. Es war der schlimmste Augenblick meines Lebens. Aber zugleich meine Sternstunde."[4]

München, Frühsommer 1942. Hans Scholl und Alexander Schmorell verfassten vier Flugblätter, die sie in einer Auflage von ca. 100 Exemplaren an Menschen aus dem Bildungsbürgertum in und um München verschickten. Innerhalb des Freundeskreises, in dem die Blätter diskutiert wurden, wussten nur wenige von ihrer Urheberschaft. Auch Sophie Scholl musste sich den Platz in der Gruppe erst erkämpfen.

Im Juli 1942 wurden Hans Scholl und Alexander Schmorell für zwei Monate als Sanitäter zur Ostfront einberufen. Schmorell war von der deutschen Kriegsführung besonders erschüttert. Seine Mutter war Russin, in Russland hatte er die ersten vier Lebensjahre verbracht, und die russische Kultur empfand er als geistige Heimat. Das Fronterlebnis steigerte die Entschlossenheit der Studenten. Im Herbst 1942 wurde das fünfte Flugblatt – ein „Aufruf an alle Deutsche" – in einer Auflage von ca. 6.000–9.000 Exemplaren in der Wohnung der Scholls hergestellt und in mehrere Städte gebracht, wo Freunde die Verbreitung übernahmen. Ende Januar 1943 entstand das letzte Flugblatt, in dem sich die Autoren an ihre Kommilitonen wendeten: „Der Tag der Abrechnung ist gekommen, der Abrechnung unserer deutschen Jugend mit der verabscheuungswürdigsten Tyrannis, die unser Volk je erduldet hat. Im Namen der ganzen deutschen Jugend fordern wir von dem Staat Adolf Hitlers die persönliche Freiheit, das kostbarste Gut des Deutschen zurück, um das er uns in der erbärmlichsten Weise betrogen hat."[5]

Gut zehn Jahre später gründete Thomas Ammer, Oberschüler in der thüringischen Kleinstadt Eisenberg, gemeinsam mit Freunden eine Gruppe. In der Schule waren ihnen die Studenten der Weißen Rose als leuchtende Vorbilder im antifaschistischen Widerstandskampf dargestellt worden, als Menschen, die ihr Leben für ein besseres Deutschland – und das war selbstverständlich die DDR – gegeben hatten. In einem Flugblatt der Münchner hatten die Eisenberger gelesen: „In einem Staat rücksichtsloser Knebelung jeder freien Meinungsäußerung sind wir aufgewachsen. HJ, SA und SS haben uns in den fruchtbarsten Bildungsjahren unseres Lebens zu uniformieren, zu revolutionieren, zu narkotisieren versucht. Weltan-

[4] Pjotr Grigorenko, *Erinnerungen*, München 1981.
[5] Inge Scholl, *Die Weiße Rose*, Frankfurt a. M. 1982.

schauliche Schulung hieß die verächtliche Methode, das aufkeimende Selbstdenken und Selbstwerten in einem Nebel leerer Phrasen zu ersticken."[6]

Spätestens da fiel es den Eisenberger Schülern wie Schuppen von den Augen – als Heranwachsende in der DDR erlebten sie doch nichts anderes als Freiheitsberaubung und geistige Unterdrückung. Sie empörten sich über die Maßregelung ihrer christlichen Mitschüler, die man 1952/1953 im Zuge einer gegen die Junge Gemeinde als „Agentur des Imperialismus" gerichteten Verfolgungskampagne aus der Schule geworfen hatte. Nach den Ereignissen des 17. Juni 1953 beschlossen sie zu handeln. Sie fabrizierten Flugblätter und Handzettel, auf denen sie für freie Wahlen, Rechtsstaatlichkeit, Demokratie und ein einheitliches Deutschland eintraten. Sie gingen nachts los mit einem Eimer voll weißer Farbe, ganz wie die Münchner Studenten, und pinselten „Nieder mit der SED" und „Wir fordern Freiheit" an die Wände. Im Oktober 1956, als in Polen eine erste zögerliche Entstalinisierung einsetzte, schrieben sie in großen Buchstaben an Güterwaggons: „Polen ruft Deutschland". Sie freuten sich diebisch, als diese Züge eine Weile über Land fuhren.

Im November 1957 verfassten die Eisenberger – zum ersten Jahrestag des ungarischen Aufstands – einen „Aufruf an die Hochschullehrer an den Universitäten der DDR". Sie widmeten diese Aktion den Geschwistern Scholl und bezogen sich damit bewusst auf einen im studentischen Milieu gewachsenen Widerstandsgeist.

Der Brief konnte nicht mehr verbreitet werden, weil die Enttarnung der Gruppe dazwischen kam. Aber heute erfahren wir aus diesem Dokument mehr über die Wirklichkeit der späten 1950er Jahre in der DDR als aus zahllosen Bänden über Staats- und Parteigeschichte. Die Eisenberger erinnerten an das Versagen der deutschen Professoren „vor 20 Jahren" (1937!), ihre „Flucht in spekulative Räume", ihr Schweigen, das „im Grunde ein Selbstbetrug" war, und verlangten, daraus die Konsequenzen zu ziehen: „Das furchtbare Wüten krankhafter Machtgier ist über die Völker des Ostens hinweggegangen – keiner blieb verschont, mochte er noch so hoch und abseits stehen. [...] Worauf könnte Optimismus basieren, wenn nicht auf unserer ungebrochenen Entschlossenheit, das Menschliche zu verteidigen? Unsere Tat muss einsetzen, wo wir der Tyrannei in ihrer tiefgreifendsten Auswirkung begegnen. Es ist klar, dass im Grunde nicht irgendeine Straftat, sondern der Geist als solcher verfolgt wird."[7]

In dem eben zitierten Brief der Eisenberger Studenten steht auch der Satz: „Der deutsche Arbeiter, entblößter als wir der ätzenden Lüge preisgegeben, sieht auf uns." Peter Yorck, Moltkes engster Freund, der Herkunft nach ebenfalls preußisch-protestantischer Adel, ungleich stärker konservativ eingestellt als Moltke, aber mit einem ebenso ausgeprägten sozialen Bewusstsein, sagte zu einem seiner Beweggründe, sich für das Risiko des Widerstands zu entscheiden: „Wir haben eine Schuld gut zu machen am deutschen Arbeiter, deswegen müssen wir dieses Regime beseitigen. Wenn wir schon glauben, eine Elite zu sein, dann haben wir versagt."[8]

Und nochmals Szenenwechsel. Jan Józef Lipski, Sozialdemokrat in Polen, von Hause aus Literaturwissenschaftler, sagte in einer Fernsehreportage zu seinen Motiven, im Juni 1976 das Komitee zur Verteidigung der Arbeiter zu gründen: „Da beschlossen wir, alles zu tun, dass die Intelligenz nicht schläft, wenn die Arbeiter verprügelt werden." Er verarbeitete damit – ebenso wie Yorck in seiner Äußerung zu den deutschen Arbeitern, die massenhaft zu Hitler übergelaufen waren – eine Situation des Versagens, die sechs Jahre zurücklag. 1970 war keine Stimme des Protestes oder der Solidarität zu hören, als die Herrschenden in der Volksrepublik Polen den Schießbefehl auf streikende Arbeiter gegeben hatten.

6 Ebd.
7 Patrik von zur Mühlen, *Der Eisenberger Kreis. Jugendwiderstand und Verfolgung in der DDR 1953 – 1958*, Bonn 1995.
8 Ger van Roon, *Neuordnung im Widerstand (Dokumentenanhang)*, München 1967.

Gemeinsame Grundhaltungen im Widerstand gegen Diktaturen

Das sind nur einige der Geschichten, die mit Hilfe des in der Ausstellung vorhandenen Materials erzählt werden können. Können wir inmitten dieser Vielfalt des Phänomens von Widerstand und Opposition in den Diktaturen gemeinsame Grundhaltungen erkennen?

Was liegt vor der Entscheidung der Münchner Studenten – und zehn bis zwölf Jahre später der Eisenberger –, nachts mit einem Eimer Farbe loszuziehen und staatsfeindliche Parolen an Häuserwände zu malen? Was hat einem General Grigorenko letztlich die innere Freiheit gegeben, mit der kommunistischen Überzeugung von der hellen Zukunft zu brechen, die fast 60 Jahre sein Leben bestimmte? Was hat Peter Yorck davon abgehalten, mit seinem in der preußischen Tradition altehrwürdigen Familienerbe im Rücken eine glanzvolle Karriere als Jurist zu machen, die es ihm außerdem ermöglicht hätte, seinen schöngeistigen Neigungen – Musik und Literatur, Architektur und Kunst, Philosophie und Theologie – nachzugehen? Was hat den Literaturwissenschaftler Jan Józef Lipski getrieben, sich um die Arbeiter von Radom zu kümmern, statt literaturwissenschaftliche Studien zu verfassen? Gibt es Dispositionen der Persönlichkeit oder menschliche Qualitäten, die es dem einzelnen ermöglichen, seine geistige Unabhängigkeit zu bewahren und sich nicht vereinnahmen, vergesellschaften und gleichschalten zu lassen? Ich werde fünf Merkmale nennen.

Eine erste und notwendige Bedingung ist die Fähigkeit, zur Wirklichkeit des Systems eine Distanz zu gewinnen oder zu wahren. Wer sich einmal das ideologische Korsett anzieht, wer sich dem Massentaumel hingibt, der ist schon verloren. In einer von Massenpropaganda und ideologischer Indoktrination geprägten Umgebung ist bereits Distanzgewinn eine große Leistung. Dafür spielt die ganze Palette der geistigen und religiösen Überlieferung eine enorme Rolle – die Verwurzelung in einem Glauben, die Bindung an Traditionen, die Erinnerung an Rechtsnormen vor der Diktatur.

Von Moltke wissen wir, dass er in der Krise des Jahres 1940 eine neue Bindung zur Bibel gefunden hat. Am 17. März 1940 schrieb er an Freya: „Dann habe ich wieder ein wenig in der Bibel gelesen, eine Tätigkeit, die ich jetzt mit mehr Freude treibe als je zuvor. Früher waren das für mich im Grund Geschichten, zum mindesten das Alte Testament, heute aber ist mir all das Gegenwart. Es hat für mich eine ganz andere Spannung als je zuvor."[9]

Eine weitere Qualität ist die Fähigkeit, Unrecht wahrzunehmen, Mitleid mit den Opfern zu empfinden und innerlich gegen die politischen Zustände zu rebellieren, die das Unrecht verursachen – Unrecht in Gestalt von Demütigung und Verfolgung, das nicht nur mir selber, sondern vor allem auch „den Anderen" angetan wird, die nicht zu meiner Familie, meiner sozialen Gruppe, meiner Partei, meinem Volk gehören. Es geht ja nicht nur darum, die eigene geistige Unabhängigkeit zu behaupten. Wer beim Distanzgewinn stehen bleibt, wer sich „nur" der vom System geforderten und durch gezielte Soziotechniken erzeugten Folgebereitschaft verweigert, geht in einer modernen Diktatur in die sogenannte „innere Emigration" und verharrt darin tatenlos. (Es gibt jedoch Situationen, in denen dem Einzelnen in der Tat kein anderer Ausweg bleibt.) Unrecht nicht schicksalhaft hinzunehmen, sondern sich darüber empören zu können – das ist eine zweite zentrale Qualität, um in einer Diktatur in der Lage zu sein, Widerstand zu leisten.

Im Unterschied zu Moltke, der von Anfang an ein aktiver Nazigegner war, verharrte Peter Yorck sehr lange in der Distanz. Ihm genügte der Ekel, den er empfand, als er am 30. Januar 1933 die Bataillone der SA durchs Brandenburger Tor marschieren sah. Den entscheidenden Anstoß für den aktiven Widerstand bekam er erst durch zwei gravierende Ereignisse des Jah-

[9] Beate Ruhm von Oppen (Hg.), a. a. O.

res 1938, in denen von Staats wegen das Recht massiv verletzt wurde – bei der Einverleibung des Sudetenlandes, das für ihn ein Akt des Imperialismus war und beim Novemberpogrom, das die völlige Recht- und Wehrlosigkeit der deutschen Juden vor aller Augen offenbarte und zum Eingreifen zwang.

Jacek Kuroń, polnischer Bürgerrechtler, hat die Wehrlosigkeit der Juden in seiner Heimatstadt Lemberg als achtjähriges Kind erlebt. Er freundete sich mit Zosia an, einem Mädchen, das seine Familie in einem Versteck untergebracht hatte. Aber im entscheidenden Moment konnte er Zosia nicht retten – sie nahm Zyankali, als der Druck unerträglich geworden war. Kuroń hat diese Erfahrung der eigenen Ohnmacht nie vergessen. Er stellte sich die gleiche Frage, die sich auch Moltke vorgelegt hatte: „Wie normal weiterleben angesichts dessen, was ringsum geschah?" Und in den leidenschaftlichen Kämpfen seines späteren Lebens um Gerechtigkeit und Würde für die Erniedrigten blieb für Kuroń der Schmerz um Zosia – „meine grosse Kinderliebe", wie es in den autobiografischen Erinnerungen heißt – der Antrieb zum Handeln: „Meine wichtigste Geschichte aus der Zeit der Okkupation, die wichtigste für mein Verhältnis zu den Juden, für alle Entscheidungen meines vom Tod gezeichneten Lebens."[10]

Später, von den 1960er bis zu den 1980er Jahren, wurde Jacek Kuroń zum Motor der demokratischen Opposition in Polen. Sein berühmter Slogan „Zündet keine Komitees an, baut Eigene auf" war der Schlüssel dafür, dass die Rebellion gegen das Unrecht nicht in hilflose Gewaltakte gegen den herrschenden Machtapparat umschlug, sondern in eine gesellschaftliche Bewegung mündete, in der die „Macht der Machtlosen" produktiv werden konnte.

Drittens Zivilcourage, Mut, Risikobereitschaft. An den Schicksalen der Menschen im Widerstand zeigt sich der Preis für Zivilcourage in den totalitären Diktaturen. Die eigene Freiheit aufs Spiel zu setzen, wenn nicht das Leben oder, schlimmer noch, das Leben der nächsten Angehörigen – dies scheint uns heute die schwierigste Qualität dieser Menschen zu sein. Oft sind es ja die Nächsten und Liebsten, die durch das eigene Handeln gefährdet werden. Aber hier zeigt sich – und das ist ein weiteres Phänomen, das sich systemübergreifend, beinahe als eine anthropologische Konstante, durch die Widerstandsgeschichte des 20. Jahrhunderts zieht – wer einmal seine Angst überwunden hat, ist nahezu unangreifbar. Die Angeklagten vor dem Volksgerichtshof stehen aufrecht vor ihren Justizmördern. Sie strahlen eine Würde aus, die selbst durch ein Todesurteil nicht zerstört werden kann. Hier liegt der Grund dafür, dass Goebbels, der die Prozesse nach dem 20. Juli 1944 zum Zweck der propagandistischen Vermarktung filmen ließ, dieses Material für die Wochenschau letzten Endes nicht freigegeben hat. Es hätte auf die deutsche Gesellschaft keinen Abschreckungs- und Einschüchterungseffekt mehr gehabt.

Die Verankerung im Glauben half den Mitgliedern des Kreisauer Kreises, diese Haltung in einer so extremen Situation zu bewahren. Im Prozessbericht vom 10. Januar 1945 schrieb Moltke, übriggeblieben von Freislers Anklagepunkten sei einzig „ein Gedanke: Womit kann im Chaos das Christentum ein Rettungsanker sein?"[11] Und im letzten Brief vom 11. Januar – schon in der Todeszelle – legte er den allergrößten Wert darauf, dass er „nicht als Protestant, nicht als Großgrundbesitzer, nicht als Adliger, nicht als Preuße, nicht als Deutscher [...], sondern als Christ und gar nichts anderes"[12] verurteilt wurde. In den Tagen vor seinem Tod fühlte sich Moltke vom Schatz der biblischen, aber auch der lutherischen Tradition getragen. Er zitierte Jesaja 43, 2: „Denn so du durch Wasser gehst, will ich bei dir sein, dass dich die Ströme nicht sollen ersäufen; und so du ins Feuer gehst, sollst du nicht brennen und die Flamme soll

[10] Jacek Kuroń: *Glaube und Schuld. Einmal Kommunismus und zurück*. Berlin 1991
[11] Beate Ruhm von Oppen (Hg.), a. a. O.
[12] Beate Ruhm von Oppen (Hg.), a. a. O.

dich nicht versengen. Nämlich Deine Seele."[13] Moltke hatte am Ende seines Lebens in seinem Selbstbild alles getilgt – außer einem sehr religiösen, bis an die Grenze des Menschenmöglichen gereiften und geläuterten Christentum.

Viertens der Glaube an die Kraft der menschlichen Solidarität. Alle diese Menschen mit ihren je besonderen Qualitäten haben sich mit anderen verbunden. Der einzelne Mensch kann, auf sich gestellt, nur wenig bewegen. Sie hatten durchweg eine große Fähigkeit zur Freundschaft. In einer Welt, in der für kleinste Vergehen gegen die Staatsmacht, ja schon für das Anders-Denken Verrat und Denunziation drohen, ist das Vertrauen in die Integrität des Freundes und Weggefährten ein kostbares Kapital. Vor dem eigentlichen oppositionellen Handeln liegt deshalb immer diese Phase der Vertrauensbildung. Schranken der Konvention, Unterschiede der sozialen Herkunft, der religiösen und politischen Überzeugungen verlieren an Bedeutung. Beim Aufbau des Kreisauer Kreises ist – auf der Basis der gemeinsamen Gegnerschaft zum Nationalsozialismus – die Unterschiedlichkeit der Herkunft, der Auffassungen und Positionen der beteiligten Personen sogar bewusst gesucht worden. Über einige Gruppen der demokratischen Opposition in den ostmitteleuropäischen Ländern lässt sich Ähnliches sagen. Der ursprüngliche Impuls zur Charta 77 in der Tschechoslowakei war der gemeinsame Wille, sich mit einer Gruppe verfolgter Rock-Musiker zu solidarisieren. In dieser Aktion fanden ganz unterschiedlich geprägte Menschen eine gemeinsame Sprache – darunter Reformkommunisten des Prager Frühlings 1968, Intellektuelle und Schriftsteller, Christen beider Konfessionen. Jan Patočka, der wichtigste tschechische Philosoph des 20. Jahrhunderts, nannte dies ein Handeln aus der „Freiheit der Unerschrockenen".

Er hatte sich die Frage vorgelegt, woher nach den Erfahrungen der zwei Weltkriege und der totalitären Diktaturen des 20. Jahrhunderts in Europa die Kraft zu einem neuen Anfang kommen könnte und fand als Antwort die Formel von der „Solidarität der Erschütterten", mit der er auch das Zusammengehörigkeitsgefühl in der Charta selbst charakterisiert sehen wollte.

Fünftens die Bereitschaft, trotzdem nicht unschuldig zu sein. Freiheit und Leben zu riskieren ist schwer genug. Noch schwerer indessen ist es, die eigene persönliche Integrität aufs Spiel zu setzen. Wer bin ich in den Augen derer, die mir etwas bedeuten? Auf schon klassische Weise formulierte Dietrich Bonhoeffer dieses Dilemma in einem Brief an seine Freunde. An Weihnachten 1942 fragte er: „Sind wir noch brauchbar?" Und er gab die Antwort: „Wir sind stumme Zeugen böser Taten gewesen, wir sind mit vielen Wassern gewaschen, wir haben die Künste der Verstellung und der mehrdeutigen Rede gelernt, wir sind durch Erfahrung misstrauisch gegen die Menschen geworden und mussten ihnen das freie Wort oft schuldig bleiben, wir sind durch unerträgliche Konflikte mürbe oder vielleicht sogar zynisch geworden."[14]

Das ist der Preis für ein Leben in der Konspiration, für das er die Rückendeckung seiner Kirche nicht hatte. Bonhoeffer wurde sich mehr und mehr bewusst, dass er für sein politisches Handeln die Kirche auch gar nicht in Anspruch nehmen konnte. Aber die „Tat aus der freien Verantwortung" wurde für ihn zum kategorischen Imperativ an das Christsein.

Bonhoeffer barg sich inmitten der Bedrohungssituation des Widerstands tief in der religiösen Tradition, obwohl er in seiner Theologie den missverständlichen (und später gezielt missverstandenen) Begriff des „religionslosen Christentums" prägte und sich dem Bannkreis traditioneller Kirchlichkeit mehr und mehr entzog.

[13] Beate Ruhm von Oppen (Hg.), a. a. O.

[14] Dietrich Bonhoeffer, *Widerstand und Ergebung. Briefe und Aufzeichnungen aus der Haft*, Gütersloh, Oktober 1998.

Widerstandsgruppen als Keime der zivilen Bürgergesellschaft

Alle Versuche, für das Phänomen des Widerstands, die Vielfalt oppositioneller Verhaltensweisen, der Ziele und Formen des Handelns eine Theorie zu entwickeln, sind bisher gescheitert. Motivstrukturen erschließen sich nicht über eine Typologie der Formen und Handlungsmuster. Einen kleinsten gemeinsamen Nenner kann man dennoch finden. Bei Widerstand und Opposition in der Diktatur geht es letztlich immer um die Rettung der Wahrheit und die Wiederherstellung des Rechts.

Das Durchschauen der Lüge ist der erste Schritt eines Aktionsprogramms gegen die Diktatur. Sophie Scholl hat vor Freisler erklärt: „Was wir geschrieben haben, denken ja so viele. Nur wagen sie nicht, es auszusprechen." Und Petro Hryhorenko hat ähnlich formuliert: „Den Herrschenden ist die Wahrheit egal, solange wir sie nicht aussprechen." In den Kreisauer „Grundsätzen für die Neuordnung", verabschiedet im August 1943, lautet der zentrale Satz: „Das zertretene Recht muss wieder aufgerichtet und zur Herrschaft über alle Ordnungen des menschlichen Lebens gebracht werden." Er sagt in größtmöglicher Kürze die Wahrheit über das nationalsozialistische Regime und ist zugleich der Kern jedes oppositionellen Aktionsprogramms.

„In der Wahrheit leben" (Odrzucając kłamstwo) haben wir deshalb als Titel der Ausstellung gewählt. Dies ist auch dann noch möglich, wenn ein Regimegegner aller Möglichkeiten zum aktiven Handeln beraubt ist. Zum Symbol für den Widerstand wurde für uns der einzelne Mensch, der allein mit seinem Gewissen den Tätern in der Robe eines Richters ausgeliefert ist. Aber auch dann noch ist er zur Zeugenschaft für die Wahrheit fähig. Gerade diese Zeugnisse sind es, die den Schleier scheinbarer Legitimität zerreißen und eine Struktur der Lüge bloß legen, auf die sich jede Topografie des Terrors stützen muss.

In diesem Sinne möchte unsere Ausstellung an einen geschichtlichen Prozess anknüpfen, den die Kreisauer ebenso wie die ostmitteleuropäischen Oppositionsgruppen vorangetrieben haben. Widerstandsgruppen sind Keime der zivilen Bürgergesellschaft, die von der Diktatur gezielt zerstört worden ist. Sie sind die Konstituierung einer bürgerschaftlichen Polis neben dem und inmitten der durch Propaganda, Massensuggestion und Repression erzeugten kollektiven Gebilde einer Diktatur, sei es nun die „nationalsozialistische Volksgemeinschaft" oder die „sozialistische Menschengemeinschaft". Hier werden dem Einzelnen Handlungsspielräume erschlossen – wie bescheiden im konkreten Fall auch immer –, die es ihm ermöglichen, praktische Verantwortung für das Gemeinwesen zu übernehmen. In dieser alternativen Polis erkennen sich die Menschen als Gleiche gegenseitig an, bei Wahrung aller Vielfältigkeit, die jenseits der gemeinsamen Gegnerschaft zum System besteht. Von genau dieser Grundhaltung aber lebt der freiheitliche und demokratische Verfassungsstaat.

So gesehen hat der Widerstand – unabhängig davon, ob er politischen Erfolg hatte oder nicht – eine demokratische Lebensform verteidigt, auf die wir nur bei Strafe des Rückfalls in die Barbarei verzichten können. Und – vielleicht noch wichtiger – der Widerstand hat das Recht auf Mitwirkung an der politischen Gestaltung der Zukunft verteidigt. Diktaturen kennen nur ein „Tausendjähriges Reich", und sie wissen Anfang 1989, dass die Mauer noch 100 Jahre stehen wird. Wir verdanken es den Frauen und Männern im Widerstand, dass wir die Zukunft als offen und mithin gestaltbar erkennen und dieser Aufgabe keineswegs orientierungslos gegenüber stehen.

Foto GDW

Eine Treuepflicht habe ich nicht mehr empfunden. Nach der Auffassung, die ich von der weltgeschichtlichen Rolle des Führers habe, nämlich, daß er ein großer Vollstrecker des Bösen ist...

Hans Bernd von Haeften vor dem
Volksgerichtshof, 15. August 1944

Links: SS-Formationen beim NSDAP-Reichsparteitag
in Nürnberg, 1937 Foto BAK

Nationalsozialismus

Militärparade der Wehrmacht in Berlin, 20. April 1939
Foto BAK

Im Januar 1933 übernahmen die Nationalsozialisten die Herrschaft in Deutschland. Vorausgegangen war ein drastischer Machtverfall der demokratischen Kräfte in der Weimarer Republik. In den 1920er Jahren erlangte die NSDAP mehr und mehr Zustimmung, indem sie das Gefühl der Demütigung der Deutschen nach dem verlorenen Ersten Weltkrieg ausnutzte. In der Weimarer Republik gelang es nicht, die junge Demokratie zu stabilisieren. Große Teile der politischen Eliten verachteten die Republik.

Wirtschaftlich und sozial gerieten immer mehr Menschen in Existenznot. Hitler wurde für sie zur „einzigen Hoffnung". Er versprach einen Wirtschaftsaufschwung, die Beseitigung der Arbeitslosigkeit und die Aufhebung des „Vertrags von Versailles", den viele Deutsche als entwürdigend empfanden.

Im Laufe von wenigen Monaten entstand ein totalitäres System. Der Rechtsstaat wurde außer Kraft gesetzt. Außer der NSDAP wurden alle politischen Parteien verboten. Bereits im März 1933 entstanden die ersten Konzentrationslager für Regimegegner.

Durch die sogenannte Politik der „Gleichschaltung" unterwarfen die Nationalsozialisten alle gesellschaftlichen Organisationen der totalen Kontrolle des Staates. Auch kirchliche Jugendverbände waren davon betroffen. Reichsbischof Ludwig Müller erklärte gegenüber Baldur von Schirach, dem Chef der Hitler-Jugend: „Unsere Verhandlungen sind geführt im Geist des Vertrauens und im Geist guter Kameradschaft. Ich bin gewiss, dass auch die

Überführung der evangelischen Jugend in die Hitler-Jugend von demselben Geist getragen werden wird. Gott der Herr segne unsere Kirche, er segne unser heißgeliebtes deutsches Vaterland."

Hitler-Jugend und Bund Deutscher Mädel waren von nun an die einzigen legalen Jugendorganisationen, in denen alle Kinder ab dem 10. Lebensjahr einer scharfen Indoktrinierung unterzogen wurden.

In suggestiven, von Propagandaminister Joseph Goebbels inszenierten Massenveranstaltungen verkündete Hitler die Ideologie von Deutschlands Größe. Am 1. Mai 1933 rief er aus: „Das deutsche Volk ist nicht mehr das Volk der Ehrlosigkeit, der Schande, der Selbstzerfleischung, der Kleinmütigkeit und Kleingläubigkeit. Nein, Herr, das deutsche Volk ist wieder stark geworden – stark im Geiste, stark in seinem Willen, stark in seiner Beharrlichkeit, stark im Ertragen aller Opfer."

Hitler erlangte die Zustimmung immer breiterer Gesellschaftsschichten. Ein großer Teil der Gesellschaft profitierte vom neuen System, die Arbeitslosigkeit verschwand.

Das politische System wurde nach dem Führerprinzip ausgerichtet. Der „Führer" forderte bedingungslosen Gehorsam und ließ sich kultisch verehren. Der einzelne Mensch zählte dagegen nur noch als Mitglied der nationalsozialistischen „Volksgemeinschaft".

Für die in Nürnberg stattfindenden Reichsparteitage wurde eine eigene Anlage gebaut, die mehrere hunderttausend Menschen fassen konnte. Nach dem Marsch durch die Stadt zelebrierte die NSDAP alljährlich ein Ritual, um ihre unumschränkte Herrschaft zu demonstrieren.

Das Kernstück der nationalsozialistischen Ideologie war die sogenannte Rassenlehre. Der Antisemitismus war mit der Verachtung für Schwache verbunden und führte zum Massenmord an behinderten und psychisch kranken Menschen.

In den ersten Jahren der nationalsozialistischen Herrschaft wurden die Juden systematisch erniedrigt und ihrer Bürgerrechte beraubt. Sie durften öffentliche Einrichtun-

Katholische Würdenträger beim Hitlergruß während eines Jugendtreffens in Berlin-Neukölln am 20. August 1933 Foto GDW

Am 1. April 1933 ordnete die NSDAP einen Boykott jüdischer Geschäfte, Anwälte und Ärzte an Foto BAK

1933: Nationalsozialisten beschlagnahmen Bücher für die Bücherverbrennung in Hamburg Foto BAK

1. September 1939: Deutsche Aufklärungsabteilung beim Einmarsch in Polen Foto BAK

Sowjetische Kriegsgefangene in einem Lager, Aufnahme von 1941 Foto Joe J. Heydecker/DHM

Verhaftung und Deportation ungarischer Juden, Budapest, Sommer 1944 Foto BAK

gen und Dienstleistungen nicht in Anspruch nehmen und bestimmte Berufe nicht ausüben. Eheschließungen mit „Ariern" wurden verboten. Bei dem von oben gesteuerten Pogrom am 9. November 1938 – der sogenannten „Kristallnacht" – zerstörten die Nazis Synagogen und jüdische Geschäfte. Etwa 200 Juden wurden ermordet, einige Tausend in Konzentrationslager verschleppt.

Schon einige Monate vor dem Krieg kündigte Hitler offen die Vernichtung der Juden an: „Ich will heute wieder ein Prophet sein: Wenn es dem internationalen Finanzjudentum in und außerhalb Europas gelingen sollte, die Völker noch einmal in einen Weltkrieg zu stürzen, dann wird das Ergebnis nicht die Bolschewisierung der Erde und damit der Sieg des Judentums sein, sondern die Vernichtung der jüdischen Rasse in Europa."

Die wirtschaftliche Konsolidierung des Reiches vor 1939 diente vor allem der Aufrüstung. Hitler steuerte von Anfang an auf den Krieg zu. Imperialismus und Expansionsdrang begründeten die Nazis mit der Theorie, das deutsche Volk brauche zusätzlichen „Lebensraum im Osten".

Nach dem Anschluss Österreichs und der Annexion des Sudetenlandes 1938 sowie der Besetzung Tschechiens im März 1939 begann mit dem Überfall auf Polen am 1. September 1939 der Zweite Weltkrieg. Bis zur Wende des Jahres 1943 eroberte die deutsche Wehrmacht fast ganz Europa.

Im Osten errichteten die Nationalsozialisten ein brutales Besatzungsregime. Die Führungselite der besetzten Länder wurde durch Maßnahmen der SS, Gestapo und Einsatzgruppen unterjocht und teilweise vernichtet. Zur Terrorisierung der Bevölkerung fanden öffentliche Exekutionen statt. Der bewaffnete Untergrund und jede Erscheinung zivilen Widerstandes wurden gnadenlos bekämpft. Als Vergeltung für Widerstandsaktionen ermordeten die Besatzer willkürlich Geiseln und vernichteten ganze Dörfer. Bei Razzien wurden Menschen von der Straße weg zur Zwangsarbeit ins Reich deportiert. Im besetzten Polen entstand das Generalgouvernement, wo ein dichtes Netz von Konzentrationslagern errichtet wurde. Die Häftlinge, darunter auch Kinder, wurden unter unmenschlichen Bedingungen gefangen gehalten, gefoltert, ausgehungert, zu pseudomedizinischen Experimenten benutzt, und umgebracht.

Entsprechend der nationalsozialistischen Rassentheorie sollten alle Juden sowie die Roma und Sinti umgebracht werden. Die seit dem Beginn der Besatzungszeit erniedrigte und verfolgte jüdische Bevölkerung wurde zwangsweise in Ghettos umgesiedelt und auf engstem Raum zusammengepfercht. Ohne eine Möglichkeit, an Lebensmittel heranzukommen, waren die Menschen zum Tode verurteilt. Im Warschauer Ghetto starben allmonatlich Tausende an Hunger, Entkräftung und Krankheiten.

Im Juli 1941 begannen die Einsatzgruppen der SS mit Massenerschießungen von Juden in Ostpolen, Litauen, der Ukraine und Weißrussland. Es folgte die „Endlösung der Judenfrage" – ab 1942 wurden die Juden aus den bestehenden Ghettos und aus ganz Europa nach Auschwitz und in die anderen Vernichtungslager deportiert, wo alle – Erwachsene und Kinder – Opfer eines systematischen Völkermordes wurden. Mit der Einrichtung der Gaskammern in den Konzentrationslagern verfügten die Nationalsozialisten über eine industrielle Vernichtungsmethode.

Nach der militärischen Niederlage bei Stalingrad im Februar 1943 begann der Rückzug der Wehrmacht. Doch erst im Mai 1945 kapitulierte das Dritte Reich. Das Morden ging bis in die letzten Tage des Krieges weiter.

Am Ende des nationalsozialistischen Systems waren Millionen Opfer zu beklagen. Europa lag in Trümmern. Aus dem Osten des Kontinents drang der Kommunismus vor, Europa wurde durch den „Eisernen Vorhang" geteilt.

Brandenburger Tor und Pariser Platz, Berlin, 1945 Foto BAK

Der Kreisauer Kreis

Für uns ist Europa nach dem Krieg weniger eine Frage von Grenzen und Soldaten, von komplizierten Organisationen oder großen Plänen. Europa nach dem Krieg ist die Frage: Wie kann das Bild des Menschen in den Herzen unserer Mitbürger wiederhergestellt werden?

Helmuth James von Moltke, Brief an Lionel Curtis, April 1942

Wohnhaus der Familie Yorck in der Hortensienstrasse, Berlin-Lichterfelde Foto LB

Helmuth James von Moltke in den 1920er Jahren Foto PBvM

Helmuth James von Moltke, Brief an seine Frau:

Zu Mittag habe ich mit Peter Yorck gegessen. Er wohnt draußen am Botanischen Garten in einem winzigen Haus. Ich glaube, wir haben uns sehr gut verständigt und ich werde ihn wohl öfter sehen.

16. Januar 1940 (1)

Marion Yorck von Wartenburg:

1938 trafen sich Helmuth Moltke und Peter zum ersten Mal. [...] Im Januar 1940 erschien Helmuth dann zu einer ersten Unterredung in der Hortensienstraße.

Aber diese erste Besprechung war noch nicht sehr gelöst, sie war eher tastend oder wie ein Florettgefecht. Die beiden mussten sich erst einstimmen. Aber sie steckten bei dieser Unterredung ein weites Feld von Fragen ab. Helmuth hat dann in einem Brief das gemeinsame und das Trennende rekapituliert; Peter antwortete ihm, und so entstand der Briefwechsel zwischen den beiden, mit dem Ziel, gegenseitig die politischen Fragen zu klären. [...] (2)

Briefwechsel zwischen Moltke und Yorck über Staatsrecht, Sommer 1940

Helmuth James von Moltke:

Lieber Yorck,

nun, da wir damit rechnen müssen einen Triumpf des Bösen zu erleben, und während wir gerüstet waren, alles Leid und Unglück auf uns zu nehmen, statt dessen im Begriffe sind, einen viel schlimmeren Sumpf von äußerem Glück, Wohlbehagen und Wohlstand durchwaten zu müssen, ist es wichtiger als je, sich über die Grundlagen einer positiven Staatslehre klar zu werden. Zu dieser Klärung – meines eigenen Kopfes nicht des Ihren – möchte ich mit diesem Briefe etwas beitragen.

[...]

Die Grundlage aller Staatslehre besteht für mich etwa in folgenden Grundsätzen:

1. Es ist nicht die Bestimmung des Staates, Menschen zu beherrschen und durch Gewalt oder durch Furcht vor Gewaltanwendung zu zügeln, vielmehr ist es die Bestimmung des Staates, die Menschen in eine solche Beziehung zueinander zu bringen und sie darin zu erhalten, dass der Einzelmensch von jeder Furcht befreit in voller Sicherheit und doch ohne Schaden für seinen Nächsten zu leben und zu handeln vermag.

2. Es ist nicht die Bestimmung des Staates, Menschen zu wilden Tieren oder zu Maschinen zu machen, vielmehr ist es die Bestimmung des Staates, dem Einzelmenschen denjenigen Rückhalt zu geben, der es ihm ermöglicht, Körper, Geist und Verstand ungehindert zu betätigen und zu entwickeln.

3. Es ist nicht die Aufgabe des Staates, unbedingten Gehorsam und blinden Glauben an sich oder an etwas anderes vom Menschen zu fordern, vielmehr ist es die Bestimmung des Staates, den Einzelmenschen dahin zu führen, dass er nach den Geboten der Vernunft lebt, diese Vernunft bei allen Dingen betätigt und ihn zugleich dahin zu leiten, dass er seine Kraft nicht in Hass, Ärger, Neid verschwendet oder sonst unrecht handelt.

Die letzte Bestimmung des Staates ist es daher, der Hüter der Freiheit des Einzelmenschen zu sein. Dann ist es ein gerechter Staat.

16. Juni 1940 (3)

Peter Yorck von Wartenburg:

Aus den drei negativen Bestimmungen der Aufgabe des Staates resumieren Sie seine positiven Aufgaben dahin, Hüter der Freiheit des Einzelmenschen zu sein. Der Freiheitsbegriff ist nun soviel Wandlungen unterworfen gewesen, dass es der Klarstellung bedarf, in welchem Sinne er an dieser Stelle gebraucht wird. Mir scheint, dass ich ihn in Ihren Worten finden soll, der Einzelmensch solle in voller Sicherheit und ohne Schaden für seine Nächsten leben und handeln können. Damit wird diese Freiheit einem ethischen Postulat unterstellt, das auf die Gemeinschaft und damit

Peter Yorck von Wartenburg (1904–1944)
Foto PBvM

Marion Yorck von Wartenburg (1904–2007)
Foto GDW

Irene Yorck von Wartenburg (1913–1950), Schwester Peter Yorcks Foto GDW

wieder auf den Staat hinweist. Diese Rückbezogenheit von Einzelmensch und Gemeinschaft scheint mir bei der Erörterung das Wesentliche und in ihr liegt die Kumulation von Recht und Pflicht, die ich in dem Gespräch als Hypothek auf dem Einzelmenschen bezeichnete. Ich wollte damit die Freiheit für sich selbst umwerten zu der Freiheit für die Anderen, die nach meinem Dafürhalten nur die Grundlage staatlichen Lebens sein kann. Ich wollte zum Ausdruck bringen, dass die Zeit der Bedrängnis, die trotz der äußeren Erfolge kommen wird, die Pflicht zum gemeinnützigen Handeln, zum „Dienen" besonders hervortreten lassen wird. Doch das geschieht im Rahmen der Rechtsidee, wonach die objektive staatliche und rechtliche Ordnung zugleich ein persönliches Rechtsgut des Einzelnen ist, der nicht der politischen Willkür des allgewaltigen Staates ausgeliefert sein darf, demgegenüber sich der Staat vielmehr auch in dem Verhältnis von Pflicht und Recht befindet.

Ein zweites Wesentliches gilt es zu beachten, dass nämlich Recht und Sittlichkeit untrennbar zusammengehören und auch der Staatswille sich der Sittlichkeit beugen muss. Der wahre Inhalt des Staates ergibt sich mir nun dort, wo er als Trieb göttlicher Ordnung den Menschen erscheint und von ihnen empfunden wird.

Deshalb liegt es mir näher, seine Bestimmung positiv zu betrachten und nicht aus der Tyrannis heraus negativ zu entwickeln.

Ich hoffe, mich verständlich gemacht zu haben, wenn ich mich auch auf Andeutungen beschränkte. Finden wir den gemeinsamen Ausgangspunkt, so bin ich von Herzen zur Mitarbeit bereit und trachte, mir die Zeit dafür zu schaffen. Doch zuvor unterhalten wir uns über den ersten Punkt.

07. Juli 1940 (3)

Helmuth James von Moltke:

Nun komme ich zum zweiten Teil Ihres Briefes. Auch ich bin für positive Definitionen; die Negativen in meinem Schreiben vom 16.06.1940 sollten nur dazu dienen, das Positive durch den Kontrast klarer herauszuarbeiten.

1. Ich habe den Eindruck, dass wir noch über zwei verschiedene Dinge sprechen: ich über das Staatsrecht, Sie über die Stellung des Einzelnen zum Staate. „Freiheit für die Anderen" kann nur ein Einzelner haben; zwingt der Staat sie ihm auf, dann ist es eben nicht mehr Freiheit. „Dienen" in dem von uns gebrauchten Sinn kann man nur freiwillig. Ob jemand sich für andere einsetzt oder nur für sich, hängt von dem Einzelnen ab und von seiner Veranlagung. Kein Staatsrecht ist imstande, Menschen zu bessern. Das Staatsrecht muss nur denen, die ohnehin „besser" sind, den Weg frei halten.

2. Ich bin mir nicht klar, ob Ihre These, dass der Staat einem sittlichen Gebot untersteht, richtig ist. Ich neige zu der Auffassung, dass Ethik ein Postulat an den Einzelnen ist; jeder Inhaber der staatlichen Macht muss sich zwar unter einem ethischen Gesetz stehend fühlen, aber nicht der Staat als solcher. Dies letzte neige ich dazu, für einen Wunschtraum zu halten. Für den Einzelnen aber gilt der Satz Kants: Handele so, dass Dein Handeln als allgemeine Richtschnur genommen werden könnte. Auch diese Frage würde ich gerne vertiefen.

3. Ihr Wort, dass „der Staat [...] als Trieb göttlicher Ordnung [...] erscheint", hätte ich auch gerne mit Ihnen erörtert. Ich stehe auf dem Standpunkt, dass die Staatslehre zu dem Gebiet der Philosophie, nicht zu dem der Theologie gehört, und ich halte es für außerordentlich gefährlich, einer staatlichen Ordnung eine religiöse Erklärung und einen religiösen Unterbau zu geben.

Diese drei Punkte würde ich gerne mit Ihnen besprechen, weil sie sich schriftlich nicht klären lassen.

Stets Ihr Moltke

15. Juli 1940 (3)

■ Auf der Suche nach einer gemeinsamen geistigen Basis für den Kampf gegen den Nationalsozialismus entwickelte sich zwischen Helmuth James von Moltke und Peter Yorck von Wartenburg ein reger Gedankenaustausch in Gesprächen und Briefen. Sie erzielten Einigkeit in grundlegenden Fragen des Staatsrechts.

Freya von Moltke auf der Veranda des Berghauses in Kreisau, 1930er Jahre Foto PBvM

Beide standen bereits vorher im Widerstand zum Nationalsozialismus und hatten versucht, durch ihre Kontakte im Ausland, zur Diplomatie und zum Militär die Besetzung des Sudetenlandes zu verhindern. Der Briefwechsel zwischen Yorck und Moltke aus dem Jahr 1940 gilt als der Beginn der Arbeit der Widerstandsgruppe, die später „Kreisauer Kreis" genannt wurde. ■

Freya von Moltke:

Mein Mann sah natürlich die hohen Qualitäten von Peter Yorck. Und Peter Yorck hatte auch das Gefühl, man kann nicht einfach zusehen. Dann sahen sie sehr schnell, dass sie ganz verschiedene Kreise kannten. Und so brachten sie es wirklich fertig, diesen überaus gemischten Kreis von Menschen zusammenzufügen, die alle ernsthafte Gegner des Dritten Reiches waren, aber ganz verschieden nach Charakter, Lebensinhalt und Zielen, die sich aber unter der Gemeinsamkeit des Widerspruchs gegenseitig zuhörten. (4)

■ Beim Aufbau des Kreises stützten sich Moltke und Yorck auf alte Freunde und Bekannte. In der Löwenberger Arbeitsgemeinschaft – einer 1927 von dem Breslauer Soziologen Eugen Rosenstock-Huessy angeregten Initiative zur Annäherung von Arbeitern, Bauern und Studenten in Schlesien – hatte Moltke den Volkswirtschaftler Horst von Einsiedel kennen gelernt. Seinen Vetter Carl-Dietrich von Trotha kannte er schon aus dem Sandkasten. Später arbeiteten Einsiedel, von Trotha und dessen Frau Margarete am Kreisauer Wirtschaftsprogramm.

Professor Hans Peters brachte in den Kreisauer Kreis seinen Sachverstand als Jurist ein und stellte als Aktivist der katholischen

Horst von Einsiedel (1905–1947) Foto GDW

Carl Dietrich von Trotha (1907–1952) Foto GDW

Margarete von Trotha (1907–1995) Foto GDW

Theo Haubach (1896–1945)
Foto GDW

Adolf Reichwein (1898–1944)
Foto BBF/DIPF/ARA

Hans Peters (1896–1966)
Foto GDW

Laienbewegung Verbindungen zum Berliner Bischof Preysing her. Auch zu dem Pädagogen Adolf Reichwein nahm Moltke wieder Kontakt auf. Beide kannte er aus der Löwenberger Zusammenarbeit.

Der Sozialdemokrat Adolf Reichwein gewann Theo Haubach und Carlo Mierendorff zur Mitarbeit. Beide genossen das Vertrauen der Arbeiterschaft und stellten Verbindungen zur illegalen SPD-Führung her. Unter dem Decknamen „Dr. Friedrich" wurde Mierendorff zu einer tragenden Säule in der Widerstandsgruppe um Moltke und Yorck. Beide publizierten in der Zeitschrift „Neue Blätter für den Sozialismus".

Mit der Bewegung des religiösen Sozialismus standen neben Einsiedel und Trotha auch der Politologe Otto Heinrich von der Gablentz und besonders der Theologe und Sozialfürsorger Harald Poelchau – ein Schüler von

Carlo Mierendorff (1897–1943)
Foto GDW

Harald Poelchau (1903–1972)
Foto PBP

Otto Heinrich von der Gablentz (1898–1972)
Foto GDW

Paulus von Husen (1891–1971)
Foto GDW

Hans Lukaschek (1885–1960)
Foto GDW

Theodor Steltzer (1885–1967)
Foto PBSaS

Paul Tillich – in Verbindung. Gablentz machte Theodor Steltzer mit Moltke bekannt, der später als Offizier der Wehrmacht mit dem norwegischen Untergrund zusammenarbeitete.

Die beiden Politiker des katholischen Zentrums Hans Lukaschek und Paulus van Husen kannte Moltke aus Schlesien. Beide waren als Rechtsanwälte und Verwaltungsbeamte diskriminierenden Anordnungen der nationalsozialistischen Regierung entgegengetreten. Adam von Trott und Moltke hatten sich 1937 in England getroffen. Trott, nunmehr Mitarbeiter im Auswärtigen Amt, arbeitete mit seinem Vorgesetzten Hans Bernd von Haeften zusammen, der aus der Bekennenden Kirche kam und mit Dietrich Bonhoeffer befreundet war. Die beiden Diplomaten waren für zuverlässige Informationen aus dem Ausland und Kontakte zu den Alliierten unentbehrlich. ■

Eugen Gerstenmaier (1906–1986)
Foto PBG

Adam von Trott zu Solz (1909–1944)
Foto PBCvT

Hans Bernd von Haeften (1905–1944)
Foto GDW

Unter dem Eindruck der Verbrechen des Krieges diskutierte Hans Bernd von Haeften in einem Brief an Herbert Krimm vom Mai 1941 den von der Kirche häufig missachteten Auftrag, sich zu den Verbrechen des Nationalsozialismus öffentlich zu äußern. Dieser Brief ließ gleichzeitig deutlich werden, dass das Motiv für Haeftens Widerstand in grundsätzlichen Glaubensüberzeugungen wurzelte und nicht im Bereich politisch--taktischer Erwägungen zu suchen war.

Hans Bernd von Haeften, Brief an Herbert Krimm:

[...] Ich bin Deiner Meinung, dass eine Kirche durch ihr Dasein wirken soll. Sie soll also nicht selber Politik machen, das heißt sich mit den Aufgaben der weltlichen Ordnung befassen. Aber zum Dasein der Kirche gehört der gesamte Bereich geistigen Wirkens, also auch die Seelsorge. Wenn nun in der weltlichen Ordnung oder Unordnung Ereignisse oder Zustände eintreten, die das geistliche Heil der Menschen gefährden, wenn die Politik die Bürger in Lagen bringt, die sie als Christen nicht verantworten können, dann kommt es zu jenen Kreuzungs- oder Schnittpunkten von Staat und Kirche, die häufig und unvermeidlich sind, weil nun einmal beide Institutionen es mit denselben Menschen zu tun haben und weil diese Menschen die Einheit ihrer Person nicht in Bürger und Christ aufspalten können noch dürfen. An solchen Überschneidungsstellen aber, die natürlich mehr oder minder kritisch, Entscheidung fordernd, auch mehr oder weniger eindeutig sein können, verbietet es ihr Bischofsamt der Kirche, „zu schweigen wie ein stummer Hund". Hier gebietet ihr die seelsorgerliche Pflicht zu reden, zu verkünden und zu ermahnen. Beispiel: Wenn die europäische Politik die Völker in einen Kampf stürzt, in dem mit Sprengbomben, Brandbomben und Maschinengewehren Kinder, Frauen und Greise umgebracht werden, so ist das nachgerade ein Vorgang, der die Existenz der abendländischen „Christenheit" in ihrem Dasein als *Corpus Christianum* (einstmals Synonym fürs Abendland) schlechthin zerstört. Diese Art von Krieg, mit Vorbedacht geführt, ist nicht mehr „Krieg" sondern Mord, der die Ausübenden in grauenhafte Blutschuld verstrickt und die Betroffenen unfähig macht, den Anwandlungen teuflischen Hasses zu widerstehen. Es ist wirklich das christliche Heil, das hier auf dem Spiele steht. Der Krieg als Vernichtung der Wehrmacht mag gerechtfertigt werden, als *Ultima Ratio* der Kämpfenden, um das anders nicht zu verwirklichende Recht weltlicher Ordnung mit Gewalt durchzusetzen oder zu verteidigen. Aber der Krieg als Volksausrottung ist schauerliche Sünde. Da wäre es Sache der Kirche (Kirchen), die „christlichen" Kämpfer aufzurufen und mit großem Ernst davor zu warnen, das Fundament jeglicher Ordnung zu zerschlagen, indem sie die unantastbaren Gebote Gottes missachtend, das *Corpus Christianum* in ein *Corpus Diabolicum* verkehren, wo alle Frevel der Vernichtung, alle Greuel der Verwüstung sich maß – und hemmungslos austoben. Dass es zu einem solchen Appell bisher nicht gekommen ist, darin sehe ich ein böses Zeichen für die geistliche Ohnmacht der Kirche gegenüber den Dämonien der Welt; hier ist Verleugnung der Botschaft, Widerlegung der Existenz einer „Christenheit" überhaupt. [...] Wenn die christlichen Völker so wie heute vom Wahnsinn politischer Dämonien gepackt werden, dann muss die seelsorgerliche Stimme der Kirche auch öffentlich ertönen und Zeugnis ablegen vor aller Welt. Das gehört auch zum Wesen einer Kirche, die „durch sich selber wirken" soll. (5)

■ Über einen Arbeitskollegen Moltkes fand im Oktober 1941 Augustinus Rösch – Provinzial der Oberdeutschen Provinz der Jesuiten – zum Freundeskreis. Dieser gewann die Patres Alfred Delp und Lothar König für die Kreisauer Arbeit. Etwas später stieß über von Haeften der evangelische Theologe und Kirchenpolitiker Eugen Gerstenmaier zu den Kreisauern. ■

Marion Yorck:

Persönliche Erinnerungen habe ich vor allem noch an Julius Leber, der nicht unmittelbar zum Kreis gehörte. Ich entsinne mich, dass Peter, Helmuth und Leber sich einmal zum Abendessen in der Hortensienstraße zusammenfanden. Sie wollten kochen. Jeder sollte ein Gericht kochen, das er besonders gerne aß. Peter machte eine Kräutersuppe, wie es sie oft in Klein-Öls gab; dann kam das Hauptgericht von Leber: Wildkarnickel auf elsässische Art; und Helmuth machte zum Nachtisch eine Crêpe Suzette.

Da man aber peinlich darauf achten musste, dass Leber nicht in Gefahr geriet, war er eigentlich nie mit den anderen Freunden zusammen bei uns. Hingegen gab es über Peters Vermittlung ein enges Vertrauensverhältnis zwischen Leber und Stauffenberg. Da ist wirklich ein Funke übergesprungen. Ich fand immer, man könne in Lebers Gesicht, in seinen vielen Falten, lesen wie in einem aufgeschlagenen Buch. Er war ein Skeptiker den Menschen gegenüber, aber er war nicht bitter. Er war älter als Helmuth und Peter, und die lange KZ-Zeit hat ihn natürlich geprägt. Aber er hat fast gar nicht darüber gesprochen. Nur einmal hat er mir erzählt, dass er sich im KZ über einen solchen ledernen Bock legen musste, wie man ihn zum Turnen benutzt, und er bekam von einem zwanzigjährigen SS-Mann Schläge auf das nackte Hinterteil. Alle anderen Foltern, wie zum Beispiel stundenlanges Stehen in der heißen Sonne, haben ihn nicht so verletzt wie diese Demütigung durch einen jungen Mann. (2)

Sämtliche Gespräche und Korrespondenzen, Reisen und Konferenzen mussten streng geheim gehalten und vor der Gestapo als harmlose gesellschaftliche Kontakte und familiäre Beziehungen getarnt werden. Um sich und den anderen die Gefahren ständig bewusst zu halten, hatte Moltke in seiner Wohnung eines der üblichen Naziplakate „Der Feind hört mit" angebracht.

Augustin Rösch (1893–1961).
Foto GDW

Lothar König (1906–1946)
Foto GDW

Alfred Delp (1907–1945)
Foto PBD

Von Stockholm aus schreibt Moltke an seinen englischen Freund, um ihn über die Existenzbedingungen und Handlungsspielräume der deutschen Opposition zu informieren.

Helmuth James von Moltke, Brief an Lionel Curtis:

Lieber Herr Curtis,

es besteht die Möglichkeit, dass dieser Brief in Ihre Hände gelangt, ohne die Zensur passieren zu müssen. Ich möchte daher diese einmalige Gelegenheit benutzen, um Ihnen eine Analyse der Zustände in meinem Land zu geben und einige Voschläge zu machen, wie man die Dinge beschleunigen könnte.

Können Sie sich vorstellen, was das bedeutet, wenn man a) nicht telefonieren kann; b) die Post nicht benutzen kann; c) keinen Boten schicken kann, denn wahrscheinlich hat man keinen, und wenn man einen hat, kann man ihm nichts Schriftliches mitgeben, da die Polizei zuweilen Leute in Zügen, Straßenbahnen usw. nach Dokumenten durchsucht; d) nicht einmal mit den Menschen sprechen kann, mit denen man völlig einig ist, weil die Verhörmethoden der Geheimpolizei zunächst den Willen brechen, den Verstand aber bei voller Klarheit belassen. Auf diese Weise wird das Opfer dazu gebracht, alles auszusagen, was es weiß. Deshalb darf man Mitteilungen nur denjenigen zukommen lassen, die sie unbedingt brauchen; [...]

Und wie steht es mit der Opposition, jenen Männern, „von denen man soviel hört und so wenig merkt", wie man kürzlich einer Schlagzeile entnehmen konnte?

Nun, erstens haben sie große Verluste. [...] Das ist eine ernste Sache. Nicht allein wegen des Verlustes an Menschenleben; die müssen wir in Kauf nehmen, denn wir werden nicht ohne erhebliche Opfer an Menschen aus dem Dilemma herauskommen, in das man uns gebracht hat. Das schlimmste ist, dass dieser Tod schmählich ist. Er wird nicht zur Kenntnis genommen, und die Verwandten vertuschen ihn, nicht etwa, weil daran etwas zu verheimlichen wäre, sondern weil sie von der Gestapo mit dem gleichen Schicksal bedacht würden, wenn sie zu erzählen wagten, was geschehen ist. In den übrigen von Hitler tyrannisierten Ländern hat sogar der gewöhnliche Verbrecher Aussicht, als Märtyrer angesehen zu werden. Bei uns ist das anders: Selbst der Märtyrer kann sicher sein, als gewöhnlicher Verbrecher zu gelten. Das macht den Tod sinnlos, und dies wiederum ist ein sehr wirksames Abschreckungsmittel.

Zweitens hat die Opposition Sand ins Getriebe geworfen. [...] Es vergeht kaum eine Woche, in der mir nicht etwas auffällt, was jemand getan haben muss, um die Ausführung eines Befehls zu verhindern oder ihn wenigstens nicht voll wirksam werden zu lassen.

Drittens rettet die Opposition das Leben einzelner Menschen. Wir können nicht verhindern, dass wilde Befehle erteilt werden, aber wir können einzelne Menschen retten. Und das geschieht in allen Lebensbereichen. Leute, die offiziell hingerichtet wurden, sind noch am Leben; andere wurden rechtzeitig gewarnt und konnten fliehen. Das gilt insbesondere in den besetzten Ländern: Die Massenmorde lassen sich nicht leugnen, aber wenn einmal Bilanz gezogen wird, dann wird man vielleicht einsehen, dass durch das Dazwischentreten irgendeines Deutschen, sei es eines einfachen Soldaten, sei es eines Generals, eines Arbeiters oder eines hochgestellten Beamten, viele Tausende gerettet worden sind.

Viertens hat die Opposition viele Fehler gemacht. Der Hauptirrtum war, sich auf die Aktion der Generäle zu verlassen. Diese Hoffnung war von vornherein aussichtslos, aber die meisten konnten nicht rechtzeitig davon überzeugt werden. [...] Es würde zu weit führen, alle Gründe dafür auseinanderzusetzen. Der wichtigste soziologische Grund ist, dass wir eine Revolution brauchen, nicht einen Staatsstreich; und eine solche Revolution wird den Generälen niemals denselben Spielraum und dieselbe Stellung geben, wie sie ihnen von den Nazis eingeräumt worden sind und heute noch eingeräumt werden.

Fünftens hat die Opposition zweierlei getan, was meiner Meinung nach von Dauer sein wird: die Mobilisierung der Kirchen und die Wegbereitung für ein vollständig dezentralisiertes Deutschland. [...]

Zwei allgemeine Bemerkungen wären noch hinzuzufügen: über Kriegsverbrecher und über die Gefahr des Kommunismus. Die Bestrafung politischer Verbrecher wird nach dem Ende des Dritten Reiches beim deutschen Volk diesmal sehr populär sein. Sie müssen bedenken, dass sich bei uns etwa 250.000 Menschen in Konzentrationslagern befinden; sicherlich noch einmal soviel sind von den Nazis umgebracht worden, und wahrscheinlich weitere 250.000 sind einmal im KZ gewesen, wurden dann freigelassen und sind nun an der Front oder arbeiten irgendwo. [...] Bis auf einige, die aus anderen Ländern kommen, sind die Leute, die jetzt in den besetzten Gebieten Menschen umbringen, weitgehend dieselben, die Deutsche getötet und eingesperrt haben. [...] Darum besteht schon aus der deutschen Entwicklung heraus die Notwendigkeit, diese Leute vor den Richter zu bringen. [...]

Die „kommunistische Gefahr" ist in unserer Lage etwas sehr Reales. So wie die Dinge liegen, kommt aber diese Gefahr hauptsächlich aus den Reihen der Intellektuellen und nicht von den Arbeitern her. Die Arbeiter, die kommunistisch werden könnten, sind nämlich schon Nazis. Und diejenigen, die Nazis sind, können jederzeit wieder kommunistisch werden. Wenn man nicht aufpasst, werden alle jene brutalen SA- und SS-Leute sich als verfolgte Kommunisten ausgeben, die sich jetzt an ihren Gegnern rächen müssen. Aber die Arbeiter, die jetzt keine Nazis sind, und das trifft für die Mehrheit der älteren und der Facharbeiter zu, haben jedes totalitäre System satt. Auf diese Arbeiter müssen wir bauen und nicht auf jene, die mit einem einfachen Farbenwechsel wegkommen wollen, ohne dabei ihre Gesinnung zu ändern. Der Kampf gegen den Nazismus ist nämlich nicht auf die eine oder andere Klasse beschränkt: Er wird innerhalb der Klassen ausgetragen, und es gibt Anhänger jeglicher Weltanschauungen in allen Gesellschaftsschichten, den oberen wie den unteren. [...]

Meine Bitte geht nun in Anbetracht dieser Umstände dahin, eine feste Verbindung zwischen der deutschen Opposition und Großbritannien herzustellen, und zwar eine Verbindung, die nicht in Beziehungen zum Geheimdienst besteht und nicht in erster Linie zu Informationszwecken benutzt wird, sondern als eine politische Verbindung. Ich suche sie nicht, um eventuelle Friedensbedingungen oder die Möglichkeiten einer Nachkriegswelt zu besprechen, sondern als Hilfe für unseren Krieg gegen Hitler, unseren internen Krieg. [...]

Das Berghaus in Kreisau in den 1930er Jahren. Hier fanden die drei großen Tagungen des Kreisauer Kreises statt. Foto PBvM

Wie lässt sich dies nun technisch bewerkstelligen? Wir brauchen einen Mann in Stockholm, der Mitteleuropa kennt und dessen besondere Aufgabe es wäre, unter der allgemeinen Oberaufsicht des Botschafters mit den verschiedenen Untergrundbewegungen

in Europa, vor allem aber in Deutschland, Verbindung zu halten. Er müsste auf der Basis politischer Diskussion und Zusammenarbeit mit ihnen verhandeln. Wir würden ihn hier mit Adressen versehen, über die er mit Gruppen der Opposition in den verschiedenen Ländern unter Hitler Kontakt aufnehmen könnte. Am besten wäre ein Mann, den ich kenne oder von dem ich etwas weiß, denn die Zeit ist kostbar; es dauert doch immer eine Weile, bis man mit einem Fremden vertraut wird, und ein wirklich persönlicher Kontakt ist notwendig.
Stockholm, den 25. März 1943 (6)

Konrad Graf von Preysing (1880–1950)
Foto GDW

Theophil Wurm (1868–1953)
Foto LKA Stuttgart

■ In ihrer Arbeit überwanden die Kreisauer soziale und weltanschauliche Gegensätze. Die Idee der sozialen Gerechtigkeit in der katholischen Soziallehre schuf die Voraussetzung zur Zusammenarbeit zwischen Katholiken und Sozialisten. Erfahrungen in der ökumenischen Bewegung erleichterten den Dialog von Katholiken und Protestanten.

Sie stützten sich auf die freiheitlich gesonnene Arbeiterschaft und die christlichen Kirchen. Diese Kräfte sollten den Neuaufbau tragen. Einzelne Vertreter des Kreises konsultierten die Ergebnisse mit den hinter ihnen stehenden Gruppen – so etwa mit dem katholischen Bischof Konrad von Preysing, dem evangelischen Bischof Theophil Wurm und den Vertretern der illegalen Gewerkschaften Hermann Maaß und Wilhelm Leuschner. Später nahm Julius Leber die Verbindung zur Sozialdemokratie wahr und wurde zu einer der Schlüsselfiguren im Freundeskreis der Kreisauer.

Moltke und Yorck verteilten die Arbeit auf kleine Gruppen und entwickelten eine Art Schottensystem, damit ein möglichst großer Schutz der Teilnehmer bestand. Drei größere Tagungen in Kreisau, als Familientreffen getarnt, dienten der Diskussion und Zusammenfassung der Arbeitsergebnisse. ■

Freya von Moltke:

Das erste Wochenende in Kreisau fand Pfingsten 1942 vom 22.–25. Mai statt. Helmuth hätte seine Mitarbeiter zu einem langen Wochenende eingeladen, hieß es. Sie kamen alle mit der Bahn, aber nicht alle mit dem gleichen Zug. [...] Keine der Kreisauer Zusammenkünfte war eine reine Arbeitstagung. Es gab zwischendurch in kleinen Gruppen die schönsten Spaziergänge. Und sonntags gab es Kirchgänge zu Fuß nach Gräditz, wo jeder in seine Kirche gehen konnte. Es herrschte an diesem ersten Wochenende in Kreisau eine ganz gelöste Atmosphäre. Es wurde auch viel gelacht. Ich denke dann heute gleich an Harald Poelchau, der tagaus tagein als Gefängnispfarrer im Gefängnis Tegel in Berlin politischen Gefangenen beistand und viele von ihnen bis zur Hinrichtung begleitete. Er war dabei ein fröhlicher, ich möchte sagen, mozartischer Mensch. Er half nicht nur den politischen Gefangenen, sondern er half auch, versteckte Juden in Berlin zu ernähren. Jedenfalls schickten wir ihm mehrmals Säcke mit getrockneten Erbsen, die unsere Landwirtschaft erzeugte und die er verteilte. Und dann Pater Rösch! Ich sehe ihn noch vor mir, wie er voller Heiterkeit erzählte, wie man sich bei einem Gestapoverhör verhalten müsse, sozusagen der Gestapo ein Schnippchen schlagen könne, wozu man aber unbedingt einen Schutzengel brauche. Gutes Essen spielte auch eine Rolle, was sich natürlich aus den damaligen Kriegszeiten ergibt. Das bedurfte allerdings einer sorgfältigen Planung. Ich erinnere mich, dass meine Gäste begeistert von unseren schlesischen Mohnstollen waren. Nach jedem der drei Wochenenden hörte ich, wie schön es gewesen sei. (7)

Julius Leber (1891–1945)
Foto GDW

Wilhelm Leuschner (1890–1944)
Foto GDW

Hermann Maaß (1897–1944)
Foto GDW

■ Der überwiegende Teil der Arbeit wurde in Berlin bei kleinen Zusammenkünften und in München geleistet. Moltke berichtete seiner Frau Freya regelmäßig von den Beratungen. Der Kreisauer Kreis erörterte insbesondere Fragen der Zukunft. Auf welchen Grundlagen lasse sich ein freies und demokratisches Deutschland nach dem Ende des Dritten Reiches bauen? Und wie könne es in eine europäische Ordnung eingefügt werden? Ausgangspunkt dieser Überlegungen war stets die Würde des einzelnen Menschen. Er dürfe nicht in der Masse aufgehen. In kleinen Gemeinschaften solle er lernen, Verantwortung für das Gemeinwohl zu übernehmen. Durch Selbstverwaltung und Dezentralisierung müsste man mit dem traditionellen Obrigkeitsstaat brechen.

Ihre Ziele formulierten sie in den „Grundsätzen für die Neuordnung". ■

Grundsätze für die Neuordnung, August 1943:

Die Regierung des Deutschen Reiches sieht im Christentum die Grundlage für die sittliche und religiöse Erneuerung unseres Volkes, für die Überwindung von Hass und Lüge, für den Neuaufbau der europäischen Völkergemeinschaft.

Der Ausgangspunkt liegt in der verpflichtenden Besinnung des Menschen auf die göttliche Ordnung, die sein inneres und äußeres Dasein trägt. Erst wenn es gelingt, diese Ordnung zum Maßstab der Beziehungen zwischen den Menschen und Völkern zu machen, kann die Zerrüttung unserer Zeit überwunden und ein echter Friedenszustand geschaffen werden.

Die innere Neuordnung des Reiches ist die Grundlage zur Durchsetzung eines gerechten und dauerhaften Friedens.

[...] Die Reichsregierung ist daher entschlossen, folgende nach innen und außen unverzichtbare Forderungen mit allen ihr zur Verfügung stehenden Mitteln zu verwirklichen:

1. Das zertretene Recht muss wieder aufgerichtet und zur Herrschaft über alle Ordnungen des menschlichen Lebens gebracht werden. Unter dem Schutz gewissenhafter, unabhängiger und von Menschenfurcht freier Richter ist es Grundlage für alle zukünftige Friedensgestaltung.

2. Die Glaubens- und Gewissensfreiheit wird gewährleistet. Bestehende Gesetze und Anordnungen, die gegen diese Grundsätze verstoßen, werden sofort aufgehoben.

3. Brechung des totalitären Gewissenszwangs und Anerkennung der unverletzlichen Würde der menschlichen Person als Grundlage der zu erstrebenden Rechts- und Friedensordnung. Jedermann wirkt in voller Verantwortung an den verschiedenen sozialen, politischen und internationalen Lebensbereichen mit. Das Recht auf Arbeit und Eigentum steht ohne Ansehen der Rassen-, Volks- und Glaubenszugehörigkeit unter öffentlichem Schutz.

4. Die Grundeinheit friedlichen Zusammenlebens ist die Familie. Sie steht unter öffentlichem Schutz, der neben der Erziehung auch die äußeren Lebensgüter: Nahrung, Kleidung, Wohnung, Garten und Gesundheit sichern soll.

5. Die Arbeit muss so gestaltet werden, dass sie die persönliche Verantwortungsfreudigkeit fördert und nicht verkümmern lässt. Neben der Gestaltung der materiellen Arbeitsbedingungen und fortbildender Berufsschulung gehört dazu eine wirksame Mitverantwortung eines Jeden an dem Betrieb und darüber hinaus an dem allgemeinen Wirtschaftszusammenhang, zu dem seine Arbeit beiträgt. Hierdurch soll er am Wachstum einer gesunden und dauerhaften Lebensordnung mitwirken, in der der Einzelne, seine Familie und die Gemeinschaften in ausgeglichenen Wirtschaftsräumen ihre organisatorische Entfaltung finden können. Die Wirtschaftsführung muss diese Grunderfordernisse gewährleisten.

6. Die persönliche politische Verantwortung eines Jeden erfordert seine mitbestimmende Beteiligung an der neu zu belebenden Selbstverwaltung der kleinen und überschaubaren Gemeinschaften. In ihnen verwurzelt und bewährt, muss seine Mitbestimmung im Staat und in der Völkergemeinschaft durch selbst gewählte Vertreter gesichert und ihm so die lebendige Überzeugung der Mitverantwortung für das politische Gesamtgeschehen vermittelt werden.

7. Die besondere Verantwortung und Treue, die jeder Einzelne seinem nationalen Ursprung, seiner Sprache, der geistigen und geschichtlichen Überlieferung seines Volkes schuldet, muss geachtet und geschützt werden. Sie darf jedoch nicht zur politischen Machtzusammenballung, zur Herabwürdigung, Verfolgung oder Unterdrückung fremden Volkstums missbraucht werden. Die freie und friedliche Entfaltung nationaler Kultur ist mit der Aufrechterhaltung absoluter einzelstaatlicher Souveränität nicht mehr zu vereinbaren. Der Friede erfordert die Schaffung einer die einzelnen Staaten umfassenden Ordnung. Sobald die freie Zustimmung aller beteiligten Völker gewährleistet ist, muss den Trägern dieser Ordnung das Recht zustehen, auch von jedem Einzelnen Gehorsam, Ehrfurcht, notfalls auch den Einsatz von Leben und Eigentum für die höchste politische Autorität der Völkergemeinschaft zu fordern. (3)

■ Die Kreisauer suchten einen Weg zwischen Markt- und Planwirtschaft. Sie legten Wert auf Existenzsicherung und Eigenverantwortung des einzelnen, auf Selbstverwaltung sowie Mitbestimmung und Mitbeteiligung der Arbeiter im Betrieb. ■

Denkschrift von Trotha und Einsiedel:

Das Ziel der Wirtschaft ist der Mensch. Alle Methoden der Wirtschaftslenkung tragen ihren Sinn nicht in sich selbst. Sie werden erst sinnvoll, wenn sie von dem Bild des Menschen bestimmt sind, dem sie dienen sollen.

1942 (3)

Vor Pfingsten 1943 formulierte Mierendorff seinen Aufruf zur Sozialistischen Aktion. Damit stellte er seine Entschlossenheit zum aktiven Handeln unter Beweis. Ungeduldig wartete er auf den Umsturz. Mierendorff selbst konnte an der Kreisauer Tagung Pfingsten 1943 nicht teilnehmen.

Carlo Mierendorff:

Am heutigen Tag, dem Pfingstmontag 1943, haben die Unterzeichneten feierlich beschlossen, ihr gemeinsames Handeln als Sozialistische Aktion durch die Aufstellung des nachstehenden Aktionsprogramms zu bekräftigen. Die Sozialistische Aktion ist eine überparteiliche Volksbewegung zur Rettung Deutschlands. Sie kämpft für die Befreiung des deutschen Volkes von der Hitlerdiktatur, für die Wiederherstellung seiner durch die Verbrecher des Nazismus niedergetretenen Ehre und für seine Freiheit in der sozialistischen Ordnung. Den Aktionsausschuss bilden Vertreter der christlichen Kräfte, der sozialistischen Bewegung, der kommunistischen Bewegung und der liberalen Kräfte als Ausdruck der Geschlossenheit und Einheit. Der Kampf wird geführt unter dem Banner der Sozialistischen Aktion, der roten Fahne mit dem Symbol der Freiheit: dem mit dem Kreuz vereinten sozialistischen Ring als Zeichen der unverbrüchlichen Einigkeit des arbeitenden Volkes. Die Sozialistische Aktion ruft in dieser schweren Stunde das arbeitende Volk in Stadt und Land und unsere tapferen Soldaten zum Kampf auf in der Überzeugung, dass die Rettung des gemeinsamen Vaterlandes vor politischem, moralischem und wirtschaftlichem Verfall nur möglich ist durch:

- Wiederherstellung von Recht und Gerechtigkeit;
- Beseitigung des Gewissenszwanges und unbedingte Toleranz in Glaubens-, Rasse- und Nationalitätenfragen;
- Achtung von den Grundlagen unserer Kultur, die ohne das Christentum nicht denkbar ist;
- Sozialistische Ordnung der Wirtschaft, um Menschenwürde und politische Freiheit zu verwirklichen und die Existenzsicherheit der Angestellten und Arbeiter in Industrie und Landwirtschaft sowie des Bauern auf seiner Scholle zu schaffen, die die Voraussetzung von sozialer Gerechtigkeit und Freiheit ist;
- Enteignung der Schlüsselbetriebe der Schwerindustrie zugunsten des deutschen Volkes als Grundlage der sozialistischen Ordnung der Wirtschaft, um mit dem verderblichen Missbrauch der politischen Macht des Großkapitals Schluss zu machen;
- Selbstverwaltung der Wirtschaft unter gleichberechtigter Mitwirkung des arbeitenden Volkes als Grundelement der sozialistischen Ordnung;
- Sicherung der Landwirtschaft vor der Gefahr, zum Spielball kapitalistischer Interessen zu werden;
- Abbau des bürokratischen Zentralismus und organischer Aufbau des Reiches aus den Ländern;
- Aufrichtige Zusammenarbeit mit allen Völkern, insbesondere in Europa mit Großbritannien und Sowjetrussland.

Noch hat das deutsche Volk keine Möglichkeit, seine Stimme zu erheben. Um so lauter rufen die Ruinen und Gräber zur Sammlung, zur Aktion! Es gilt zu handeln, ehe unsere Heimat ganz zerstört und der Zusammenbruch vollständig ist. Nur die Einheitsfront aller Feinde des Nationalsozialismus kann diese Tat vollbringen.

Im Gedenken an die Toten des Krieges und die Märtyrer der Freiheit, die vom Machtwahn des Faschismus hingemordet wurden, und an die Leiden unserer Soldaten geloben wir:

Nie wieder soll das deutsche Volk sich im Parteienstreit verlieren! Nie wieder darf die Arbeiterschaft sich im Bruderkampf zerfleischen! Nie wieder Diktatur und Sklaverei!

Ein neues Deutschland muss entstehen, worin sich das schaffende Volk sein Leben im Geist wahrer Freiheit selbst ordnet.

Der Nationalsozialismus und seine Lügen müssen mit Stumpf und Stil ausgerottet werden, damit wir die Achtung vor uns selbst zurückgewinnen und der deutsche Name wieder ehrlich wird in der Welt. Das Gebot der Stunde lautet: Fort mit Hitler! Kampf für Gerechtigkeit und Frieden!

Schwere Jahre stehen uns bevor. Fast übersteigt es Menschenkraft, das wieder aufzurichten, was Hitlers Machtwahn und der Krieg vernichtet haben.

Dennoch! Die Sozialistische Aktion geht entschlossen an die Aufgabe heran. Sie ruft alle aufrechten Deutschen zu ehrlicher Mitarbeit. Wir werden unsere ganze Kraft einsetzen, unser ganzes Können, unser ganzes Selbstvertrauen; und werden dadurch schließlich vor der Geschichte den Beweis erbringen, daß wir doch stärker sind als unser Schicksal, indem wir es meistern.

14. Juni 1943 (3)

Elemente des Kreisauer Denkens waren das Konzept der europäischen Regionen, das konsequente Eintreten für einen europäischen Bundesstaat, die entschiedene Frontstellung gegen Nationalismus als politisches Strukturprinzip, die Rückbesinnung auf die im Christentum und Humanismus liegenden gemeinsamen Werte der Europäer sowie der Ruf nach spontaner Solidarität aus christlichem Geiste. Die Arbeit der Kreisauer zielte darauf, die Eingliederung Deutschlands in eine umfassendere Ordnung vorzubereiten – entsprechend einer veränderten Welt, in der die Souveränität des Nationalstaates nur noch bedingte Bedeutung hat. Moltke schrieb darüber bereits 1942 an einen Freund.

Helmuth James von Moltke, Brief an Lionel Curtis:

Für uns ist Europa nach dem Krieg weniger eine Frage von Grenzen und Soldaten, von komplizierten Organisationen oder großen Plänen. Europa nach dem Krieg ist die Frage: Wie kann das Bild des Menschen in den Herzen unserer Mitbürger wiederhergestellt werden? Das ist eine Frage der Religion, der Erziehung, der Bindungen an Arbeit und Familie, des richtigen Verhältnisses von Verantwortung und Rechten.

April 1942 (6)

Europäischer Verfassungsentwurf:

Nach der Auflösung der bisherigen Formen zwischenstaatlicher Ordnung in Europa und nachdem klar zutage liegt, dass Europa für sich absolut setzende Souveränitäten der Einzelstaaten zu klein geworden ist, kann nur eine neue europäische Gesamtordnung die Voraussetzung schaffen, dass sich das Abendland inmitten einer Welt von Großmächten und kontinentalen Zusammenballungen seine Kraft und Eigenart erhält. Die Konsequenz ist die Bildung eines europäischen Bundes, der sich eine einheitliche, ständige und mit den nötigen Vollmachten versehene Bundesregierung für die gemeinsamen Aufgaben einrichtet.

Herbst 1942 (8)

Die Kreisauer entwickelten Grundsätze zur Bestrafung von Kriegsverbrechen. Sie sollten von einem international zusammengesetzten Gerichtshof unter Beteiligung deutscher Richter verurteilt werden.

Paulus van Husen:

Als Rechtsschänder ist zu bestrafen, wer wesentliche Grundsätze des göttlichen oder natürlichen Rechts, des Völkerrechts oder des in der Gemeinschaft der Völker überwiegend übereinstimmenden positiven Rechts in einer Art bricht, die erkennen lässt, dass er die bindende Kraft dieser Rechtssätze freventlich missachtet.

Rechtsschänder ist auch, wer den Befehl zu einer rechtsschändenden Handlung gibt, in verantwortlicher Stellung dazu auffordert oder allgemeine Lehren oder Weisungen rechtsschändender Art erteilt. Mittäterschaft, Beihilfe und Anstiftung beurteilen sich nach dem allgemeinen Strafrecht.

Bei einer auf Befehl begangenen Rechtsschändung ist der Befehl kein Strafausschließungsgrund es sei denn, dass es sich um eine unmittelbare Bedrohung von Leib oder

Leben des Täters handelt oder ein sonstiger Zwang vorliegt, der nach den näheren Umständen die Befolgung des Befehls nicht als offenkundig unsittlich erscheinen lässt. Insbesondere ist der Befehl kein Strafausschließungsgrund, wenn der Täter durch sein Verhalten vor, bei oder nach der Tat erwiesen hat, dass er den Befehl billigt.

Sind Rechtsschändungen vor Erlass dieses Gesetzes begangen worden, so ist das Verfahren mit einem feststellenden Urteil abzuschließen, dass der Angeklagte der Rechtsschändung schuldig ist.

Begründung:

1. Unter der nationalsozialistischen Herrschaft sind zahlreiche Verletzungen des Rechts begangen worden. Sie sind nach Art, Ausmaß und Willensrichtung schwerwiegend und verabscheuenswert. Ihre Bestrafung ist zur Wiederaufrichtung der Herrschaft des Rechts und damit des inneren und äußeren Friedens ein dringendes Gebot. Wenn dem Recht wieder zum Siege verholfen werden soll, so kann das nur auf dem Wege des Rechts selbst und nicht durch Maßnahmen geschehen, die von politischen Zwecken oder von der Leidenschaft bestimmt werden.

Aus dem Sinn des Rechts selbst wie aus politischer Zweckmäßigkeit heraus muss eine sittliche, würdige Lösung gefunden werden.

2. In grundsätzlicher klarer Verdammung der Schandtaten wird durch die vorgeschlagene Strafbestimmung ein im ordentlichen Strafrechtszuge zu verfolgender besonderer Straftatbestand geschaffen, der den Rechtsschänder mit Freiheits- oder Todesstrafe belegt. [...]

3. Der rückwirkenden Anwendung des neuen Straftatbestandes der Rechtsschändung steht der Grundsatz *nulla poena sine lege* entgegen. [...] Der Grundsatz *nulla poena* ist seit dem 18. Jahrhundert Gemeingut des europäischen Strafrechts geworden. Er ist historisch entstanden in Abwehr gegen absolutistische Staatswillkür. Einer grundsätzlichen sittlichen Forderung entspricht er nicht, ganz gleich, von welcher Strafrechtsmethode man ausgeht. [...] Die Rückkehr zu fester Rechtsanwendung und die Wiedererweckung der Rechtsüberzeugung verlangen jedoch, auch gegen die Rechtsschänder bei dem Grundsatz zu beharren, dem Straftatbestand also die Rückwirkung zu versagen.

Daraus folgt, dass Taten, die vor dem Erlass dieses Gesetzes begangen worden sind, auf Grund der neuen Bestimmungen nicht bestraft werden können. Eine Strafe kann also nur verhängt werden, sofern der Angeklagte auch Straftaten begangen hat, die nach den zur Zeit der Tat geltenden Bestimmungen mit Strafe bedroht waren. Der Grundsatz *nulla poena* steht aber der rein deklaratorischen Feststellung der Rechtsschändung durch das Gericht auch für die rückwirkenden Fälle nicht im Wege. [...]

4. Neben dieser strafrechtlichen Ahndung ist eine gesondert zu behandelnde Wiedergutmachung erforderlich gegenüber den durch Gewalt und Willkür an Leib, Leben, Vermögen, Ehre und in ihren öffentlichen Rechten verletzten und unterschiedlich behandelten Personen (Konzentrationslager, ungerechte Urteile, Ausbürgerungen, Konfiskationen, Zurücksetzung von Beamten). Es werden Bestimmungen erlassen werden, die die Führung solcher Prozesse gegen erklärte Rechtsschänder erleichtern und allgemein die Haftung der Rechtsschänder mit ihrem Vermögen verschärfen.

5. Die Beeinträchtigung der bürgerlichen und politischen Rechte durch die Erklärung zum Rechtsschänder bleibt ebenfalls einer besonderen Regelung vorbehalten.

3. Kreisauer Tagung, Pfingsten 1943 (8)

■ Im Januar 1943 kam es zu einem Treffen der Kreisauer mit dem Goerdeler-Kreis, das zu keiner politischen Annäherung der beiden Widerstandsgruppen führte. ■

Theodor Steltzer:

Wenn wir den anderen Widerstandsgruppen mit Kritik gegenüberstanden – wir hatten uns in dieser Kritik an anderen Gruppen eigentlich erst zusammengefunden –, so wurde auch an uns Kritik geübt. Man betrachtete uns als Theoretiker. [...] Die weitere Entwicklung hat aber gezeigt, dass die Ideen von Kreisau zukunftsträchtiger waren als die Anschauungen der anderen Widerstandsgruppen. Uns schwebte eine Einigung vor, die nicht nur aus der negativen Haltung gegenüber dem Nationalsozialismus, sondern aus einer positiven Übereinstimmung in langfristiger politischer Zielsetzung bestand. Es ging uns um die geistigen Grundlagen deutscher Politik. Wir kamen aus sehr verschiedenen gesellschaftlichen und konfessionellen Kreisen. Es war für uns ein großes Erlebnis, dass sich die hierin liegenden Schwierigkeiten menschlich leichter überwinden ließen, als wir erwartet hatten.

Die von christlicher und konservativer Seite kommenden Persönlichkeiten bekamen einen stärkeren Kontakt mit den Forderungen der sozialistischen Seite. Und bei den Vertretern der Linken ergab sich ein überraschendes Verständnis für das Christentum als wesentlichen Faktor europäischer Gesamtkultur. Entscheidend aber war, dass sich zwischen allen ein gegenseitiges Achtungs- und Vertrauensverhältnis entwickelte. So erreichten wir unschwer Übereinstimmung über die ethischen Voraussetzungen von nationaler und internationaler Gemeinschaft und die Bindung des Einzelnen an Sittlichkeit und Recht. Von dieser Grundeinstellung aus ließ sich dann auch leicht eine Verständigung über die konkreten Fragen des gesellschaftlichen Aufbaus erreichen. (9)

Eugen Gerstenmaier:

Gegen den Widerstand Moltkes hatten Fritzi Schulenburg und ich wochenlang daran gearbeitet, die führenden Köpfe des Kreises um Goerdeler mit uns Kreisauern zusammenzubringen. In getrennten und gemeinsamen Vorbesprechungen hatte ich im Gespräch mit Johannes Popitz und Ulrich von Hassell versucht, eine Plattform für eine solche Begegnung zu schaffen. [...] Popitz hielt es ebenso wie Schulenburg und Adam von Trott für nötig, den Generälen eine möglichst geordnete und fest gefügte Repräsentanz der zivilen Seite des deutschen Widerstandes vorzuführen. Sie sollten sehen, dass ein hoher politischer und fachlicher Sachverstand zur Ablösung der regierenden Schicht bereit stand. Sie sollten auch sehen, dass wir nicht ein durcheinander redender Haufen von Intellektuellen oder sich streitender künftiger Parteiführer seien, sondern Leute, denen es allein um das Vaterland und das Recht zu tun gehe. [...]

Widerstrebend nur ließ sich Moltke durch Trott und mich dafür gewinnen, an der mit Popitz und Hassell vereinbarten Begegnung der Großkopferten teilzunehmen. [...]

Carl Goerdeler (1884–1945)
Foto GDW

Ulrich von Hassel (1881–1944)
Foto GDW

Fritz Dietlof von der Schulenburg (1902–1944)
Foto GDW

Der Abend begann mit einem Rundgespräch, das sich in den besten Formen drei Stunden lang hinzog, ohne etwas Nennenswertes zu erbringen. Trott sprach zur Außenpolitik, Yorck zu unserer Idee des Staatsaufbaus und Moltke zur Lage der Opposition. Eine eigentlich kontroverse Diskussion schloss sich daran nicht an. Obwohl unsere Ideen sicher weithin im Kontrast zu denen der „Exzellenzen" standen, sprach Goerdeler mit uns wie ein Kanzlerkandidat mit den Vertretern einer kleinen Partei, die er für die von ihm zu führende Koalitionsregierung gewinnen möchte. [...] Moltkes Schweigen grenzte an Hohn. An Hohn vor allem Trott und mir gegenüber, die wir uns mit dieser Begegnung so viel Mühe gemacht hatten. [...]

Es ging auf halb zwölf. Das war für die damalige von Luftalarmen gestörte Schlafenszeit spät. Goerdeler sprach beherrscht, aber endlich präziser und härter. Für sein Verständnis jedoch noch immer entgegenkommend.

In seinen Redestrom hinein sagte Moltke halblaut, zu mir gewandt: „Kerenski". (10)

Helmuth James von Moltke, Brief an seine Frau:

Mein Abend dauerte bis 1 Uhr nachts. Es war merkwürdig, weil wir bis 23 Uhr überhaupt nicht recht zum Konflikt kamen, sondern jeder Versuch, auf die Grundsätze vorzustossen von der anderen Seite ins Leichte, Verbindliche umgebogen wurde. Schließlich ergab sich eine Chance und zwar über das Thema, über das wir im Oktober in Kreisau die Nachtbesprechung hatten. Nach einigem Vorgeplänkel von uns kam eine wirklich tolle Erklärung heraus: platt, fantasielos usw. Darauf nahm ich die Gelegenheit beim Wickel, erklärte, hierauf zu antworten hätte um 23.35 Uhr keinen Sinn mehr, denn nun beginne erst die wirkliche Diskussion. Wir würden also heute nicht antworten. Ich schoss dann noch einen lange im Köcher behaltenen Giftpfeil „Kerenski-Lösung" ab, der auch tüchtig und sichtbar saß – und damit endete die Sache dramatisch und glücklicherweise nicht platt. Wir aßen dann noch eine gelbe Erbsensuppe und Schnittchen. Um 24 Uhr waren die anderen weg und wir hielten noch eine Manöverkritik: Trott, Eugen, Peter und ich.

9. Januar 1943 (1)

■ Obwohl besonders Moltke, aber auch der Kreis als solcher die Umsturzpläne Goerdelers ablehnte, waren doch viele seiner Mitglieder an der Aktion zum Sturz des Regimes beteiligt. So stand Peter Yorck von Wartenburg am 20. Juli 1944 an der Seite Stauffenbergs im Gebäude des OKH [Oberkommando des Heeres] in der Bendlerstraße in Berlin, Haeften und Trott im Auswärtigen Amt. ■

Marion Yorck:

Ich wusste erst Anfang Juli [1944] etwas von dem geplanten Datum, und zwar nachdem Leber und Reichwein, die eine Verbindung zu den Kommunisten gesucht hatten, verhaftet worden waren. Stauffenberg hatte Sorge, dass sie in den Verhören der Gestapo und unter der Folter nicht lange dichthalten könnten. Er fühlte sich Julius Leber gegenüber verpflichtet, etwas zu tun. Peter glaubte auch nicht an eine große militärische Aktion unter Beteiligung der Generalität. Volles Vertrauen hatte er aber zu Claus Stauffenberg. Ihn hatte er, ohne dass es weiter vieler Worte bedurft hätte – nach meiner Erinnerung um Weihnachten 1943 – versichert, dass er stets an seiner Seite stehen würde. So war es denn auch am 20. Juli 1944.

Peter und Claus waren beide davon durchdrungen, dass Hitler seinen Eid gegenüber dem Volk gebrochen hatte. Für beide ging es auch um die Frage des Tyrannenmords, und sie haben sich diese Frage nicht leicht beantwortet. (2)

■ Im Oktober 1943 übernahm Claus von Stauffenberg eine Stelle im Oberkommando der Wehrmacht. Die für die Niederschlagung innerer Unruhen vorgesehenen Maßnahmenpläne arbeitete er unter der Losung „Operation Walküre" zur Logistik des Staatsstreiches um. Die Notwendigkeit

Henning von Tresckow (1901–1944)
Foto GDW

Werner von Haeften (1908–1944)
Foto GDW

Claus Schenk Graf von Stauffenberg (1907–1944) Foto GDW

des Attentats unterstrich Henning von Tresckow, eine treibende Kraft bei der Vorbereitung der Verschwörung. „Das Attentat muss erfolgen, coute que coute, denn es kommt nicht mehr auf einen praktischen Zweck an, sondern darauf, daß die deutsche Widerstandsbewegung vor der Welt und vor der Geschichte den entscheidenden Wurf gewagt hat." Von den Verschwörern hatte nur Stauffenberg direkten Zugang zu Hitler. Deshalb musste er am 20. Juli 1944 das Attentat persönlich ausführen. Die Bombe explodierte, doch Hitler überlebte den Anschlag.

Aufgrund der unklaren Nachrichtenlage lief die Aktion in Berlin nur mit Verzögerung an und wurde am Abend von SS-Einheiten niedergeschlagen. Ludwig Beck wurde gezwungen, Selbstmord zu begehen. Claus von Stauffenberg, Werner von Haeften, Mertz von

Albrecht Mertz von Quirnheim (1905–1944)
Foto GDW

Friedrich Olbricht (1888–1944)
Foto GDW

Ludwig Beck (1880–1944)
Foto GDW

Quirnheim und Friedrich Olbricht wurden noch in der Nacht auf dem Hof des Bendlerblocks erschossen.

Nach dem Scheitern des Staatsstreiches rechnete das Regime mit seinen Gegnern ab. Etwa 5.000 Personen wurden verhaftet. Nach dem Prinzip der „Sippenhaft" waren auch Familienangehörige betroffen. Mitverschwörer und Eingeweihte wurden steckbrieflich gesucht, darunter auch die Kreisauer Augustinus Rösch und Lothar König. Auch die Beteiligung des seit Januar 1944 inhaftierten Moltkes an der aktiven Widerstandsarbeit wurde im Zuge der Ermittlungen gegen die Attentäter aufgedeckt. Hitler plante Verfahren nach dem Muster der Moskauer Schauprozesse. Unter dem Vorsitz von Freisler verurteilte der Volksgerichtshof etwa 200 Personen zum Tode.

Zunächst informierte die Presse darüber ausführlich. Goebbels ließ die Prozesse filmen. Die Filme wurden allerdings nie vorgeführt, weil sie den Propaganda- und Abschreckungseffekt nicht erfüllten. Einige Wochen später untersagte Goebbels jedwede Berichterstattung. ■

Nach dem 20. Juli 1944 stand Haeften, als einer der ersten Mitglieder des Kreisauer Kreises vor Gericht. Hier ein Ausschnitt aus der Verhandlung unter dem Vorsitz von Roland Freisler.

Freisler: Was waren Sie zuletzt im Auswärtigen Amt?

Haeften: Vortragender Legationsrat.

Freisler: Vortragender Legationsrat. Zum Schluss waren Sie tätig, waren Sie stellvertretender... Leiter der kulturpolitischen Abteilung.

Haeften: Ja.

Freisler: Nun. Sehen Sie denn nicht ein, dass, wenn ein Volk schwer ringt und wenn dann einer von den wahrscheinlich tausenden von Obersten, die es in der Armee dieses Volkes gibt, einer solchen Meinung ist, Verrat ist, irgendwie abzuweichen von der Treue gegenüber dem Führer...?

Haeften: Diese Treuepflicht habe ich nicht mehr empfunden.

Freisler: Aha, so, es ist also klar, die haben Sie nicht empfunden und sagen, wenn ich keine Treue empfinde, kann ich auch Verrat begehen.

Haeften: Nein, so ist es nicht ganz, sondern ich gehe... nach der Auffassung, die ich von der weltgeschichtlichen Rolle des Führers habe, nämlich, dass er ein großer Vollstrecker des Bösen ist, war ich der Auffassung...

Freisler: Na, ja, das ist ja nun wohl klar. Da ist also kein Wort dazu zu sagen.

Haeften: Jawohl.

Freisler: Ein feiner Beamter im Auswärtigen Dienst. Dann stelle ich aber eine andere Frage: Und Sie haben es gewagt, Beamter im Auswärtigen Dienst zu sein?

Haeften: Ja.

Freisler: So. Kein Wort weiter zu verlieren. Ich glaube jede weitere Frage würde den Eindruck nur abschwächen. (11)

Quellen:

(1) Beate Ruhm von Oppen (Hg.), Helmuth James von Moltke, *Briefe an Freya 1939–1945*, München 1988.
(2) Marion Yorck von Wartenburg, *Die Stärke der Stille*, München 1987.
(3) Ger van Roon, *Neuordnung im Widerstand (Dokumentenanhang)*, München 1967.
(4) *Kreisau – Krzyzowa. Vom Widerstand zum Dialog*, Dokumentarfilm von Eberhard Görner, 1996.
(5) Barbara von Haeften, *Nichts Schriftliches von Politik*, München 1997.
(6) Michael Balfour/ Julian Frisby/ Freya von Moltke, *Helmuth James von Moltke 1907–1945. Anwalt der Zukunft*, Stuttgart 1975.
(7) Freya von Moltke, *Erinnerungen an Kreisau 1930–1945*, München 1997.
(8) Roman Bleistein (Hg.), *Dossier: Kreisauer Kreis*, Frankfurt a. M. 1987.
(9) Theodor Steltzer, *Sechzig Jahre Zeitgenosse*, München 1966.
(10) Eugen Gerstenmaier, *Streit und Friede hat seine Zeit*, Frankfurt a. M. 1981.
(11) *Die Angeklagten des 20. Juli vor dem Volksgerichtshof.* Herausgegeben von Bengt von zur Mühlen unter Mitarbeit von Andreas von Klewitz. CHRONOS, Berlin 2001.

Helmuth James (1907–1945) und Freya von Moltke (1911–2010)

Seitdem der Nationalsozialismus zur Macht gekommen ist, habe ich mich bemüht, seine Folgen für seine Opfer zu mildern und einer Wandlung den Weg zu bereiten. Dazu hat mich mein Gewissen getrieben.

Helmuth James im Brief an die Söhne im Oktober 1944

Foto PBvM

Foto PBvM

Horst von Einsiedel an einen Freund:

Eines Tages tauchte ein Vetter C.D.v.T.s [Carl Dietrich von Trotha] auf der Bildfläche auf. Ein Mensch, dem ich mich zum ersten Mal sehr unterlegen fühlte. Beinahe zwei Jahre jünger als ich, eben erst zwanzig Jahre alt, kennt vom Kaiser an und Hindenburg sämtliche Politiker Europas bis zu Löbe und Loucheur. Er ist ungeheuer klug und weltgewandt, tüchtig und wirklich imponierend. Dieser Graf M. hat den Plan, eine großzügig angelegte Hilfsaktion für den Waldenburger Bezirk in das Leben zu rufen. Wie du weißt, ist Waldenburg das sozial rückständigste Gebiet Europas.

1928 (1)

Carl Zuckmayer:

Es war in unserer Henndorfer Frühzeit, im Sommer 1927. Da begegneten sich zum ersten Mal meine deutschen sozialistischen Freunde, Carlo Mierendorff und Theodor Haubach, mit einem jüngeren, erst kurz vorher durch die verehrte Lehrerin und Schuldirektorin meiner Frau, Dr. Eugenie Schwarzwald, zu uns gestoßenen Freund: dem Grafen Helmuth James von Moltke. Bei dieser Zusammenkunft, in den Gesprächen dieser Nacht kündigte sich bereits an, was später als „Kreisauer Kreis" in die Geschichte des deutschen Widerstandes gegen Hitler einging. (2)

Helmuth James von Moltke,
Brief an die Großeltern:

Nach meinem Examen möchte ich Polnisch lernen und ein klein wenig von den Balkansprachen, weil ich glaube, dass Schlesien und Wien die beiden Zentren sind, von denen aus Deutschland und Europa ein ernsthaftes Interesse für den Osten und den Balkan entwickeln können. Die europäische Krise zwischen Ost und West und die Agrarkrise im gesamten Osten Europas haben die-

angelsächsischen Tradition der Mutter Dorothy, deren Vater Sir James Rose Innes *Chief Justice* der Südafrikanischen Union war.

Moltke genoss eine Erziehung, in der die liberale Atmosphäre und soziale Orientierung des Elternhauses bestimmend waren. Gemeinsam mit seinem Vetter Carl Dietrich von Trotha besuchte Moltke bis 1922 das Gymnasium in Schweidnitz. Nach dem Abitur, das Moltke im März 1925 am Real-Gymnasium in Potsdam ablegte, studierte er Rechts- und Staatswissenschaften in Breslau, Berlin und Wien. In Zusammenarbeit mit Eugen Rosenstock-Huessy, Carl Dietrich von Trotha, Horst von Einsiedel, Hans Peters und anderen wirkte er bei der Gründung der schlesischen Arbeitslagerbewegung in Löwenberg mit und führte 1928 ein Arbeitslager für Bauern, Arbeiter und Studenten durch. Einer der Hauptreferenten war neben Rosenstock-Huessy der Reformpädagoge Adolf Reichwein. Das Ziel dieses sozialpoliti-

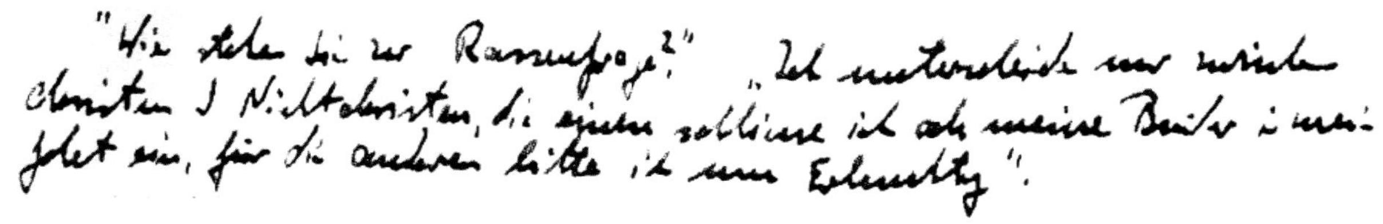
"Wie stehen Sie zur Rassenfrage?" „Ich unterscheide nur zwischen Christen & Nichtchristen, die ersten schliesse ich als meine Brüder in mein Gebet ein, für die anderen bitte ich um Erleuchtung".

Auszug aus einem der Briefe Moltkes an seine Frau, 14.11.1941.

selbe Wurzel, und es ist unsere Pflicht, dieses Problem zu bearbeiten. Das ist natürlich kein Beruf, aber ich denke, bevor man eine Arbeit im Osten Deutschlands beginnt, sollte man einiges von diesen Dingen verstehen. Deshalb möchte ich als Erstes die Sprachen lernen.
6. September 1928 (3)

■ Als ältestes von fünf Kindern des Gutsbesitzers und erblichen Mitglieds des preußischen Herrenhauses Helmuth von Moltke und seiner Frau Dorothy, geborene Rose Innes wurde Helmuth James von Moltke 1907 in Kreisau geboren. Er wuchs auf dem Gut Kreisau auf, das der Generalfeldmarschall Helmuth von Moltke von einer Dotation nach dem Deutschen Krieg 1866 erworben hatte. Kindheit und frühe Jugend Moltkes waren geprägt von dem aufgeklärt-konservativen Erbe der väterlichen Seite und einer liberal-

schen Engagements im rückständigen Industriebezirk um Waldenburg war die Zusammenführung und Bündelung unterschiedlicher gesellschaftlicher Gruppen und Kräfte.

Im Sommer 1929 begegnete Moltke zum ersten Mal der Bankierstochter aus Köln, Freya Deichmann, seiner späteren Ehefrau, beim Ehepaar Schwarzwald am Grundlsee im Salzkammergut. Diese hatten einen in der Sozialarbeit aktiv engagierten Kreis um sich geschart und zahlreiche Künstler und Wissenschaftler zählten zu den Freunden, darunter Bertolt Brecht und Helene Weigel, Carl Zuckmayer, Oskar Kokoschka und viele andere.

In Breslau legte Moltke 1929 das juristische Referendarexamen ab. Kurz darauf wurde er nach Kreisau gerufen, weil die Familiengüter in große wirtschaftliche Schwierigkeiten geraten waren. Als Generalbevollmächtigter seines Vaters gelang ihm die

Dorothy und Helmuth von Moltke
mit den Kindern, von rechts: Helmuth James,
Joachim Wolfgang und Wilhelm Viggo, 1913 Foto PBvM

Hochzeitsfoto. Von links: Freya und Helmuth James
von Moltke, mit ihren Müttern Dorothy von Moltke,
Ada Deichmann, Köln, 1931 Foto PBvM

Konsolidierung des Gutes. Am 31. Oktober 1931 schloss Helmuth James von Moltke mit Freya Deichmann die Ehe. ■

Freya von Moltke:

Den 30. Januar 1933, den Tag, an dem Hindenburg Hitler zum Reichskanzler ernannte, erlebten wir in Berlin. Der frühere Landrat von Waldenburg, Dr. Ohle, ein Sozialdemokrat, mit dem Helmuth während seiner Bemühungen um die Linderung der Not der Bergarbeiter zusammengearbeitet hatte, war bei uns zum Mittagessen. Er war der Ansicht, man müsse die Nazis an die Macht lassen, damit sie, wie andere Regierungen damals, abwirtschafteten und dann ersetzt würden. Helmuth widersprach ihm verzweifelt und mit Leidenschaft: Es sei der Beginn einer Katastrophe erster Ordnung. [...] Über Hitlers Pläne hatte er keine Zweifel. Er – ich nie – hatte Hitlers Buch „Mein Kampf" gelesen und ernst genommen. (4)

Helmuth James von Moltke,
Brief an Lionel Curtis:

Wenn dieser Kontinent eine Zeit lang unter die Herrschaft der Nazis gerät, wird die Zivilisation, die in Jahrhunderten aufgebaut worden ist und letztlich auf dem Christentum und der Klassik fußt, verschwinden, und wir wissen nicht, was an ihre Stelle tritt. Aber was immer folgt, es wäre anders als das, wofür wir erzogen sind und für das wir stehen mussten. Vom ersten Tage an, nachdem ich nach Deutschland zurückgekommen war, fiel mir auf, dass die radikale Gruppe in der Partei die Oberhand gewonnen hatte und dass fürchterliche innere Entwicklungen zu erwarten waren. Somit war ich ganz furchtbar beschäftigt, mich auf das Schlimmste vorzubereiten und besonders damit, Juden aus dem Land zu bringen.

20. November 1938 (3)

■ Freya von Moltke wurde ihrem Ehemann gerade in der Opposition gegen den Nationalsozialismus eine entscheidende Mitarbeiterin. Sie nahm an zahlreichen Treffen der Kreisauer teil und war durch die Briefe ihres Mannes aus Berlin über die Einzelheiten der Widerstandsarbeit ständig informiert.

Im Jahre 1932 siedelte das Ehepaar Moltke nach Berlin über. 1935 promovierte Freya von Moltke zum Dr. jur. Helmuth von Moltke legte 1934 sein Assessorexamen ab und spezialisierte sich fortan auf Völkerrecht und internationales Privatrecht. Als Anwalt stand er jüdischen und anderen Opfern des Nationalsozialismus zur Seite und half bei Auswanderungen.

Von 1935 bis 1938 reiste Moltke im Rahmen seiner Ausbildung zum britischen Anwalt regelmäßig nach England. Er knüpfte zahlreiche Kontakte zu politischen Führungskräften und versuchte, sie von der Irrigkeit der Appeasement-Politik gegenüber den Nazis zu überzeugen. Diese Verbindungen waren später für den Kreisauer Kreis und seine geheimen Auslandskontakte von erheblicher Bedeutung. 1937 traf Moltke in Oxford zum ersten Mal Adam von Trott zu Solz. 1938 begann Moltke, mit alten und neuen Freunden Möglichkeiten zur Überwindung des Dritten Reiches zu erörtern. ■

Helmuth James von Moltke, Brief an Lionel Curtis:

Heute fahre ich wieder nach Deutschland zurück. Ich muss sagen, noch nie bin ich weggefahren mit so pessimistischen Ansichten über die Zukunft von Westeuropa, dem ich mich zugehörig fühle. Und gleichzeitig kann ich einfach nicht sehen, wo ich etwas Nützliches oder Konstruktives tun könnte. Meiner Meinung nach geht es jetzt nicht um die Frage, wie man sich bis zum Sturz der cäsarischen Regime durchschlagen soll, sondern darum, wie man das übrige Westeuropa davor schützen kann, diesen Regimes zum Opfer zu fallen oder selbst solche Regime zu entwickeln. Die Lähmung, die dieses Land befallen hat, starrt einem überall ins Gesicht. Und zugleich ist während des letzten Jahres alles getan worden, meinen lieben Führer und Kanzler zu stärken und zu festigen: Dadurch war er in der Lage, ganz Deutschland von jeder feindlichen Bewegung zu säubern. Wo voriges Jahr eine Chance für einen Wechsel war, da ist jetzt nichts. Ein Wechsel des Regimes hängt darum vom Nachlassen seiner Macht infolge Erschöpfung ab; und es besteht kein Anlass, das zu unseren Lebzeiten zu erwarten. [...]

Das ist die Frage, die mich bedrängt und mich wieder zweifeln lässt, ob ich mich nicht besser lebendig begraben lasse in Kreisau. Andererseits habe ich das Gefühl, dass es meine Pflicht und Schuldigkeit ist, den Versuch zu unternehmen, auf der richtigen Seite zu sein, was immer es für Unannehmlichkeiten, Schwierigkeiten und Opfer mit sich bringen mag.

London, den 15. Februar 1939 (5)

Freya von Moltke:

Ab Januar 1940, als sich Peter Yorck und Helmuth nach langer Zeit in dem so einladenden kleinen Reihenhaus der Yorcks, dessen schmaler langer Garten bis an die Geleise der S-Bahn stieß, wiedergetroffen und in ihrem Ziel gefunden hatten, begannen sie sich systematisch mit diesem Thema zu befassen. Und wirklichen Impetus bekam der erste Schritt, die Suche nach Menschen, die bereit waren, sich an so etwas zu beteiligen,

Wilhelm Viggo, Helmuth James, Asta und Freya von Moltke mit dem amerikanischen Journalisten Edgar Mowrer und dessen Tochter auf der Treppe des Berghauses, Kreisau, 1932 Foto PBvM

Helmuth James von Moltke mit seinem Sohn Caspar, Weihnachten 1938 Foto PBvM

Freya von Moltke mit ihrem Sohn Konrad auf der Veranda des Berghauses, 1942
Foto PBvM

erst mit dem deutschen Sieg über Frankreich im Sommer 1940, auf dem Höhepunkt der deutschen Kriegserfolge – nicht etwa erst, als erkennbar wurde, dass Deutschland den Krieg verlieren würde. Es war damals wirklich ein Glaubensakt, sich mit dem Danach zu beschäftigen, und sicher auch ein Akt der Selbsterhaltung, der Erhaltung der eigenen Integrität. Es war wohl zu diesem Zeitpunkt, dass zwischen uns, Helmuth und mir, ausgesprochen worden ist, dass wir diesen Einsatz gemeinsam tragen wollten. (7)

Marion Yorck:

Helmuth und Peter waren sehr verschieden. Helmuth besaß einen Schuss englischer Wesensart in seiner betonten Zurückhaltung. Er war sehr sachbezogen, weniger musisch, und wirkte nicht nur, sondern war auch etwas hochmütig. Nicht einfachen Menschen gegenüber, denen ist er immer respektvoll begegnet. Jegliche Angeberei war ihm zuwider. Er trank keinen Alkohol, war sehr präzise in seiner Tageseinteilung und auf die Minute pünktlich. Auch die Gespräche der Freunde lenkte er, ohne ein Abgleiten zu gestatten. Er war willensstark, diszipliniert, ordentlich und analytisch intelligent. (6)

■ Bei Kriegsausbruch wurde Moltke als Kriegsverwaltungsrat in das Amt Ausland/Abwehr des Oberkommandos der Wehrmacht in Berlin verpflichtet. Als Sachverständiger für Völkerrecht setzte er sich für die Einhaltung geltender Rechtsvorschriften, humane Behandlung von Kriegsgefangenen, Verhinderung von Deportationen, Vernichtungsbefehlen und Geiselerschießungen ein.

Bereits 1939 verfasste Moltke erste Denkschriften zur politischen Neuordnung Deutschlands. 1940 traf Moltke mit Peter Yorck von Wartenburg zusammen, und es begann eine intensive Zusammenarbeit, die den Grundstein zum Kreisauer Kreis legte. Moltke und Yorck waren die führenden Vertreter dieses Kreises und nahmen an den meisten Beratungen in Berlin, München, Kreisau und auf den Yorckschen Gütern teil. Moltke stellte Kontakte zu protestantischen und katholischen Kirchenführern her und versuchte, die Führung der sozialdemokratischen Opposition in die Kreisauer Widerstandsarbeit einzubinden.

Bei zahlreichen Auslandsreisen gelang es Moltke, Gespräche mit Vertretern der Widerstandsgruppen der besetzten Länder zu führen. Aus Skandinavien wurden Briefe an die politischen Freunde in England abgesandt. So konnte ein Flugblatt der „Weißen Rose" in das westliche Ausland lanciert werden.

Im November 1943 wurde die Wohnung Moltkes ausgebombt, und er zog, wie Gerstenmaier, zu Yorcks in die Hortensienstraße.

Helmuth James von Moltke, Brief an seine Frau:

Frieden ist etwas anderes als *Complacency*. Wer, um sich den äußeren Frieden zu erhalten, Schwarz Weiß sein lässt und Böse Gut, der verdient den Frieden nicht, der steckt den Kopf in den Sand. Wer aber jeden Tag weiß, was gut ist und was böse und daran nicht irre wird, wie groß auch der Triumpf des Bösen zu sein scheint, der hat den ersten Stein zur Überwindung des Bösen gelegt.

1. Juni 1940 (7)

Helmuth James von Moltke, Brief an seine Frau:

Der Tag ist so voller grauenhafter Nachrichten, dass ich nicht in Ruhe schreiben kann, obwohl ich mich um 5 zurückgezogen und eben einen Tee getrunken habe. Aber mein Kopf tut mir trotzdem weh. Wie soll man die Mitschuld tragen?

In Serbien sind an einem Ort zwei Dörfer eingeäschert worden, 1700 Männer und 240 Frauen von den Einwohnern sind hingerichtet. Das ist die „Strafe" für den Überfall auf drei deutsche Soldaten. In Griechenland sind 220 Männer eines Dorfes erschossen worden. Das Dorf wurde niedergebrannt, Frauen und Kinder wurden an der Stätte zurückgelassen, um ihre Männer und Väter und ihre Heimstatt zu beweinen. In Frankreich finden umfangreiche Erschießungen statt, während ich hier schreibe. So werden täglich sicher mehr als tausend Menschen ermordet und wieder Tausende deutscher Männer werden an den Mord gewöhnt. Und das alles ist noch ein Kinderspiel gegen das, was in Polen und Russland geschieht. Darf ich denn das erfahren und trotzdem in meiner geheizten Wohnung am Tisch sitzen und Tee trinken? Mach' ich mich dadurch nicht mitschuldig?

Seit Sonnabend werden die Berliner Juden zusammengetrieben; abends um 21.15 Uhr werden sie abgeholt und über Nacht in eine Synagoge gesperrt. Dann geht es mit dem, was sie in der Hand tragen können, ab nach Litzmannstadt und Smolensk. Man will uns ersparen zu sehen, dass man sie einfach in Hunger und Kälte verrecken lässt, und tut das daher in Litzmannstadt und Smolensk.

Freya und Helmuth James von Moltke auf den Feldern in Kreisau, 1942 Foto PBvM

Wie kann jemand so etwas wissen und dennoch frei herumlaufen? Mit welchem Recht? Ist es nicht unvermeidlich, dass er dann eines Tages auch dran kommt und dass man ihn auch in die Gosse rollt? Das alles ist ja nur Wetterleuchten, denn der Sturm steht vor uns.

21. Oktober 1941 (7)

Helmuth James von Moltke,
Brief an Lionel Curtis:

Vielleicht erinnern Sie sich, dass ich in Gesprächen vor dem Kriege der Meinung war, dass der Glaube an Gott nicht wesentlich sei, um dahin zu kommen, wo wir jetzt sind. Heute weiß ich, dass ich Unrecht hatte, ganz und gar Unrecht. Sie wissen, dass ich die Nazis vom ersten Tage an bekämpft habe, aber der Grad von Gefährdung und Opferbereitschaft, der heute von uns verlangt wird, setzt mehr als gute ethische Prinzipien voraus, besonders da wir wissen, dass der Erfolg unseres Kampfes wahrscheinlich den totalen Zusammenbruch unserer nationalen Einheit bedeuten wird. Aber wir sind bereit, dem ins Gesicht zu sehen.

18. April 1942 (1)

Freya von Moltke:

Fragen des Glaubens waren oder wurden für fast alle Angehörigen der Gruppe auch persönlich lebenswichtig. Auch wenn sie keine Kirchenchristen waren, war es der Glaube an göttliches Wirken, und zwar der im christlichen Erbe wurzelnde Glaube, der ihnen die Grundlage und den Mut gab und auch die Pflicht auferlegte, der Zerstörung fundamentaler, aus dem Christentum gewachsener Menschlichkeit durch den Nationalsozialismus entgegenzutreten und dafür ihr Leben einzusetzen. Aber für sie ging es nicht nur um ein großes Erbe, aus dem trotz aller Untaten der Kirche und der Christen durch die Jahrhunderte auch unsere abendländischen Kostbarkeiten gewachsen waren, sondern sie glaubten auch an die Zukunft des Christentums. Das Christentum hat eine Art, wenn es gerade bankrott zu sein scheint, neu und anders wieder lebendig zu werden. Daran glaubten sie. (5)

Theodor Steltzer:

Moltke war eine eindrucksvolle Persönlichkeit, [...] ein sehr begabter Jurist von überragender, vielleicht etwas kühler Intelligenz; ein überzeugter Gegner des Nationalsozialismus. Als ich ihn kennenlernte, lag eine große Melancholie über ihm, die später nachließ, als sich unsere Gespräche zu konkreten Plänen verdichteten. Moltke hatte von seiner englischen Mutter einen freien, weltoffenen Geist geerbt und alle überholten nationalen und gesellschaftlichen Vorurteile und Bindungen überwunden. Es war für ihn selbstverständlich, dass man das Böse in der Politik, wie es der Nationalsozialismus verkörperte, bekämpfen musste. Ein weiteres Motiv war das Gefühl tiefer Verpflichtung, sich für alles einzusetzen, was zur Rettung des Menschen und des Volkes beitragen konnte. Ich hatte das Gefühl, dass er die Lage als hoffnungslos ansah und nicht an einen Erfolg unseres Einsatzes glaubte. Er war lange vor dem 20. Juli der Ansicht, dass wir alle einmal hingerichtet würden. (8)

Helmuth James von Moltke,
Brief aus dem Gefängnis an seine Söhne:

Ich habe mein ganzes Leben lang, schon in der Schule, gegen einen Geist der Enge und der Gewalt, der Überheblichkeit, der Intoleranz und des absoluten, erbarmungslos Konsequenten, angekämpft, der in den Deutschen steckt und der seinen Ausdruck in dem nationalsozialistischen Staat gefunden hat. Ich habe mich auch dafür eingesetzt, dass dieser Geist mit seinen schlimmen Folgeerscheinungen wie Nationalismus im Exzess, Rassenverfolgung, Glaubenslosigkeit, Materialismus überwunden werde. Insoweit und von ihrem Standpunkt aus haben die Nationalsozialisten Recht, dass sie mich umbringen.

14. Oktober 1944 (5)

Helmuth James von Moltke,
Brief an seine Frau:

Letzten Endes entspricht diese Zuspitzung auf das kirchliche Gebiet dem inneren Sachverhalt und zeigt, dass F. [Freisler] eben doch ein guter politischer Richter ist. Das hat den ungeheuren Vorteil als wir nun für etwas umgebracht werden was wir a. getan haben und was b. sich lohnt. [...] Das Schöne an dem so aufgezogenen Urteil ist Folgendes: Wir haben keine Gewalt anwenden wollen – ist festgestellt; wir haben keinen einzigen organisatorischen Schritt unternommen, mit keinem einzigen Mann über die Frage gesprochen, ob er einen Posten übernehmen wolle – ist festgestellt; in der Anklage stand es anders. Wir haben nur gedacht, und zwar eigentlich nur Delp, Gerstenmaier & ich, die anderen galten als Mitläufer und Peter & Adam als Verbindungsleute zu Schulenburg etc. Und vor den Gedanken dieser drei einsamen Männer, den bloßen Gedanken, hat der N.S. eine solche Angst, dass er alles, was damit infiziert ist, ausrotten will. Wenn das nicht ein Kompliment ist. Wir sind nach dieser Verhandlung aus dem Goerdeler-Mist raus, wir sind aus jeder praktischen Handlung heraus, wir werden gehenkt, weil wir zusammen gedacht haben. Freisler hat recht, tausend Mal Recht; und wenn wir schon umkommen müssen, dann bin ich allerdings dafür, dass wir über dieses Thema fallen.

Berlin, 10. Januar 1945 (7)

Am 19. Januar 1944 wurde Moltke verhaftet, nachdem er Otto Kiep vor einer drohenden Verhaftung gewarnt hatte und dies aufgrund einer Denunziation entdeckt wurde. Seine Beteiligung an der aktiven Widerstandsarbeit wurde erst nach dem misslungenen Attentat auf Hitler am 20. Juli 1944 aufgedeckt.

Im Prozess vom 9. bis 11. Januar 1945 verurteilte ihn der Volksgerichtshof zum Tode. Am 23. Januar 1945 wurde Helmuth James von Moltke in Berlin-Plötzensee ermordet.

Helmuth James von Moltke, Brief an seine Frau:

Wie gnädig ist der Herr mit mir gewesen! Selbst auf die Gefahr hin, dass das hysterisch klingt: Ich bin so voll Dank, eigentlich ist für nichts anderes Platz. Er hat mich die zwei Tage so fest und klar geführt: der ganze Saal hätte brüllen können, wie der Herr Freisler, und sämtliche Wände hätten wackeln können, und es hätte mir gar nichts gemacht; es war wahrlich so, wie es im Jesaja 43,2 heißt: „Und so du durch Wasser gehst, will ich bei dir sein, dass dich die Ströme nicht sollen ersäufen; und so du ins Feuer gehst, sollst du nicht brennen und die Flamme soll dich nicht

Helmuth James von Moltke während seines Prozesses vor dem Volksgerichtshof in Berlin, Januar 1945 Foto GDW

Freya von Moltke mit ihren Söhnen Caspar und Konrad, 1956
Foto PBvM

versengen." Mir war, als ich zum Schlusswort aufgerufen wurde, dass ich beinahe gesagt hätte: Ich habe nur eines zu meiner Verteidigung anzuführen: „Nehmen sie den Leib, Gut, Ehr, Kind und Weib, lass fahren dahin, sie haben's kein'n Gewinn, das Reich muss uns doch bleiben." Aber das hätte doch die anderen noch belastet. So sagte ich nur: Ich habe nicht die Absicht noch etwas zu sagen, Herr Präsident.
10. Januar 1945 (7)

Helmuth James von Moltke, Brief an seine Frau:

Mein Herz, mein Leben ist vollendet, und ich kann von mir sagen: Er starb alt und lebenssatt. Das ändert nichts daran, dass ich gerne noch etwas leben möchte, dass ich Dich gerne noch ein Stück auf dieser Erde begleitete. Aber dann bedürfte es eines neuen Auftrages Gottes. Der Auftrag, für den mich Gott gemacht hat, ist erfüllt. Will er mir noch einen neuen Auftrag geben, so werden wir es erfahren. Darum strenge Dich ruhig an, mein Leben zu retten, falls ich den heutigen Tag überleben sollte. Vielleicht gibt es noch einen Auftrag.

Ich höre auf, denn es ist nichts weiter zu sagen. Ich habe auch niemanden genannt, den Du grüßen und umarmen sollst; Du weißt selbst, wem meine Aufträge für Dich gelten. Alle unsere lieben Sprüche sind in meinem Herzen und in Deinem Herzen. Ich aber sage Dir zum Schluss, kraft des Schatzes, der aus mir gesprochen hat und der dieses bescheidene irdene Gefäß erfüllt: „Die Gnade unseres Herrn Jesu Christi und die Liebe Gottes und die Gemeinschaft des Heiligen Geistes sei mit Euch allen! Amen." J.
11. Januar 1945 (7)

■ Freya von Moltke musste nach dem Krieg Kreisau verlassen. Sie machte es sich zur Aufgabe, die deutsche Öffentlichkeit über den Widerstand im Nationalsozialismus zu informieren und sein Wirken und vor allem sein Vermächtnis in das Bewusstsein der Menschen zu rücken. Sie unterstützte Bewegungen in Polen und Deutschland, in Kreisau einen Ort des europäischen Dialogs zu schaffen. Sie war Ehrenvorsitzende des Rates der Stiftung Kreisau für Europäische Verständigung und nahm regelmäßig an den Sitzungen teil. Am 1. Januar 2010 starb sie in ihrer Wahlheimat Vermont, USA. ■

Quellen:

(1) Günter Brakelmann, *Helmuth James von Moltke. 1907-1945. Eine Biografie*, München 2007.
(2) Carl Zuckmayer, *Als wär´s ein Stück von mir*, Frankfurt 1982.
(3) Ger van Roon (Hg.), *Helmuth James Graf von Moltke. Völkerrecht im Dienste der Menschen. Dokumente*, Berlin 1994.
(4) Freya von Moltke, *Erinnerungen an Kreisau 1930–1945*, München 1997.
(5) Michael Balfour/ Julian Frisby/ Freya von Moltke, *Helmuth James von Moltke 1907–1945. Anwalt der Zukunft*, Stuttgart 1975.
(6) Marion Yorck von Wartenburg, *Die Stärke der Stille*, München 1987.
(7) Beate Ruhm von Oppen (Hg.), *Helmuth James von Moltke, Briefe an Freya 1939–1945*, München 1988.
(8) Theodor Steltzer, *Sechzig Jahre Zeitgenosse*, München 1966.

Peter (1904–1944) und Marion (1904–2007) Yorck von Wartenburg

Handlungen, die ethisch nicht zu verantworten sind, können mit dem Staatsinteresse nicht entschuldigt werden.

Peter Yorck im Brief an Moltke, 9. August 1940

Foto GDW

Foto BPK

Marion Yorck :

Den Tag der Machtergreifung, den 30. Januar 1933, haben wir mit dem Fackelzug in der Wilhelmstraße erlebt. Wir sind hingegangen. Peter hatte gesagt: „Wir wollen uns das mal ansehen." Uns war das schon die ganze Zeit sehr unheimlich, aber Hitler versprach den Menschen in dieser großen wirtschaftlichen Not endlich Arbeit und damit Hilfe, so dass man wohl vielen Menschen ihren damaligen guten Glauben an eine bessere Zukunft abnehmen muss. Sie ahnten nicht, welch ein Unheil Hitler über uns alle bringen würde. Peter und ich standen also bei dem Fackelzug in einer erregten Menschenmasse, und als die SA mit ihrem Marschtritt vorbeizog, spürten wir dieses Massenerlebnis, das Peter so abgestoßen hat, dass er nie auch nur in Versuchung gekommen ist, mitzumachen. (1)

Marion Gräfin Dönhoff:

Peter Yorck war eine Mischung aus höchst heterogenen Eigenschaften – Gegensätze, die ihn auf seltsame Weise zu einem harmonischen, unglaublich liebenswerten Menschen werden ließen. Er war in vielerlei Hinsicht konservativ, Familie und Tradition bedeuteten ihm viel (in Klein-Öls lebte man auf fast chinesische Weise mit seinen Ahnen), allen Utopien stand er skeptisch gegenüber, war aber gleichzeitig in sozialen Fragen außerordentlich modern; für alles Neue aufgeschlossen, nicht himmelstürmend, sondern gewissermaßen wohlüberlegt. Gewinnend liebenswürdig, vor allem als Gastgeber, konnte er dennoch brüsk bis zur Feindseligkeit sein, wenn er auf Heuchelei stieß oder ihn jemand mit leeren Phrasen abzuspeisen versuchte.

Er war tief religiös. Wenn ich aus Ostpreußen herüberkam und in der Hortensienstraße am Botanischen Garten bei Peter und Marion Yorck wohnte, und wenn es zufällig Sonntag war, wurde ich Zeuge, wie er morgens nach dem Frühstück eine riesige pergamentgebundene Bibel mit schönen Vignetten holte und einen Abschnitt daraus vorlas. Aber es gab normalerweise sicher niemanden, der diese Seite von ihm wahrnahm: Er hatte nichts Frömmelndes oder Pietistisches. Im Gegenteil, er hatte ein gewisses Vergnügen an Ironie, wirkte oft sarkastisch. Manche Leute hielten ihn deshalb für hochgestochen. Tatsächlich hielt er gerne Abstand, aber nicht aus Hochmut, sondern eher aus Scheu, oder um sich nicht decouvrieren zu müssen. (2)

Marion Yorck:

Peter war übrigens wie ich vorher ein eher unpolitischer Mensch. Ich kann mich nicht erinnern, dass wir vor 1933 jemals über Tagespolitik gesprochen hätten. Er war von Natur eher ein musischer und nachdenklicher Mensch. Er ging gern in Konzerte und hat viel Literatur gelesen, aber auch Geschichte und Theologie.

1937 zogen wir in die Hortensienstraße, zurück nach Berlin. Ein Jahr später ereignete sich dann die Reichskristallnacht. Peter war entsetzt. Worunter wir am meisten litten, war die Unmöglichkeit, unserer Meinung Ausdruck zu geben. Man konnte nichts tun. Man war vor dem Terror ohnmächtig. So blieb nur dieses Suchen nach Freunden und Gleichgesinnten und Sich-Abstimmen übrig; vorerst jedenfalls. (1)

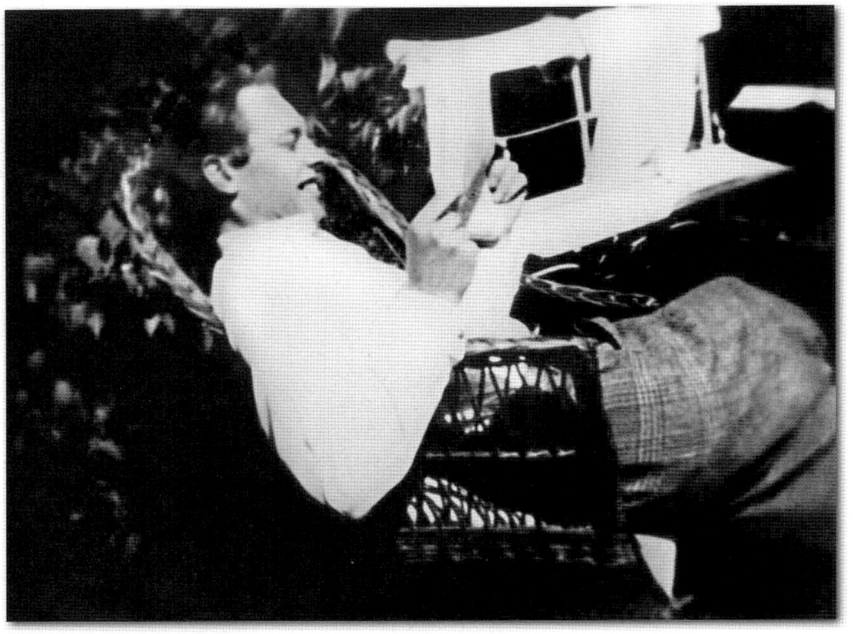

Peter Yorck im Garten seines Freundes Martin von Katte in Zolchow, 1930er Jahre Foto GDW

Marion Gräfin Dönhoff:

Die erste Zusammenkunft in der Hortensienstraße 50 fand 1938 nach der sogenannten „Kristallnacht" statt. Diese erste offene Terroraktion gegen die Juden hatte Peter Yorck tief erschüttert und empört. Sofort hatte er Gleichgesinnte eingeladen, um zu beraten, ob man etwas tun könne. Und als er dann im Frühjahr 1939 von einer Dienstreise in die Tschechoslowakei mit dem Resümee zurückkam: „Was da vor sich geht, ist reiner, simpler Imperialismus", gab es für ihn nur noch eine Verhaltensmöglichkeit: Widerstand. (2)

■ Peter Graf Yorck von Wartenburg wurde am 13. November 1904 als viertes von insgesamt zehn Kindern des Landrats und erblichen Mitglieds des preußischen Herrenhauses Graf Heinrich Yorck von Wartenburg und seiner Frau Sophie, geborene Freiin von Berlichingen, in Klein-Öls/Schlesien geboren. Die Familie sah sich in der Tradition des preußischen Feldmarschalls Yorck von Wartenburg, der 1812 mit der Konvention von Tauroggen gegen den damaligen offiziellen politischen Willen und in offenem Widerspruch zu den Machthabern die Befreiung Preußens und Deutschlands von der Herrschaft Napoleon Bonapartes einleitete. Das geistige Klima des Yorckschen Elternhauses wurde durch das preußisch-konservative Erbe, eine umfassende humanistische Bildung und ein lutherisch geprägtes Christentum bestimmt. Ein starkes Rechtsgefühl, politische Unabhängigkeit, soziale Verantwortung und Zivilcourage kennzeichneten das familiäre Bewusstsein.

Yorck studierte in Bonn und Breslau Rechts- und Staatswissenschaften und promovierte 1927. Im Jahre 1929 nahm er an einer Tagung der schlesischen Arbeitslagerbewegung in Löwenberg teil. 1930 legte er in Berlin sein juristisches Assessorexamen ab. Im selben Jahr heiratete er die Juristin Marion Winter, Tochter eines preußischen Beamten. Nach kurzer Tätigkeit in einem Berliner Anwaltsbüro begann er eine Verwaltungslaufbahn, die ihn über das Oberpräsidium Breslau nach Berlin führte. Von 1936 bis 1941 war er Referent für Grundsatzfragen beim Reichskommissar für die Preisbildung. Da er sich weigerte, der NSDAP beizutreten, wurde ihm ein weiterer beruflicher Aufstieg versagt. ■

Blick auf Schloß und Park in Klein-Öls Foto PBYvW

Peter Yorck, Brief an Moltke:

Lieber Moltke,

Ihre These ist richtig: Handlungen, die an sich ethisch nicht zu verantworten sind, können mit dem Staatsinteresse nicht entschuldigt werden. Zur Begründung dieser These muss man aber – glaube ich – weiter ausholen.

Im Gegensatz zu Ihnen meine ich, dass Staatslehre überhaupt nur von der Theologie her zu begründen ist. Ohne eine solche Begründung kommt man rettungslos in das Dilemma zwischen Gesinnungs- und Verantwortungsethik, wie es Max Weber in seinem Vortrag *Politik als Beruf* aufgezeichnet hat.

Von links: Asta von Moltke, Friedrich von Rabenau, Peter Yorck auf der Veranda des Berghauses in Kreisau, 1940 Foto PBvM

Von links: Joachim Wolfgang von Moltke, Friedrich von Rabenau, Peter Yorck auf der Veranda des Berghauses in Kreisau, 1940 Foto PBvM

Entweder ist das Ziel der Ethik das eigene Seelenheil, weltlich ausgedrückt die Selbstachtung. Dann bleibe ich stecken in der abstrakten Freiheit der Gesinnungsethik, die zwar autonom ist, aber nie zur Gestaltung kommt, sondern sich vorher aufreibt; oder Ziel der Ethik ist eine objektive Gestalt, ein Werk oder eine Gemeinschaft. Dann drängt sich als dauerhafte Gestalt der Gemeinschaft sehr bald der Staat als Selbstzweck auf. Dann endet man in der konkreten Notwendigkeit der Verantwortungsethik, die zwar gestaltet, aber heteronom bleibt und damit der eigentlichen Menschenwürde entbehrt.

Der Fehler sowohl der Gesinnungs- wie der Verantwortungsethik ist, dass beide ausgerichtet sind auf Selbstbehauptung und nicht auf Hingabe. „Was hülfe es dem Menschen, wenn er die ganze Welt gewönne und nähme Schaden an seiner Seele?“ Oder lateinisch: „Propter vitam vivendi perdere causas.“ Die Frage nach den *Causae vitae* ist nur zu beantworten, wenn ich das Vertrauen habe, dass die Welt sinnvoll ist, und dass der demütige Mensch diesen Sinn verstehen und nach diesem Verständnis gestalten kann. Die richtige Ethik hat also „theonom“ zu sein [Paul Tillich].

Das heißt nun für die Staatslehre: Der Staat hat einen Sinn, soweit er sich ausrichtet nach dem Maßstab des Reiches Gottes, nämlich durch den freien Menschen die richtige Ordnung der Dinge zu verwirklichen. Der Staatsmann, der um diesen Maßstab weiß, kommt nicht mehr in Zwiespalt zwischen persönlicher und politischer Ethik. Es ist seine politische Pflicht, aus Liebe und Achtung zu handeln, und nicht aus dem Hass: auch dort, wo er hart sein muss, den Menschen nicht zu Mitteln für seine eigenen Zwecke zu vergewaltigen, auch dort, wo er vorübergehend mit Dingen Raubbau treiben muss, die dauernde Ordnung der Dinge nicht zu vergessen.

9. August 1940 (3)

Freya von Moltke:

Mit Yorcks kam es zu einer nahen Freundschaft zwischen den Ehepaaren – eine besonders schöne Freundschaftsbeziehung –, die über viele Jahre für uns sehr kostbar war.

Peter Yorcks Rolle ist in der Beschreibung der Gewichte innerhalb des Kreisauer Kreises immer zu kurz gekommen. Das liegt wohl auch an seinem eigenen Wesen. Er neigte dazu, sich selbst zurückzunehmen und eher im Stillen zu wirken. Seine sammelnde und integrierende Rolle in der Gruppe war bedeutend. Seine Frau Marion hat ihn das Herz der Gruppe genannt. In ihm lernten Helmuth und ich konservatives Leben verstehen und achten, denn er war dabei weitherzig und von großer Toleranz. (4)

Theodor Steltzer:

Graf Yorck von Wartenburg war eine ganz andere Natur als Moltke. Hochgebildet wie alle Yorcks, neigte er mehr zur Besinnlichkeit. Während Moltke wie ein deutscher Weltbürger wirkte, fühlte sich Yorck doch stärker als deutscher Patriot. Moltkes Art der Gedankenführung stand ihm wesensmäßig fern. Da er ihn jedoch für den Bedeutenderen hielt, bemühte er sich um Verständnis. Gelegentlich schockierte ihn jedoch Moltkes radikale Denkart. Ich konnte das beobachten, als wir uns einmal über die schwindende Bedeutung der Grenzen unterhielten und über die Notwendigkeit, eine künftige Ordnung Europas auf neuen regionalen Gliederungen aufzubauen. Moltke sagte damals, dass er nicht die geringsten Bedenken hätte, wenn Schlesien irgendwann einmal mit Polen oder der Tschechoslowakei vereinigt und Prag oder Warschau als Hauptstadt erhalten würde. (5)

Peter Yorck, Brief an Heinrich Graf Luckner:

Die offizielle Aufgabe des Rechtes als der Ordnung des Volkslebens ist eben noch eindrucksvoller als seine Beugung und sein Bruch, den man mit Staatsraison zu entschuldigen nur zu leicht geneigt war. Es gibt jetzt auch hier nur ein klares Entweder-Oder, und dieses Vor-eine-Entscheidung-gestellt-Sein lässt alle Menschen, nach dem Stande ihrer Sensibilität und Geistigkeit unterschieden, sich daraufhin prüfen, inwieweit das Recht für sie doch noch ein lebendiger und integrierender Teil des Gemeinschaftslebens ist. Nutzen und Willkür sind die Pole der anderen Seite; sie werden wohl nicht attraktiver dadurch, dass man sie gemein nennt.

Frühjahr 1942 (6)

■ Die Reichspogromnacht im November 1938 war für Peter Yorck das Motiv, von der passiven Ablehnung des Nationalsozialismus zur aktiven oppositionellen Arbeit überzugehen. Er organisierte einen Widerstandskreis, der die Neuordnung Deutschlands nach Beseitigung des NS-Systems plante. An den Besprechungen nahmen unter anderem Schulenburg, Schwerin, Hofacker, Kessel und Berthold Stauffenberg teil, die alle nach dem 20. Juli 1944 angeklagt und ermordet wurden.

Anfang 1940 vertiefte sich der bis dahin lose Kontakt zwischen Yorck und Moltke und führte zu einer ständigen Zusammenarbeit, in deren Folge der Kreisauer Kreis entstand. Im Hause der Yorcks in der Berliner Hortensienstraße fanden viele Treffen des Kreises statt. Yorcks Frau Marion wurde für ihren Mann und den Kreisauer Kreis eine wertvolle Mitarbeiterin. Sie nahm mit ihrem Mann und seiner Schwester Irene an den drei großen Kreisauer Tagungen teil. Darüber hinaus kam es zu kleineren Treffen auf dem Yorckschen Familienbesitz in Schlesien.

Nach der Verhaftung Moltkes im Januar 1944 führte Peter Yorck die Kreisauer Arbeit weiter und trat in eine zunehmend engere Beziehung zu Claus von Stauffenberg. Am 20. Juli 1944 wirkte er aktiv beim Umsturzversuch in der Berliner Bendlerstraße mit. Dort wurde er durch die Gestapo verhaftet. ■

Marion Yorck:

Peter war in den letzten Wochen von einem tiefen Ernst und großer Traurigkeit. Er las viel in der Bibel, weit über das übliche Maß hinaus. Ich weiß nicht, ob er an ein Gelingen des Attentats glaubte, wohl aber glaubte er, dass es gewagt werden müsse. [...]

Am 18. Juli 1944 fuhren wir nach Weimar, wo die Hochzeit von Sylvius Pückler am 20. Juli stattfinden sollte. [...] Am Polterabend hielt Peter eine Rede auf das Brautpaar, und es war eigentlich eine Rede auf mich. Die Braut war ganz traurig, weil sie wohl spürte, daß Peter mit seinen Gedanken ganz woanders war.

Es war mit Claus [Stauffenberg] verabredet, daß Peter, wenn er nichts hören würde, am 20. früh um acht in der Bendlerstraße sein müsse. Er hörte nichts, es kam kein Telegramm. Wir gingen durch den Park, es war eine wunderbare Nacht [...]

Peters Zug ging nachts um zwei. Er packte seine Sachen und sagte: Jetzt muß ich wohl gehen. Das waren seine letzten Worte. (1)

Aus der Verhandlung vor dem Volksgerichtshof:

Freisler: Kennen Sie Graf Stauffenberg? Jetzt meine ich den Mörder.

Yorck: Jawohl.

Freisler: Seit wann?

Yorck: Stauffenberg war ein Vetter von mir.

Freisler: Dann ist die Frage überflüssig gewesen. Das ist richtig; ich habe das im Augenblick nicht gewusst. Erstmalig 1944 soll nach Ihrer früheren Aussage zwischen Ihnen und Stauffenberg ein Gespräch gewesen sein, das uns jetzt interessieren könnte. Wie ist das gewesen?

Yorck: Gelegentlich eines Besuches von Stauffenberg in meiner Wohnung, der ganz zufällig war, kamen wir auf die allgemeine Lage, auf die militärische Lage zu sprechen. Er sah schwarz und meinte, es müsse etwas geschehen, es müsse eine Änderung herbeigeführt werden, was mich in dem Falle bei ihm überraschte, weil ich ihn als besonders aktiven Offizier kannte.

Freisler: Also er sah schwarz, und er meinte, es müsse etwas geschehen, er wolle eine Änderung herbeiführen. Sagte er, mit wem?

Yorck: Nein! Ich fragte ihn natürlich, auf welche Weise diese Änderung nach seiner Vorstellung herbeigeführt werden könne.

Freisler: Also er wollte eine Änderung und sagte, es müsse eine Änderung kommen. Das ist doch richtig! Aber mit wem? Mit welchem Kreis? Was sagte er da?

Yorck: Auf mein Befragen hin hat er den Namen des Generaloberst Beck genannt.

Freisler: Dann kam eine feierliche Verpflichtung, die er Ihnen abnahm.

Yorck: Jawohl.

Freisler: Welche Verpflichtung nahm er Ihnen ab?

Yorck: Über den Inhalt der Unterhaltung zu schweigen.

Freisler: Über das, was Sie besprachen, mit niemand zu sprechen! Ehrenwort!

Yorck: Jawohl.

Freisler: Was hat er, als er Sie so gebunden hatte, gesagt?

Yorck: Er hat an und für sich deutlich ausgesprochen, dass er selbst vor einer Beseitigung des Führers nicht zurückschrecken würde.

Freisler: Nun, Sie hatten ein Ehrenwort gegeben. Was haben Sie für einen Gedanken gehabt, als Sie das gehört hatten?

Yorck: Herr Präsident, ich habe bereits bei meiner Vernehmung angegeben, dass ich mit der Entwicklung, die die nationalsozialistische Weltanschauung genommen hatte...

Freisler: ...nicht einverstanden war! Sie haben, um es konkret zu sagen, erklärt, in der Judenfrage passe Ihnen die Judenausrottung nicht, die nationalsozialistische Auffassung vom Recht hätte Ihnen nicht gepasst.

Yorck: Das Wesentliche ist, was alle diese Fragen verbindet, der Totalitätsanspruch des Staates gegenüber dem Staatsbürger unter Ausschaltung seiner religiösen und sittlichen Verpflichtungen Gott gegenüber.

Freisler: Sagen Sie einmal: Wo hat der Nationalsozialismus die sittlichen Verpflichtungen eines Deutschen ausgeschaltet? Nun frage ich Sie: Wenn Ihnen ein Ehrenwort abgenommen war und Sie so etwas hörten, was haben Sie sich für Gedanken gemacht?

Yorck: Ich fühlte mich daran gebunden, Herr Präsident.

7./8. August 1944 (6)

Harald Poelchau:

Peter Yorck, der zurückhaltende, leise sprechende, im ersten Augenblick etwas degeneriert wirkende Mann, taute erst nach einer Weile auf und überraschte dann alle durch die Schärfe seiner pointierten Redeweise. Er wirkte nicht so in die Öffentlichkeit wie Helmuth von Moltke. Er lebte mehr in der persönlichen Besinnung und für den Kreis

Peter Yorck vor dem Volksgerichtshof, Berlin, 1944 Foto GDW

seiner Freunde. Und er war stark mit seiner Heimat verbunden. [...] Ich empfand es als ein gütiges Geschick, dass ich ihm zum Abschied die Hand geben konnte. Seine Hände waren gefesselt. Er war seit vielen Tagen nicht rasiert und sah elend aus. Aber er hielt sich gelassen. Er konnte mir nicht nur Grüße an die auch mir bekannten Angehörigen aufgeben, sondern wichtige vertrauliche Nachrichten und Warnungen über das, was er selbst und die Kameraden in der Prinz-Albrecht-Straße ausgesagt hatten. Unsere letzte Aussprache wurde plötzlich gewaltsam unterbrochen. SS-Männer mit großen Scheinwerfern drangen in die Zellen ein und filmten die einzelnen Gefangenen, ehe sie zur Hinrichtung geschleppt wurden. (7)

Peter Yorck, Brief an seine Frau:

Wir stehen wohl am Ende unseres schönen und reichen gemeinsamen Lebens, denn morgen will der Volksgerichtshof über mich und die anderen zu Gericht sitzen. Ich höre, das Heer hat uns ausgestoßen; das Kleid kann man uns nehmen, aber nicht den Geist, in dem wir handelten. Und in ihm fühle ich mich den Vätern und Brüdern und auch den Kameraden verbunden. Dass Gott es so gefügt hat, wie es gekommen ist, gehört zu der Unerforschlichkeit seiner Ratschlüsse, die ich demutsvoll annehme. Ich glaube mich durch das Gefühl der alle niederbeugenden Schuld getrieben und reinen Herzens. Ich hoffe deshalb auch zuversichtlich, in Gott einen gnädigen Richter zu finden. Dich, meine über alles geliebte Frau, lasse ich in einer sehr dunklen Welt mit heißen Gebeten für Deinen Schutz zurück. Als wir vom letzten Abendmahl hinweggingen, da fühlte ich eine fast unheimliche Erhabenheit, ich möchte es eigentlich Christusnähe nennen. Rückblickend scheint sie mir als ein Ruf. [...]

Nun will man mich schließen, wie es hier heißt. Darum Gute Nacht, ich befehle Dich Gottes Güte und bitte ihn um Kraft.

Offenbar hat man es mit der Vollstreckung des Urteils sehr eilig. Deshalb haben wir schon vor der Urteilsverkündung Gelegenheit, noch einmal zu schreiben. Ob es Dir gelingen wird, mich noch zu sehen, erscheint mir mehr als fraglich. [...] Mein Tod, er wird hoffentlich angenommen als Sühne aller meiner Sünden und als Sühneopfer für das, was wir alle gemeinschaftlich tragen.

Die Gottesferne unserer Zeit möge auch zu einem Quäntchen durch ihn verringert werden. Auch für meinen Teil sterbe ich den Tod fürs Vaterland. Wenn der Anschein auch sehr ruhmlos, ja schmachvoll ist, ich gehe aufrecht und ungebeugt diesen letzten Gang, und ich hoffe, dass Du darin nicht Hochmut und Verblendung siehst, sondern ein bis zum Tode getreu! „Des Lebens Fackel wollten wir entzünden, ein Flammenmeer umgibt uns, welch ein Feuer!"

Und nun sage ich Dir zum letztenmal Lebwohl. Sei tapfer und stark, gib Liebe und vertraue Dich der Liebe.

7./8. August 1944 (1)

Peter Yorck, Brief an seine Mutter:

Am Ende eines an Liebe und Freundschaft überreich gesegneten Lebens habe ich nur Dank gegen Gott und Demut unter seinen Willen. Dass ich Dir diesen Kummer bereite, ist mir ein sehr großer Schmerz nach alledem, was Du an Traurigem erleben musstest. Ich bitte Dich, mir das von ganzem Herzen zu vergeben. Ich habe über zwei Wochen Zeit gehabt, mich und mein Handeln vor Gott zu stellen und bin überzeugt, in ihm einen gnädigen Richter zu finden. Das Ausmaß an innerer Not, das Menschen wie ich in den letzten Jahren zu durchleben hatten, ist gewiss nicht von denen zu verstehen, die ganz von ihrem Glauben beseelt sind, den ich nun einmal nicht teilen kann. Dich darf ich versichern, dass kein ehrgeiziger Gedanke, keine Lust noch Macht mein Handeln bestimmt hat. Es waren lediglich meine vaterländischen Gefühle, die Sorge um mein Deutschland, wie es in den letzten zwei Jahrtausenden gewachsen ist, das Bemühen um seine innere und äußere Entwicklung, die mein Handeln bestimmten. Deshalb stehe ich auch aufrecht vor meinen Vorfahren, dem Vater und den Brüdern. Vielleicht kommt doch einmal die Zeit, wo man eine andere Würdigung für unsere Haltung findet, wo man nicht als Lump, sondern als Mahnender und Patriot gewertet wird. Dass die wunderbare Berufung ein Anlass sein möge, Gott die Ehre zu geben, ist mein heißes Gebet.

8. August 1944 (8)

Marion Yorck:

Der Verteidiger sagte in der Hauptverhandlung, um Milde und Gnade könne er nicht bitten. Das Urteil wurde am 8. August vollstreckt. Ein Grab gab es nicht. Seine Asche wurde in die Winde verstreut. Mir hat später der Mann, der mich ins Gefängnis brachte, gesagt: „Hätten wir geahnt, dass Ihr Mann so viel wusste, dann hätten wir ihn nicht so schnell umgebracht." (1)

■ Am 8. August 1944 verurteilte der Volksgerichtshof Peter Yorck zum Tode. Noch am gleichen Tag wurde er im Strafgefängnis Berlin-Plötzensee ermordet.

Marion Yorck wurde wochenlang in Sippenhaft genommen. Den Abschiedsbrief ihres Mannes erhielt sie erst acht Monate nach seinem Tod. Nach Kriegsende arbeitete sie als Richterin, später als Landgerichtsdirektorin am Berliner Landgericht. Marion Yorck starb am 13. April 2007 in Berlin. ■

Quellen:

(1) Marion Yorck von Wartenburg, *Die Stärke der Stille*, München 1987.
(2) Marion Gräfin Dönhoff, *Um der Ehre willen. Erinnerungen an die Freunde vom 20. Juli*, Berlin 1994.
(3) Ger van Roon, *Neuordnung im Widerstand (Dokumentenanhang)*, München 1967.
(4) Freya von Moltke, *Erinnerungen an Kreisau 1930–1945*, München 1997.
(5) Theodor Steltzer, *Sechzig Jahre Zeitgenosse*, München 1966.
(6) Archiv Gedenkstätte Deutscher Widerstand Berlin.
(7) Harald Poelchau, *Die letzten Stunden*, Berlin 1949.
(8) Helmut Gollwitzer, Käthe Kuhn, Reinhold Schneider (Hg.), *Du hast mich heimgesucht bei Nacht. Abschiedsbriefe und Aufzeichnungen des Widerstandes 1933-1945*, Gütersloh 1994.

Theodor Steltzer (1885–1967)

Der Versuch, Recht auf Macht und Rasse zu gründen, muss die weitere Zerstörung der Reste einer geistigen Wertordnung zur Folge haben.

In einer Denkschrift für die österreichische Regierung, 1933

Foto PBSaS

Theodor Steltzer in einem Artikel für „Sozialistische Monatshefte":

Der Friede von Versailles ist die logische Folge des bisher herrschenden Prinzips der Gewaltpolitik. [...] Es kann nicht deutlich genug betont werden, dass wir besiegt sind, und dass jeder Gedanke, uns mit militärischen Maßnahmen zu helfen, Wahnsinn wäre. Das gilt auch für den Osten. [...] Aber keine Zusammenarbeit mit dem russischen Bolschewismus! Damit würden wir das erstrebte und einzig begrüßenswerte enge Verhältnis mit dem späteren Russland, mit dem wirklichen russischen Volk, diesem Volk der sozialistischen Empfindung, von vornherein unmöglich machen. [...] Für Deutschland hätte diese Politik darin zu bestehen, zunächst eine Verständigung mit seinen geografischen Nachbarn auf den Gebieten zu suchen, auf denen gemeinsame Interessen und Möglichkeiten für gegenseitige wirtschaftliche Ergänzung vorhanden sind.
1919 (1)

Theodor Steltzer:

Anfang 1933 wurde ich aus meinem Amt als Landrat entlassen. Die Entlassung überraschte mich nicht, da ich aus meiner Ablehnung des Nationalsozialismus nie ein Geheimnis gemacht hatte. Wieder standen wir wie 1918 vor der Aufgabe, uns in einem Chaos zurechtzufinden und nach den Ursachen der Katastrophe zu fragen. (2)

Theodor Steltzer:

Die geistigen Grundlagen einer weiterführenden Staatsführung sind deutlich sichtbar. Nachdem sich eine Neuordnung der politischen Verhältnisse im Zeichen der menschlichen Vernunft als unmöglich erwiesen hat, kam es auf eine neue Sinnsetzung von Staat und Volk, Macht und Recht auf dem Religiösen an. Die Vergottung des Weltanschaulichen, des Materialistischen in der reinen Macht und des Biologischen in der Rasse mündet aber in das Ungeistige und führt das Volk nicht zu seiner eigentlichen Bestimmung, sondern in die Vermassung. Bei der Reichsführung überschreitet ein falsch verstandenes Führer- und Totalitätsprinzip dauernd diese Grenzen und versucht durch Organisation und Propaganda einen Bau zu errichten, der nur vorübergehende mechanische Konstruktion bleiben kann, weil ihn keine inneren Kräfte tragen. [...] Auch die vorgekommenen Übergriffe gegen die Juden sind für die eigentliche Beurteilung nicht entscheidend, so sehr sie selbstverständlich zu missbilligen sind. Entscheidend für die Beurteilung kann daher nur die Art der gesetzlichen Regelung der Judenfrage sein, wie sie durch die Reichsführung erfolgte. Hier kann man aber nur zu einem vernichtenden Urteil kommen. Denn die Bestimmungen verstoßen nicht nur gegen die einfachsten Naturrechte, weil eine Anwendung der deutschen Methoden durch alle Staaten die Vernichtung des Judentums zur Folge haben würde, sondern sie versündigen sich auch gegen die völkische Idee. Denn das Recht des eigenen Volkstums hat die Achtung vor fremdem Volkstum zur Voraussetzung, weil jedes Volkstum seine Verwurzelung in der göttlichen Schöpfungsordnung hat.

Oktober 1933 (3)

Familie Steltzer, Theodor Steltzer 2. von links
Foto PBSaS

Theodor Steltzer mit Frau und Kindern in Rendsburg in seiner Zeit als Landrat, ca. 1922–23 Foto PBSaS

Theodor Steltzer wurde am 17. Dezember 1885 als Sohn einer wohlhabenden bürgerlichen Familie in Schleswig-Holstein geboren. Nach dem Studium der Staats- und Wirtschaftswissenschaften in München entschied er sich für den Dienst als Berufsoffizier. Zu Beginn des Ersten Weltkriegs schwer verwundet, kam er 1915 zur Obersten Heeresleitung für das Feldeisenbahnwesen. Schon in dieser Phase des Krieges befürwortete er einen Verhandlungsfrieden. Nach dem militärischen Zusammenbruch wurde er Verbindungsoffizier bei der Demobilmachungskommission beziehungsweise bei der Waffenstillstandskommission.

Im Juli 1919 plädierte Steltzer in einem Artikel der „Sozialistischen Monatshefte" unter dem Titel „Die Überwindung der Gewaltpolitik" für eine Verständigung mit den Nachbarn Deutschlands, insbesondere mit Frankreich.

Im September 1920 wurde Steltzer zum Landrat des Kreises Rendsburg ernannt. Er war ein leidenschaftlicher Anhänger der Selbstverwaltungsidee. Nach dänischem Beispiel gründete er Volkshochschulen, um der wachsenden geistigen Desorientierung unter der einfachen Landbevölkerung entgegenzuwirken.

Da er sich offen als Gegner der Nationalsozialisten zu erkennen gab, wurde er im April 1933 seines Amtes enthoben. Eine

Anklage wegen Dienstvergehens und Hochverrats brachte Stelzer eine monatelange Haftzeit ein, bis schließlich das Verfahren gegen ihn wegen nicht erwiesener Schuld eingestellt werden musste. Steltzer schloss sich der Evangelischen Michaelsbruderschaft in Marburg an und übernahm 1936 die Leitung des Sekretariats.

Theodor Steltzer:

Für uns alle war es schwierig zu entscheiden, wieweit wir mit gutem Gewissen Funktionen in Staat und Wehrmacht ausüben konnten, deren Führung wir als verbrecherisch erkannt hatten. Ein starrer Rigorismus schien da keine Lösung zu bieten. Jeder Einzelne von uns befand sich in einer Grenzsituation, in der er sich allein entscheiden musste. Ich entschied mich dafür, in der Wehrmacht zu bleiben, weil ich hoffte, dadurch die Herbeiführung eines Umsturzes fördern zu können. [...] Als ich am 1. August 1940 in den Stab des Wehrmachtsbefehlshabers Norwegen versetzt wurde, traf ich in Berlin meinen alten Freund Otto Heinrich von der Gablentz, mit dem ich immer in Fühlung geblieben war und mit dem ich in der Beurteilung der politischen und militärischen Situation übereinstimmte. Er empfahl mir bei dieser Gelegenheit erneut, mich möglichst bald mit dem Grafen Helmuth von Moltke in Verbindung zu setzen. Moltke habe einen weiten Überblick über den Kreis von Persönlichkeiten, die wie wir den Nationalsozialismus radikal ablehnten. Ich habe das sofort getan und mich mit Moltke bei meinen zahlreichen Reisen nach Berlin regelmäßig getroffen. [...] Er bearbeitete damals die völkerrechtlichen Fragen im Oberkommando der Wehrmacht und gehörte zur Abteilung des Admirals Canaris, den ich ebenso wie Dr. von Dohnanyi durch ihn kennenlernte. Wir verstanden uns von vornherein vorzüglich. Er hatte seine Wohnung in einer Garage, die leider bei einem Bombenangriff verbrannte. Wir sahen uns dann meistens bei dem Grafen Yorck, zu dem Moltke gezogen war. [...] Es gab in der Arbeit unseres Kreises keine Satzungen und keine Abstimmungen. Wir versuchten, uns auf grundsätzliche Erkenntnisse zu einigen. Bei dieser lockeren Arbeitsmethode blieben natürlich gewisse Meinungsverschiedenheiten bestehen. Dabei spielten auch der Generationsunterschied und das persönliche Temperament eine Rolle. (2)

Helmuth James von Moltke, Brief an seine Frau:

Gestern Morgen war Steltzer bei mir, wohl fast zwei Stunden lang. Ich habe ein so angenehm warmes Gefühl für ihn und ein so sicheres bei ihm. Wenn ich denke, was für gute Männer und Frauen ich in meinem Leben schon zu treffen das Glück hatte, so kann ich mich wahrhaftig nicht beklagen. Hätte ich diese ungeheure Varietät in einer anderen Zeit getroffen? Wäre ich nicht in einer weniger aufgebrochenen Zeit vielmehr in eine feste Gruppe geboren oder nach kurzer Zeit geraten und hätten sich dann meine Zirkel nicht von selbst begrenzt?

14. Juni 1942 (4)

Arvid Brodersen:

Bischof Berggrav, den ich oft während der Reichsratsverhandlungen getroffen hatte, stellte mir einen Offizier aus dem deutschen Generalstab in Oslo vor. Das war der damalige Major Steltzer. Er hatte am 1. August 1940 seinen Dienst als Chef der Transportabteilung des Stabes angetreten. Gleich nach seiner Ankunft hatte er den Bischof aufgesucht, den er bei Treffen der internationalen ökumenischen Bewegung schon getroffen hatte. Hier war ein wohltuender Gegensatz zu dem, was wir neulich in unserem Storting-Haus an Arroganz und rohem Machtgebrauch aufseiten der Nazi-Diktatur erlebt hatten; ein Humanist und Vertreter der Besten in seinem Land. Das Gespräch kam bald auf das, was uns beide am meisten bewegte, die Entwicklung des Krieges und die Situation in Norwegen, besonders die Drohung einer zwangsmäßigen Nazifizierung des Staats- und Gemeinschaftslebens unseres Landes. Steltzer gab seiner eigenen Meinung deutlichen Ausdruck, die in hohem Maße zusammenstimmte mit dem Widerstandswillen der meisten Norweger. Er erzählte, was ihm persönlich widerfahren war nach Hitlers Machtübernahme nach 1933. Er war nicht Berufsoffizier, sondern ziviler Beamter mit juristischer Ausbildung, [...] politisch würde man ihn heute einen Graswurzel-Demokraten nennen, mit klarer religiöser Einstellung und inspiriert von Grundtvigschen Ideen der Volksaufklärung, die er als notwendig ansah, um eine freie Gesellschaft im Geist der Weimarer Verfassung aufzubauen. Hier war er auf einer Linie mit Max Weber, der auch meinte, dass eine freie Staatsverfassung nicht genug sei. Das deutsche Volk muss Freiheit erst lernen, seine eingewurzelten autoritären Denkgewohnheiten von früher ablegen, um eine demokratische Gesellschaft zu werden. [...] Aus den ersten Gesprächen mit Steltzer ging hervor, dass er an einem zentralen Posten stand. Ein neues Treffen wurde verabredet, und von da ab gab es regelmäßige Zusammenkünfte. [...] Steltzer war meist in Zivil und kam zu Fuß oder mit Taxi, niemals in seinem Dienstauto. [...]

Die Gespräche mit Steltzer spannten sich über ein breites Feld, aber sie waren von beiden Seiten begrenzt. Gewisse Themen wurden ausgespart. Er bekam von mir niemals Auskunft über meine Kontakte in der Heimatfront, am allerwenigsten Personennamen, wonach er auch niemals fragte. Aber ich unterrichtete ihn laufend über das Aktuelle im Kampf gegen den Übergriff der norwegischen und deutschen Nazimacht, die nach und nach alle Bereiche unseres Lebens betraf. [...] In der anderen Richtung, von Steltzer zu uns, floss eine Menge Informationsmaterial für die Heimatfront. Größte Aufmerksamkeit bei den Leitern erweckten natürlich die Auskünfte, die ihnen in aktuellen Situationen helfen konnten, wie die Vorwarnung von Steltzer über die Aktionen gegen die Universität oder Informationen für die illegale Presse. [...] Eine Sache, die mich die ganze Zeit interessierte, war die Frage nach der gesamten Besatzungsstärke in Norwegen. Darüber bekam ich Nachrichten von Steltzer, die zu unseren Leuten nach England weitergingen, aber dort kein Zutrauen fanden. Man glaubte, dies sei eine bewusst gesteuerte Desinformation von deutscher Seite. Erst zum Schluss wurden sie für richtig befunden. Während meiner Zusammenarbeit mit Steltzer war da eine Frage, die mich ständig bewegte: Wo war die Grenze dessen, was er sagen konnte und was wir

Theodor Steltzer als Offizier in Norwegen Foto PBSaS

fragen konnten. Es wäre verlockend gewesen zu versuchen, ihn als einen beliebigen taktischen Spion für uns zu gebrauchen. Aber das wäre eine völlig falsche Rolle gewesen, die er selbst nicht akzeptiert haben würde. Seine Haltung und sein Tun waren auf ein größeres Ziel gerichtet, nämlich die Befreiung von der Nazityrannei, in Deutschland selber und in allen besetzten Gebieten. [...]

Steltzer war überzeugt, dass Deutschland den Krieg nicht gewinnen konnte. [...] Von Anfang an, und noch mehr nach dem Einmarsch in Russland, deutete er an, dass es auch in der anscheinend übermächtigen deutschen Kriegsmaschine Engpässe gäbe. [...] Er hatte kein Vertrauen zu einem Friedensschluss auf Verhandlungswegen, solange Hitler in Deutschland herrschte. Ob ein Verhandlungsfrieden möglich wäre nach einem innerdeutschen Machtwechsel? Wenige Fragen beschäftigten ihn und seine Bundesgenossen mehr als diese, und bei mehreren Anlässen suchten sie Meinung und Rat auch von norwegischer Seite. [...] In Verbindung mit der Putschvorbereitung in Deutschland arbeitete er einen Plan aus für die Verhaftung von Terboven, Quisling und Leitern der Gestapo und der norwegischen Staatspolizei. Als das Attentat vom 20. Juli fehlschlug, wurde die Situation eine andere. Der Krieg musste seinen erbarmungslosen Weg noch neun Monate weitergehen, und Steltzer saß zum Tode verurteilt in Berlin-Moabit im Gefängnis. Er wurde verurteilt, weil sein Name auf einer Liste stand, die bei den Verschwörern gefunden worden war. Darin war er bezeichnet als „Abwicklungsoffizier für Norwegen". (5)

1939 wurde Theodor Steltzer zur Wehrmacht einberufen und im August 1940 als Transportoffizier nach Norwegen versetzt. Er besetzte nach und nach seinen Arbeitsstab mit Freunden und Vertrauten, die seine politische Meinung teilten, und nahm enge Fühlung zum norwegischen Widerstand auf, insbesondere zu Arvid Brodersen und Eivind Berggrav, dem lutherischen Bischof von Oslo. Durch die Vermittlung von Gablentz lernte er Moltke kennen. Es entwickelte sich eine enge Mitarbeit im Kreisauer Kreis. Steltzer beteiligte sich an den Planungen des zukünftigen Staatsaufbaus, der Kirchen- und Kulturpolitik und der europäischen Einigung. Zur ersten und zweiten Tagung reiste er 1942 nach Kreisau. Auch an Besprechungen des Kreises in Berlin nahm er teil. Gemeinsam mit Moltke setzte sich Steltzer für norwegische Juden und andere Verfolgte ein und knüpfte über den norwegischen Widerstand Kontakte nach England.

Nach dem 20. Juli 1944 wurde Steltzer nach Berlin beordert und von der Gestapo verhaftet. Im Januar 1945 verurteilte ihn der Volksgerichtshof zum Tode. Freunde aus Norwegen und Schweden setzten eine dramatische Rettungsaktion in Gang und erreichten einen Aufschub der Hinrichtung. Am 25. April 1945 wurde er, beim Herannahen der Roten Armee, aus dem Gefängnis entlassen.

Theodor Steltzer vor dem Volksgerichtshof, Berlin, Januar 1945 Foto GDW

Theodor Steltzer in seinem Gefängnistagebuch:

In der tragischen Entwicklung, die das Verhältnis zu Gott bei den modernen Zivilisationsmenschen durchgemacht hat, ist das Schlimmste, dass der moderne Mensch das Beten verlernt hat, weil Gott ihm gar keine lebendige Wirklichkeit mehr ist, sondern nur ein unverbindlicher Begriff geworden ist. Das wirkliche Beten aber ist die absolute Hauptsache in der Religion. Es wird eine

ernste und verzweifelte Sache, wenn man das weiß und doch nicht mit dem Beten fertig wird.
August 1944

Manche Gedanken muss ich mir verbieten, weil sie den Abschied so schwer machen. Es ist fast leichter, mit pessimistischen Gedanken fertig zu werden, als mit optimistischen. Dort hilft Gott. Hier mischt sich noch immer zu viel vom alten Adam hinein.
8. September 1944

Ich habe jetzt einige schöne norwegische Bücher und ein kleines Wörterbuch. So sinnlos es auch in meiner Lage erscheint, treibe ich jeden Tag mehrere Stunden norwegisch, es bedeutet mir mehr als reine Beschäftigung des Verstandes, weil ich mich den Menschen dort so nahe und so verwandt fühle.
29.September 1944

Die Gewissenskonflikte eines sich an sein Volk gebunden fühlenden Christen in einem nicht christlichen Staat kann ein Nichtchrist gar nicht ermessen.
2. Oktober 1944

Lasst den Gedanken der ökumenischen christlichen Universität nicht fallen. Der deutsche Idealismus hat Verheerungen angerichtet, weil er den Sinn vom Konkreten und Persönlichen auf das Abstrakte und Unpersönliche lenkte. Ich glaube, ihn überwunden zu haben und sehe jetzt erst, wie stark ich ihm noch verhaftet war.

Um meinen Namen in der Welt habe ich keine Sorge. Es werden Zeugen und Zeugnisse für mich da sein. Manchmal denke ich, dass alles nur ein böser Traum ist. Seit gestern leider wieder Verschlechterungen. Rückverlegung nach Moabit wohl wegen der Fliegerschäden. Leseerlaubnis und Spaziergang fallen fort (besonders bitter).
8. Oktober 1944

Am 5.12. ist Termin. Ich habe doch wohl viel inneren Gewinn von diesen Monaten gehabt. Ich fühle mich ganz geführt. Es ist aber eine leise Hoffnung dabei, wenn ich bete: „Dein Wille geschehe." Man kann alle Dinge vordergründig und hintergründig erleben. Die meisten tun nur das Erstere. Vordergründig bin auch ich in Versuchung, mich im Recht zu fühlen, zu hadern und auf meinen reinen Willen hinzuweisen. Hintergründig gibt es nur den weisen und gerechten Ratschluss Gottes. Seinen Sinn muss man suchen, auch ich habe mich ihm gebeugt.
23. November 1944 (6)

■ Nach Kriegsende gehörte Steltzer zu den Mitbegründern der CDU und war von 1945 bis 1947 Oberpräsident beziehungsweise Ministerpräsident des Landes Schleswig-Holstein. Danach gründete er die überparteiliche Gesellschaft „Mundus Christianus", die Kreisauer Gedankengut aufnahm.

1955 wurde er zum geschäftsführenden Präsidenten der Deutschen Gesellschaft für Auswärtige Politik ernannt, ein Jahr später zum Präsidenten der UNESCO-Kommission. In den folgenden Jahren setzte er sich deutlich von der Ost- und Deutschlandpolitik der CDU ab. Theodor Steltzer starb am 27. Oktober 1967 in München. ■

Quellen:
(1) Theodor Steltzer, *Die Überwindung der Gewaltpolitik*, in: Sozialistische Monatshefte 25 (1919).
(2) Theodor Steltzer, *Sechzig Jahre Zeitgenosse*, München 1966.
(3) Theodor Steltzer, *Grundsätzliche Gedanken über die deutsche Führung, Denkschrift 1933*, in: Sechzig Jahre Zeitgenosse, München 1966.
(4) Beate Ruhm von Oppen (Hg), *Helmuth James von Moltke, Briefe an Freya*, München 1988.
(5) Arvid Brodersen, *Mellom Frontene (Zwischen den Fronten)*, Oslo 1979. (zitierter Ausschnitt übers. aus dem Norwegischen von Hildegart Mumm)
(6) Theodor Steltzer, *Gefängnistagebuch* (unveröffentlicht), Privatarchiv Saskia Steltzer.

Theo Haubach (1896–1945) Carlo Mierendorff (1897–1943)

Theo Haubach Foto GDW

> Die Grenze der Gewalt liegt nun darin, dass sie zwar die Person des Widerstandes, aber nicht die Gesinnung des Widerstandes vernichten kann.
>
> Theo Haubach 1933

Carlo Mierendorff Foto GDW

Unter den führenden Sozialdemokraten im Kreisauer Kreis stellten Theo Haubach und Carlo Mierendorff als alte Jugendfreunde und politische Weggenossen gleichsam eine Einheit dar.

Carlo Mierendorff:

Die Zeit fordert heraus! Wir stehn am Ende! Nun dürfen wir nicht mehr still sein und uns von den Ereignissen rädern lassen. Über vier Jahre flüchteten wir uns vor dem Ungeheuren in astrale Verse. Wir bogen aus und verleugneten, was Schicksalhaftes verhandelt wurde. Es war Lüge, dass wir es taten. Das Wort war uns schwer gemacht, wenn nicht versagt. Man konnte nicht gegen sein eignes Handeln denken, ohne zu zerbrechen. Doch nun sind wir frei: Und Ungeheures geschieht: Jetzt lebendig einspringen in den Strom der Geschichte, aktiv sein aufs äußerste und nichts sich entreißen lassen. Wer wagt es noch, sich von den Dingen treiben zu lassen? Nicht, dass die Kunst aufhörte, unser letztes heißestes Ziel zu sein. Doch stehen wir an einem Punkte, wo Kunst nur an dem gemessen werden kann, was

sie dem ringenden Leben bietet. Wir wollen und dürfen nicht mehr schweigen. Wir warten auf Euch, Freunde. [...] Unhemmbarer Wille zur Zukunft reiße uns hoch, sei unsere gläubigste Losung. Freunde, greift ein!
„Die Dachstube", November 1918 (1)

Carl Zuckmayer:

Ich glaube, dass wir schon damals den liebevollen Spitznamen „Herr Vielgeschrey", nach einer Holbergschen Komödienfigur, für ihn erfanden, ein Name, den er, mit dem barocken „y" am Ende, unter all seine privaten Briefe und Dokumente zu setzen pflegte. Herr Vielgeschrey wurde der südwestdeutsche Bürgerschreck in sensationellen Massenversammlungen, in denen für Menschenrechte und europäische Versöhnung gekämpft wurde; er wurde der Kampfhahn gegen reaktionäre Verbindungsstudenten, Antisemiten, Chauvinisten, Nazivorläufer; Herr Vielgeschrey war der Motor und Mittelpunkt der politisch radikalen Jugend im Umkreis der Universität; Herr Vielgeschrey lernte, schrieb, arbeitete, lachte, schuftete, schlug, trank und liebte sich durch viele Landschaften, Orte und Städte; es lässt sich kaum ein aktiveres, gespannteres, impulsiveres und gleichzeitig zielbewussteres Leben denken, und bei alledem war und blieb Herr Vielgeschrey der beschwingte, welt- und kunstvernarrte, helläugige und humorfunkelnde, symposionale und immer ganz gegenwärtige Gefährte unserer besten, unserer unwiederbringlichen Zeit. (2)

Carl Zuckmayer:

Meine persönliche Freundschaft mit Haubach, der – im Gegensatz zu Carlo – eher distanzierten, kühlen, zurückhaltenden Wesens war, entstand ganz plötzlich, auf der gemeinsamen Fahrt im Dritter-Klasse-Kupee von Darmstadt nach Heidelberg, wo wir uns kurz vor Semesterbeginn Quartiere suchen wollten. [...]

Haubach liebte die Nacht. Wir fuhren manchmal mit einer späten Zahnradbahn auf den Königstuhl hinauf und gingen dann mit einer Taschenlampe auf langen Umwegen durch die Wälder nach Hause; oder wir wanderten gegen Mitternacht, die Stadtlichter hinter uns lassend, viele Stunden am Fluss entlang und wieder zurück. Dann, wenn der eine kaum das Gesicht des anderen erkennen konnte, wurde er freimütig und vertrauensvoll, begann auch manchmal mit einer harten, schartigen Stimme zu singen, am liebsten das Marschmotiv aus der Dritten Symphonie („Einzug des Sommers") von Gustav Mahler. [...]

Carlo Mierendorff (3. von links) und Theo Haubach (4. von links) als Oberprimaner während eines Klassenausfluges, Frühjahr 1914 Foto GDW

Auch in den Zeiten seiner politischen Aktivität haftete ihm nichts von der mediokren Flachheit des landläufigen Aktivisten an, es gab in seinen Reden und Schriften kein leeres Propagandawort, und damals, in seinen Anfängen, verachtete er bereits jede leichtfertige und nicht genau durchdachte, sprachlich unklare Formulierung. Er war, in der Hauptsache, Philosoph, ihn beschäftigten Probleme der ästhetischen Kritik und Erkenntnistheorie, später der Metaphysik oder Scholastik, mehr als die hurtigen Blinksätze der Leitartikel und Proklamationen. Auch er kam, wie Carlo, vom Literarischen und Künstlerischen her, aber für ihn waren Musik, mit der er sich gründlich befasste, und Poesie nicht Quellen persönlicher Entladung oder Gefühlssteigerung, sondern Gegenstände

Theo Haubach, Carlo Mierendorff,
Carl Zuckmayer mit Studienfreunden,
Heidelberg, 1921 Foto GDW

ernster, prüfender Erforschung. Wenn er sein Leben der Politik widmete, die ihn am Ende verschlang, so tat er das in schwerem Entschluss, in der Erkenntnis der Gefährdung eines neuen Deutschland, für das zu kämpfen er als seine Pflicht empfand. (5)

Mit scharfer Ironie sagt Theo Haubach in seinem Artikel „Ungebeugt weiter!" den Nationalsozialisten den Kampf an. Das „Reichsbanner" wird daraufhin endgültig verboten.

Theo Haubach:

Die beiden letzten Nummern unserer Zeitung haben der Regierung missfallen, und wir sind darum mit einem zweiwöchigen Verbot bedacht worden. Wir haben das Verbot gewissenhaft beachtet, und wenn wir trotzdem mit dem heutigen Tage entgegen der Verbotsverfügung eine Woche früher erscheinen, so ist dies auf die Entscheidung des Reichsgerichts zurückzuführen, das die Verbotsdauer um eine ganze Woche abgekürzt hat. [...]

Die Regierung Hitler ist der Hort der Verfassungsmäßigkeit und Gesetzlichkeit – wie sollte es anders sein bei einem Kanzler, der lange Jahre des politischen Kampfes unter der eindrucksvollen Parole von der Legalität geführt hat. Als Staatsbürger von unbestechlicher Loyalität sind wir bereit, der Regierung Beweise unseres unbeugsamen Gehorsams zu liefern, Beweise, die der Herr Reichskanzler selbst in vierzehn Jahren seines politischen Kampfes in wahrhaft vorbildlicher Weise beigebracht hat.

In der Tat – das Verbot hat uns darüber belehrt, wie wichtig jene Gesetzmäßigkeit und staatsbürgerliche Korrektheit des politischen Kampfes ist, die Reichskanzler Hitler in überaus wirkungsvoller Weise seit Jahr und Tag dem deutschen Volke vorgeführt hat. [...] Was dem einen legal ist, ist dem anderen billig; und wir sind überzeugt, dass unsere Anschauungen auf das volle Verständnis aller Amtsstellen stoßen. [...]

Vorerst hat in der Tat die verheißene wirtschaftliche Rettung einige Verspätung erlitten, und wir bedauern dies aufrichtig im Interesse der Regierung. Dagegen sind wir gern bereit, ihre außerordentlichen Leistungen auf anderen Gebieten voll und ganz anzuerkennen. Die massenweisen Verabschiedungen und Beurlaubungen von Beamten haben in ganz Deutschland einen imponierenden Eindruck gemacht und Zeugnis abgelegt von der männlichen Härte und heroischen Energie, mit der jetzt das Werk der moralischen Reinigung Deutschlands betrieben wird.

11. Februar 1933 (4)

■ Carlo Mierendorff wurde am 24. März 1897 in Großenhain in Sachsen geboren. Am humanistischen Ludwig-Georgs-Gymnasium in Darmstadt bildete sich ein Freundeskreis von literarisch-künstlerisch und politisch interessierten Schülern. Nach dem Notabitur 1914 meldete sich Mierendorff als Kriegsfreiwilliger. Die in Darmstadt zurückgebliebenen Freunde gründeten „Die Dachstube", eine expressionistische Vereinigung, zu der auch der Frontsoldat Mierendorff literarische Beiträge lieferte. Der vom Kaiser persönlich ausgezeichnete Mierendorff kehrte desillusioniert aus dem Krieg zurück. Von nun an hatte für ihn die Politik gegenüber der Kunst absoluten Vorrang. Er wurde Herausgeber der dezidiert politischen Schrift „Das Tribunal. Hessische Radikale Blätter". Von 1918 bis 1923 studierte Mierendorff Philosophie und Volkswirtschaft in Frankfurt und Heidelberg; das Studium schloss er mit einer Promotion ab. 1920 trat er in die SPD ein, in der er sich vom Gewerkschaftsfunktionär bis zum Sekretär der SPD-Reichstagsfraktion hochdiente. Als streitbarer „Herr Vielgeschrey" und Anführer politischer Demonstrationen erregte er öffentliche Aufmerksamkeit. 1928 wurde er Pressesprecher des hessischen Innenministers Wilhelm Leuschner, 1930 avancierte er als Abgeordneter des Reichstags zum Gegenspieler des späteren Propagandaministers Goebbels. ■

■ Theo Haubach, geboren am 15. September 1896; nach dem frühen Tod des Vaters verbrachte er Kindheit und Jugend in Darmstadt. Dort begann am Ludwig-Georgs-Gymnasium die lebenslange Freundschaft mit Carlo Mierendorff. 1914 meldete er sich als Kriegsfreiwilliger. Der mehrfach verwundete Haubach kehrte ernüchtert aus dem Krieg zurück und trat entschieden für die Ideale der Republik ein.

Haubach studierte 1919–1923 in Freiburg i. Br., München und Heidelberg Philosophie sowie Soziologie und promovierte bei Karl Jaspers mit der Dissertation „Versuch einer Phänomenologie des ästhetischen Bewusstseins im Grundriss" zum Dr. phil. 1922 trat er der SPD bei, 1924 wurde er Redakteur des sozialdemokratischen „Hamburger Echo" und 1927 Abgeordneter in der Hamburgischen Bürgerschaft. Gemeinsam mit Mierendorff engagierte er sich im Hofgeismarkreis der Jungsozialisten, beim Reichsbanner Schwarz-Rot-Gold, einer demokratischen Vereinigung zum Schutz der Weimarer Republik, und im Kreis der Religiösen Sozialisten um Paul Tillich und die „Neuen Blätter für den Sozialismus".

1929 wurde Haubach Pressereferent beim Reichsminister des Inneren, 1930 Leiter der Pressestelle im Polizeipräsidium Berlin. Im Februar 1933 schrieb er in der letzten Ausgabe des „Reichsbanners" vor dessen end-

Theo Haubach als Redner beim Gautreffen des Reichsbanners Schwarz-Rot-Gold, Bremerhaven, 1927 Foto GDW

gültigem Verbot unter dem Titel „Ungebeugt weiter" einen letzten scharfen Artikel gegen die neuen Machthaber.

In dem folgenden Brief vom 7. Dezember 1939 sind die Begriffe „alte Krankheit" und „Krankenhaus" Tarnworte für „Haft" und „Konzentrationslager".

Theo Haubach, Brief an Alma de l'Aigle:

Es geht mir sehr schlecht. Sieh mal: Was ist alles über mich hereingefahren – Mutters Krankheit im Sommer, meine Krankheit, Mutters Tod – und dann: denk dir Alma – ich wurde wieder krank. Die alte Krankheit von 1934 brach wieder aus, acht Tage lang war ich im Krankenhaus, höchstes Fieber, gesundete dann rasch, an meiner Spannkraft war es nun zu Ende.

Ich bin in einer Krise – mittendrin. So ernst und stark war es noch nie. Es steckt auch innerlich alles voller Entscheidungen – noch nie im Leben war ich versucht, von einem verpfuschten Leben zu sprechen – heute drängt sich mir der Gedanke auf: War alles, was ich wollte, was ich glaubte und in redlicher Überzeugung tat, falsch? War ich ein Narr, ein Kindskopf?

Alma, mir ist sehr elend zu Mute. Äußerlich: die Fliege an der Wand kann mich ärgern. Innerlich: Mein Glaube an mich selbst ist dünn und dürr geworden. Und Gott schweigt, wenn ich bete. Keine Stimme antwortet mehr, wenn ich rufe.

7. Dezember 1939 (6)

Zu Beginn der NS-Diktatur wurde Haubach für kurze Zeit verhaftet, im November 1934 erneut festgenommen und fast zwei Jahre im Konzentrationslager Esterwegen gefangengehalten. Hier traf er auf die ebenfalls inhaftierten Carl von Ossietzky und Julius Leber. Nach seiner Haftentlassung fand er eine Beschäftigung in der Papierfabrik seines Studienfreundes Viktor Bausch. Er nahm Kontakt zu alten Freunden auf, mit denen er sich um die Freilassung Mierendorffs bemühte. 1939 wurde Haubach erneut für einige Wochen in Haft genommen. Später, auf Vermittlung Mierendorffs, schloss er sich dem Kreisauer Kreis an. In einer Übergangsregierung nach dem Sturz der Diktatur sollte Haubach den Posten des Regierungssprechers übernehmen.

Nach der Machtergreifung durch die Nazis hielt sich Mierendorff in der Schweiz auf, entschloss sich aber zur Rückkehr nach Deutschland. Am 13. Juni 1933 wurde er verhaftet und im Triumphzug der Nazis als Arbeiterverräter durch Darmstadt geführt. Für Mierendorff begann ein fünfjähriger Leidensweg durch die Konzentrationslager Osthofen, Börgermoor, Lichtenburg, Esterwegen und Buchenwald. 1938 wurde er aus der Haft entlassen. Sofort nahm er wieder Fühlung zu den alten Freunden auf – Theo Haubach, Wilhelm Leuschner, Hermann Maaß und Ludwig Schwamb. Über Adolf Reichwein lernte er Helmuth James von Moltke kennen. Im Kreisauer Kreis trat

„Von jetzt an geht es nur noch aufwärts – entweder an die Macht oder an den Galgen!" Carlo Mierendorff nach der Entlassung aus der Haft 1938 Foto GDW

er unter dem Decknamen „Dr. Friedrich" auf und übernahm vor allem den Bereich der sozialpolitischen Reformplanung. ■

Helmuth James von Moltke, Briefe an seine Frau:

Es ist immer wieder erstaunlich, wie lange es dauert, bis man gute Leute gewinnt. Auch Dr. Friedrich ist so ein Fall. Nach monatelanger Vorbereitung geht es jetzt plötzlich nicht nur gut, sondern offenbar so, dass er von sich aus das Bedürfnis fühlt, seine Gedanken und Pläne mit mir zu erörtern.
9. Januar 1942

Der Abend mit Friedrich war gerade wegen des sehr schwierigen Themas sehr befriedigend. Tatsächlich sind wir beide uns eben im Grunde immer einig und demgegenüber sind alle anderen Dinge relativ einfach. Ich glaube schon, dass wir einen Weg gefunden haben, der zwar nicht das wiederherstellt, was war, der aber zu einer positiven Lösung weiterführt. Es wird sich ja heute Abend zeigen, ob sich das bewahrheitet.
8. August 1943

Friedrich war in ganz grosser Form: klar, entschieden, klug, taktvoll, witzig und in dieser Nachtsitzung, die bis fünf Uhr früh dauerte, wurde die Lücke, die der Onkel [Wilhelm Leuschner] gerissen hatte, geschlossen, indem Friedrich dafür gesorgt hatte, dass dessen Genossen mit ihm zu uns gingen und den Onkel allein liessen, und es wurde ein ungeheuerer Fortschritt in praktischer und theoretischer Richtung erzielt.
10. August 1943

Gestern haben Haubach und Peter hier gegessen. H. war in sehr guter Form, wie er sich in den letzten Wochen überhaupt bewährt hat und ganz erheblich gewachsen ist. Er gefällt mir eigentlich immer besser. Überhaupt bin ich sehr erfreut darüber, dass wir die schwere Krise unserer Freunde ohne eine einzige menschliche Enttäuschung überstanden haben. Das ist doch sehr viel wert, und, was auch immer geschieht, im Ergebnis werden wir uns verbessert haben. Gestern war eigentlich der erste Tag, an dem wir mit Haubach allein Fortschritte erzielt haben.
20. August 1943 (7)

■ Am 3. Dezember 1943 kam Carlo Mierendorff bei einem Bombenangriff auf Leipzig ums Leben. ■

Adolf Reichwein, Brief an Willi Brundert:

Eine schwere und bittere Nachricht muss geschrieben werden: Unser Carlo ist nicht mehr unter uns. [...] Kein Zweifel mehr: Der Angriff auf Leipzig gestern vor acht Tagen hat ihn für immer entrissen, und vorgestern wurde es Gewissheit, Theo hat es heute endgültig erfahren. Wie viel leerer, atemberaubend leerer Raum ist jetzt da. [...] Ach, wie hat die nächste Welt um uns sich durch diesen Tod verändert. Und wie viel Erbe gilt es treu zu bewahren.
10. Dezember 1943 (8)

Theo Haubach, Brief an Erika und Viktor Bausch:

Es ist in der Tat eine Flucht in des Wortes wahrster Bedeutung – nicht so sehr vor den Bomben als vielmehr vor meiner augenblicklichen Daseins- und Arbeitswelt. [...] Der Verlust des Freundes und Gefährten ist höchst sonderbar mit dem Verlust der Wohnung verschwistert. In dieser Wohnung ging Carlo schon als Schuljunge aus und ein. In sie kehrte er zurück, als der Krieg zu Ende war, und durch Jahrzehnte hindurch war meine Wohnung fast die seine geworden. Diese Welt, in der ich heranwuchs und lebte, ist ausgelöscht – ich beklage mich nun nicht mehr. Ich beginne zu begreifen, dass eine jener schmerzhaften Metamorphosen eingesetzt hat, die, wenn wir Menschen gehorsam sind, uns in eine höhere Ordnung hinaufverwandeln können. „Denen, die Gott lieben, müssen alle Dinge zum Besten dienen!"
26. Dezember 1943 (6)

Helmuth James von Moltke, Brief an seine Frau:

Als ich um 1.30 zurückkam, war Theo bereits da und wir aßen friedlich zu dritt. Das Gespräch beschäftigte sich sehr viel mit Carlos Tod. Theo hatte eine schöne Anzeige verfasst, die am 24.12. in der D.A.Z. [„Deutsche Allgemeine Zeitung"] erschienen ist: Dem Herrn über Leben und Tod hat es gefallen, Dr. C. M. aus diesem Leben abzuberufen. Er fiel bei dem Fliegerangriff auf Leipzig in der Nacht vom 3. zum 4. Dezember. Für die Freunde, T.H. – Die Anzeige hat auch bereits Erstaunen hervorgerufen und in der Zürcher Zeitung ist ein langer Nachruf erschienen. Theo hat sich gut erholt und ist wieder imstande, sich der Zukunft zu widmen. Die Unterhaltung mit ihm und Eugen [Gerstenmaier] war fruchtbar und fördernd.

9. Januar 1944 (7)

Theo Haubach in seiner Gedenkrede am Grab Carlo Mierendorffs:

Er war unterwegs, mit einer Kraft des Tragens und Erduldens, deren wir am Grabe nur mit tiefer Erschütterung gedenken können. Er war unterwegs, nimmermüde, hoffend, glaubend, liebend – die Last nicht scheuend und die äußerste Not! Er war unterwegs, ein kräftiger Jäger, jagend durch die Dschungel der Zeit – uns anderen schon immer weit voraus.

Sein Land Orplid, das fernher leuchtet, hat er nicht betreten. Und wenn es wahr ist, dass die Welt der Vision, die von Gott uns eingegebenen Bilder einer reinen Welt und einer heilen Ordnung nichts als Schäume und Schimären sind, dann muss man allerdings sagen, dass dieses Leben gescheitert ist. Wer aber weiß, dass alles in der Welt aufeinander bezogen ist, dass die Tages- und Traumwelten aufeinander zugeordnet sind und dass die unsichtbaren geistigen Ordnungen das Sichtbare begrenzen und bedingen, der weiß auch, dass die Verwandlung durch den Tod das Wesenhafte, Lebendige, nicht berührt.

22. Februar 1944 (6)

Die Freunde im Exil gedenken Mierendorffs in New York.
Der Studienfreund Carl Zuckmayer zeichnet in seiner Gedächtnisrede vom 12. März 1944 ein lebendiges Bild des Verstorbenen.

Carl Zuckmayer:

Er konnte von einer Idee erfüllt und besessen sein, ohne zu ihrem blinden Fanatiker – und damit vielleicht zu ihrem unfreiwilligen Totengräber – zu werden. Er war fähig, wie ein Dramatiker das Wesen der anderen Seite zu sehen und ihren Standort zu begreifen, auch wenn er ihn bekämpfte. Er konnte stürmisch losgehen, ohne übers Ziel zu rennen; er konnte auch stiermäßig brüllen, aber ohne sich heiser zu schreien. Seine enorme Lebenslust war ihm dienstbar, war sein Besitz, mit dem er verschwenderisch hausen durfte, ohne ihn zu vergeuden oder ihm untertan zu werden. Er konnte trinken, ja saufen, ja besoffen sein, ohne je einen Zug vom Säufer, vom Verfallenen, Abhängigen zu bekommen. Er konnte sich grenzenlos verlieben, ohne hörig zu werden, und sein mächtiger Appetit nach allem Lebendigen, Irdischen, Verbrennlichen und Vergänglichen, auch nach Erfolg in jedem Sinne und nach echtem Genuss, ging nie so weit, dass er sich überfraß. Er blieb wachsam in seinem Geist, und er gab seiner Seele Raum genug, um immer ein Mensch, das heißt: ein Mitmensch, ein Welt- und Gotteskind zu sein. Er war ein Sozialist aus Überzeugung und Weltverbundenheit, ein Deutscher aus Erbschaft, Naturell und Charakter. [...]

Carlo hatte, soweit ich das beurteilen kann, in seinem politischen Kampf zwei Hauptziel- und Richtungspunkte, die einander notwendig ergänzten: Im Innern die Reichswehrpolitik der SPD und der Regierung zu brechen, deren verhängnisvolle Entwicklung er voraussah. Außenpolitisch die wirkliche, ehrliche, ernstgemeinte europäische Allianz, vor allem die deutsch - französische Verständigung, produktive Nachbarschaft statt gegenseitigem kleinlichem Revisionsgeplänkels. In dieser Grundkonzeption steckt auch heute noch Zukunft. Eine Zukunft, die man mit einem Idealbegriff „Vereinigte Staaten von Europa" nennen könnte. [...]

Ich habe Carlo in Volksversammlungen aller Art sprechen hören, auch in gegnerischen, aber es war immer das gleiche: Wenn er die Tribüne betrat, gingen ihm die Herzen zu, ob sie wollten oder nicht. Hier, spürten die Leute, ist ein Mann, der unsere Sprache spricht, der mit unseren Sinnen lebt, der unser Lachen lacht und unsere Schmerzen leidet. Selbst wenn er wetterte, raste, tobte, selbst wenn er den Gegner beschämte und lächerlich machte, war noch immer ein Hauch von Gutheit in ihm, jener heimliche Glanz der Menschen, die „guten Willens sind", nichts Niederträchtiges, nichts Listiges, nichts Ordinäres – keine Demagogie, keine „Propaganda". Deshalb haben ihn die Nazis ja auch so bitterlich gehasst – mit einem Hass, in den sich außer Neid fast Bewunderung, ja Ehrfurcht mischte –, denn er hatte ganz von selbst, von Gott und der Natur, was sie niemals haben konnten und nur künstlich, gewaltsam, vorzutäuschen und zu erpressen versuchten: echte Volksverbundenheit. Er war immer in Form, er war immer bei Stimme, und er sah aus, wie Göring sich wünschen möchte auszusehen: wie ein ganzer Mann. Sein Unvergesslichstes aber war jene immer von ihm ausstrahlende Gutheit. [...] Die Kinder seiner Freunde werden nie vergessen, wie er, der Kinderlose, mit ihnen spielte. Bei den meinen hieß er jahrelang in ihrer salzburgischen Sprachfärbung: „Der was mit die Ohren wackelt." Denn das konnte er – neben anderem – meisterhaft!

New York, 12. März 1944 (2)

Theo Haubach,
Brief an Anneliese Schellhase:

Auch Jesus Christus hat auf dem Ölberg und am Kreuz verzagt. „Mein Gott, mein Gott, warum hast du mich verlassen?" Wie oft habe ich in meinem Leben dies Wort seinem Sinne nach nachgesprochen, dann aber auch immer erfahren, dass niemand umsonst ruft, und das Wort der Schrift habe ich in seiner Wahrheit am eigenen Leibe erfahren: „Suchet, so werdet ihr finden, bittet, so wird euch gegeben, klopfet an, so wird euch aufgetan."

7. August 1944 (6)

Viktor Bausch:

Wenige Tage nach seiner Verhaftung erhielt ich von ihm einen Brief, aus dem zu entnehmen war, dass er in die Polizeischule Drögen bei Fürstenberg überführt worden sei. Er schrieb, was er schreiben durfte, und äußerte die üblichen Wünsche nach Büchern, Schreibpapier, Bleistift und Insektenpulver und bat mich, eine Sprecherlaubnis bei dem ebenso bekannten wie berüchtigten Kriminalkommissar Lange, der den gesamten Komplex „20. Juli" bearbeitet, zu erwirken. [...]

Haubach trug Sträflingskleidung und die bekannten holzbesohlten Arbeitsschuhe. Er machte äußerlich einen ruhigen, ja vergnügten Eindruck, bagatellisierte seine Inhaftierung. Wir hatten eine längere Unterredung über „schwebende wirtschaftliche Fragen" und arrangierten eine weitere Zusammenarbeit. Nur seinen glühenden Augen merkte man die ungeheure Erregung an. Es gelang dann später in der Tat, die Erlaubnis zu erwirken, dass die Firma mit ihm „zwecks Rückfragen" den Kontakt aufrechterhalten konnte. So entwickelte sich ein ebenso reger wie zur Sache selber völlig sinnloser Briefverkehr. Haubach erhielt von uns den Auftrag, Exposés auszuarbeiten, die er dann auch seitenlang anfertigte. Diese Exposés machten glaubhafterweise Rückfragen notwendig, so dass wir in ständigem schriftlichen Kontakt mit ihm standen und so seinen jeweiligen Aufenthalt kontrollieren konnten. Darüber hinaus ermöglichten diese Exposés, öfters eine Sprecherlaubnis zur mündlichen Abklärung offener Fragen in diesem grotesken Schriftwechsel zu erwirken. Dieses Verfahren funktionierte ausgezeichnet, und wir konnten die Verbindung mit ihm bis zu seiner Verurteilung aufrechterhalten.

Seine „Mitarbeit" setzte in vollem Umfang ein, als er von Drögen in die „Lehrter Straße" überführt wurde. Bei solchen Besuchen begleitete mich stets Gisela Flügge, von der Haubach in einem der vielen Kassiber, als dem „Heldenmädchen" sprach, und dieses Mädchen, deren Vater im KZ saß und deren jüdische Mutter flüchtig war, hat wirklich beispielhafte Kühnheit und Kaltblütigkeit bewiesen. Ich entsinne mich noch genau einer solchen Besprechung: Haubach und ich redeten miteinander mit lauter Stimme über „Rohstofffragen". Zwischendurch aber flüsterte er Gisela Flügge Richtpunkte seiner Verteidigung zu, die diese, hinter sich den aufsichthabenden SS-Mann, in fliegender Hast in die „Rohstoff-Akten" hineinstenografierte, während ich mit erhobener Stimme sinnlose Vorträge hielt. [...] So gelang es auch, Haubachs Verteidigungsplan aus dem Gefängnis herauszubringen, der dann an Pfarrer Poelchau [Gefängnispfarrer], vom Gefängnis Tegel weitergegeben und von diesem dann Graf Moltke im Tegeler Gefängnis zugesteckt wurde. [...]

Das stärkste menschliche Erleben Haubachs im Gefängnis war die Begegnung mit seiner Freundin Anneliese Schellhase. [...] Ich weiß von Haubach, dass er in der Einsamkeit seiner Zelle, von Todesahnungen gepeinigt, ein lebendiges Leben nur noch in der Erwartung des Wiederzusammentreffens mit der geliebten Frau lebte. [...] Erfüllt von einer tiefen christlichen Religiosität – Dr. Haubach war, was nur seine nächsten Freunde wissen, ein frommer Mann –, war der Inhalt seines Lebens in den letzten Monaten und Wochen vor seinem Tode die Liebe. [...] Zwischen Weihnachten und Neujahr war ich noch einmal bei ihm im Gefängnis. Kurze Umarmung hinter dem Rücken des Zeitung lesenden Aufsichtsbeamten. Ich wusste, dass ich ihn nie wieder sehen würde, und er fühlte wohl dasselbe. (9)

Am 9. August 1944 wurde Haubach verhaftet, schweren Folterungen ausgesetzt und am 15. Januar 1945 vom Volksgerichtshof zum Tode verurteilt. Am 23. Januar 1945 wurde er in Plötzensee erhängt.

Theo Haubach vor dem Volksgerichtshof; im Hintergrund Theodor Steltzer, Berlin, 1944 Foto GDW

Quellen:

(1) „Die Dachstube", Blatt 63, Darmstadt, November 1918.
(2) Carl Zuckmayer, *Carlo Mierendorff. Porträt eines deutschen Sozialisten*, Berlin 1947.
(3) *Neue Badische Landeszeitung*, 5. Februar 1930.
(4) „Das Reichsbanner. Die Wochenzeitung der Eisernen Front", Nr. 8, Magdeburg, 25. Februar 1933.
(5) Carl Zuckmayer, *Als wärs ein Stück von mir*, Frankfurt a.M. 1966.
(6) Walter Hammer (Hg.), *Theodor Haubach zum Gedächtnis*, Frankfurt a.M. 1955.
(7) Beate Ruhm von Oppen (Hg.), *Helmuth James von Moltke, Briefe an Freya 1939–1945*, München 1988.
(8) Ursula Schulz (Hg.), *Adolf Reichwein. Ein Lebensbild aus Briefen und Dokumenten*, München 1974.
(9) Viktor Bausch, *Über die Ereignisse um Theo Haubach nach dem 20. Juli 1944*, Manuskript.

Adolf Reichwein (1898–1944)

Der Erzieher legt Zeugnis ab vor der ihm anvertrauten Gruppe. Er liegt offen, aufgeschlagen vor den Augen seiner Kinder. Mit allem, was er ist, tut und sagt gilt er ihnen als lebendiges Vorbild. Welche Verantwortung!

Aus dem Buch „Schaffendes Schulvolk"

Aus einem Brief von Adolf Reichwein an seine Frau, 11. Juni 1943

Adolf Reichwein, Brief an Robert Curtius:

Das letzte Semester hier war sehr anstrengend, ich kam kaum zu persönlichen Dingen. Die kargen Ferien im April habe ich benutzt, um mit meiner Frau – wir haben am 2. April geheiratet – nach Italien zu reisen. Es war etwas von Flucht dabei, und es hat köstlich wohl getan. Rom war wieder überwältigend für mich, wie immer.

Nun bin ich beurlaubt und werde wohl demnächst – ohne Pension übrigens – entlassen. Es ist schon ein merkwürdiges Schicksal bei solcher Leidenschaft für Wirken an der Jugend, an Volk und Nation. Aber der totale Staat macht ganze Arbeit.

Wir sind bei alledem aber heiter und gelassen. Ich spüre mächtiger denn je, was sittliche Gewissheit und gutes Gewissen einem bedeuten können, wie viel Kraft einem von da kommen kann.

Halle, 3. Mai 1933 (1)

Rosemarie Reichwein:

Das erste Mal, als ich ihn bewusst sah, war er im Kreise von Studenten und Kindern bei einem Hochschulfest. Was mich am meisten bei ihm fesselte, war sein Verhältnis zu Kindern. Er gewann sofort ihre Herzen, hatte Verständnis für ihre kleinen Liebhabereien und ein warmes Empfinden für ihre Nöte und besonderen Wünsche. Was müsste das für ein Vater sein für seine eigenen Kinder! [...] Er wusste ja, was junge Menschen fesselt, erregt und im positiven Sinn zu eigenem gewagten Tun anregen konnte. Die Lebensbejahung, die helle Freude am Handelnkönnen,

Adolf Reichwein als Pilot, 1930er Jahre
Foto PBR

an den schönen Seiten des Lebens bei völligem Bewusstsein der düsteren Seiten, die überwunden werden mussten, strahlten aus jedem Satz, den er sprach. (4)

Adolf Reichwein, Brief an Professor Bohnenkamp:

Lieber Hannes,

ich habe die Entscheidung ganz anders getroffen, und bleibe in Deutschland. Glücklicherweise haben die Verhandlungen sich so lange hingezogen, dass die Stimmung fürs Hierbleiben sich immer mehr festigen konnte. Entschieden habe ich mich vor einer Woche und – als ob es klappen sollte, vor drei Tagen teilte mir die Regierung Potsdam mit, dass ich ab 1. Oktober auftragsweise (im Auftrag des Ministers) Lehrer in Tiefensee sei. B. im Ministerium hat gesagt: „dass Sie bleiben, wird man Ihnen hoch anrechnen". Immerhin – obwohl ich keine Illusionen habe, hingegen einen harten Schädel.

1. Oktober 1933 (1)

Rolf Gardiner:

Reichwein war entschlossen auszuprobieren, inwieweit man Deutschlands Seele durch Pädagogik retten könnte, nachdem es sie politisch preisgegeben hatte. Hatte der preußische Staat noch irgendeine Verwendung für ihn? Wenn nicht, so würde er sich davonmachen. Er fuhr geradewegs nach Berlin und verlangte, einen der neuen Abteilungsleiter zu sprechen. Dieser Mann namens Bargheer war ein großtuerischer Nazi. Die beiden gerieten aneinander, und es gab eine heftige und deutliche Aussprache. Reichweins Kühnheit rief die Bewunderung des Nazis hervor: „Herr Reichwein, Sie sind ja der geborene SA-Führer! Verflucht schade, dass Sie auf der falschen Seite stehen! Was zum Teufel wollen Sie denn?" Reichwein erwiderte ruhig: „Ich möchte eine einklassige Volksschule in einem Dorf haben." „Abgemacht!", rief Bargheer und schlug mit der Faust auf den Tisch. So wurde Professor Dr. Adolf Reichwein ein Dorfschulmeister im hintersten Winkel der Mark Brandenburg. (2)

■ Adolf Reichwein wurde am 3. Oktober 1898 als ältestes Kind des Volksschullehrers Karl Reichwein und seiner Frau Anna Maria, geb. Mehl in Bad Ems geboren und wuchs in der ländlichen Region Mittelhessens auf.

Hochzeit von Adolf Reichwein und Rosemarie Pallat, 2. April 1933 Foto PBR

Er lernte die Wandervogelbewegung kennen, die ihn mit ihren Fahrten und kameradschaftlich geprägten Zusammenkünften stark beeinflusste. Noch vor dem Abitur meldete sich Reichwein als Freiwilliger zum

Adolf Reichwein mit Schülern der Dorfschule in Tiefensee Foto BBF/DIPF/ARA

Adolfa Reichwein, *Schaffendes Schulvolk*. Foto BBF/DIPF/ARA

Militär, nahm am Ersten Weltkrieg teil und wurde schwer verwundet. Die Kriegserfahrungen ließen ihn zum entschiedenen Kritiker des kaiserlichen Deutschland werden. Die junge Republik wurde von ihm lebhaft begrüßt.

Nach dem Weltkrieg studierte Reichwein Geschichte, Philosophie und Volkswirtschaft in Frankfurt am Main. 1920 wechselte er nach Marburg, wo er zum Dr. phil. promovierte. Reichwein widmete sich danach der Erwachsenenbildung: Er leitete die Volkshochschule in Jena und gründete ein Heim für junge Arbeiter. 1926/27 führte ihn eine einjährige Forschungsreise von Nordamerika und Mexiko bis nach Japan und China. Anschließend veröffentlichte Reichwein sein viel beachtetes Werk „Die Rohstoffwirtschaft der Erde".

1928 referierte er bei einer Tagung der schlesischen Arbeitslagerbewegung in Löwenberg. 1929 berief ihn der preußische Minister für Wissenschaft, Kunst und Volksbildung, Carl Heinrich Becker, zu seinem persönlichen Referenten. Im April 1930 übernahm Reichwein eine Professur für Geschichte und Staatsbürgerkunde an der Pädagogischen Akademie in Halle. Er trat der SPD bei und wurde führender Mitarbeiter im Kreis der „Religiösen Sozialisten" um Paul Tillich und deren Zeitschrift „Neue Blätter für den Sozialismus".

Kurz nach der Machtergreifung der Nationalsozialisten wurde Reichwein als Professor aus politischen Gründen abgesetzt. Er schlug das Angebot einer Professur im Ausland aus und verbrachte die folgenden Jahre als Lehrer der einklassigen Landschule in Tiefensee bei Berlin. Hier erprobte er seine Konzeption zur Reform der Landschulen, die er in dem viel beachteten Werk „Schaffendes Schulvolk" dokumentierte.

Inmitten der Diktatur schuf er eine „Schule zur Menschlichkeit". Sein pädagogisches Konzept zielte auf die Erziehung zu mündigen, sozial verantwortlichen, entscheidungs- und urteilsfähigen Bürgern, weil in der modernen Welt „nicht mehr autoritär regiert werden kann, sondern nur noch auf dem Grund autonomer Verantwortung jedes einzelnen". ■

Adolf Reichwein im Buch „Schaffendes Schulvolk":

Die Gründe, aus denen unsere Erziehungsarbeit wächst, umfassen Erzieher und Kind als lebendige Einheit, als schaffende

Unterricht in der Dorfschule in Tiefensee
Foto BBF/DIPF/ARA

Schülerinnen der Dorfschule in Tiefensee
Foto BBF/DIPF/ARA

Gruppe, als Gemeinschaft. Es gibt nicht mehr jene unheilvolle Spaltung in „wissend" und „unwissend", „Respekt" und „Duldung", „Katheder" und „Klasse".

Zeugnis wird nie ins Nichts hinein gegeben, sondern sucht immer sein Echo im Anderen. Der Erzieher legt Zeugnis ab vor der ihm anvertrauten Gruppe. Er liegt offen, aufgeschlagen vor den Augen seiner Kinder. Mit allem, was er ist, tut und sagt gilt er ihnen als lebendiges Vorbild. Welche Verantwortung! Welcher Anspruch an seine innere Sicherheit! Denn nur aus sicherer Gelassenheit ist Überzeugung möglich. Sicherheit dieser Art kam in vergangenen Zeiten aus der prägenden Gewalt einer geschlossenen Formenwelt, so wie der alte Adel sie besaß, und wie eine andere, in die Breite des Volkes wachsend, künftig werden wird. Es gab und gibt noch einen zweiten Weg dieser Sicherheit: über eine geistig erarbeitete mögliche Lebenserfahrung. Dem Erzieher von heute bleibt nur die letzte Möglichkeit.

Wir führen diese Jugend nicht in eine wohlbereitete Heimat, sondern in das offene Gelände einer Zukunft, die sie sich selbst mitbauen muss. Welch beneidenswertes Schicksal! Wieviel Unsicherheit enthält es, wieviel Fragen, deren Erledigung ganz von unserer Antwort abhängt! Jede Unsicherheit fordert zu einem Wagnis heraus, jedes Wagnis verlangt zuvor eine Entscheidung, und entscheidungsstark können nur Menschen sein, deren Jugend schon unter dem Stern der Zucht, der Entsagung, der täglichen Herausforderung an sich selbst gestanden hat. Damit das Maß dieser schweren Dinge das Kind nicht überlastet, bedarf es aller feinfühligen Wachsamkeit und genauen Kinderkenntnis des Erziehers.

Das Kind soll, im Bereich seines persönlichen Schaffens, immer bei seinem Selbst gelassen, gewöhnt und imstande sein, mit seinen Fähigkeiten nicht nur auf Anruf, sondern aus freiem Antrieb frei zu schalten. Ja dieses Auf-sich-selbst-angewiesen-sein soll ihm Lust bereiten. Nur aus der Lust wachsen Leistungen, auch wenn sie Pflicht bedeuten. Wenn wir bei Kindern von Pflicht sprechen, können wir nur die Lust an der Pflicht meinen.

Es gehört zu den ersten Aufgaben jeder Erziehungsgemeinschaft, den Kindern aller Stufen für Ordnung und geordnetes Verfahren Raum und Gelegenheit zu geben. Die Größeren machen schon bewussten

Gebrauch von dem, was sich ihnen als Sitte bewährte. Denn es zeigt sich, dass Ordnung, sowohl im Sein der Dinge untereinander, wie im Umgang mit ihnen, geordnete Leistung also, die beste Gewähr ist für Gelingen. Gelungenes zu schaffen, gibt aber jene tiefe Befriedigung, die das Kind als Kraftquelle für neues und künftiges Unternehmen braucht. Der tüchtige Erzieher wird scharf darüber wachen, dass Begonnenes „fertiggemacht" und nichts auf halbem Wege liegengelassen wird. Alles Unfertige hinterlässt Unbehagen und zerstört die Lust zu neuem Ansatz.

1936 (3)

■ Im Mai 1939 wurde Reichwein zum Leiter der Abteilung „Schule und Museum" beim Volkskundemuseum in Berlin berufen. Sein Dienstsitz im Prinzessinnenpalais entwickelte sich zu einem wichtigen Zentrum geheimer Widerstandskontakte. Er brachte die Sozialdemokraten Haubach und Mierendorff mit Moltke in Verbindung, den er aus Löwenberg kannte. Reichwein prägte maßgebend das Kulturprogramm des Kreisauer Kreises. Für die Zeit nach dem Umsturz war Reichwein als Kultusminister vorgesehen. ■

Adolf Reichwein mit seinen Kindern, 1940 Foto PBR

Adolf Reichwein,
Brief an seine Frau:

Liebe Romai,

hier sitze ich also wieder in dem luftigen „Berghaus", zwischen hohen Akazien, mit dem Blick auf das liebliche Tälchen, durch das die Peile fließt, jenes harmlose Wässerchen, das zur Zeit der Schneeschmelze wild und wütend wird und alle zwei Jahre die Brücken wegreißt, die drunten zum Park, zum Schloss und zu dem Wirtschaftshof führen. Die ganze nächste Landschaft hat etwas vom englischen Charakter an sich, auch im Stil: mit Weidestücken, die von hohen Baumgruppen umgeben sind und mit Hügeln, die von Bäumen gekrönt sind; zur Linken einsam der Zobten, der alte schlesische Zauberberg, das Wahrzeichen Mittelschlesiens, zur Rechten das Eulengebirge mit seinen sanften Konturen und der Senke, die ins Innere dieses schlesischen Waldlandes führt, das Waldenburger Bergland, ein Kohlengebiet, in dem die jämmerlichste Armut und auch menschliche Verkommenheit (als Resultat der Armut) herrscht. Es ist wieder schön und gastfrei hier; und sehr nahrhaft (was ich nach sechs Tagen Gemeinschaftsverpflegung in Danzig-Oliva sehr genieße).

Sei herzlich geküsst!

Dein Edolf

Kreisau, 11. Juni 1943 (1)

Die Familie Reichwein verlor 1943 bei einem Bombenangriff in Berlin ihre Wohnung. Eine neue Bleibe fand sie im Kreisauer Schloss bei den Moltkes.

Adolf Reichwein, Brief an seinen Schwiegervater Ludwig Pallat:

Lieber Vater Pallat,

gestern Abend bin ich nun von Schlesien zurückgekommen, mit dem Gefühl, dass Romai und die Kinder wieder ein freundliches Dach über dem Kopfe haben (wenn auch nicht mit der Zuversicht, dass es von einiger Dauer sei, sondern mit dem Empfinden, dass das Schicksal sie weiter als Nomaden *en marche* halten wird). Immerhin: zunächst eine Beruhigung und fühlbare Entlastung; wir sind dankbar dafür. Dankbar vor allem den Freunden, die rührend und hingebungsvoll alles so nett und wohnlich wie irgendmöglich in dem alten Schlosse gemacht haben; die Gräfin [Freya von Moltke] hat bis 1/2 Stunde vor Ankunft unseres Zuges mit Kopftuch und aufgeschürzten Ärmeln an der Spitze ihrer Hausgeister geschuftet, selbst die Blumen fehlten nicht und der neue Ofen strahlte Wärme. [...]

Dein Edolf

21. Oktober 1943 (1)

Hellmut Becker:

Adolf Reichwein besuchte mich wenige Wochen vor seiner Verhaftung in Straßburg. Er berichtete, dass alle Versuche zur „Aktivierung der Feldmarschälle" gescheitert seien. Er wies darauf hin, dass unter diesen Umständen die bis ins Einzelne gehende Fühlungnahme mit den Kommunisten zur Verbreiterung der Widerstandsfront unbedingt notwendig sei. Wir haben eingehend über diese Frage gesprochen. Dabei war für Adolf Reichwein die Notwendigkeit der Einbeziehung der Kommunisten und ihre Beteiligung am künftigen Wiederaufbau Deutschlands ebenso selbstverständlich wie die Tatsache, dass dieses künftige Deutschland nicht kommunistisch sein dürfe.

1944 (4)

Im Juli 1944 nahm Reichwein gemeinsam mit Julius Leber Verbindung zu Vertretern des kommunistischen Widerstandes auf. Diese Kontakte führten aufgrund einer Denunziation zu seiner Verhaftung. In der Gestapohaft wurde er schwer gefoltert.

Adolf Reichwein,
Brief an seine Frau aus der Haft:

Meine liebe Romai,

dass meine Gedanken auch immer wieder um das eigene Leben kreisen, brauche ich kaum zu sagen. Aber darüber lässt sich kaum jetzt schreiben, so wohltuend es wäre. Das eine drängt sich beim Überfliegen der Jahrzehnte auf: wie reich und schön diese Zeiten für mich gewesen sind. Das Schwere, etwa des vorigen Krieges, tritt ganz dahinter zurück. Umso stärker strahlt die ländlich gesunde ungebundene Jugend, die zehn Jahre im „Wandervogel" mit den weiten und nahen Fahrten, die Jugendfreundschaften, die glückliche Studentenzeit in Frankfurt und Marburg mit neuen unzertrennlichen Freundschaften, dann das mit Begeisterung erfüllte Berufsleben in der Volksbildung, die seltenen Lebensgeschenke meiner Reisen in Europa, Amerika, Ostasien, die vier Jahre Fliegen und Welt aus der Vogelperspektive, dazwischen die wissenschaftlichen Arbeiten, die Nächte wie Tage kosteten und schließlich das Schönste und Reichste: die zwölf Jahre mit Dir und den Kindern. Wie viel Anlass dankbar zu sein.

Dir vor allem Dank und Liebe!

Dein Edolf

16. Oktober 1944 (1)

■ Am 20. Oktober 1944 verhandelte der Volksgerichtshof gegen Reichwein, Leber und andere Sozialdemokraten. Gustav Dahrendorf bekam als Einziger keine Todesstrafe. ■

Gustav Dahrendorf:

In der Frühe des 20. Oktober wurden wir fünf Angeklagten in Handfesseln nach der Elßholzstraße in Berlin-Schöneberg transportiert. Ich sah Adolf Reichwein wieder. Durch ein dichtes Spalier von uniformierten Polizeibeamten, jeder Angeklagte zwischen zwei baumlangen Tschakoträgern, wurden wir in den Verhandlungssaal des Volksgerichtshofes geführt. Wir fünf Angeklagte und zehn Polizeibeamte nahmen auf zwei Stuhlreihen Platz. In der ersten Reihe saßen Julius Leber und Adolf Reichwein, in der zweiten Hermann Maaß und ich. Das Verfahren gegen Dr. Loeser wurde später abgetrennt, die Verhandlung also nur gegen uns vier Sozialdemokraten durchgeführt. Die Verhandlung trug alle Züge eines Schau- und Tendenz-Prozesses.

Freisler, Prototyp des nazistischen Agitators und nazistischer Bestialität, führte den Vorsitz. Neben ihm „Volksrichter" ohne Gesicht und Gewicht. Als Nebenfigur Oberstaatsanwalt Görisch, der Vertreter des Oberreichsanwalts. Vertreter einer hörigen und gehorsamen Presse. Offizial-Verteidiger, die entweder erbärmlich oder bemitleidenswert waren. Alsdann Zuhörer, und zwar Vertreter der Wehrmacht, der Gestapo, Verwundete und wenige Zivilisten.

Freisler schrie, gestikulierte. Keine Formulierung ohne entsetzliche Bosheit oder Brutalität, kein Fünkchen Menschlichkeit, keine Andeutung auch nur formalen Rechts. Vernehmung? Keiner der Angeklagten wurde vernommen. Freisler schrie die Daten des äußeren Lebenslaufes heraus. Bei allen Angeklagten, so auch bei Adolf Reichwein. Er duldete kaum ein „Ja" oder „Nein". Er überschrie sich, als er die Anklage gegen Reichwein schleuderte, die große volkserzieherische Aufgabe, die das Reich Adolf Hitlers ihm übertragen habe, durch Landes- und Hochverrat so schändlich vergolten zu haben. Es war aussichtslos, auch nur einen zusammenhängenden Satz gegen Entstellung, gegen Lüge und Verleumdung zu wagen. Es war unmöglich, auch nur ein Wort des Bekenntnisses zu sprechen.

Im Ablauf der Verhandlung gegen Adolf Reichwein gab es einen großen und erschütternden Abschnitt. Reichweins Offizial-Verteidiger, dem jeder Versuch eines Einwands zu den „Tatbeständen" abgeschnitten worden war, bat schließlich, das Gericht möge doch die außerordentlichen Qualitäten seines Mandanten berücksichtigen. Es schien, als wolle Freisler Adolf Reichwein sprechen lassen. Reichwein begann mit ganz leiser Stimme. Er konnte nicht lauter sprechen. Die Haft mit ihren seelischen Erregungen und körperlichen Misshandlungen hatte ihm die Stimmkraft genommen. Ich konnte seine Stimme kaum vernehmen. Für Sekunden nur waren alle Blicke auf ihn gerichtet. Mich packte eine tiefe Sympathie für diesen Mann. So wie er da stand, war er das Symbol alles Menschlichen, von dem selbst in diesem Augenblick alle Qual des Leidens abfiel. Er begann, von seiner Arbeit zu sprechen. Er begann... und einer Meute gleich brach es aus Freisler heraus: Menschlichkeit, menschliche Werte? Wer das große Vertrauen so sehr geschändet habe wie Reichwein, habe das Recht verwirkt, menschlich bewertet zu werden. Schluss, Schluss – kein Wort mehr. Verbrecher, Verbrecher... Ein Orkan von brutalsten Formulierungen unterbrach die Stille, die sich für einen Augenblick – nicht mehr war es – um diesen Menschen gebreitet hatte. Reichwein sprach später kein Schlusswort. Er hörte das Urteil: „Adolf Reichwein hatte unser Reich trotz seiner einst sozialdemokratischen Gesinnung großzügig wichtige verantwortliche Arbeit ermöglicht. Er wusste von des Verräters Goerdeler Umsturzplänen, tat aber nichts dagegen. Außerdem wirkte er bei der Fühlungnahme mit Kommunisten entscheidend mit." (4)

Adolf Reichwein,
Brief an seine Frau aus der Haft:

Liebe Romai,

die Entscheidung ist gefallen. Zum letzten Male schreibe ich Deinen mir so teuer gewordenen Namen. In meiner letzten irdischen Stunde sind meine Gedanken noch einmal mit besonderer Innigkeit bei Dir und den vier Kindern, die Du mir geschenkt hast und die mir Jahre – die mir viele scheinen – so viel Freude, Aufrichtung und Erbauung waren.

Diese drei Monate sind für mich trotz aller Qual auch von großer innerer Bedeutung gewesen. Sie haben vieles klären und hoffentlich auch läutern helfen, was man gerne in seiner letzten Stunde geklärt und geläutert hat. Ich scheide ruhig, weil ich die Kinder in Deiner Obhut weiß. Seit dem 5. Juli war mein tägliches Gebet das Vater Unser, dem sich die Fürbitte für Dich, die Kinder und die Eltern anschloss. Ich verdankte diesem Gebet tägliche Stärkung.

Möge Gott Euch stärken, das Schwere zu überwinden und das Leben in Stärke fortzusetzen. Die Kinder, in eine Zukunft hineinwachsend, seien Dir Trost und später Freude. Dank Deinen Eltern, Geschwistern, Freunden für alles Gute! Dir mein ganzes Herz!

Dein Edolf

Berlin-Plötzensee, 20. Oktober 1944 (1)

■ Am 20. Oktober 1944 verurteilte ihn der Volksgerichtshof zum Tode. Noch am gleichen Tag wurde Adolf Reichwein in Berlin-Plötzensee ermordet. ■

Adolf Reichwein vor dem Volksgerichtshof, Berlin, 20. Oktober 1944 Foto GDW

Quellen:

(1) Ursula Schulz (Hg.), *Adolf Reichwein. Ein Lebensbild aus Briefen und Dokumenten*, München 1974.

(2) James L. Henderson, *Adolf Reichwein. Eine politisch-pädagogische Biographie*, Stuttgart 1958.

(3) Adolf Reichwein, *Schaffendes Schulvolk – Film in der Schule. Die Tiefenseer Schulschriften*, Weinheim/Basel 1993.

(4) Ullrich Amlung, *Adolf Reichwein 1898–1944. Ein Lebensbild des politischen Pädagogen, Volkskundlers und Widerstandskämpfers*, 2 Bände, Frankfurt a. M. 1991.

Adam von Trott zu Solz (1909–1944)

Es gibt so viele Fragen, die gelebt werden müssen, bevor man sie ausdrücken kann – und manchmal glaube ich noch, dass mein Leben die Antwort zu einer von ihnen sein wird.

Brief an Diana Hopkinson, 1934

Foto PBGvT

Adam von Trott, Brief aus England an seinen Vater:

Ich muss sagen, dass mich die (wenn auch spärlichen) Nachrichten über die deutsche Lage stark beunruhigen – fortdauernde Absetzung politischer Beamter (oft willkürlich und plötzlich), Begünstigung provozierender Umzüge und vor allem Bewaffnung der SA als Wahlpolizei!!! Stehen wir wirklich am Anfang eines deutschen Faschismus, einer Staatsbeherrschung durch diese Partei, die nicht nur was Überzeugung, sondern was die Bevölkerungsklasse angeht – weite Volksteile ausschließt und zur Aufrechterhaltung ihrer Herrschaft brutal wird niederhalten müssen. Mir ist recht schwer zumute, wenn ich an das tägliche Unrecht denke, das hier der ernstesten und verantwortlichsten staatsbürgerlichen Einstellung tagtäglich geschehen muss – und zwar von Leuten, die, wenigstens soweit es die Nazis angeht, ihre gegenwärtige Stärke nur der Anomalität aller Verhältnisse zu verdanken haben. Auch was mich selbst anbetrifft, stimmt mich all dies äußerst trübe, denn es ist mir klar, dass ich dabei auf längere Zeit zur Rolle des Amboss mitverurteilt sein werde. So sehr ich mit Dir in fast allen Fragen verantwortlicher Staatsführung übereinzustimmen glaube – so sehr sind wir, glaube ich, in Bezug auf die positiven Rechte des einzelnen und der Massen verschiedener Auffassung. Und jene wird eigentlich nur dann diskutabel, wenn diese Letzteren heilig gehalten werden – dafür aber besteht weder bei Hitler noch bei Papen die geringste Garantie. Ihre Vernachlässigung aber wird eine schlimme Reaktion heraufführen, und es wird dann schöpferischer Kräfte bedürfen, die den berechtigten Impuls in dauerhafte Ordnungen leiten. Darauf werde ich mich vorbereiten und einstweilen mit dem autoritären Nationalsozialismus keinerlei Bündnisse eingehen. Und es muss sich nach meiner Rückkehr und leider darüber hinaus, nach meiner been-

digten Ausbildung, herausstellen, wie – ob als Richter, Beamter, Hochschullehrer oder Schriftsteller – ich diesem Ziel am besten dienen kann. Der Dienst an den Rechten des Einzelnen – des „Menschen", wie die Naturrechtler sagen – im Zusammenhang und im Konflikt mit all den äußerlichen Ordnungen und Hindernissen ist mir ungleich wichtiger als der Dienst am „Staat" (der zur Willkür geworden ist).
13. Februar 1933 (1)

Charles E. Collins:

Er wusste sofort, dass ein schreckliches Unglück sein Land befallen hatte; dass die Aussichten für seine eigene Zukunft eine grundlegende Änderung erfahren hatten; dass eine Zukunft vor ihm lag, in der ein bitterer Kampf notwendig war, um auch das kleinste Ergebnis zu erreichen; dass viele Freunde und Bekannte in persönlicher Gefahr schwebten. Er war sich einer Reihe von Dingen sofort sicher: dass offene Gegnerschaft zu dem neuen Regime auf lange Zeit nutzlos sein würde; dass er trotzdem mit all seiner Macht dagegen ankämpfen musste; dass ein gemeinsamer Weg für so viele Gegner des Regimes wie möglich gefunden werden musste und dass er selber diesen Weg für die „freien" Rechte finden musste; dass er, obwohl es gewiss ein Handicap für seine eigene Karriere darstellte, der Nazipartei nicht angehören würde, es sei denn, es würde in Anbetracht seiner Widerstandstätigkeit erforderlich.

(1)

Adam von Trott in seinem Notizbuch aus dem Jahr 1935:

Wenn wir schon uns mit einer Epoche abfinden müssen, in der die größere Wahrscheinlichkeit für ein vorzeitiges Lebensende steht, so sollten wir doch wenigstens dafür sorgen, dass es einen Sinn hat zu sterben – gelebt zu haben. (1)

Adam von Trott:

Wenn eine Weltordnung, der wir mit dem Glauben anhingen, nicht mehr auf zwingend erkennbarer und allgemein verbindlicher Richtigkeit beruht, bleibt dann nicht als alleiniger menschlicher Maßstab: dass der einzelne Mann in seinem eigenen verantwortlichen Bereich die Dinge des Lebens unangefochten und spontan ordnen kann? Die Möglichkeit der freien Gewissensentscheidung, Kern aller politischen Existenz, gewinnt in der Tat aus dieser Frage eine schicksalhafte Bedeutung. Die Freiheit ist nicht nur ein inneres, sondern ein politisches Postulat, insofern die äußere Macht und ihr Eingriff jenen allein Recht schaffenden Ursprung echter menschlicher Ordnung zu gefährden vermag. [...] Lächerlich wäre es, hieraus eine Verknüpfung Kleists mit dieser oder jener programmatischen Form des politischen Freiheitsgedankens herleiten zu wollen. Wäre es nicht selbstverständlich, so hätte ihn schon ihre Entwicklung zum verhassten napoleonischen Imperialismus lehren müssen, dass es mit der Proklamation der Menschenrechte nicht getan ist. Für Kleist, wie wohl überhaupt in unserer Sprache, ist Freiheit mit einem Bereich eigenständiger Verantwortung, in der sie sich tatsächlich auswirken kann, unmittelbar verbunden. Er kämpfte nicht für die abstrakte Formel, sondern für die tatsächliche Wiederherstellung dieser durch den Despotismus zerstörten Lebensverhältnisse seines Volkes. Dies Menschenrecht freimütiger, eigenständiger Lebensgestaltung verfocht der politische Kleist gegen den fremden Kaiser. Er drängte zur tatsächlichen Befreiung des Landes und nicht zur liberalen Formel. [...] Das Gewissen gebietet nicht die Unterwerfung unter jede Ordnung, gleichsam der Ordnung wegen, sondern das verantwortliche Mitschaffen derjenigen Ordnung (und wann wäre das je erfüllt?), die mit jenem Vorbild und dem unmittelbaren Bewusstsein der göttlichen Bestimmung des Menschen vereinbar ist.
1935 (2)

Friedrich Adam Freiherr von Trott zu Solz wurde 1909 als fünftes Kind des preußischen Kultusministers August von Trott und seiner Frau Eleonore, geborene von Schweinitz, in Potsdam geboren. Das geistige Klima des Elternhauses war geprägt von der fruchtbaren Spannung einer preußisch-konservativen

Tradition und einem lebendigen liberal-angelsächsischen Erbe: Zu den direkten Vorfahren gehörten der preußische General Lothar von Schweinitz und John Jay, einer der revolutionären Gründungsväter der USA. Dem Wunsch des Vaters entsprechend studierte Trott ab 1927 Rechts- und Staatswissenschaften mit dem Ziel, später im Staatsdienst eine politische Laufbahn einzuschlagen. 1931 bis 1933 studierte er als Rhodes-Stipendiat in Oxford und lernte dort Vertreter der politischen Führungsschicht Großbritanniens kennen, die eine wichtige Rolle in seiner Zukunft spielen sollten. Schon während des Studiums fühlte sich Trott sozialistischen Kreisen nahe und wirkte bei der Zeitschrift „Neue Blätter für den Sozialismus" mit, zu deren Mitarbeitern auch Reichwein, Haubach, Mierendorff und Poelchau zählten.

Adam von Trott mit seinem Vater im Garten von Imshausen, um 1925 Foto PBCvT

Margret Boveri:

Im Krieg hatten Trott und ich im angloamerikanischen Ausland parallele Erfahrungen gemacht, die all denen unbekannt blieben, welche Amerika und England nur im Frieden kennengelernt hatten, die Erfahrung nämlich, dass nun jeder Deutsche, der nicht emigriert war, als Nazi galt, gleichgültig ob sein Charakter, seine Ansichten, seine Taten dem widersprachen oder nicht. Daraus erwuchsen – lange bevor das Wort vom *unconditional surrender* gefallen war – Einsichten in Bezug auf die feindliche Kriegführung, ihre Psychologie und die zu erwartenden Friedensbedingungen, die nur wenige Deutsche unter den Gegnern des Regimes mit uns teilten. Diese begründeten Befürchtungen über das, was unserem Land bevorstehe, vertieften nur die schmerzhafte Liebe zu Deutschland. Trott hatte sich seinen ausländischen Freunden gegenüber schon vor Kriegsausbruch zu verteidigen, weil er entgegen ihren Wünschen nach Deutschland zurückkehrte. Seine Begründung lautete damals: Deutsche Emigranten gäbe es schon genug, die unter Umständen von außen nutzen könnten. Es fehlten aber Deutsche, die willens seien, in Deutschland zu bleiben und eine Gegenfront gegen die anderen aufzubauen, sobald es die Umstände erlaubten. Wenn Deutschland einmal wieder in die Gemeinschaft der anderen Völker zurückgeführt würde, so einzig durch Deutsche, die im Lande geblieben seien und dort alle Demütigungen und zuletzt die Niederlage miterduldet hätten, die Hitler über dies Land bringe. Als ihm eingewandt wurde, dass er der Staatspolizei zum Opfer fallen werde, entgegnete er, er könne solchen Risiken nicht ausweichen. (4)

Der Sitz der Familie von Trott zu Solz in Imshausen, Hessen Foto PBCvT

■ Nachdem Trott 1936 das Examen abgelegt hatte, führte ihn 1937/38 eine ausgedehnte Reise nach China und Ostasien. Die Erfahrung des Fernen Ostens beeinflusste ihn tief. ■

Adam von Trott vor dem Haus von Gustav Ecke in Peking, 1937–38 Foto PBCvT

Gustav Ecke:

Adam begann gleich nach seiner Ankunft, ernstlich zu arbeiten, lernte die hochchinesische Umgangssprache, las die Klassiker mit einem chinesischen Studenten und knüpfte Bekanntschaften mit einigen ausgezeichneten Chinesen an, die ihn bald in die Gedankenwelt des Konfuzianismus einführten. (3)

Adam von Trott, Brief an Shiela Grant Duff:

Dieses letzte Jahr in China hat mir die Möglichkeit gegeben, über Dinge objektiver nachzudenken, als ich es je zuvor tun konnte. Und ich weiß jetzt, da ich in meine Heimat zurückkehre, dass die Voraussetzungen, den alten Kampf fortzuführen, in der Tat sehr begrenzt und unsicher sind, besonders wenn selbst meine engsten Freunde zu glauben beginnen, dass es eine unmögliche Haltung ist, die sie ablehnen und bekämpfen müssen... Alles, was ich in der äußeren Welt erfahren habe, überzeugt mich, dass wir bis zum letzten Augenblick für eine friedliche Beilegung arbeiten müssen, und nur wenn die gewalttätige Zerstörung der gegenwärtigen Nationalstaaten sich als unabwendbar erweist, kämpfen wir für ein vereintes Europa.
1938 (1)

Seit 1935 war Trott mit dem Hamburger Juristen Peter Bielenberg und seiner englischen Frau Christabel befreundet, die sich an ihr Treffen in Berlin im Frühjahr 1944 erinnert.

Christabel Bielenberg:

Auf meiner Rückreise von Graudenz nach Rohrbach kam ich durch Berlin. Es war ein Sonntag. Es blieben mir ein paar Stunden, ehe mein Zug nach Süden abfuhr, und so ließ ich mein Gepäck auf dem Bahnhof zurück und machte mich zu Adams Wohnung auf, wenngleich die Chance, ihn anzutreffen, nur gering war. [...] Ich hatte Adam seit über einem Jahr nicht gesehen und fast vergessen, wie gut er aussah, oder vielleicht überraschte mich sein gutes Aussehen jedes Mal, wenn ich ihn sah. [...] Adam [...] lehnte sich zurück und lächelte mich an, mit jenem warmen, vertraulichen Lächeln, das, wie ich ihn oft genug gewarnt hatte, nur zu Komplikationen führen konnte, wenn er eine ungebundene Frau damit betörte. [...] „Ja, ich verdanke Oxford mehr, als ich sagen kann, aber es ist seltsam – als ich mich 1933 entschloss, nach Deutschland zu-

Adam von Trott mit David Astor, Juni 1939 Foto PBCvT

Adam von Trott (1. Reihe 2. von rechts) bei einer Konferenz des „Institute of Pacific Relations" in Virginia Beach (USA), November 1939 Foto GDW

rückzukommen, dachte ich, ich tue das, was die meisten meiner Oxforder Freunde getan hätten, wenn sie es in ihrem Land mit einem Hitler zu tun gehabt hätten. Und doch hat gerade die Tatsache, dass ich zurückgekehrt bin, obwohl ich vermutlich hätte fortbleiben können, nur Misstrauen erregt – schädliches Misstrauen. Manchmal frag ich mich, wie viele Freunde ich heute dort habe – ich meine, echte Freunde." „Schau mal, Adam", sagte ich und musste mir eingestehen, dass ich, da meine Brüder nach Cambridge gegangen waren, einen heimlichen Argwohn hatte, aus Oxford, diesem Treibhaus des Establishments, komme nichts als langatmiges Geschwätz. „Ich weiß nichts über deine Freunde, aber eines steht fest. Du musst erleben, Tag für Tag erleben, wovon sie im Höchstfall reden können. Das ist ein großer Unterschied." „Ich bedaure nicht einen einzigen Augenblick, dass ich zurückgekommen bin", sagte er. „Hier ist meine Heimat, Chris, hier habe ich meine Wurzeln, und ich bin der festen Überzeugung, dass jeder Deutsche, der beim Neuaufbau eines Nachkriegseuropa mithelfen will, erlebt, persönlich an sich selbst erlebt haben muss, was sich hier in unserem Land abgespielt hat. Was jemanden zum Nazi machte, was die Menschen dazu bringt, sich nicht zu rühren, nichts zu tun, was es bedeutet hat, in der Opposition zu stehn, zu opponieren, immer zu opponieren. Die gescheiterten Hoffnungen, der Heroismus, und es hat Heroismus gegeben, scheinbar sinnlosen Heroismus und dann die Schande – die lähmende Schande. Das sind Fragen, deren Beantwortung unsere ganze Kraft brauchen wird. Wir müssen versuchen, dies alles verständlich zu machen, wenn dieser Krieg vorbei ist. Diejenigen, die Deutschland verlassen haben und danach vielleicht zurückkommen, werden entwurzelte Fremde sein, die eine andere Sprache sprechen, und was sie an Rat anzubieten haben, wird kaum einen alten Hund hinter dem Ofen hervorlocken. Ich kann nicht glauben, dass sie hier in der Mitte Europas ein Vakuum schaffen wollen – ein Vakuum füllt sich auf, und wenn dieser Bombenkrieg andauert, wird es sich von Osten her auffüllen. Selbst Stalin hat erkannt, dass er, wenn die Nazis verschwunden sind, mit den Deutschen verhandeln muss – selbst er macht Avancen. Aber die Alliierten: bedingungslose Kapitulation, bedingungslose Kapitulation, wie eine abgespielte Schallplatte. Wir müssen uns damit abfinden, ich muss mich damit abfinden, dass dies das einzige Echo ist, das aus dem Westen zu uns gedrungen ist. Und doch weiß ich, es muss Menschen dort draußen geben, die einsehen, dass die Nazis und alles, was sie vertreten, genauso unsere Feinde sind wie die ihrigen." (5)

■ Seit Ende 1938 war Trott im Kontakt mit Kreisen des Widerstands. In deren Auftrag reiste er nach Großbritannien und in die USA, um führenden Politikern Botschaften des deutschen Widerstandes zu übermitteln. 1940 wurde Trott als Mitarbeiter des Auswärtigen Amtes fest eingestellt. Er trat zum Schein in die NSDAP ein, um seine Widerstandstätigkeit zu tarnen. Diese Camouflage führte ihn oft bis an die Grenze des physisch und geistig Erträglichen. Zusätzlich litt er unter Unverständnis und Misstrauen bei seinen angelsächsischen Freunden wegen dieser Doppelrolle.

1937 lernte Trott in England Moltke kennen, 1940 lernte er Yorck in Berlin kennen. Er avancierte frühzeitig zum außenpolitischen Beauftragten des Kreisauer Kreises. Sein Wirken im Widerstand blieb jedoch nicht auf diesen Kreis beschränkt. Er pflegte regelmäßige Kontakte mit den Gruppen um Hans von Dohnanyi und Dietrich Bonhoeffer. Sein Haus in der Berliner Rheinbabenallee, wo Trott und seine Frau Clarita wohnten, wurde zum konspirativen Treffpunkt vieler Freunde, zu denen auch Claus von Stauffenberg gehörte. Es entstand eine enge Freundschaft zwischen beiden, und Trott wurde für Stauffenberg zu einem wichtigen außenpolitischen Berater. Nach dem Umsturz sollte er Staatssekretär im Auswärtigen Amt werden.

Kollegen im Auswärtigen Amt - von links: Alexander Werth, A.F. Richter, Adam von Trott, Josias von Rantzau Foto PBCvT

Am 20. Juli 1944 stand er mit seinem Vorgesetzten Hans Bernd von Haeften im Auswärtigen Amt bereit und wartete auf die Nachricht des gelungenen Attentats. Am 25. Juli wurde Trott verhaftet. ■

Clarita von Trott:

Ich hab ihn nochmal beschworen, doch vorsichtig zu sein. Und da hat er mich beruhigen wollen und gesagt: „Du kannst ganz sicher sein, dass ich jede erdenkliche Vorsichtsmaßregel treffe. Aber es gibt einen Grad an Vorsicht, der das, weswegen man vorsichtig ist, zunichte macht. Und das ist klar - mit jedem Auslandsaufenthalt lege ich meinen Kopf in die Schlinge." (6)

Aus der Verhandlung vor dem Volksgerichtshof:

Freisler: Jetzt bleiben wir bei der Sache und reden nicht drumrum. Dass Stauffenberg ein ganz übler Defaitist war, das wussten Sie seit März welchen Jahres?

Trott: Seit März dieses Jahres.

Freisler: Nachher freilich sagten Sie, er hatte eine Art Torschlusspanik.

Trott: Jawohl.

Freisler: Diesen Ausdruck haben Sie gebraucht, das muss also ein unüberbietbarer Pessimismus gewesen sein. [...] Haben Sie ihm denn gehörig widersprochen?

Trott: Ich habe auf militärischem Gebiet nicht die Argumente zur Verfügung gehabt, um ihm widersprechen zu können, habe ihm aber gesagt, dass außenpolitisch eine kurzfristige Beendigung des Krieges unvorstellbar sei.

Freisler: Da entwickelte nun der Graf Stauffenberg Pläne. Was für Pläne?

Trott: Man kann sie zusammenfassen unter vier verschiedenen Möglichkeiten.

Freisler: Unter vier verschiedenen Möglichkeiten.

Trott: Ausgehend von der französischen Lage wurde von der Möglichkeit einer westlichen Teilkapitulation gesprochen.

Am 8. Juni 1940 heiratete Adam von Trott Clarita Tiefenbacher. Foto PBCvT

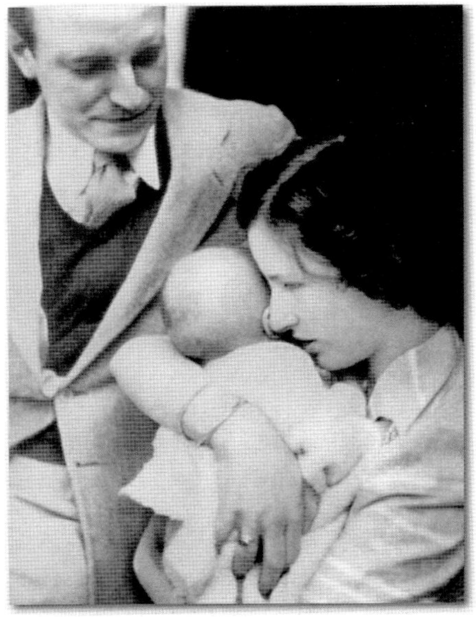

Die Eltern Clarita und Adam von Trott mit ihrer Tochter Verena, 1941 Foto PBCvT

Freisler: Aha.

Trott: Also, ich habe meine Aussagen dahin gehend berichtigt, dass im Zusammenhang mit dem Gespräch und bei Kenntnis der Stauffenbergschen Persönlichkeit es nur dahingehend verstanden werden konnte, dass ein Versuch unternommen werden sollte, im Führerhauptquartier die Führung an sich zu reißen.

Freisler: Aha.

Trott: Ich habe mir gewiss die Vorstellung gemacht, dass auf irgendeinem Wege...

Freisler: Ja?

Trott: ...versucht werden würde, die Person des Führers anzugreifen oder auszuschalten.

Freisler: Sie haben sich gedacht, gewaltsam heißt: Den Führer ermorden. Anzugreifen oder auszuschalten, was heißt es denn sonst!?

Trott: Gewiss.

15. August 1944 (7)

Adam von Trott, Brief an seine Frau:

Liebes Claritchen,

dies ist nun leider wohl das Allerletzte. Hoffentlich hast Du meinen letzten längeren Brief noch bekommen!

Vor allem: Vergib mir für all den tiefen Schmerz, den ich Dir verursachen musste. Sei gewiss: Ich bin in Gedanken auch weiter mit Dir und sterbe in tiefer Zuversicht und Glauben.

Es ist heute ein klarer „Peking-Himmel", und die Bäume rauschen. Lehre unsere lieben, süßen Kleinen diese Zeichen und die noch tieferen unseres Gottes dankbar, aber auch kämpferisch zu verstehen.

Ich liebe Dich sehr. Es bliebe noch viel zu schreiben – aber es ist keine Zeit mehr.

Gott behüte Dich – ich weiß, dass Du Dich nicht unterkriegen lassen und dass Du Dich zu einem Leben durchkämpfen wirst, in dem ich Dir innerlich weiter zur Seite stehe, wenn Du auch anscheinend ganz allein bist. Ich bitte für Deine Kraft – und Du tu es bitte für mich. Ich habe in den letzten Tagen noch das *Purgatorio* gelesen, auch *Maria Stuart* und, was mich seltsam stark berührte, den *Jürg Jenatsch*. Sonst hatte ich solches wenig – aber sehr vieles in mir, was ich in Ruhe bewegen und klarlegen konnte. So sei um mich nicht zu bekümmert – alles ist ja im Grunde klar, wenn auch tief schmerzlich.

Ich wüsste so gern, wie Euch alles praktisch getroffen hat. Ob Du nach Reinbek willst oder bleibst. Sie werden wohl alle lieb zu Dir sein, meine geliebte kleine Frau. In meinem anderen Brief bat ich um all die vielen Freundesgrüße, die mir am Herzen liegen. Aber Du kennst sie genau und wirst sie ohne mich richtig bestellen.

Ich umarme Dich mit ganzer Seele und weiß, dass Du bei mir bist.

Gott segne Dich und die Kleinen.

In unverbrüchlicher Liebe

Dein Adam

Gib Werner und Heini das Vertrauen, das sie in Liebe und Treue zu mir gewiss verdienen werden! Grüß mir Imshausen und seine Berge.

Dein Adam

26. August 1944 (8)

■ Am 15. August 1944 wurde Adam von Trott vom Volksgerichtshof zum Tode verurteilt und am 26. August in Plötzensee ermordet. Er war gerade 35 Jahre alt geworden. ■

Adam von Trott vor dem Volksgerichtshof, Berlin, 1944 Foto GDW

Quellen:

(1) Henry O. Malone, *Adam von Trott zu Solz. Werdegang eines Verschwörers. 1909–1938*, Berlin 1986.

(2) Heinrich von Kleist, *Politische und journalistische Schriften. Ausgewählt und eingeleitet von Adam von Trott*, Potsdam 1935.

(3) Clarita von Trott, *Adam von Trott zu Solz. Eine Lebensbeschreibung*, Schriftenreihe der Gedenkstätte Deutscher Widerstand, Bd. 2, Berlin 1994.

(4) Margret Boveri, *Der Verrat im 20. Jahrhundert*, Hamburg 1956.

(5) Christabel Bielenberg, *Als ich Deutsche war 1933–1945. Eine Engländerin erzählt*, München 1987.

(6) Clarita von Trott, in: Sendemanuskript zur ARD Fernsehsendung „Netzwerk" vom 20. Juli 1994 über Adam von Trott zu Solz mit Aussagen von Zeitzeugen.

(7) *Die Angeklagten des 20. Juli vor dem Volksgerichtshof.* Herausgegeben von Bengt von zur Mühlen unter Mitarbeit von Andreas von Klewitz. CHRONOS, Berlin 2001.

(8) Benigna von Krusenstjern, *„daß es Sinn hat zu sterben, gelebt zu haben". Adam von Trott zu Solz 1909–1944*. Biografie, Göttingen 2009.

Alfred Delp SJ (1907–1945)

Man muss die Segel in den unendlichen Wind stellen, dann erst werden wir spüren, welcher Fahrt wir fähig sind.

Aus einer Meditation, Weihnachtszeit 1944

Foto GDW

Alfred Delp:

Der Mensch muss frei sein. Als Sklave, in Kette und Fessel, in Kerker und Haft verkümmert er. Über die äußere Freiheit hat sich der Mensch viele Gedanken und Sorgen gemacht. Er hat erst unternommen, seine äußere Freiheit zu sichern, und er hat sie doch immer wieder verloren. Das Schlimme ist, dass der Mensch sich an die Unfreiheit gewöhnt und selbst die ödeste und tödlichste Sklaverei sich als Freiheit aufreden lässt.

In diesen Wochen der Gebundenheit habe ich dies erkannt, dass die Menschen immer dann verloren sind und dem Gesetz ihrer Umwelt, ihrer Verhältnisse, ihrer Vergewaltigungen verfallen, wenn sie nicht einer großen inneren Weite und Freiheit fähig sind. Wer nicht in einer Atmosphäre der Freiheit zu Hause ist, die unantastbar und unberührbar bleibt, allen äußeren Mächten und Zuständen zum Trotz, der ist verloren. Der ist aber auch kein wirklicher Mensch, sondern Objekt, Nummer, Statist, Karteikarte.

Dieser Freiheit wird der Mensch nur teilhaft, wenn er seine eigenen Grenzen überschreitet. Er kann dies auch in unzulässiger, empörerischer Weise versuchen. Aber gerade der im Menschen schlummernde Blitz zur seinshaften Meuterei zeigt, wie sehr des Menschen Wesen darauf angelegt ist, aus seinen

Grenzen herauszukommen. Den Rebellen kann man noch zum Menschen machen, den Spießer und das Genießerchen nicht mehr.

Die Geburtsstunde der menschlichen Freiheit ist die Stunde der Begegnung mit Gott. Der Mensch muss sich selbst hinter sich gelassen haben, wenn er eine Ahnung von sich selbst bekommen will. Das ist es, was uns so selten gelingt und so schwer fällt. Und was den Menschen heute so unsinnig erscheint, weil sie die unendlichen Gluten und die schimmernde Bläue und die grenzenlose Weite des göttlichen Wesens nicht mehr kennen, denen man sich überantworten muss. Man muss die Segel in den unendlichen Wind stellen, dann erst werden wir spüren, welcher Fahrt wir fähig sind.

1944 (1)

Alfred Delp:

Ich bleibe bei meiner alten These: Der gegenwärtige Mensch ist weithin nicht nur gottlos, rein tatsächlich oder auch entscheidungsmäßig, es geht die Gottlosigkeit viel tiefer. Der gegenwärtige Mensch ist in eine Verfassung des Lebens geraten, in der er Gottes unfähig ist. Alle Bemühungen um den gegenwärtigen und kommenden Menschen müssen dahin gehen, ihn wieder gottesfähig und somit religionsfähig zu machen.

Was ist zu tun? Drei Möglichkeiten: Die Ordnung Gottes verkünden und von ihrer Wiederanerkennung alles erwarten; den Menschen in Ordnung bringen und von seiner Gesundheit die Gesundung erwarten; den Lebensraum in Ordnung bringen und von da einen Erfolg des Menschen erwarten. Man muss alle drei tun.

Ich kann predigen, so viel ich will und Menschen geschickt oder ungeschickt behandeln und wieder aufrichten, solange ich will: Solange der Mensch menschenunwürdig und unmenschlich leben muss, solange wird der Durchschnitt den Verhältnissen erliegen und weder beten noch denken. Es braucht die gründliche Änderung der Zustände des Lebens. Die Revolution des 20. Jahrhunderts braucht endlich ihr endgültiges Thema und die Möglichkeit der Schaffung erneuter beständiger Räume des Menschen.

Es ist auf eine Ordnung des äußeren, sozialen, wirtschaftlichen, technischen etc. Lebens hinzuarbeiten, die dem Menschen ein relativ gesichertes Existenzminimum jeglicher Art (auch geistig, zeitlich, räumlich etc.) verbürgt. Das Maß des Zielbildes ist vom Menschen zu nehmen, das Ausmaß der jeweiligen Verwirklichung nach den sachlichen Möglichkeiten zu bemessen, die Durchführung ist bis zur Verwirklichung des personalen Sozialismus zu erzwingen.

Ob das nun eine Erziehung des Menschen zu Gott ist? Erst die unterste Voraussetzung. Erst die Bemühung um eine Ordnung und Verfassung des Lebens, in der ein Blick auf Gott für den Menschen nicht mehr eine übermenschliche Anstrengung bedeutet. Die Mühe um eine Verfassung des Daseins, in der das Menschenherz auch in seinen Sehnsüchten wieder gesund wird und so unruhig in jener heiligen Unruhe, die erst in Gott zu sich kommt und deshalb auch Gott wieder meint. Dann allerdings bedarf es erst der Hauptsache, des von Gott erfüllten und Gottes mächtigen gleichartigen Menschen, der den anderen anspricht und anruft. Alle die direkten religiösen Bemühungen halte ich in der gegenwärtigen geschichtlichen Stunde für ohne dauerhafte Fruchtbarkeit. Solange der Mensch an der Straße liegt, blutig geschlagen und ausgeplündert, wird ihm der der Nächste und damit der Zuständigste sein, der sich seiner annimmt und ihn beherbergt, nicht aber einer, der zum „heiligen Dienst" vorbeigeht, weil er hier nicht zuständig ist.

Andererseits sollen die Bemühungen auch um die geistige und physische Existenz nicht in der Absicht auf neue Machtpositionen geschehen. Der europäische Mensch verträgt die nächsten hundert Jahre keine Bündnisse zwischen Thronen irgendwelcher Art und den Altären. Es muss um den Menschen gehen, der an der Straße liegt, um seine Wiederherstellung und um die Entbindung des innersten Wertes seines Herzens und seines Gemütes. Es muss um den Menschen der Ehrfurcht, der Anbetung und der Liebe gehen. Nur dieser ist Mensch. All das andere ist Weg. Weiter, weiter und notwendiger Weg.

1944 (1)

Alfred Delp:

Der gegenwärtige Christ muss ein Christ des vollen Besitzes sein. Wir müssen in jeder Zeit stehen mit dem Bewusstsein, dass jede echte Wirklichkeit uns gehört, vom Herrn und Vater her, als Besitz und Auftrag. Man muss bei der Begegnung mit uns spüren, dass wir zwar leiden, dass man uns auch einmal Unrecht tut, dass wir uns aber weder überflüssig noch unterlegen wissen. Wir sind die Menschen, die die ganze Wirklichkeit bejahen, durch die die erhaltenden Kräfte in die Welt einströmen. Man muss auch spüren, dass wir in der Zeit Träger der Verheißungen und der Gnaden sind. Dass es uns gar nicht darauf ankommt, um jeden Preis ein paar Lebenstage länger da zu sein, dass es uns aber wohl darauf ankommt, um jeden Preis so zu sein, wie wir sind. Die Anwandlungen von Müdigkeit und Flucht oder Resignation, die uns manchmal überkommen, sind ein Verkennen der seinsmäßigen Lage und vergessen, dass wir mit dem Herrgott, mit seiner Welt und seinen Gnaden zu tun haben.

1939 (2)

Alfred Delp:

Das Schicksal der Kirchen wird in der kommenden Zeit nicht von dem abhängen, was ihre Prälaten und führenden Instanzen an Klugheit, Gescheitheit, „politischen Fähigkeiten" usw. aufbringen. Auch nicht von den „Positionen", die sich Menschen aus ihrer Mitte erringen konnten. Das alles ist überholt.

Innerhalb ihrer selbst müssen die Kirchen um ihrer Existenz willen entschieden fertig werden mit der Schwärmerei und dem nachgeholten auflösenden Liberalismus. [...] Man muss wieder wissen und spüren und erfahren, dass sie [die Hierarchie] die Rufe der Sehnsucht und der Zeit, der Gärung und der neuen Aufbrüche hört und beantwortet, dass die Anliegen der jeweils neuen Zeiten und Geschlechter nicht nur in den Aktenschränken abgelegt werden, sondern als „Anliegen", das heißt Sorgen und Aufgaben gewertet und behandelt werden.

Auch der andere Weg der fordernden Kirche im Namen des fordernden Gottes ist kein Weg mehr zu diesem Geschlecht und zu den kommenden Zeiten. Zwischen den klaren Schlüssen unserer Fundamentaltheologie und den vernehmenden Herzen der Menschen liegt der große Berg des Überdrusses, den das Erlebnis unserer selbst aufgetürmt hat. Wir haben durch unsere Existenz den Menschen das Vertrauen zu uns genommen. 2000 Jahre Geschichte sind nicht nur Segen und Empfehlungen, sondern auch Last und schwere Hemmung. [...]

Alfred Delp mit seinen Eltern Maria und Adam Friedrich Delp Foto PBD

Von zwei Sachverhalten wird es abhängen, ob die Kirche noch einmal einen Weg zu diesen Menschen finden wird. Das eine gleich vorweg: Dies ist so selbstverständlich, dass ich es gar nicht weiter eigens aufzähle. Wenn die Kirchen der Menschheit noch einmal das Bild einer zankenden Christenheit zumuten, sind sie abgeschrieben. Wir sollen uns damit abfinden, die Spaltung als geschichtliches Schicksal zu tragen und zugleich als Kreuz. Von den heute Lebenden würde sie keiner noch einmal vollziehen. Und zugleich soll sie unsere dauernde Schmach und Schande sein, da wir nicht imstande waren, das Erbe Christi, seine Liebe, unzerrissen zu hüten.

Der eine Sachverhalt meint die Rückkehr der Kirchen in die „Diakonie": in den Dienst der Menschheit. [...] „Denn auch der Menschensohn ist nicht gekommen, dass er sich dienen lasse, sondern dass er diene und sein Leben gebe als Lösegeld für viele." (Mk 10,45). Man muss nur die verschiedenen Realitäten kirchlicher Existenz einmal unter dieses Gesetz rufen und an dieser Aussage messen und man weiß eigentlich genug. Es wird kein Mensch an die Botschaft vom Heil und

Alfred Delp auf dem Gipfel der Kampenwand in Oberbayern Foto AM

vom Heiland glauben, solange wir uns nicht blutig geschunden haben im Dienste des physisch, psychisch, sozial, wirtschaftlich, sittlich oder sonst wie kranken Menschen. Der Mensch heute ist krank. [...]

Rückkehr in die „Diakonie" habe ich gesagt. Damit meine ich das Sich-Gesellen zum Menschen in allen seinen Situationen mit der Absicht, sie ihm meistern zu helfen, ohne anschließend irgendwo eine Spalte und Sparte auszufüllen. Damit meine ich das Nachgehen und Nachwandern auch in die äußersten Verlorenheiten und Verstiegenheiten des Menschen, um bei ihm zu sein genau und gerade dann, wenn ihn Verlorenheit und Verstiegenheit umgeben. „Geht hinaus", hat der Meister gesagt, und nicht: „Setzt euch hin und wartet, ob einer kommt." [...] Dies alles wird aber nur verstanden und gewollt werden, wenn aus der Kirche wieder erfüllte Menschen kommen. [...]

Man muss, glaube ich, den Satz sehr ernst nehmen: Was gegenwärtig die Kirche beunruhigt und bedrängt, ist der Mensch. Der Mensch außen, zu dem wir keinen Weg mehr haben und der uns nicht mehr glaubt. Und der Mensch innen, der sich selbst nicht

Alfred Delp SJ.
Portrait ca. 1939 Foto GDW

glaubt, weil er zu wenig Liebe erlebt und gelebt hat. Man soll deshalb keine großen Reformreden und keine großen Reformprogramme entwerfen, sondern sich an die Bildung der christlichen Personalität begeben und zugleich sich rüsten, der ungeheuren Not des Menschen helfend und heilend zu begegnen.

1944 (1)

■ Alfred Delp wurde am 15. September 1907 in Mannheim als zweitältestes von sechs Geschwistern geboren und wuchs in Südhessen auf. Er stammte aus einer konfessionell gemischten Familie. Katholisch getauft, musste er auf Anordnung seines

Vaters die evangelische Volksschule besuchen und wird 1921 konfirmiert. Geprägt wurde er jedoch durch die katholische Frömmigkeit seiner Mutter. Nach einem Konflikt mit dem evangelischen Ortspfarrer bestand Delp darauf, nach der Konfirmation zur Erstkommunion und Firmung zu gehen. Im Gymnasium in Dieburg kam er mit dem katholischen Jugendbund „Neudeutschland" in Verbindung, der von den Jesuiten geführt wurde. Dabei lernte er auch das Leben des Ordens kennen.

Delp von Michael Kardinal von Faulhaber in München zum Priester geweiht. Im Juli 1939 begann seine regelmäßige Mitarbeit bei den „Stimmen der Zeit", der Zeitschrift der Jesuiten. In seinen Beiträgen beschäftigte er sich besonders mit sozialen Fragen in Wirtschaft und Politik. Ende 1940 begann Delp eine enge Zusammenarbeit mit der „Hauptstelle für Männerseelsorge und Männerarbeit" in Fulda. Im April 1941 wurde die Papierzuteilung für die „Stimmen der Zeit" durch die nationalsozialistischen Herrscher eingestellt.

Alfred Delp (rechts) als Präfekt am Jesuitenkolleg Stella Matutina, Feldkirch/Vorarlberg 1931 Foto AM

Nach dem Abitur wurde Delp Novize in der Gesellschaft Jesu. 1928 legte er die ersten Gelübde ab. Nach dem Studium am Berchmannskolleg in Pullach bei München wurde er Erzieher am Jesuitenkolleg Stella Matutina in Feldkirch/Vorarlberg und St. Blasien im Schwarzwald. Im Herbst 1934 begann Alfred Delp das Studium der Theologie in Valkenburg, Holland. Er veröffentlichte sein erstes Buch „Tragische Existenz" – eine Auseinandersetzung mit der Philosophie Heideggers. Am 24. Juli 1937 wurde Alfred Delp übernahm die Pfarrstelle der Kirche St. Georg in München-Bogenhausen.

Im Frühjahr 1942 nahm Alfred Delp, vermittelt durch seinen Provinzial Pater Augustinus Rösch, Kontakt zu Helmuth James von Moltke auf. Im Kreisauer Kreis erläuterte er die wesentlichen Punkte der katholischen Soziallehre. Seine Überlegungen flossen in die Kreisauer Grundsatzerklärungen ein. Daneben arrangierte er Gespräche der Kreisauer mit führenden Kirchenvertretern. Nach dem Attentat auf Hitler wurde Delp im Juli 1944 in München verhaftet. Trotz Drohungen der Gestapo legte er am 8. Dezember 1944 im Gefängnis die letzten Ordensgelübde ab. ■

Alfred Delp:

In einer Nacht, es war bald nach dem 15. August, bin ich beinahe verzweifelt. Ich wurde wüst verprügelt in das Gefängnis zurückgefahren, abends spät. Die begleitenden SS-Männer lieferten mich ab mit den Worten: „So, schlafen können Sie heute Nacht nicht. Sie werden beten und es wird kein Herrgott kommen und kein Engel Sie herausholen. Wir aber werden gut schlafen und morgen früh Sie mit frischen Kräften weiterverhauen." Ich war wie erlöst, als Alarm kam und erwartete die tötende oder die die Flucht ermöglichende Bombe. Beide blieben aus. Und ich sah von dieser Nacht aus den ganzen verhängnisvollen Verlauf, wie er dann auch kam. Gott hat mich gestellt. Nun heißt es dem gewachsen zu sein, so und so. Ich glaube immer noch fest und zuversichtlich an die Hand, die uns nehmen und geleiten wird. [...] Ach, wie gerne wäre ich bei den Menschen in Not und gelte nun selbst nicht mehr als Mensch, nur noch als Nummer. Im Haus hier die Nummer 1442, die Zelle 8/313. Wann ich wohl wieder als P. D(elp) angesprochen werde?
1944 (1)

Alfred Delp, um 1940 Foto PBD

Theodor Steltzer:

Freisler – der Präsident des Volksgerichtshofes – sah im Christentum den einzigen ernst zu nehmenden Feind des Nationalsozialismus. Deshalb wurden Moltke und Delp besonders schlecht behandelt, weil er in ihnen die stärkste kirchliche Gebundenheit vermutete. Am schlimmsten erging es aber Pater Delp, weil er Jesuit war. (3)

Helmuth James von Moltke:

Lieber Delp, lügen müsste ich, wenn ich behauptete, ich hätte Ihr Briefchen ganz entziffern können. Aber ich wüsste nicht, wieso ich Ihnen etwas zu vergeben hätte. Wenn Sie meinen, dass Sperr, Reisert und Fugger nicht gerade Säulen für uns waren, so tut das nichts.

Wer kann wissen, wozu dies alles im Plan des Herrn nötig ist. Für uns gilt nur eines: Uns freudig seiner Führung anzuvertrauen, auch dann, wenn wir im Dunkeln gehen müssen und unseren Pfad nicht vor uns sehen können. Dass in den zwei Termintagen die drei „Kleinen" eine notwendige Rolle gespielt haben, ist klar. Reisert hat bekundet, dass ich ein merkwürdiger Adeliger und Großgrundbesitzer war, der eine großgrundbesitzerfeindliche und unjunkerliche Wirtschafts-, Agrar- und Kulturpolitik vertrat, und Sperr hat mich sozusagen von den Schlacken des meinem Namen anhaftenden Preußentums befreit. So bleiben Sie, Gerstenmaier und ich als das wahre Objekt des Prozesses übrig; und damit ging die wahre Offensive Freislers gegen die katholische Kirche und gegen die evangelische Kirche, gegen mich, der ich von allen Interessen, von aller Gewalt befreit war, der ich ein protestantischer Laie war, dessen Beziehungen zu Katholiken Gegenstand der schwersten Angriffe waren; gegen mich konnte der Nationalsozialist Freisler eben nur vorgehen als gegen den Christen schlechthin. Das hat ihn zu jenen extremen, klaren Äußerungen über die letzte Unvereinbarkeit von Christentum und Nationalsozialismus gezwungen, die, selbst wenn wir fallen, als fruchtbarer Same ins Land gehen werden. Dieser Gegenspieler zu Freisler, oder dieses Opfer konnte eben nur ich abgeben und auch nur in dieser merkwürdigen Konstellation. Darum ist nichts zu beschönigen, nichts zu vergeben. Wir haben als Leidende einen Auftrag erfüllt. Hat der Herr uns einen weiteren Auftrag erteilt, wie ich gehört zu haben meine, so wird er uns auch dafür erhalten. Will er uns zu sich rufen, so hat der 9. – 11. Januar 1945 unserem Leben einen Sinn gegeben, den viele, ja die meisten, die heute sterben müssen, vermissen werden. Dafür kann es nur Dank geben, auch wenn der Weg nach Plötzensee führt.

Die Wartezeit, die uns noch geschenkt ist, wird mancherlei Prüfungen bringen. Glauben wir fest an unseren weiteren Auftrag! Aber Sie wissen, dass ich für meine Person der Meinung bin, dass, obwohl der Herr mir durch Freislers Mund einen Auftrag gegeben hat, er mir damit nicht kundtun wollte, ob er mir zur Erfüllung dieses Auftrags auch eine Lebensspanne von Stunden, Tagen oder Jahren gibt. Darum müssen wir im Glauben sicheren, festen, freudigen Schrittes unsere Bahn gehen, auch wenn wir den Weg nicht sehen. Darum Gott befohlen! Der Weg führe uns in die Freiheit oder zum Galgen, stets Ihr – Moltke.

Im Übrigen hoffe ich, dass Sie einen Bericht geschrieben haben, der jenes dramatische Moment des unüberbrückbaren Gegensatzes zum Christen klar hervortreten lässt, denn wir wollen, wenn man uns schon umbringt, doch auf alle Fälle reichlich Samen streuen.

1945 (1)

Prälat Peter Buchholz:

Es gehört mit zu den ergreifendsten Erlebnissen, dass ich Zeuge sein durfte einer letzten Hingabe an Gott und einer frohen Bereitschaft zu sterben, die an das Sterben der ersten Christen aus den Frühlingstagen der Kirche erinnert. „In einer halben Stunde weiß ich mehr als Sie!" Wer so vom Sterben spricht, für den hat der Tod seinen Schrecken verloren, für den ist der Tod Heimgang zu Gott. Ist es wohl verwunderlich, wenn ich darum am liebsten nicht für ihn, sondern zu ihm beten möchte? (2)

Alfred Delp:

Das ist ein eigenartiges Leben jetzt. Man gewöhnt sich so schnell wieder an das Dasein und muss sich das Todesurteil ab und zu gewaltsam in das Bewusstsein zurückrufen. Das ist ja das Besondere bei diesem Tod, dass der Lebenswille ungebrochen und jeder Nerv lebendig ist, bis die feindliche Gewalt alles überwältigt. So dass die gewöhnlichen Vorzeichen und Mahnboten des Todes hier ausbleiben. Eines Tages wird eben die Tür aufgehen und der gute Wachtmeister wird sagen: Einpacken, in einer halben Stunde kommt das Auto. Wie wir es so oft gehört und erlebt haben. [...]

Unser eigentliches Vergehen und Verbrechen ist unsere Ketzerei gegen das Dogma: NSDAP – Drittes Reich – Deutsches Volk: leben gleich lang. Die drei sterben miteinander. [...] Wer es wagt, diese NS-Dreifaltigkeit oder besser Drei-Einigkeit anzuzweifeln, ist ein Ketzer und die früheren Ketzergerichte sind Spielereien gegen die Raffinesse und tödliche Akribie dieser jetzigen. [...] Es ist Zeit der Aussaat, nicht der Ernte. Gott sät; einmal wird er auch wieder ernten. Um das eine will ich mich mühen: wenigstens als fruchtbares und gesundes Saatkorn in die Erde zu fallen. Und in des Herrgotts Hand. Und mich gegen den Schmerz und die Wehmut zu wehren, die mich manchmal anfallen wollen. Wenn der Herrgott diesen Weg will, – und alles Sichtbare deutet darauf hin – dann muss ich ihn freiwillig und ohne Erbitterung gehen. Es sollen einmal andere besser und glücklicher leben dürfen, weil wir gestorben sind. [...]

So lebt denn wohl. Mein Verbrechen ist, dass ich an Deutschland glaubte auch über eine mögliche Not- und Nachtstunde hinaus. Dass ich an jene simple und anmaßende Dreieinigkeit des Stolzes und der Gewalt nicht glaubte. Und dass ich dies tat als katholischer Christ und als Jesuit. Das sind die Werte, für die ich hier stehe am äußersten Rande und auf den warten muss, der mich hinunterstößt: Deutschland über das Heute hinaus als immer neu sich gestaltende Wirklichkeit – Christentum und Kirche als die geheime Sehnsucht und die stärkende und heilende Kraft dieses Landes und Volkes – der Orden als die Heimat geprägter Männer, die man hasst, weil man sie nicht versteht und kennt in ihrer freien Gebundenheit oder weil man sie fürchtet als Vorwurf und Frage in der eigenen anmaßenden, pathetischen Unfreiheit.

Und so will ich zum Schluss tun, was ich so oft tat mit meinen gefesselten Händen und was ich tun werde, immer lieber und mehr, solange ich noch atmen darf: segnen. Segnen Land und Volk; segnen dieses liebe deutsche Reich in seiner Not und inneren Qual; segnen die Kirche, dass die Quellen in ihr wieder reiner und heller fließen; segnen den Orden, dass er echt und geprägt und frei sich selbst treu bleibt durch die selbstlose Treue an alles Echte und an alle Sendung; segnen die Menschen, die mir geglaubt und vertraut haben; segnen die Menschen, denen ich Unrecht tat; segnen alle, die mir gut waren, oft zu gut. [...] Ich will aber hier ehrlich warten auf des Herrgotts Fügung und Führung. Ich werde auf ihn vertrauen, bis ich abgeholt werde. Und ich werde mich bemühen, dass mich auch diese Lösung und Losung nicht klein und verzagt findet.

1945 (1)

■ Alfred Delp wurde am 11. Januar 1945 vom Volksgerichtshof zum Tode verurteilt und am 2. Februar 1945 in der Hinrichtungsstätte Berlin-Plötzensee gehängt. ■

Alfred Delp vor dem Volksgerichtshof, Berlin, Januar 1945 Foto GDW

Quellen:

(1) Roman Bleistein (Hg.), *Alfred Delp. Gesammelte Schriften IV*, Frankfurt a. M. 1984.
(2) Alfred Delp, *Kämpfer. Beter. Zeuge*, Berlin 1955.
(3) Theodor Steltzer, *Sechzig Jahre Zeitgenosse*, München 1966.

Harald Poelchau (1903–1972)

Die schwierigste Seelsorgeaufgabe brachte mir die Teilnahme an den Hinrichtungen.

Aus den Erinnerungen, 1949

Foto PBP

Harald Poelchau:

Die Besitzer eigenen Landes konnte man bei einem Gang durch das lang gestreckte Straßendorf sofort an der Siedlungsform ihrer Häuser erkennen. Sie standen mit dem Giebel zur Dorfstraße und bildeten eine Seite des vierseitigen Hofs, der von Haus, Stall und Scheune begrenzt war. Die Pächter, Handwerker, Tagelöhner ohne Landbesitz wohnten in Häusern, die wie die märkischen Bauernhäuser direkt längs der Straße standen. Neben diesen gab es die Gutsarbeiterfamilien in den sehr proletarischen Gutswohnungen, die Unterschicht des Dorfes, deren Kinder oft bei ihrem Schuleintritt noch nicht richtig sprechen konnten. Dazu kamen bis zum Ersten Weltkrieg die polnischen Schnitterkolonnen während der Erntezeit. Sie waren fremdartig, interessant, bunt, musikalisch, gehörten aber nicht dazu und hatten wenig Verbindung mit dem Dorf. Das war die dörfliche Ordnung. Mit vierzehn Jahren war dem Kind bewusst, dass diese Ordnung keine göttliche war. (1)

Harald Poelchau:

Fleißiges Studium: Kirchengeschichte, Neues Testament, Philosophie, Dogmatik. Sorgfältig, skeptisch wurde Material gesammelt, nichts Besonderes erwartend. Der entscheidende Funke fiel erst in Marburg durch die Begegnung mit Paul Tillich. Er nahm die ganze Breite philosophie- und theologiegeschichtlicher Erfahrung auf und stellte sie so dar, dass sie für mich, den nach dem Sinn des Seienden für meine Gesellschaft Fragenden, unmittelbar wichtig wurde. Bei Tillich wachte ich auf. (1)

Paul Tillich:

Das Prinzip der Rechtfertigung durch den Glauben bezieht sich nicht nur auf das religiös-moralische, sondern auch auf das religiös-intellektuelle Leben. Nicht nur der, der in der Sünde ist, sondern auch der, der im Zweifel ist, wird durch den Glauben gerechtfertigt. Die Situation des Zweifelns, selbst des Zweifelns an Gott, braucht uns nicht von Gott zu trennen. In jedem tiefen Zweifel liegt ein Glaube, nämlich der Glaube an die Wahrheit als solche, sogar dann, wenn die einzige Wahrheit, die wir ausdrücken können, unser Mangel an Wahrheit ist. (2)

Harald Poelchau:

Der Vortrag [von Tillich] in Gießen (*Rechtfertigung und Zweifel*) war für mich sehr bedeutungsvoll, weil er ganz meiner Stellung entsprach, die ich nur nicht formulieren kann. 1924/1925 (3)

Harald Poelchau:

1930 rief mich Tillich an sein philosophisches Seminar nach Frankfurt am Main, und ich konnte bei ihm mit einer Arbeit *Die sozialphilosophischen Grundlagen der deutschen Wohlfahrtsgesetzgebung* promovieren. Unter normalen Umständen hätte ich nun an der sozialen Gestaltung der gesellschaftlichen Ordnung fürsorgerisch oder sozialpolitisch arbeiten können. Wir schrieben aber das Jahr 1932. Papen kam, Hitler stand vor der Tür. Ich fand, dass in dieser Zeit nur noch Fürsorge als persönliche Hilfe möglich war. Schon jeher hatte mich die Arbeit mit Gefangenen gelockt, entsprach sie doch meinen Vorstellungen, dass der Kirche immer der unterste Weg als der ihr gemäße gewiesen sei. (1)

■ Harald Poelchau wurde am 5. Oktober 1903 in Potsdam geboren als Sohn des Pfarrers Harald Georg Poelchau und seiner Frau, Elisabeth, geborene Riem. Er wuchs in Schlesien auf, wo er sich der evangelischen Jugendbewegung anschloss.

Nach dem Abitur studierte er Theologie. In den Studienjahren wurde er durch den religiösen Sozialisten Paul Tillich entscheidend geprägt. Durch dessen Anregung setzte er sich verstärkt mit sozialpolitischen Fragen auseinander.

Nach dem Examen absolvierte er eine Ausbildung als staatlich geprüfter Fürsorger und arbeitete mit dem Kreis um die „Neuen Blätter für den Sozialismus" zusammen.

1930 wurde Poelchau Assistent bei Tillich. Nach der Ordination zum Pfarrer wurde er 1933 Gefängnispfarrer in Berlin-Tegel, später auch in Plötzensee und in der Lehrter Straße. ■

Harald Poelchau:

1933 zeigte sich, dass man nur noch an einer Stelle in Freiheit arbeiten konnte, in der Kirche, die sich nicht gleichschalten ließ, und dass man nur noch an einer Stelle sicher war, im Gefängnis. Im Herbst 1932 bewarb ich mich um die Gefängnispfarrerstelle in Tegel und wurde vom preußischen Justizministerium berufen. Als die Anstellung perfekt war, wurde sie schon vom neuen NS-Justizminister Kerrl unterzeichnet. Die Tatsache, dass ich der erste vom NS-Regime berufene Strafanstaltspfarrer war, hat mir später in Konfliktfällen manchmal genützt. Ich war kein Kirchen-,

Harald Poelchau (hinten, zweiter von rechts)
als Gymnasiast an der Ritterakademie Liegnitz/Schlesien, 1919
Foto PBP

sondern Justizbeamter. Das erklärt wohl das Wunder, dass ich bis zuletzt, trotz allen Kampfes des Nationalsozialismus gegen die Kirche, Dienst tun durfte. Die Kollegen bedauerten meinen Weg, meinten, ein so vielversprechender Theologe sei „zu schade" für die Verbrecher. Weder sie noch ich ahnten, welche Aufgabe mir zufallen würde. (1)

Freya von Moltke:

Das Netzwerk Poelchaus für Hilfesuchende war erstaunlich weit. Schon in der Gefängnisverwaltung selbst gab es Menschen, die ihn in seinem Tun unterstützten oder mindestens schweigend zusahen. Das Gefängnis Tegel unterstand dem Justizministerium und dessen konservativem Strafvollzug. Das hatte sich durch die Herrschaft der Nationalsozialisten kaum verändert. Dort gab es noch langjähriges Beamtentum. Die Nazis erfanden und nutzten für ihre Zwecke die Konzentrationslager und übernahmen nur das eine oder andere Gefängnis, nicht aber das in Tegel. (4)

Harald Poelchau:

Für die Fürsorge im engeren Sinne war ich ja durch mein Wohlfahrtsexamen vorgebildet und kannte die zuständigen Ämter und Stellen, wenn ich Eheverhältnisse regeln, Kinder unterbringen, Eigentum sicherstellen und für die zu Entlassenden Kleidung, Arbeit und Unterkunft zu beschaffen hatte. [...] Man hat mich auch während der Zeit der Gestapomethoden nie bedrängt, das Beichtgeheimnis zu verletzen – man hat es einfach respektiert. [...] Die seelsorgerlichen Gespräche sehen im Gefängnis grundsätzlich nicht anders aus als in der Freiheit. Immer müssen sie deutlich machen, dass der gesellschaftliche Schuldbegriff nicht dem gleicht, was uns wirklich von Gott trennt, und dass Gott andere Maßstäbe hat, großzügigere, aber auch feinere, den Menschen im Innersten treffende, als der jeweils geltende Moralkodex oder das Strafgesetzbuch. (1)

Helmuth James von Moltke,
Brief an seine Frau:

Poelchau war wieder sehr nett und für mich belehrend. Es war insofern eindrucksvoll, als er gerade benachrichtigt worden war, dass fünf von seinen Schützlingen um 7.00 Uhr abends eröffnet werden sollte, dass sie am heutigen Morgen um 5.00 Uhr hingerichtet werden würden. Er sitzt dann von 7.00 bis 5.00 Uhr bei ihnen, ließ sich aber heute Nacht vertreten. Ich habe mir diese Nacht beschreiben lassen: Sie ist grauenvoll und doch irgendwie erhaben. Welch eine Leistung eine solche Nacht bedeutet. Es ist grauenhaft und schrecklich; aber es wirft doch Fragen auf, die in dieser Unbedingtheit, Nacktheit und Absolutheit sonst nicht auftreten. Er bietet nie das Abendmahl an, aber 50 % der von ihm Betreuten verlangen es aus eigenem Antrieb.

9. Oktober 1941 (5)

Harald Poelchau:

Die schwierigste Seelsorgeaufgabe brachte mir die Teilnahme an den Hinrichtungen. Sie verteilten sich auf die sieben evangelischen und zwei katholischen Gefängnisgeistlichen in Berlin, wurden aber im Dritten Reich so häufig, dass ich allein in jenen Jahren mehr als tausend Menschen auf ihren gewaltsamen Tod vorzubereiten hatte. Ich habe dabei die Überzeugung gewonnen, dass die Todesstrafe ein Verbrechen wie jeder Mord ist, dass es nur Gott allein zukommt, ein Menschenleben auszulöschen, und keine noch so schwere Schuld Menschen dazu ermächtigt, eine Entwicklungs- und Reifungsmöglichkeit abzuschneiden. (1)

Ruth Andreas-Friedrich:

„Sie kennen Doktor Tegel nicht?" staunt Konrad Bauer. „Den Wundertäter von Berlin? Dann wird es höchste Zeit, dass Sie ihn kennenlernen." Der Weg führt weit hinaus bis in entlegenes Vorstadtgebiet. Doktor Tegel ist Gefängnispfarrer. Sein „Laden", wie er sich auszudrücken pflegt, liegt hinter vergitterten Fenstern und verriegelten Türen. Er begrüßt uns, als wären wir alte Bekannte. „Wissen Sie eine Stellung für ein jüdisches Waisenmädchen? Sie hat Laborantin gelernt, versteht sich aber auch auf den Haushalt. Auch ein geflüchteter Schlosser ist unterzubringen." Nach zehn Minuten des Zusammenseins sind wir mitten in der Arbeit. (Lebensmittel-) Marken austauschen, Ausweise entwerfen, Wohnmöglichkeiten prüfen, Stellen besetzen. Es bedarf keiner Umschweife. Doktor Tegel gehört zu uns. Und es wird uns eine Ehre sein, wenn wir uns rühmen dürfen, zu ihm zu gehören.

1. Oktober 1943 (6)

Harald Poelchau:

Man fragte mich manchmal, ob ich denn nicht Angst gehabt hätte, belastet als Mitglied des Kreisauer Kreises und durch mancherlei illegale Hilfe und offene Sympathie gefährdet. Ja, ich hatte Angst, wusste mich aber viel stärker gefährdet durch meine Aktionen außerhalb des Gefängnisses, als durch die im Rahmen meines Dienstes. Es war die

Zeit, in der die Verfolgten „untertauchen" mussten, wenn sie ihr Leben retten wollten. Konnte man sie von der Tür weisen, wenn sie um Aufnahme baten? Es war schwierig, Lebensmittelkarten für sie zu beschaffen und sie während der Angriffe zu verstecken, die nachts die gesamten Hausbewohner im Keller vereinten, so dass ein Fremder auffiel, zumal, wenn er jüdisch aussah. [...] Auch sonst war man immer am Leben gefährdet, weil man sich nie darauf verlassen konnte, dass der Name des letzten Helfers aus einem entdeckten Flüchtling herausgeprügelt wurde. [...]

Ich hatte einen großen Kreis von Freunden in Berlin, die mit mir der Meinung waren, dass den unschuldig Verfolgten auf alle Weise geholfen werden müsse. Wir waren uns auch alle darüber klar, dass diese Hilfe für den Helfer Lebensgefahr bedeutete. Ich habe dabei die interessante Beobachtung gemacht, dass diejenigen Kreise, die gewohnt waren, für ihre Überzeugung Kampf und Gefahr auf sich zu nehmen, meist keine Bedenken trugen, illegale Menschen bei sich zu verbergen und zu beherbergen. Sie machten nicht viele Worte dabei, waren nicht sehr liebevoll und stellten oft geradezu harte Ansprüche an die Disziplin und Arbeitswilligkeit der Verborgenen. Die mehr bürgerlichen und christlichen Kreise dieser Generation dagegen, nicht mehr gewohnt, persönliche Gefahr zu ertragen, waren zwar sehr hilfsbereit, gaben Geld, sparten sich Lebensmittel ab, soviel sie konnten, aber eine persönliche Gefährdung ertrugen sie einfach nicht. (1)

Helmuth James von Moltke, Brief an seine Frau:

Heute früh kam Poelchau. Er hat rasend viel zu tun, eigentlich etwas zu viel und für seine Seelenkräfte zu belastend.

17. April 1943

Poelchau ist riesig beschäftigt mit seinen Hilfsaktionen und hat auch neu um Unterstützung für seine Pfleglinge gebeten. Ich habe ihm gesagt, wir würden ihm sicherlich einen größeren Posten Erbsen schicken. [...] Außerdem habe ich seine Frau und ihn verabredungsgemäß zu einem Sommeraufenthalt nach Kreisau eingeladen.

25. Mai 1943 (5)

Harald Poelchau:

Ich war nicht allein gelassen. Ich hätte es nicht ausgehalten, wenn ich nicht Menschen gehabt hätte, von denen ich mich getragen und gestützt wusste. [...] Die bedeutendste Hilfe war die Zugehörigkeit zur Widerstandsbewegung selbst, zu einem Kreis, der sich nicht in das ausweglose Einerlei der Siegestiraden ergab. Er forderte die vernachlässigten verantwortungsbewussten Kräfte, wenigstens des Denkens, an, wenn auch zunächst nur für die Schublade [...]. Ich wurde verantwortlich unter der Kritik von Gleich- und Ähnlichgesinnten angespornt, über die großen Fragen der Kulturpolitik nachzudenken.

1933 hatte ich noch in den „Neuen Blättern für den Sozialismus" zu schreiben versucht. Die Blätter wurden verboten. Auf einen Artikel in einer Fachzeitschrift über Fürsorgewesen kam von Naziseite eine so böse Erwiderung, dass ich die Gefahr sah und seitdem nur noch die tägliche Arbeit tat. Kreisau verlangte zum ersten Mal den Blick darüber hinaus. Graf Moltke entsprach nicht dem Bild schlesischer Grundbesitzer, das ich in meiner Kindheit gewonnen hatte. Die Möglichkeit, zu einem Menschen, der einen gewissen Einfluss hatte, über das schlimmste Unrecht zu reden und so nicht ganz der Bitterkeit ausgeliefert zu sein, bedeutete für mich viel. (1)

■ Seit 1941 arbeitete Poelchau im engeren Kreisauer Kreis mit und nahm an der ersten Tagung in Kreisau teil. In seiner Position konnte er gemeinsam mit seiner Frau Dorothee Regimegegnern und verfolgten Juden helfen. Die Wohnung der Poelchaus wurde zur Anlaufstelle für viele Menschen, die untertauchten und mit Lebensmitteln versorgt werden mussten oder neue Papiere brauchten. In dieser Aufgabe arbeitete er eng mit der Widerstandsgruppe „Onkel Emil" zusammen, die sich um die Schriftstellerin Ruth Andreas-Friedrich gebildet hatte. ■

Clarita von Trott:

Der Name Poelchau hatte für mich zunächst einen fast mysteriösen Beiklang, etwa in der Art, „in dieser verzweifelten Lage kann nur noch dieser Mann helfen". Das war im Herbst 1942, als die sogenannte „Rote Kapelle" entdeckt worden war. Eineinhalb Jahre danach, im Anschluss an den missglückten Staatsstreich vom 20. Juli 1944, war Adam verhaftet worden, und ich wusste noch nicht einmal, in welcher Haftanstalt er untergebracht worden war. Ich fuhr sofort nach Berlin, als mich die Hiobsbotschaft erreichte. Den Namen Poelchau hatte ich nicht vergessen.

Was unerwartet war: Ich wurde zunächst eher unpersönlich empfangen. Hier fände die Sprechstunde gar nicht mehr statt, sagte er. Er sei zufällig heute dort. Ich habe mir das erst viel später erklären können. Er kannte mich ja nicht, wusste nichts über mich, wahrscheinlich auch nicht viel von Adam. Er musste auf der Hut sein, weil Spitzel sich oft über Grüße und Empfehlungen von einwandfreien Regimegegnern einführten. Als ich dann anfing zu berichten, was ich – oder wir, die Adam-Trott-Familie – gerade durchgemacht hatten, vertrieb dies offenbar alle Zweifel an meiner Integrität. Er war ganz präsent, und ich meinte irgendwann sogar, dass sich seine Augenlider gerötet hätten, aber das müsse meine Fantasie sein, dachte ich dann. Wer täglich vielmals mit solchem Elend konfrontiert sei, müsse wohl abgehärtet sein.

Poelchau hat dann angeboten, mir eine Adresse zu geben, wo ich einen neuen Ausweis erhalten würde, so dass ich untertauchen könne. Meine Kinder würde ich sowieso vor Kriegsende nicht zurückerhalten, vielleicht wären sie inzwischen Nazisiedlern im Warthegau anvertraut worden. Er denke, dass für mich das Untertauchen einer Inhaftierung vorzuziehen wäre, die nach allem Vorgefallenen sicher auf mich zukäme. Ich würde nicht lange in einem Gefängnis gehalten werden. Und was danach käme, würde sehr unangenehm sein. Er malte es nicht aus, und ich fragte auch nicht.

Seine Fürsorge erreichte uns immer als Essenz seiner vielfach erwähnten Nüchternheit. Ich habe das als unerhört hilfreich empfunden. Man fühlte sich ernst genommen, und diese ungefärbte Wahrheit ermöglichte es, selbstständig über die nächsten Schritte zu entscheiden. Irgendwie hat es mich damals gestärkt und mir wohlgetan, mit diesem souveränen und so hilfsbereiten Mann zu sprechen, der sich offenbar in der uns umgebenden Hölle ebenso gut auskannte wie im Himmel der Gegenwelt, eben dem Bereich, dessen Belange er unter uns Verfolgten verwaltete und als dessen Vertreter er uns erschien. (7)

Ursula von Kardorff:

Ging heute früh zum Tegeler Zuchthauspfarrer Poelchau, um etwas Speck für die Gefangenen bei ihm abzugeben. Poelchau imponierte uns. Groß, blond, kämpferisch, witzig, fast zynisch. Manchmal redet er im Gefängnisjargon – ich vergaß mitunter ganz, dass ich mit einem Geistlichen sprach. Ständig mit einem Fuß im Zuchthaus, hilft er, wo er kann, stellt sich ganz in den Dienst der Nächstenliebe. Er unterhielt sich lange mit uns. Bestätigte, dass Fritzi [Schulenburg] tot sei, entgegen den noch immer umlaufenden Gerüchten. Mittendrin wurde er angerufen und sagte nach einer Weile wütend: „Ich weiß gar nicht, was Sie meinen, Sie müssen mich mit irgend jemandem verwechseln, Heil Hitler." Dann hängte er wieder ein, bleich vor Zorn. „Das war irgendeine verkalkte Exzellenz aus Potsdam. Sie ahnen nicht, wie die mir das Leben erschweren", sagte er. „Dieser hier hat mir wieder einen jungen Offizier anempfohlen, der längst zu meinen Schützlingen gehört. Manche Leute gehen mit geradezu unglaublicher Naivität durchs Leben und quatschen alles am Telefon aus. In solchen Fällen ist das ‚Heil Hitler' meine einzige Waffe." [...] Menschen wie Poelchau sind ein Hort für die Verzweifelnden. Mit dieser Verbindung von Güte und Mut geben sie immer wieder Kraft, wenn man schon ganz an diesem Volk verzagen möchte.

26. Oktober 1944 (8)

Harald Poelchau:

Von den im Zusammenhang des 20. Juli verhafteten Männern waren neunzehn im Gefängnis Tegel geblieben. Sie saßen im

4. Stock, direkt unter dem Dach, Tag und Nacht gefesselt, in Einzelzellen. Nur zum Essen wurden die Fesseln abgenommen. Diese, jede Woche kleiner werdende Zahl hielt gute Gemeinschaft. Sie arbeiteten geistig weiter, schrieben mit ihren gefesselten Händen und tauschten sich gegenseitig aus, zum Teil durch meine Vermittlung. Trotz der Nähe des Todes war die Atmosphäre nicht gedrückt, sondern von hoher geistiger Intensität. Konfessionelle Unterschiede spielten keine Rolle mehr. Mein katholischer Kollege Buchholz und ich besuchten die Gefangenen gleichmäßig. (1)

An Pater Delp merkte die Gestapo mein Vorhandensein zum ersten Mal. Delp wurde eines Tages von einem der vernehmenden Beamten persönlich ins Gefängnis Tegel zurückgebracht und eingeschlossen. Dieser Mann kam zufällig an meiner Tür vorbei und las meinen Namen und den Titel „Evangelischer Pfarrer". Er erkundigte sich erstaunt, wieso es das noch gäbe, und verfügte, dass Delp weder von einem evangelischen noch von einem katholischen Pfarrer besucht werden dürfte. Die Folge war nur eine engere Zusammenarbeit mit den wenigen Beamten, die ich als aufrichtige Antifaschisten kannte.

Harald Poelchau mit seinem Sohn Harald, Dezember 1943 Foto PBP

Harald Poelchau:

Hohes geistiges Niveau hatte der junge Jesuitenpater Delp. Er hatte eine so kleine und unleserliche Handschrift, dass es nur einen Menschen gab, der sie entziffern konnte – seine Münchner Sekretärin. Jetzt, nach der Veröffentlichung, bin ich überrascht, welche Fülle von Arbeit Delp in den wenigen Monaten in Tegel geleistet hat. Während dieser Arbeit drohte die Hinrichtung, und Zahnschmerzen plagten den Häftling. Er blieb gleichmütig und heiter.

Sie stellten sich abwechselnd vor die Tür, um mich rechtzeitig warnen zu können, wenn Gefahr im Anzuge war. Die übrigen neunzehn Angehörigen des 20. Juli habe ich dann ungehindert bis zu ihrer Hinrichtung besuchen können, weil alle Beteiligten – wie auf Abmachung – der Gestapo gegenüber von meiner Arbeit schwiegen, wahrscheinlich weil – wie Helmuth von Moltke in seiner humorvollen Art zu sagen pflegte – sich alle durch meine Erhaltung eine Rückversicherung für ihren Gefängnisaufenthalt schaffen wollten. (9)

Freya von Moltke:

Als ich bald nach dem missglückten Attentat von Kreisau aus den Versuch machte, Helmuth zu besuchen, was mir zuvor einmal im Monat zugebilligt worden war, wurde mir mitgeteilt, er sei eben von Mecklenburg nach Berlin verlegt worden, wahrscheinlich in das SS-Gefängnis in der Lehrter Straße. Ich verstand wohl, was das bedeutete. Ich fuhr umgehend zurück nach Berlin und fragte nach ihm an diesem Gefängnistor. Dieses Gefängnis war nun durch die Bomben der vorhergehenden Nacht nicht mehr ausbruchssicher gemacht worden und viele Gefangene, so auch „der Lange", wie mir durchaus freundlich der SS-Mann sagte, seien eben nach Tegel gekommen. Mein Herz schlug höher! Poelchaus Gefängnis! Vom nächsten Stadtbahnhof aus rief ich gleich bei ihm an. Prompt bestellte er mich für den nächsten Morgen in sein Büro im Gefängnis. Von dann an wurde das Gefängnis Tegel und die Wohnung der Poelchaus in der Afrikanischen Straße im Wedding bis zu Helmuths Tode am 23. Januar 1945 der Mittelpunkt meines Lebens.

Nun begann ich, wie zuvor von Kreisau aus, täglich Briefe an Helmuth zu schreiben. Poelchau brachte sie in seine Zelle und Helmuths Antworten zurück. Nach Helmuths Anweisung kümmerte ich mich um seine Verteidigung bei der bevorstehenden Volksgerichtsverhandlung. (4)

Harald Poelchau:

Im Oktober 1944 besuchte ich etwa dreißig Frauen im Gefängnis Moabit; fast in allen Fällen hatte man die Kinder verschleppt. Immer wieder musste ich die Frauen vom Tod ihrer Männer unterrichten. Selbst die furchtbarste Wahrheit war in der Regel besser zu ertragen als die quälende Ungewissheit. (1)

Clarita von Trott:

Es muss anlässlich seines zweiten oder dritten Besuchs gewesen sein, dass sich für Poelchau die Notwendigkeit ergab, mir den Tod meines Mannes mitzuteilen. Ich weiß nicht mehr, wie er es machte, ich erinnere nur vage, dass ich Mühe hatte, diese Nachricht wirklich aufzunehmen. Ich erinnere einige Sätze, mit denen Harald mir damals einen Weg weisen wollte. So sagte er: „Ihr müsst jetzt das erste Gebot lernen: *Ich bin der Herr, dein Gott, du sollst neben mir keine anderen Götter haben!* Für euch waren eure Männer diese anderen Götter. Für mich ist es mein Sohn." (7)

Freya von Moltke:

Ich kann keine Worte finden um zu beschreiben, was der Friede der Poelchauschen Wohnung und ihr Mitempfinden für mich in dieser Zeit bedeutete, dass ich dort täglich anlaufen durfte, dass ich dort friedlich sitzen, schreiben, sprechen konnte, dass ich von dort aus auch die drei Besuche im Gefängnis, die mir noch erlaubt waren, machen konnte. Dass uns dank der vielen Briefe hin und her eine lange, lange Zeit des Abschiednehmens gegönnt wurde, hat mein ganzes folgendes Leben beeinflusst und viel leichter gemacht. Harald wurde für meinen Mann in diesen Monaten in vielen Besuchen in Helmuths Zelle ein naher Freund. Aber die letzte Nacht seines Lebens verbrachte Helmuth nicht mit Harald, denn Helmuths Tod kam nach seiner Verurteilung durch Hitlers „Volksgerichtshof" zwölf Tage später plötzlich und zu diesem Zeitpunkt unerwartet. Ich erfuhr es von Poelchau in ihrer Wohnung. (4)

Harald Poelchau:

Als die geistigen und politischen Widerstandskämpfer meine Hilfe brauchten, begriff ich, dass ich nicht allein der gebende Teil war. Sie gaben mir, in ihren letzten Stunden vor dem Tode, das Letzte und Innerste an Menschentum. Sie hatten aus ihrem Gewissen heraus gelebt und waren für die Freiheit des Gewissens gestorben. Wenn ich ihnen gegenübertrat, so tat ich dies als Christ, ganz gleich, ob sie sich zum Christentum bekannten oder nicht. Sobald zwischen uns klar wurde, es ginge nicht um Formen und Dogmen, sondern um die Frage des Gewissens – fielen zwischen uns die Hemmungen der Konvention, des Ehrgeizes, der Rücksicht. Wir waren uns nah.

Ich habe die Erfahrung gewonnen, dass diese Männer und Frauen Vergebung brauchten, die Vergebung anderer Menschen, denen sie in ihrem Leben nicht gerecht geworden waren, oder Gottes Vergebung. In den letzten illusionslosen Gesprächen mit den Todgeweihten wurden Kräfte jenes Friedens lebendig, der höher ist als alle Vernunft, mächtiger als die Furcht vor dem Richter, und dem Beil und dem Strick des Henkers. (9)

■ Poelchaus Widerstandstätigkeit blieb auch nach dem 20. Juli 1944 unentdeckt. Er konnte seine Kreisauer Freunde betreuen, Nachrichten übermitteln und die Verbindung zu den Angehörigen aufrechterhalten.

Nach 1945 baute er gemeinsam mit Eugen Gerstenmaier in Stuttgart das Hilfswerk der Evangelischen Kirchen auf und wurde dessen Generalsekretär. Ab 1946 versuchte er, in der Zentralen Justizverwaltung der Sowjetischen Besatzungszone in Berlin den Strafvollzug zu reformieren, ging aber in den Westen, als er seine Vorstellungen nicht durchsetzen konnte. Von 1949 bis 1951 war er erneut Gefängnispfarrer in Berlin-Tegel. 1951 wurde er zum Sozial- und Industriepfarrer berufen. Kurz vor seinem Tod am 29. April 1972 wurde ihm die Medaille „Gerechter unter den Völkern" der Gedenkstätte Yad Vashem verliehen. ■

Harald Poelchau, im Hintergrund Portrait seines Lehrers Paul Tillich, 1965 Foto PBP

Quellen:

(1) Harald Poelchau, *Die Ordnung der Bedrängten*, München/Hamburg 1965.
(2) Paul Tillich, *Der Protestantismus als Kritik und Gestaltung*, München/Hamburg 1966.
(3) Renate Albrecht, Margot Hahl (Hg.), *Paul Tillich. Ein Lebensbild in Dokumenten. Briefe, Tagebuch--Auszüge, Berichte*, Stuttgart/Frankfurt a.M.1980.
(4) Freya von Moltke, *Netzwerk für Hilfesuchende,* Jahresrundbrief der Kreisau-Initiative Berlin, Berlin 2003.
(5) Beate Ruhm von Oppen (Hg.), *Helmuth James von Moltke, Briefe an Freya 1939–1945*, München 1988.
(6) Ruth Andreas-Friedrich, *Der Schattenmann. Tagebuchaufzeichnungen 1938–1945*, Berlin 1972.
(7) Clarita von Trott, *Erinnerungen an Harald Poelchau*, Jahresrundbrief der Kreisau-Initiative Berlin, Berlin 2003.
(8) Ursula von Kardorff, *Berliner Aufzeichnungen 1942–1945*, München 1994.
(9) Harald Poelchau, *Die letzten Stunden. Erinnerungen eines Gefängnispfarrers*, Berlin 1949.

geh aufrecht wo andere knien
wo sie sich abwenden in den staub gefallen
du bist davongekommen nicht um zu leben
die zeit deine zeit ist kurz bemessen zeuge
[...]
Bleib treu und Geh

Zbigniew Herbert, *Des Herrn Cogito Vermächtnis*, 1974
(Deutsch von Karl Dedecius)

Oben: Internierte Oppositionelle nach Einführung des Kriegszustands, Gefängnis Białołęka bei Warschau, 1982, von links: Henryk Wujec, Lech Dymarski, Jerzy Onyszkiewicz, Jacek Kuroń, Jan Rulewski beim „Spaziergang"
Foto Jan Krzysztof Kelus (Mithäftling)/OK

Links: Besuch des 1. Sekretärs des ZK der KPdSU, Leonid Breschnew aus Anlass des 30. Jahrestages der Volksrepublik Polen, Katowice, 22. Juli 1974 Foto Henryk Rosiak/FORUM

Kommunismus

Maidemonstration auf dem Roten Platz in Moskau, 1947 Foto OK

Zu Beginn des 20. Jahrhunderts wuchs überall in Europa der Einfluss der kommunistischen Bewegung. Sie versprach allgemeine Gleichheit und das Ende der „Ausbeutung des Menschen durch den Menschen". Im Oktober 1917 brach in Russland die Revolution aus. Die Bolschewisten ermordeten den Zaren, Arbeiterräte übernahmen die Macht. An der Spitze des neuen Staates stand Lenin und nach dessen Tod im Jahre 1924 Josef Stalin, der ein Imperium schaffte.

Der innere Machtkampf verlief parallel zur territorialen Expansion. Nach der Befreiung Ostmitteleuropas vom Nationalsozialismus durch die sowjetische Armee wurde diesen Ländern das kommunistische System aufgezwungen. Auf der Konferenz von Jalta im Februar 1945 besiegelten Stalin, Churchill und Roosevelt die Teilung Europas. Seither bildeten die Länder des „sowjetischen Blocks" für mehr als vierzig Jahre das Versuchsfeld des Kommunismus.

In diesem System war der Marxismus-Leninismus die einzige allgemein verpflichtende Wahrheit über den Menschen, die Gesellschaft und die Geschichte. Andere Auffassungen wurden verfolgt. Die Kommunisten wollten eine auf sozialer Gerechtigkeit beruhende Ordnung schaffen und diese – nach dem Sieg über den Kapitalismus – in der ganzen Welt verwirklichen. Die utopische Vision der „klassenlosen Gesellschaft" wurde von großen Teilen der Arbeiterschaft unterstützt und faszinierte auch viele Intellektuelle.

Ein „neuer Mensch" sollte entstehen, der sich freiwillig dem sozialistischen Kollektiv unterordnet. Im Kampf um eine „bessere Zukunft" der Menschheit wurden die Rechte des einzelnen Menschen unwichtig.

Daher hatten Schule und Erziehung im Kommunismus eine enorme Bedeutung. Die Kinder wurden in Massenorganisationen zusammengefasst, wo sie – oft im Konflikt mit den vom Elternhaus vermittelten Werten – indoktriniert und geschult wurden.

Von Beginn an sagte die Sowjetmacht der Religion den Kampf an. Für Marx war sie das „Opium des Volkes". In der Sowjetunion wurden Kirchen zerstört und zu Museen des Atheismus umgestaltet, die Gläubigen verfolgt. In der DDR wurde 1968 – trotz Protesten – auf Anordnung Walter Ulbrichts, des Generalsekretärs der Partei, die gotische Universitätskirche in Leipzig gesprengt.

Der Kommunismus wurde selbst zur Religion und verlangte von seinen Anhängern fanatische Ergebenheit. Stalin als Führer war Gegenstand eines Kultes, der ihn als gottgleiches Wesen verehrte. Er bestimmte nicht nur über die Geschicke des Staates, sondern auch über Leben und Tod von Millionen Menschen. Sogar die Natur wollte er unter seine Gewalt bringen und befahl, den Lauf von Flüssen zu ändern. Häftlinge mussten mit bloßen Händen gigantische Kanäle ausheben und eine Eisenbahnlinie ins ewige Eis bauen.

Die kommunistische Herrschaft verfestigte sich schnell in Ritualen und Zeremonien. An Parteitagen und Demonstrationen, Kundgebungen zu Jahrestagen und Geburtstagen der führenden Funktionäre nahmen Zehntausende teil.

Eine Schlüsselrolle bei der Manipulation der Gesellschaft hatte die allgegenwärtige Propaganda, deren Losungen im krassen Gegensatz zur Wirklichkeit standen. Die Propaganda wiederholte eine Lüge so lange, bis sich die Menschen daran gewöhnten und an sie glaubten.

Das kommunistische System beruhte in der Praxis auf der bürokratischen Herrschaft der Funktionärsgruppe einer Partei, die sich mit der Zeit sämtliche Bereiche des staatlichen und gesellschaftlichen Lebens unterwarf. Die wichtigsten Stützen dieser Parteidiktatur waren Polizei, Sicherheitsdienst und Armee. Gesetzgebung, Exekutive, und Gerichtsbarkeit lagen auch in den Händen der Partei. Die Wirtschaft war verstaatlicht und funktionierte nach einem zentralen Kommandoprinzip. Die Landwirtschaft war kollektiviert, ein freier Markt existierte nicht. Die Massenmedien unterlagen ebenfalls der Parteikontrolle. Die Zensur wachte über alles.

Hungersnot an der Wolga, 1921
Foto CPAKDK

Bau des Weißmeerkanals durch Häftlinge, 1931-33
Foto CPAKDK

Versammlung von Arbeitern, die für die Erschießung einer trotzkistischen Gruppe demonstrieren, Moskau, 1938 Foto CPAKDK

Stalinistischer Schauprozess, Krakau, 1953
Foto WFDiF

Maidemonstration in Warschau, 1955
Foto PAP/CAF

Parade der Nationalen Volksarmee (NVA) zum 39. Jahrestag der DDR, Berlin, 7. Oktober 1988 Foto BAK

Hinter der ideologischen Fassade vom „kommunistischen Paradies" schafften Lenin und Stalin ein System allgegenwärtigen Terrors. Der Zweck heiligte die Mittel. Der kommunistische Staat sah ständig neue Feinde – Großbürger und Kulaken, Priester und Renegaten, Konterrevolutionäre und Revisionisten, Nationalisten und Zionisten... Einzelne und Gruppen, die willkürlich als „Volksfeinde" galten, wurden verfolgt und umgebracht.

In den 1920er und 1930er Jahren erklärte die Partei den „Kulaken" den Krieg, um die Stimmung unter den Bauern zu befrieden, die gegen die Kollektivierung aufbegehrten. In den Gebieten längs der Wolga und in der Ukraine starben Millionen Menschen an Hunger.

Gesellschaftliche Gruppen wurden gegeneinander aufgebracht. Seit den 1930er Jahren gab es von oben gesteuerte Massenversammlungen, auf denen Hass geschürt wurde, das Volk zur Verurteilung von „Volksfeinden" applaudierte und deren Bestrafung verlangte. Alle Untertanen der sowjetischen Herrschaft waren von Repressionen bedroht, sogar die höchsten bolschewistischen Funktionäre – „die Revolution fraß ihre Kinder".

Im Sommer 1937 legte der Chef des NKWD Nikolai Jeschow für die einzelnen Verwaltungsgebiete der UdSSR Terrorquoten fest – die Anzahl der Personen, die zu erschießen oder ins Lager zu bringen waren. Im Februar 1940 wurde Jeschow selbst erschossen. In den Jahren 1937/38 erschoss der NKWD während der „Großen Säuberung" fast 700.000 Menschen ohne Gerichtsurteil. Oft galten sie als „antisowjetische Elemente" allein wegen ihrer nationalen Zugehörigkeit, also nur deshalb, weil sie zum Beispiel Polen waren. Vor der Erschießung wurden sie schwer gefoltert, um Geständnisse ihrer angeblichen „Schuld" zu erzwingen.

Die Massenverfolgungen hingen eng mit der Schaffung des Gulag zusammen – eines Systems der Zwangsarbeit für Millionen Häftlinge von Konzentrationslagern, die an den entlegensten Gebieten des Imperiums eingerichtet wurden. Auf der Halbinsel Kolyma im Nordosten Sibiriens – dem späteren Symbol des Gulags – wurden Millionen von Gefangenen festgehalten. Hunderttausende starben durch Arbeit, Kälte, Hunger und unmenschliche Behandlung.

Beim Eintritt der UdSSR in den Zweiten Weltkrieg als Verbündeter Hitlers setzte eine neue Verfolgungswelle ein. Die Sowjets nahmen Tausende polnische Offiziere gefangen und erschossen sie in den Wäldern von Katyn. Ganze Völkerschaften wurden ausgesiedelt, darunter einige Hunderttausend Polen, die aus den polnischen Ostgebieten nach Sibirien deportiert wurden – hauptsächlich Frauen und Kinder, die sich unter primitivsten Existenzbedingungen durchschlagen mussten.

Nach Stalins Tod (im März 1953) charakterisierte die Partei den Stalinismus als eine „Periode der Fehler und Abweichungen". Nikita Chruschtschow, der neue Parteichef, hielt auf dem 20. Parteitag 1956 ein Referat zu den Verbrechen Stalins. Doch auch jetzt wurde das Lagersystem nicht beseitigt. Immer noch wurde jede Erscheinung „bürgerlichen Ungehorsams" mit langen Freiheitsstrafen geahndet.

Eine neue Form der Unterdrückung war die Zwangsbehandlung von missliebigen Personen in geschlossenen psychiatrischen Abteilungen der Krankenhäuser, die de facto Gefängnisse waren. Dahinter stand die Überzeugung, dass jeder, der sich dem System widersetzte, verrückt sein müsse. Die sowjetischen Psychiatrieärzte erfanden die Diagnose der „symptomfreien Schizofrenie".

Nach kurzem „Tauwetter" 1956 herrschte in ganz Ostmitteleuropa der „reale Sozialismus" - ein „posttotalitäres" System, das vor allem auf der allgegenwärtigen Lüge und ihrer Duldung beruhte; ein System für Konformisten und Opportunisten. Unter den Mitgliedern der kommunistischen Parteien gab es immer weniger überzeugte Kommunisten - trotz der Massen, die ihnen beitraten, um Leitungspositionen zu erlangen oder eine wissenschaftliche Karriere zu machen.

Alle Länder blieben der Sowjetunion untergeordnet, obwohl sie begrenzt ihre nationale Spezifik behielten und eine gewisse Autonomie erlangten. Die „Freundschaft mit der Sowjetunion" wurde indessen zentral verordnet und ständig propagiert, mit dem Argument von der „geopolitischen Lage" gleichzeitig auf die sowjetische Dominanz verwiesen.

Im gesamten Block war das Bürgerrecht auf freie Bewegung eingeschränkt – die Behörden entschieden, wer einen Pass bekommen und ins Ausland reisen durfte. In der Sowjetunion war sogar das Reisen von Stadt zu Stadt genehmigungspflichtig.

Allen Ländern gemeinsam waren die Versorgungsprobleme. Die Menschen waren durch ständiges Schlangestehen nach den lebensnotwendigsten Gütern zermürbt. Das System paralysierte jede gesellschaftliche Energie. Es herrschte eine Atmosphäre der Gleichgültigkeit. Die Hässlichkeit im Alltag und die wachsenden Absurditäten einer menschenfeindlichen Bürokratie bestimmten das Leben. Natur und Architektur waren dem Verfall preisgegeben.

Mit der Zeit vertiefte sich die Wirtschaftskrise. Das System wurde immer schwächer und reformunfähiger. Die Überzeugungskraft der Propaganda ließ nach, und die Gesellschaften organisierten sich gegen die verknöcherten Herrschaftsstrukturen.

1989 brach das kommunistische System in Mittel- und Osteuropa zusammen, ein Jahr später die UdSSR. Der Versuch, die Menschheit zu beglücken, hatte Millionen Menschenleben gekostet. Das Experiment ist gescheitert.

Fall der Berliner Mauer, 9./10. November 1989
Foto Klaus Lehnartz/LB

Władysław Bartoszewski (1922)

Die Generation, der ich angehöre, hat mit eigenen Augen die Mauern und Drahtverhaue gesehen, welche die Menschen trennten: Die Mauern des Ghettos von Warschau, die Mauer, die jahrelang quer durch Jerusalem lief, und die Mauer, die bis heute Berlin teilt. Es scheint das Wichtigste zu sein, all das zu unterstützen, was die Menschen verbindet, und sich all dem zu widersetzen, was die Menschen gegen ihren Willen trennt.

Władysław Bartoszewski, „Kein Frieden ohne Freiheit", Ansprache in Frankfurt a.M., 1986

Władysław Bartoszewski:

Ich bin in Polen, also in Europa, geboren und wurde später in einer katholischen Kirche getauft. Ich erwähne hier nicht zufällig Polen, Europa und die Kirche, denn die Zugehörigkeit zu einem bestimmten Kreis von Tradition und Kultur, [...] verbindet mich untrennbar sowohl mit meiner Volkszugehörigkeit und der Tradition der Kirche, der ich angehöre, als auch mit dem gesamten Gedanken- und Kulturgut des Abendlandes. Ein ungemein wichtiges Element dieses Kulturgutes scheint mir die allen Europäern gemeinsame, durch Jahrhunderte gestaltete Wert- und Begriffshierarchie zu sein, welche Menschen über sprachliche, nationale und staatliche Grenzen hinweg näher zueinander brachte und verband. Ich denke daran, was Millionen von Menschen in Europa gemeinsam war: die Selbstverständlichkeit von Begriffen wie Freiheit, Menschenwürde, Ehrfurcht vor dem Leben, die negative Einstellung gegenüber allen Formen der Übermacht und Gewalt, die Solidarität mit den Verfolgten, die Sorge für die Schwachen und Wehrlosen, ein besonders ausgeprägter Schutz für Mutter und Kind. Für junge Menschen, die vor dem Zweiten Weltkrieg in Polen erzogen wurden, waren dies selbstverständliche, in ganz Europa, also auch bei ihren Nachbarn, allgemein verpflichtende Werte. Der September 1939 und die folgenden Jahre waren daher nicht nur eine Periode von Leidenserfahrung und Opferbereitschaft im Kampf um die Freiheit und

Unabhängigkeit des Vaterlandes, sondern auch der Versuch, diese moralische Ordnung zu verteidigen. Die Praxis des Totalitarismus innerhalb der feindlichen Okkupation versuchte nämlich, diese Ordnung zu zertrümmern. (1)

■ Władysław Bartoszewski wurde am 19. Februar 1922 in Warschau geboren. Sein Vater war Direktor der polnischen Nationalbank, seine Mutter war Beamtin in der Stadtverwaltung. Das Abitur machte er 1939.

Im September 1939 beteiligte sich Bartoszewski als Sanitäter an der Verteidigung Warschaus. Am 19. September 1940 geriet er in deutsche Gefangenschaft im Rahmen der sog. Aktion AB, des im Mai 1940 begonnenen Präventivterrors gegen die polnische Intelligenz und wurde in das Konzentrationslager Auschwitz deportiert. Er gehörte zu einer kleinen Gruppe von Häftlingen, die am 8. April 1941 dank der Hilfe des Polnischen Roten Kreuzes wieder freigelassen wurden.

Ab 1942 arbeitete er im Büro für Information und Propaganda im Hauptkommando der Heimatarmee und war Mitglied im Vorläufigen Komitee für die Judenhilfe, dem späteren Rat für die Judenhilfe „Żegota". Nach seiner Teilnahme am Warschauer Aufstand 1944 verblieb Bartoszewski bis 1945 im Untergrund. ■

Władysław Bartoszewski:

Ich hatte im Jahre 1942 ein neues Leben angefangen. Ich kann mir heute nicht vorstellen, wie ich das alles gemacht habe. Alle Aktivitäten liefen parallel: Judenhilfe, Hilfe für polnische Häftlinge und Sammlung von Material im Untergrund, das Verfassen von Berichten und Dokumenten, Tätigkeit im Nachrichtendienst, Abwehr gegen die deutschen Sicherheitsdienste, Aktivitäten im kirchlichen Zusammenhang, journalistische Arbeiten und schließlich der Dienst in der Heimatarmee. Ich bin im Sommer 1942 dazugestoßen. Ohne Waffen diente ich in einem Stabsbüro der Heimatarmee und übernahm nachrichtendienstliche Tätigkeiten. Daneben schrieb ich noch Artikel und studierte illegal.

Ich wurde also ein Berufswiderständler. Wir hofften alle auf die Wiedergeburt des Staates, die Wiedergeburt der Seele in den Menschen. Das war unser Ziel. Im Dezember 1942 wurde die Zusammenarbeit der Polen und Juden – zur Rettung der Juden – auf eine organisierte Basis gestellt. Es entstand der Hilfsrat für die Juden. Nach Schätzungen des hervorragenden jüdischen Historikers Emanuel Ringelblum gab es allein in Warschau rund 20.000 Juden, die in Verstecken lebten. Sie brauchten eine Geburtsurkunde, eine Arbeitskarte und eine Kennkarte. Die Geburtsurkunden beschafften die Pfarrer. Sie benutzten die Namen von Verstorbenen. Die Kennkarten und Arbeitskarten wurden illegal hergestellt, Blankoformulare gestohlen –

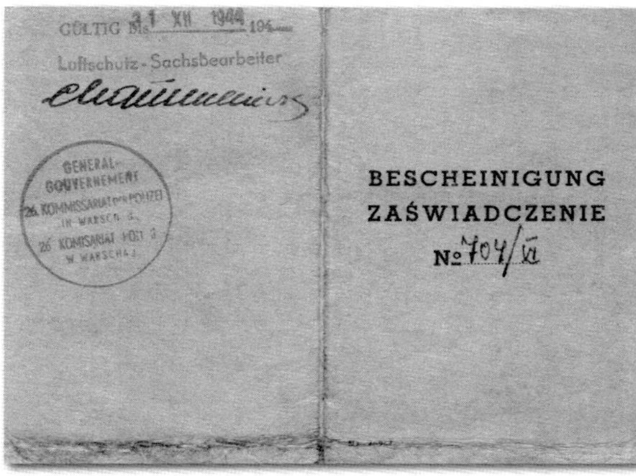
GÜLTIG BIS 31 XII 1944 194..

Luftschutz-Sachsbearbeiter

BESCHEINIGUNG

ZAŚWIADCZENIE

Nr 704/VI

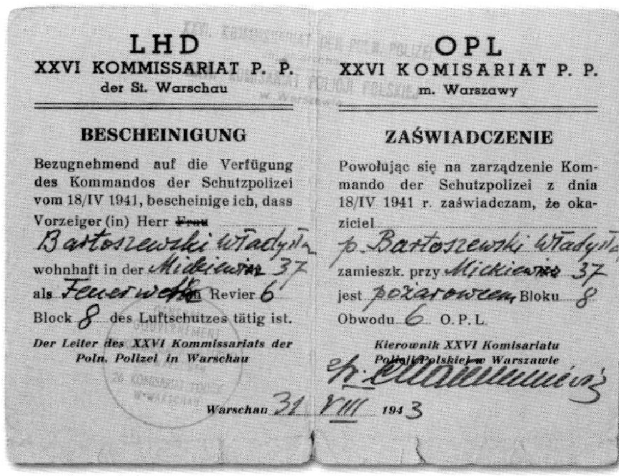
LHD

XXVI KOMMISSARIAT P. P.

der St. Warschau

BESCHEINIGUNG

Bezugnehmend auf die Verfügung des Kommandos der Schutzpolizei vom 18/IV 1941, bescheinige ich, dass Vorzeiger (in) Herr ~~Frau~~ Bartoszewski Władysław wohnhaft in der Mickiewicza 37 als Feuerwehr... Revier 6 Block 8 des Luftschutzes tätig ist.

Der Leiter des XXVI Kommissariats der Poln. Polizei in Warschau

Warschau 31 VIII 1943

OPL

XXVI KOMISARIAT P. P.

m. Warszawy

ZAŚWIADCZENIE

Powołując się na zarządzenie Kommando der Schutzpolizei z dnia 18/IV 1941 r. zaświadczam, że okaziciel p. Bartoszewski Władysław zamieszk. przy Mickiewicza 37 jest pożarowcem Bloku 8 Obwodu 6 O.P.L.

Kierownik XXVI Komisariatu Policji Polskiej w Warszawie

Bescheinigung der polnischen Polizei in Warschau aus dem Jahr 1941, die Władysław Bartoszewski als Mitglied des Feuerschutzes ausweist

Foto ZNiO

organisiert wurde all das, was die Menschen brauchten, wenn auch im bescheidenen Umfang. (1)

Władysław Bartoszewski:

Ich habe in Krakau die Befreiung erlebt, die Befreiung durch die Russen, am 18. Januar 1945. Ich war in der letzten Stunde gerettet worden.

Glücklich war ich aber nicht, als ich die Truppen in die Stadt einziehen sah. Bald wurden auch die zwei Stockwerke großen, riesigen Porträts der stalinistischen Führer aufgestellt, unserer neuen Befreier: vor den Tuchhallen, auf dem Marktplatz, dem ehemaligen Adolf-Hitler-Platz, vor der Marienkirche. Halbwilde Elemente streunten durch die Stadt, Randelemente, wie Kriminelle. Leute, denen man nachts ungern alleine begegnet. In der zweiten Februarhälfte 1945 ging ich nach Warschau zurück, lebte außerhalb der Stadt und hatte eine konspirative Wohnung im Stadtzentrum. Ich schlief auf dem Fußboden. Meine Wohnung war abgebrannt, zusammen mit ein paar tausend Büchern. Meine Familie war zerstreut. [...]

Was sollte ich tun? In der Stadt bleiben, oder nach Westen gehen? Ich war ziemlich kaputt. Mein Leben, so dachte ich damals, ist schon vorbei. Das Jahr 1945 bedeutete für mich noch mehr als die deutsche Besatzungszeit – einen psychologischen Wendepunkt. Die ganze Welt war praktisch mit uns und unserem Recht gewesen, und jetzt plötzlich stand die ganze Welt gegen uns. Gegen die Sache der Freiheit und Demokratie. [...]

Inzwischen war unter russischer Schutzherrschaft ein polnischer Sicherheitsdienst aufgebaut worden. 1945 sollte ein Anfang sein, aber wir machten uns keine Illusionen. (1)

■ Im Herbst 1945 begann Władysław Bartoszewski seine Tätigkeit in der Hauptkommission für die Erforschung deutscher Verbrechen in Polen.

Władysław Bartoszewski als Häftling im KZ Auschwitz, 1940 Foto ZNiO

Das Sicherheitsamt nahm ihn im November 1946 fest, bis April 1948 blieb er in Haft. Im Dezember 1949 wurde er abermals wegen seiner Aktivitäten im Untergrund verhaftet und wegen „Spionage" zu acht Jahren Gefängnis verurteilt. Seine Haftzeit endete im August 1954.

1955 wurde er rehabilitiert und konnte seine Tätigkeit als Historiker und Publizist aufnehmen. ■

Władysław Bartoszewski:

Als ich dann 16 Monate in Haft war, luden sie mich ein und sagten: „Was hätten Sie denn gemacht, Bartoszewski, wenn sich bei Ihnen jemand von London gemeldet hätte?" Und ich sagte: „Ich habe nicht die Absicht, zu konspirieren." Aber sie antworteten: „Hätten Sie sich gemeldet?" „Das ist nicht meine Rolle. Das ist die Aufgabe der Polizei." „Nun ja", sagten sie, „deswegen sitzen Sie. Denn wir sind nicht sicher. Sie sind potenziell ein Spion, und Sie werden deshalb hierbleiben." Ich sagte: „Na ja, wenn Sie so denken!"

Ich blieb also weiter da. In den letzten Monaten von November 1950 bis Mai 1951 war ich mit drei Personen in Haft: mit einem Paulinerpater, dem Abt von Tschenstochau; dem SS-Hauptsturmführer Erich Engels aus Arolsen, dem letzten Gestapochef in Kassel, vorher Sicherheitsoffizier in Warschau; und dann noch mit einem ehemaligen Mitarbeiter der Wirtschaftsabteilung der amerikanischen Botschaft, einem Polen. Er war ein ehemaliger AK-Soldat, Mitglied der Heimatarmee, der noch nicht angeklagt war. Ihm machte man zum Vorwurf, für die Amerikaner zu spionieren. Die Zellen waren Durchgangsstationen für viele. Wir waren nicht länger als vier bis sechs Monate zusammen. Der Gestapo-Offizier war schon zum Tode verurteilt. Er wurde 1951 erhängt, das erfuhr ich aber erst später. Sie schonten ihn noch, weil sie verschiedene Zeugenaussagen brauchten. Sie haben ihn auch falsch informiert und gesagt, er werde begnadigt. Er war ein überzeugter Nazi. [...]

Aufnahme von Władysław Bartoszewski aus der Haftzeit, 1946 Foto ZNiO

Er war ein hoffnungsloser Fall für mich. Er hat uns viel über Exekutionen von Polen erzählt. Er war bei der Gestapo in Warschau tätig, als ich in Auschwitz war. Er hatte kein Mitleid mit sich selbst, ein harter Mann, ehemaliger Kriminalbeamter und sehr früh bereits Mitglied der NSDAP. Wir haben zusammen gesessen, geschissen, geschlafen, geredet, wochenlang, mit dem Abt von Tschenstochau und dem Gestapo-Chef. (1)

■ Seit 1957 arbeitete Bartoszewski für die Wochenzeitung „Tygodnik Powszechny" und nahm an den Sitzungen des Klubs des Krummen Rades [Diskussionskreis junger Warschauer Intellektuellen in den Jahren 1954 bis 1957] teil. 1963 begann er seine Zusammenarbeit mit der polnischen Sektion des von München aus sendenden „Radio Freies Europa". 1966 wurde er mit der Medaille „Gerechter unter den Völkern" ausgezeichnet.

Wegen seiner Tätigkeit für „Radio Freies Europa" bereitete die volkspolnische Justiz 1970 sogar einen Prozess gegen ihn vor, der jedoch fallen gelassen wurde. Aufsätze des Historikers Bartoszewski durften jedoch fortan nicht mehr veröffentlicht werden.

Von 1972–1984 stand Bartoszewski an der Spitze des polnischen PEN-Clubs und von 1974–1975 leitete er in Warschau ein privates Seminar zur neuesten polnischen Geschichte. Seit 1973 war er als Dozent an der Katholischen Universität Lublin beschäftigt. ■

Dominikanerpater Maciej Zięba OP:

Mein Breslau hatte zum Glück eine kleine Enklave, den Klub der Katholischen Intelligenz [KIK], und eben hierher kam regelmäßig Władysław Bartoszewski, um über die Zweite Polnische Republik, den Polnischen Untergrundstaat, über Żegota [Der Hilfsrat für Juden], den Warschauer Aufstand oder die Auflösung der Opposition nach dem Krieg durch die Polnische Arbeiterpartei [PPR] und UB [Amt für Sicherheit] zu sprechen. [...]

Der Professor war für mich und meine Altersgenossen in der wichtigen Zeit des Erwachsenwerdens ein Zeichen der Hoffnung, dass man nicht unbedingt ein Opportunist sein musste, dass man auch in der

Władysław Bartoszewski während der Ferien, 1960er Jahre Foto OK

Volksrepublik Polen [PRL] ein erfülltes und glückliches Leben führen konnte. Aus diesem Grund war jeder seiner Besuche – und die gab es ziemlich oft – für mich ein wahres Fest.

Während eines seiner Besuche in der Bundesrepublik machte Władysław Bartoszewski dieses Foto von einer Studentendemonstration gegen die Politik der Vertriebenenverbände, Bonn, 14. Mai 1966 Foto ZNiO

Władysław Bartoszewski kam mit dem Nachtzug früh morgens an. Ich holte ihn vom Bahnhof ab. Hinter uns, im Halbschatten lauerten einige Sicherheitsbeamte. Noch bevor er aus dem Zug ausgestiegen war, begann Professor Bartoszewski zu reden und auf dem ganzen Weg zu unserem Freund, der das Frühstück vorbereitete, setzte er seine Erzählung fort, wobei er gelegentlich über die „traurigen" Herren witzelte, die uns begleiteten. Danach frühstückte er und, ohne mit dem Essen aufzuhören, redete unentwegt. Nur er kann das. Später gingen wir an die Uni, in die Bibliothek des Historischen Instituts, wo sich eine Gruppe von Historikern traf, und der Professor war unermüdlich am Reden. Zum Mittagessen waren wir beim Erzbischof, danach noch ein oder zwei Besuche – Władysław Bartoszewski hörte nicht mal für eine Sekunde auf, zu sprechen. Anschließend folgte der „Hauptgang" seines Aufenthaltes in Breslau – der Vortrag beim KIK.

Die Menschen, zusammengedrängt im Saal und in den Fluren, standen sogar draußen, sie hörten Professor Bartoszewski zu, wie er über die Zeitgeschichte Polens referierte, die er – mit wachsender Begeisterung – mit witzigen Anspielungen auf die Wirklichkeit in der PRL ausschmückte. Schallendes Gelächter, das ständig im Saal ausbrach, gefährdete die Gesundheit. In einem solchen Gedränge konnte es leicht passieren, dass man sich die Bauchmuskeln zerrte oder eine Rippenprellung holte. Nach dem Vortrag gingen wir immer zu mir nach Hause zum Abendessen, zu dem ich ein paar Leute einlud. Bis ein Uhr morgens erzählte Professor Bartoszewski pausenlos, um im Anschluss – frisch und munter – in den Nachtzug zu steigen. Auf diese Weise kam ich ungefähr vierteljährlich dazu, mir 18 bis 19 Stunden am Stück den ununterbrochenen Redefluss des Professors anzuhören. Dabei hörte man seinen Worten von morgens bis abends stets fasziniert zu. Höchstens störte einen dabei der vom Lachen schmerzende Bauch, weil Bartoszewski, auch im kleinen Kreis, immer wieder ausgezeichnete Witze erzählte. Nur die „traurigen" Herren blieben ernst, als sie uns zum Bahnhof begleiteten. (6)

■ Władysław Bartoszewski wurde zum Vorreiter der deutsch-polnischen Verständigung. Während vieler Reisen in den Westen knüpfte er Kontakte mit Vertretern der katholischen Kirche und Laienbewegung, unter anderen mit Pax Christi, der Aktion Sühnezeichen (zunächst eine evangelische Gründung) und dem Zentralkomitee der deutschen Katholiken. Anfang der 1970er Jahre organisierte er für genau diese Gruppen Auschwitz-Seminare.

Seit 1976 arbeitete er in Polen mit der intellektuellen Gruppierung PPN (Polnische Unabhängigkeitsbewegung) zusammen.

Bartoszewski gehörte am 22. Januar 1978 zu den Begründern der Gesellschaft für wissenschaftliche Kurse. Im Rahmen dieser unabhängigen Initiative, die wegen ihrer Aktivität in verschiedenen polnischen Städten „Fliegende Universität" genannt wurde, hielt Bartoszewski Vorträge zur Geschichte des Zweiten Weltkrieges und zu den polnisch-jüdischen Beziehungen.

Władysław Bartoszewski:

Als nach 1962 in Warschau die Handelsmission der Bundesrepublik Deutschland entstand, war ich neben Stefan Kiesielewski einer von wenigen Leuten, die nicht Ministeriumsvertreter, Diplomaten oder Journalisten waren, die gleichzeitig für den Sicherheitsdienst arbeiteten, sondern als normale, gewöhnliche Menschen dort verkehrten. Ich lernte weitere Missionschefs und Diplomaten kennen, und diese schlugen mir eine Reise in die BRD vor. Wir dachten uns die entsprechenden Dokumente, Schreiben, Einladungen aus. [...] So war ich im Frühjahr 1965 vier bis fünf Wochen in der BRD, in Köln, Hamburg, Ludwigsburg, München und Bonn. Durch diesen Besuch begann ich die deutsche Wirklichkeit teilweise mit neuen Augen zu sehen. Ich begegnete Leuten mit christdemokratischem Hintergrund, lernte durch Klaus von Bismarck bei ihm zu Hause auch eine ganze Reihe Amtsträger der evangelischen Kirche kennen, diskutierte mit Leuten vom Westdeutschen Rundfunk, traf mich mit Heinrich Böll und seinem Umfeld. Ich lernte also sehr unterschiedliche Menschen kennen, die aus der offiziellen Sicht des kommunistischen Polens gar nicht oder fast nicht existierten. In den polnischen Zeitungen konnte man im Allgemeinen nichts über sie erfahren. (5)

Władysław Bartoszewski:

Von der PPN [Polnische Unabhängigkeitsbewegung] erfuhr ich im Frühsommer 1976, zu der Zeit, als schon verschiedene Gruppierungen der demokratischen Opposition

Władysław Bartoszewski mit seiner Frau Zofia während der Buchmesse in Frankfurt am Main, 1986 Foto ZNiO

existierten. Mich erreichte ihr Manifest, das sich von den anderen oppositionellen Erklärungen dadurch unterschied, dass es sich die Unabhängigkeit Polens zum realen Ziel setzte, einen Versuch des programmatischen Denkens unternahm, das den vorläufigen, immerhin wichtigen Auseinandersetzungen, Interventionen und Protesten weit voraus war [...] Ich fragte einen Vertrauten nach der PPN, der seit Jahren in der Opposition aktiv war, nämlich Jan Józef Lipski, ob diese Bewegung keine Provokation sei. Lipski antwortete, er vermute, wer das Manifest geschrieben habe – es seien anständige Menschen, also könne keine Rede von einer Provokation sein. All das weckte meine journalistische Neugier. Wer machte so was? Es lohnte sich, so etwas zu wissen. Dennoch war auch Vorsicht geboten. (2)

Zdzisław Najder:

Die Frage der deutsch-polnischen Beziehungen hatte eine fundamentale Bedeutung für jegliche Programme für die Zukunft Polens. Die Existenz der DDR verriegelte Polen die Tür zum Westen, schloss nicht nur um uns herum einen von Moskau kontrollierten Ring, sondern trennte uns von der entstehenden europäischen Gemeinschaft. Jedoch nach der Theorie, die uns die Kommunisten aufdrängten und die von zahlreichen „nationalen" Kreisen in Polen und im Exil gebilligt wurde, garantierte gerade Deutschlands Teilung Sicherheit und Unantastbarkeit Polens. Das deutsche Schreckgespenst war das wirksamste Werkzeug, um die Volksrepublik Polen in Unterwürfigkeit zu halten. Daher waren unsere Überlegungen zu diesem Thema so wichtig, die uns bei der PPN zu einer einfachen These führten: Es gibt kein unabhängiges Polen ohne ein freies und vereinigtes Deutschland, und es gibt kein vereinigtes Deutschland ohne ein unabhängiges Polen. Jerzy Giedroyc [Herausgeber der polnischen Exilzeitschrift „Kultura"] stimmte dem gleich zu, aber der Gerechtigkeit wegen muss man hinzufügen, dass unsere These anfangs in Deutschland besser als in Polen aufgenommen wurde.

Der Hauptexperte in polnisch-jüdischen Fragen und ein wichtiger Berater bei den Texten zur deutsch-polnischen Problematik war Władysław Bartoszewski. Ehemaliger Häftling in den Gefängnissen beider Regime war er in den 1970er Jahren als Lehrer der sogenannten „fliegenden" Universität tätig. In seinem Fall musste man, wegen der Loyalität und der beidseitigen Sicherheit, besondere Vorsichtsmaßnahmen treffen. Manchmal trafen wir uns „zufällig" in der Straße Aleja na Skarpie, aber es war dort schwierig, sich diskret zu unterhalten oder sich etwas zu übergeben, so dass wir uns für gewöhnlich in meinem geschickt geparkten Wagen unterhielten. Bisweilen hatte ich Angst, dass die Fensterscheiben herausfliegen, als mein Gesprächspartner für ein Thema Feuer fing. Von ihm konnte man praktische Konspirationsregeln lernen, aber auch Gewissenhaftigkeit.

Treffen mit Władysław Bartoszewski wegen des PPN-Programms, Mai 1978 (3)

■ In der Zeit der Oppositionsbewegung „Solidarność" in den 1980er Jahren gehörte Władysław Bartoszewski zu den Mitbegründern des Komitees zum Schutz der Häftlinge aus politischer Überzeugung.

Nach Verhängung des Kriegszustands am 13. Dezember 1981 wurde er interniert, jedoch im April 1982 auf Druck der Weltöffentlichkeit wieder frei gelassen.

In den 1980er Jahren schrieb Bartoszewski für die Untergrund- und Emigrantenpresse. Er gab Publikationen zur neuesten Geschichte heraus, in denen er die Lügen der kommunistischen Propaganda beim Namen nannte. 1983 erhielt er den Herder-Preis und 1986 den Friedenspreis des Deutschen Buchhandels. Von 1983–1990 lehrte Bartoszewski an verschiedenen deutschen Universitäten. ■

Władysław Bartoszewski:

Die Generation, der ich angehöre, hat mit eigenen Augen die Mauern und Drahtverhaue gesehen, welche die Menschen trennten: die Mauern des Ghettos von Warschau und anderswo, die Mauer, die jahrelang quer durch Jerusalem lief, und die Mauer, die bis heute Berlin teilt. Es scheint das Wichtigste zu sein, all das zu unterstützen, was die Menschen verbindet, und sich all dem zu widersetzen, was die Menschen gegen ihren Willen trennt.

Kein Volk, kein Staat, keine Regierung und keine Partei besitzt ein Patent für Humanismus, Menschlichkeit und Edelmut, auch nicht für fehlerfreies Handeln. Aber es ist auch niemand in der heutigen Welt dazu verurteilt, für immer die Unterdrückung als Form der Machtausübung zu akzeptieren. [...]

Aber wenn ich meine eigenen Erfahrungen in der sogenannten Friedensarbeit analysiere, muss ich dennoch auf der Behauptung beharren, dass das Wichtigste nicht das ist, was Politiker bereit sind, zu erklären und zu unterschreiben – obwohl man es nicht unterschätzen soll –, sondern, was im Empfinden, im Gewissen, im Intellekt der Menschen verschiedener Völker vor sich geht, wieweit das stereotype Denken vom anderen, der Egoismus, ja sogar Egotismus, überwunden wird. Wieweit etwa das Verständnis reift, dass das Land auf beiden Seiten von Rhein, Elbe, Oder und Weichsel, in dem wir hier und jetzt leben, in den Generationen unserer Enkel und Urenkel weiterhin der Wohnort und der Ort des gemeinsamen – besseren oder schlechteren – Daseins von Menschen ist und sein wird, die lernen müssen, miteinander auszukommen. Und wenn dies in dem Verhältnis der Deutschen zu den Polen und Polen zu den Deutschen wegen der derzeitigen Teilung Deutschlands und Teilung Europas schwieriger sein mag als zwischen anderen europäischen Völkern, so ist dies doch eine der großen Aufgaben, denen unsere Generation verpflichtet ist: Nicht nur trotz der Erfahrungen des Zweiten Weltkrieges, sondern eben wegen dieser Erfahrungen, welche bewiesen haben, dass das Denken in extremistischen Kategorien, Kategorien der Überheblichkeit oder des einseitigen Übergewichtes nirgendwohin führt.

Dankesrede anlässlich der Verleihung des Friedenspreises des deutschen Buchhandels, Frankfurt a. M., 1986 (1)

Władysław Bartoszewski:

Meine persönliche Lebenserfahrung enthält schmerzliche Erlebnisse und reichhaltige Beobachtungen. Dazu gehören acht Jahre bitterer Praxis in Gefängnissen und Lagern der Nazis und Kommunisten. Bis heute sage ich manchmal selbstironisch, dass die Diktatoren mich schlichtweg nicht leiden konnten, was letztlich auf voller Gegenseitigkeit beruht.

Die Leiden der Menschen, deren hilfloser Zeuge ich häufig in den jungen Jahren meines Lebens gewesen bin, die Ausrottung der Elite meines Volkes und der in seinen Ausmaßen und Methoden beispiellose Massenmord an allen Juden regten dazu an, sich dem Bösen ohne Rücksicht auf die geringen Chancen zu widersetzen.

Władysław Bartoszewski während seiner Rede vor dem Bundestag am 28. April 1995 Foto ZNiO

Es ist mir vergönnt gewesen, an den Versuchen zur Rettung von mit dem grausamen Tode bedrohten Menschen teilzunehmen. Die Erfahrungen dieser wenigen furchtbaren Jahre, das Wissen um die Konzentrationslager, die Folterstätten und Gaskammern haben für mich ein für allemal die Entscheidung für meinen weiteren Lebensweg mit sich gebracht: gegen Hass, gegen Diskriminierung von Menschen, aus welchen Gründen auch immer – im Blick auf Rasse, Klasse, Nationalität oder Religion – wie auch gegen intellektuelle Gewalt, wozu die Lüge in der Geschichte gehört und der Mangel an Toleranz gegenüber Andersdenkenden.

Rede bei der außerordentlichen Sitzung von Bundestag und Bundesrat aus Anlass des 50. Jahrestages des Kriegsendes 1945, Bonn, 28. April 1995 (1)

■ Władysław Bartoszewski steht seit 1990 dem Internationalen Rat des Staatlichen Museums in Auschwitz-Birkenau vor. Nach den ersten freien Wahlen in Polen 1989 wurde er Botschafter, polnischer Außenminister und Senator. 1995 erhielt er die höchste polnische Auszeichnung, den „Orden des Weißen Adlers". Er wurde vielfach ausgezeichnet und ist Doktor honoris causa vieler Universitäten, Autor von mehr als 40 Büchern.

Im Jahr 2007 wurde er von Premierminister Donald Tusk zum Staatssekretär in die Kanzlei des Ministerrates berufen und erfüllt seitdem die Funktion des Bevollmächtigten der Regierung für den internationalen Dialog. ■

Władysław Bartoszewski:

März 1944 im besetzten Warschau. Die Deutschen haben fast alle Juden ermordet, die Christen leiden unter der Last des unaufhörlichen Terrors. Verhaftungen, Straßenexekutionen, Transporte in Konzentrationslager. Am frühen Morgen: Hämmern an der Tür. Zwei Polizisten der Schutzpolizei kommen in meine Wohnung. Ich bin ruhig, ich habe die richtigen Papiere und eine starke „Geschichte". In der Wohnung hält sich auch ein Kollege auf, der genauso gute Dokumente hat. Die Polizisten gehen langsam durch die Wohnung, schauen dabei in die Schränke und Schubladen. Einer von ihnen nähert sich dem Bücherregal, wo zwischen den anderen Büchern eine alte, wunderbar gebundene Ausgabe der Werke Heinrich Heines steht. Der Polizist fragt, ob ich Deutsch lesen kann. Ich antworte: „Ja"... mit einem Wort, das nicht zum weiteren Gespräch ermuntert. Der Polizist greift nach dem Buch von Heine und schaut sich gleichgültig den Namen des Autors auf dem Umschlag an: „Wer ist das?" Die Frage ist so verblüffend, dass sie in mir hämischen Trotz auslöst. Ich rezitiere also aus dem Gedächtnis: „Die Luft ist kühl und es dunkelt, und ruhig fließt der Rhein; der Gipfel des Berges funkelt, im Abendsonnenschein. [...]

„Ach so, es ist ein Volkslied", sagt der Polizist. „Sein Autor ist Heine", berichtige ich ihn. „Ich höre davon zum ersten Mal", antwortet der Polizist und man sieht, dass ihm der Name des Autors nichts sagt. Es reichten elf Jahre Nationalsozialismus, um die Erinnerung an Heine auszulöschen... Nebenbei bemerkt war meine Bibliothek während des Aufstandes den Flammen zum Opfer gefallen, was ich wirklich schade finde, denn es war eine schöne Sammlung.

Ein halbes Jahrhundert vergeht. Genau gesagt einundfünfzig Jahre. In Polen ist der Bundeskanzler Helmut Kohl zu einem offiziellen Besuch. Ich begleite ihn als Außenminister der Republik Polen auf seiner Reise nach Krakau und Auschwitz. Kohl hat für mich ein Geschenk: die gesammelten Werke Heinrich Heines, herausgegeben 1876 von Hoffmann und Campe. In dieser Zeitspanne ist wohl alles enthalten. (4)

Quellen:

(1) Władysław Bartoszewski, *Es lohnt sich, anständig zu sein*, Freiburg 1995.
(2) Władysław Bartoszewski/ Michał Komar, *Wywiad rzeka*, Warszawa 2006.
(3) Zdzisław Najder, *Program PP. Wypowiedzenie niepodległości*, in: Karta Nr. 39, 2003.
(4) Władysław Bartoszewski/ Michał Komar, *...mimo wszystko. Wywiadu rzeki księga druga*, Warszawa 2008.
(5) Basil Kerski/ Tomasz Kycia/ Robert Żurek, *„Wir vergeben und bitten um Vergebung". Der Briefwechsel der polnischen und deutschen Bischöfe von 1965 und seine Wirkung*, Osnabrück 2006.
(6) Vorwort von Maciej Zięba in: Władysław Bartoszewski, *Warto być przyzwoitym. Teksty osobiste i nieosobiste*, Poznań 2005.

Priester Jan Zieja (1897–1991)

Nur auf die Wahrheit werde ich zählen, und die Wahrheit ist dasselbe wie Gott. Wenn ich mich feierlich ausdrücke, sage ich: Gott, und in der Alltagssprache sage ich: die Wahrheit. Früher hieß es, nichts sei so kostbar wie die Wahrheit, und heute heißt es: Jede Lüge kann man als Wahrheit ausgeben. Die Wahrheit wird heutzutage schrecklich geschändet.

Predigt, März 1952

Jacek Moskwa:

Zieja bewohnt ein kleines Zimmer in einer Wohnung im dritten Stock. [...] Die Wohnung ist asketisch, ganz wie ihr Bewohner. An der Wand ein großes, altes Kruzifixus und das Muttergottesbild von Jasna Góra. Ein Tisch, der auch als Altar dient, ein paar Fotografien, darunter ein großes Bild von Prieser Jerzy Popiełuszko und eine Ansicht von Jerusalem. Zwei Bücherregale mit verschiedenen Bibelausgaben und Wörterbüchern – hebräisch, schwedisch, italienisch und einige andere Sprachen. Einige Bände von Dag Hammarskjöld. In der Ecke eine um die Stange gewickelte weiß-rote Fahne. Später habe ich erfahren, dass darauf gestickt ist: „Du sollst niemals einen Menschen töten." Zieja hat sie während der Papstreisen in Polen aus dem Fenster gehängt. [...]

Nur mit einer gewissen Scheu möchte ich einige Worte über die Person des Gastgebers sagen, weil ich weiß, dass sie banal klingen und nicht einmal ansatzweise den Eindruck wiederzugeben vermögen, den sie auf den Gesprächspartner ausübt. Hochgewachsen, asketisch und schmal, mit blauen Augen, den Gesichtszügen eines Adlers und dem weißen Bart erinnert er an einen Propheten des Alten Testaments oder einen jener orthodoxen Ältesten, wie sie Dostojewski und andere große russische Schriftsteller beschrieben haben. (1)

■ Jan Zieja kam 1897 in einer Bauernfamilie im Dorf Osse nahe Kielce zur Welt. 1915 wurde er in das Priesterseminar in Sandomierz aufgenommen und 1919 zum Kaplan

Jan Zieja, Zwischenkriegszeit
Foto AZSU

Jan Zieja mit seiner Mutter,
Osse, um 1931 Foto AZSU

geweiht. Im Mai 1920 meldete sich Zieja als Kriegsfreiwilliger zum Kampf gegen die Rote Armee. 1923–1925 war er der erste Kaplan in einer Blindeneinrichtung in Laski bei Warschau. 1932–1934 studierte er Judaistik und engagierte sich als Wegbereiter der Ökumene für den Kulturaustausch zwischen den Religionen.

Die ganze Zeit suchte er nach einem Platz, wo er im Einklang mit dem Evangelium leben könnte. Die Kirchenoberen fürchteten sich vor seinem Nonkonformismus; er verehrte den Heiligen Franziskus und Gandhi, er verließ das Kapuzinerkloster, weil die Mönche das Armutsgebot nicht einhielten. Nur eine kurze Zeit lang durfte er eine eigene Pfarrei leiten, was er bei der Arbeit eines Seelsorgers am wichtigsten fand.

Jan Zieja:

Das erste Buch, das ich als 11-jähriger Junge nach dem Umzug vom Dorf in die große Stadt für drei Kopeken, die ich von meiner Mutter hatte [...] kaufte, war das Johannes-Evangelium, dann andere biblische Bücher, die man ebenfalls für drei Kopeken bekam. Und seither liebe ich die Evangelien so sehr, dass alles, was ich später las oder erlebte, für mich immer in einer Beziehung zum Evangelium steht. Und das ist bis heute so geblieben: alles was geschieht, bezeugt und bestätigt das Evangelium und ruft nach dessen Realisierung. [...]

Ich wusste nicht, was es bedeutet, Priester zu sein. Der Präfekt in der Schule gab mir ein Buch unter dem Titel „Priesterideal" zu lesen. Es hat mir überhaupt nicht gefallen. Die Priesterberufung – das ist für mich das, was im Evangelium steht. [...]

Das Evangelium ist keine Geschichte, die man zu Ende bringen, abrunden und erschöpfend behandeln kann. Es lebt und entwickelt sich mit uns gemeinsam. Es ist ständig vor uns und wird bis zum Ende der Welt als großes lebendiges Ganzes da sein. [...]

Es war das Jahr 1920. Alle Studenten mussten zur Armee. Als Student im Priesterseminar meldete ich mich als Kaplan. Ich glaubte, dies sei die Fortsetzung des allgemeinen Krieges um die Freiheit für die Völker. [...] Mitte August trat ich in Siedlce den Wehrdienst an. Der Enthusiasmus, den ich von Adam Mickiewicz hatte, ließ umso mehr nach, je mehr Schlachtfelder ich sah. Ich sah, WAS der Krieg für uns bedeutet, die wir uns verteidigten – und für die, die uns überfallen hatten. Ich kam zu der

Überzeugung, dass das göttliche Gebot DU SOLLST NICHT TÖTEN bedeutet: NIEMALS und NIEMANDEN, und dass der Krieg gegen den Willen Gottes ist. [...]

Ich ging auf das Schlachtfeld. Ich sah die Verwundeten und Getöteten, Polen und Russen; ich sah, wie das alles geschah, wie ein Sieg im Kampf zustande kam. Da erlebte ich meine endgültige Bekehrung. [...] Am Grab von zwei gefallenen Soldaten unseres Regiments hatte ich eine Predigt zu halten. Ich sagte öffentlich, dass wir so viele Jahrhunderte im Geiste des Evangeliums gelebt haben, nun aber zu den Waffen greifen, weil man uns angegriffen hat, dass der polnische Soldat dies aber nur tun dürfe, um es nie wieder zu tun. Danach kam der Regimentskommandeur [...] zu mir und sagte: „Herr Kaplan, eigentlich müsste man Sie für diese Predigt einsperren. Dass eine Waffe nicht mehr gebraucht werden soll – das schwächt die Wehrkraft." Ich blieb aber bei meiner Haltung und betrachtete fortan den Krieg als etwas Unmoralisches, als etwas, das zum Christentum im Widerspruch steht. [...]

Jan Zieja auf einem Ausflug in den Bergen der Tatra, 1937 Foto OK

1932 schrieb ich mich für das Studium der Judaistik ein. [...] Meine Studienkollegen waren Juden – einige zig Männer und Frauen.

Jan Zieja während der Besatzungszeit mit Kriegswaisen und Kindern in Laski, Schützlingen des Hauptfürsorgerates, um 1940 Foto AZNL

[...] Mit einem habe ich mich besonders angefreundet. Ich war bei seinen Eltern zu Hause. In der Soutane, ich als Priester bei Juden zu Gast. Er hieß Gedali Elkes. Nach dem Ende des Studiums ging er nach Palästina und schrieb sich dort an der Universität ein. Wir, seine Kollegen aus dem Kurs von Professor Majer Bałaban, begleiteten ihn zum Bahnhof. Außer mir waren dort nur Juden. In einem bestimmten Moment bildeten die Jungen einen Kreis und begannen zu tanzen. Ich stand in meiner Soutane mittendrin. Sie sangen ein jüdisches Lied und ich zusammen mit ihnen. Auf dem benachbarten Bahnsteig hielt der

Jan Zieja als Seelsorger während des Warschauer Aufstandes
Foto PB Eugeniusz Ajewski/OK

Vorortzug, fertig zur Abfahrt. Ein Student sprang heraus, als er den tanzenden Priester sah. Er lief zu mir und sagte: „Herr Pfarrer, das sind Juden!" (1)

■ Zieja kämpfte 1939 im Verteidigungskrieg gegen Deutschland, wurde Kaplan im Verband für Bewaffneten Kampf, und nach Gründung der Heimatarmee Kaplan in deren Hauptkommando. Im Untergrund betätigte sich Zieja als Religionslehrer und arbeitete für den Hilfsrat für Juden „Żegota". 1943–45 diente er als Kaplan beim konspirativen Pfadfinderverband „Graue Reihen" und nahm im Regiment „Baszta" am Warschauer Aufstand teil. Er wurde verwundet, führte aber weiterhin die Seelsorge. ■

Władysław Bartoszewski:

[Im Jahre 1942] traf ich einen Menschen, der für mein weiteres Leben eine entscheidende Rolle gespielt hatte. Einen außergewöhnlichen Menschen. Priester Jan Zieja war damals in den Vierzigern. Er hatte ein schmales, asketisches Gesicht, eine zur Glatze neigende Stirn und den Blick eines Menschen, der zwar in unserer endlichen Welt anwesend ist, gleichzeitig aber in der Welt ewiger Werte lebt. Ich war zur Beichte bei ihm. Er machte mir bewusst, was ich theoretisch hätte allein wissen können – dass ich nämlich, weil ich [das KZ] überlebt habe und in Freiheit bin, mehr als andere über das Böse in der Welt weiß und deshalb meine Verpflichtung umso größer ist. „Gott wollte, dass du überlebst. Wozu denn, was meinst du? Nicht, damit du dich selbst bedauerst, sondern damit du ein Zeuge für die Wahrheit bist. Damit du im Wissen um das furchtbare Böse verstehst, dass es das Gute geben muss. Unter uns sind unglückliche, leidende Menschen. Wir müssen ihnen helfen!" Wie ich mich erinnere, fragte ich ihn ziemlich naiv im Beichtstuhl: „Pater, wer bin ich denn? Ich habe weder Geld noch Beziehungen noch Einfluss... Wie finde ich diese Menschen?" Er antwortete: „Sie werden von selbst kommen, nur nicht ausweichen darfst du ihnen. Mach die Augen auf. Schau dich um. Weißt du, was im Getto geschieht?" Im Getto starben damals Zehntausende an Hunger und Typhus. Ich antwortete, ich wisse es und habe sogar ein paar Kontakte. „Dann ist es gut", antwortete er. Das war bei den Grauen Ursulinen, bei denen Pfarrer Zieja bis zu seinem Tod wohnte. (2)

Jan Zieja:

Über den Aufstand im Warschauer Getto sagt man, dass die, die damals mit Waffen kämpften, einen würdigeren Tod wählten. Ich bezweifle das. [...] Ich glaube nicht, dass der Tod, wenn man vorher den Henker umbringt, würdevoller ist als der Tod eines Menschen, der wehrlos stirbt, so wie Janusz Korczak. [...]

Man hat mir von einer Schwester aus Laski erzählt – einer Jüdin, die während des ganzen Krieges für Hitler gebetet hat. [...]

Im Christentum soll man immer beten – für Hitler, für Stalin, für ihre heutigen Nachahmer kann man, ja muss man beten. Betet für die, die euch verfolgen – das ist das Gebot Christi [...]. Hitler war ein großer Verbrecher, man musste also für seine Umkehr beten. [...]

Ich sehe es nicht ein, dass die Polen – als Nation – verpflichtet waren, eine andere Nation zu retten, also die Juden vor den Deutschen. Polen war geschlagen, wehrlos und schwach. Wenn ich erfuhr, dass jüdische Menschen Hilfe brauchten, habe ich gerettet, wenn ich konnte. [...]

In der damaligen Zeit musste man vor allem Dokumente beschaffen für Juden, die ihren Namen ändern mussten. [...]

So hat man damals über Hilfe und Rettung gedacht – das Motiv war nicht die Überwindung des Antisemitismus, sondern die Rettung eines Menschen. Sein Leben ist bedroht, also muss man ihn retten. Da ging es um die Erfüllung eines göttlichen Gebotes, die Liebe zum Nächsten, der in Gefahr ist. (1)

Jan Zieja:

Wir, die Menschen dieser Welt, versuchen, aus Liebe und Güte das Böse zu bekämpfen, aber wir bekämpfen es so, wie irgendwelche wilden Urwaldbewohner – wo wir auch dem Bösen einen Schlag versetzen, wächst ein neues nach, sammelt sich und schleppt sich hinter uns her. Unser Kampf gegen das Böse erzeugt ein neues, das neue Böse erschafft wieder ein neues und es gibt kein Ende. Und uns kommt es immerzu vor, als ob man, um das Böse zu bekämpfen, UNBEDINGT Böses tun müsste, wenigstens noch das letzte Mal auf das Böse mit dem gleichen antworten, das Böse mit dem Bösen töten. [...] Wir können uns nicht zu Dir, Christus, mit reinen (ehrlichen), guten Taten bekennen, aber wir tragen diesen Wunsch in uns. [...] Wir leben mit dieser Hoffnung, dass es irgendwann – nicht jetzt, vielleicht nicht mehr durch uns – geschehen wird. Wir versuchen es nicht einmal.

Kindtaufe in dem von Jan Zieja gegründeten Haus für Mütter und Kinder;
in der Mitte Zieja, links von ihm die Leiterin des Hauses Aniela Urbanowicz und der katholische Schriftsteller Jerzy Zawieyski, Słupsk (Stolp) 1949 Foto OK

Irgendwann ... jemand anders, nach unserem Leben, das uns vergeudet erscheint. Und das, was wir Christentum nennen, ist kaum ein Ruf nach dem Christentum. [...]

Alles liegt vor uns – durch die Gnade Gottes, durch Arbeit, durch die Wahrheitsliebe.

Predigt während der Osterexerzitien
für den Hilfsdienst der AK-Hauptkommandantur,
Warschau 1944 (3)

Nach der Niederlage des Warschauer Aufstands ging Priester Jan Zieja nach Krakau und später, aus eigenem Antrieb, in das deutsche Arbeitslager Frombork (Frauenburg). Anschließend hielt er sich in Bydgoszcz (Bromerg) und Gdynia (Gdingen) auf, arbeitete als Zwangsarbeiter auf einem Gut in Martendorf, in der Nähe von Rügen. Überall wo er war, betreute er seelsorgerisch Gefangene und Zwangsarbeiter. Am 29. Mai 1945 kam er zusammen mit den polnischen Siedlern nach Słupsk (Stolp), wo er die St. Otto-Kirche übernahm. Im August desselben Jahres gründete er das Haus für Mütter und Kinder für allein erziehende Mütter, das für alle offen war, unabhängig von Nationalität und Konfession.

Jan Zieja:

Wir wissen, wie man jetzt auf dieser Erde und in Europa, auf der ganzen Welt die Abrechnung mit dem deutschen Volk betreibt. Alle sind sich dessen bewusst, dass das deutsche Volk schreckliche Verbrechen beging und dass es Buße tun, Sühne für seine Schandtaten leisten muss. Wir sind Zeugen dafür, in welch ein Unglück sich dieses Volk durch seine und seiner Anführer Sünden gestürzt hat. Wir sind uns absolut im Klaren darüber und hier, von der Kanzel, muss gesagt werden, dass wir bei der Abrechnung mit der Vergangenheit ein Anrecht auf diesen Boden haben – das kann am Altar gesagt werden. Wir haben das Recht, diesen Besitz sogar dann zu ergreifen, wenn er Eigentum der Deutschen war. Das (deutsche) Volk muss Genugtuung leisten, wir können das von ihm verlangen, wir dürfen aber in dieser Angelegenheit nicht die Grenze überschreiten, und diese Grenze ist die Tatsache, dass ein Deutscher ein Mensch ist! Und keiner – ob ein einfacher Zivilist, oder aber ein Beamter – darf die Menschenwürde des Deutschen verletzen! Das darf keiner! Da der deutsche Priester seine Landsleute nicht daran erinnerte, woran ich Euch erinnere, wurde er zum Mitschuldigen an den Verbrechen. Ich möchte diesen Dienst tun, zu dem mich Christus berufen hat, und Wahrheit verkünden, auch wenn das einem nicht gefällt und ich dafür leiden sollte – ich werde Euch erinnern. [...]

Wenn wir Deutsche sehen, die erschöpft herumirren, wie sollen wir uns verhalten? Verstehen: Sie tun Buße. Sie tragen schwer an ihrer Schuld und leiden furchtbar. Die Sühne vollzieht sich, so ist es, und ich muss zittern, um mich nicht schuldig zu machen, weil mich das Gleiche ereilt. [...] Ich muss Achtung vor jedem menschlichen Leiden haben, auch wenn das meinen Feind betrifft. Nicht darüber spotten. Ich habe einen Transport mit geschwächten, verschwitzten, vom Leiden gebeugten Gefangenen gesehen. Der Zug fährt vorbei, die Waggons sind offen, polnische Frauen fluchen, schimpfen, stoßen Drohungen aus. Was ist das? Was soll das heißen? So etwas darf man nicht machen, wenn man ein wahrer Mensch sein will...

Predigt, Słupsk, 12. August 1945 (3)

Jan Zieja:

Auf dieser Welt leben, arbeiten und sterben gute Menschen und Menschen, über die man sagt, sie seien schlecht. Gute und schlechte – durcheinander geraten. Zwischen Gut und Böse, und, menschlich gesehen, zwischen guten und schlechten Menschen tobt ein Kampf. Den Menschen geht es um den Sieg des Guten, der Gerechtigkeit. Also stürzen sie sich darauf, Unkraut auszureißen, mit dem Finger darauf zu zeigen. Und so reißen sie es aus – seit jeher bis heute...

Und auch Ihr, Brüder, Soldaten und Teilnehmer dieses Milizkurses, seid Vertreter dieser Menschenschar, die ihre Kräfte bündelt, um das Böse auszurotten. [...] Bei dem Ausreißen, dem Ausrotten des Bösen machen wir, Menschen, große Fehler, weil wir nicht erkennen können, was Unkraut und was Weizen ist. [...]

Was sollten wir auf dieser Welt tun, wo Gut und Böse so verworren sind? Es gibt einen unfehlbaren und sicheren Weg, das Böse zu mindern, einen sehr einfachen Weg: man muss Gutes tun. Einen besseren Rat gibt es nicht.

Predigt während der Messe für die Teilnehmer im Schulungszentrum der Bürgermiliz, Słupsk, 11. November 1946 (4)

In den 1940er Jahren brachte Zieja im ganzen Land eine lebendige caritative Arbeit auf den Weg, in der er jedoch von den staatlichen Behörden behindert wurde, so dass er sie wieder aufgeben musste. Als Vertrauter des im September 1953 verhafteten Oberhauptes der römisch-katholischen Kirche in Polen, Primas Stefan Wyszyński, musste Zieja 1954 für ein Jahr Warschau verlassen. 1956 wirkte er am Aufbau der Klubs der Katholischen Intelligenz mit. Ende der 1950er Jahre unterstützte er die aus sowjetischer Gefangenschaft nach Polen zurückkehrenden Landsleute. Eine schwere Krankheit hielt ihn von der Ausübung seiner priesterlichen Arbeit fern; später fiel ihm schwer, zurückzukommen.

Von 1963 bis zu seinem Tod 1991 lebte er im Ursulinenkloster in Warschau.

Am 17. September 1974 hielt er eine mutige Predigt in der Johanneskathedrale in Warschau zum 35. Jahrestag des Überfalls der UdSSR auf das mit Deutschen kämpfende Polen. Im Dezember 1975 unterzeichnete er den Protestbrief 59, eine Denkschrift, die Systemkritik enthielt und sich gegen Änderungen in der volkspolnischen Verfassung wandte, die noch mehr Loyalität gegenüber der Sowjetunion vorsahen. Im August 1976 setzte er seine Unterschrift unter den Protestbrief 13, deren Unterzeichner die Freilassung der Teilnehmer an den Arbeiterunruhen in Warschau-Ursus und Radom im Juni 1976 verlangten und unter den Protestbrief 14, der die Forderungen der Arbeiter bekräftigte. Am 23. September 1976 war Zieja Mitbegründer des

Jan Zieja und Zofia Romaszewska auf einer Versammlung des wieder gegründeten Vereins Patronat, der sich um Häftlinge und ihre Familien kümmerte, Warschau 1981 Foto IPA/OK

Komitees zur Verteidigung der Arbeiter KOR, das von der kommunistischen Staatsführung bedrängten Personen Hilfe leistete. ■

Jan Zieja:

Wir hoffen, dass sich einst bevollmächtigte Vertreter des polnischen und des russischen Volkes treffen werden. Und beide Völker werden sich in Anerkennung der Wahrheit ihrer Geschichte und ihrer Vergangenheit miteinander aussöhnen. Bis jetzt gab es so etwas noch nie. Es gab kein Zutagetreten der Wahrheit. Heute, an dem schmerzhaften 35. Jahrestag des Stoßes, den wir vom Osten bekamen, beten wir darum, dass der Tag der Versöhnung in Wahrheit, im Geiste der höchsten Liebe bald kommt.

Bevor es dazu kommt, müssen wir uns jetzt schon daran erinnern, dass dort im Osten, nördlich des Bugs, das litauische Volk lebt und arbeitet, das in Freiheit und Unabhängigkeit leben möchte und Recht darauf hat. Und direkt im Osten lebt und arbeitet das belarussische Volk, das das Recht hat, in Freiheit und Unabhängigkeit zu leben. Und im Süden lebt und arbeitet ein Volk, das wir früher Russen nannten, und das heute ukrainisches Volk heißt – und auch dieses Volk hat das Recht, in Freiheit und Unabhängigkeit zu leben.

Man muss es respektieren und sich daran erinnern.

Predigt zum 35. Jahrestag
des Überfalls der Sowjetunion auf Polen,
17. September 1974 (3)

Priester Jan Zieja während der Beerdigung von Henryk Kuroń, dem Vater von Jacek Kuroń, Warschau, August 1982 Foto Erazm Ciołek/FORUM

Zieja m Gespräch mit Jan Kielanowski und Adam Michnik während einer Beratung des KOR in der Wohnung Jacek Kurońs nach der Amnestie für politische Gefangene; oben Konrad Bieliński. Warschau, September 1986 Foto Erazm Ciołek/FORUM

Jerzy Turowicz:

Als in den 1970er Jahren das Komitee zur Verteidigung der Arbeiter entstand, zögerte Priester Jan Zieja nicht – obwohl er im Blick auf sein Alter und seinen Gesundheitszustand kein geistliches Amt mehr versah –, eines seiner ersten Mitglieder zu werden, ohne deshalb den Grundsatz zu verwerfen, sich als Priester nicht in die Politik einzumischen.

Alles, was Priester Zieja tat, war Dienst am Evangelium, also Dienst am Menschen und Hinführung dieses Menschen zu Gott. „Res sacra homo", so sagte er gern. Als Fundament des christlichen Lebens betrachtete er die Gemeinde, er wollte sie wandeln zu einer in

Liebe verbundenen Gemeinschaft, in eine apostolische und missionarische Gemeinschaft, um die Welt umzugestalten. Denn Zieja war etwas mehr als ein eifriger Priester und Organisator des christlichen Lebens. Er war vor allem ein Seelsorger als Beichtvater und als unvergleichlicher Prediger. Immer bereit, einem jeden Menschen zu dienen, ohne Rücksicht auf dessen Bekenntnis, Herkunft und Überzeugung. Er war ein charismatischer Mensch, ein Mensch des Gebetes und der Kontemplation. (1)

Jan Zieja:

Das KOR war ein Hilfskomitee – für verfolgte, geschlagene, verletzte und beleidigte Menschen. Zuwendung, Evangelium. Die Worte Christi: „... ich bin krank gewesen, und ihr habt mich besucht. Ich bin im Gefängnis gewesen, und ihr seid zu mir gekommen." Nichts anderes haben wir getan. Für mich war die Mitarbeit im KOR von Anfang an die Suche einer Verbindung mit den Menschen, die in diesem Punkt nach dem Evangelium leben und es in diesem Sinne verwirklichen. In anderen Punkten mochten sie verschiedene Ansichten haben, doch in dieser Frage standen sie auf der Seite der misshandelten Menschen, und später verteidigten sie überhaupt das Recht in Polen. [...]

Wir taten alles gemeinsam, obwohl wir politisch unterschiedlich dachten. [...] Bei unseren Treffen hatten wir das Gefühl, wirklich in Polen zu sein. Jeder konnte frei sagen, was er dachte; manchmal, wenn es um eine öffentliche Erklärung ging, dauerten die Diskussionen tagelang. Es gab Widerstand, bis wir das unterschrieben hatten, was alle gemeinsam wollten. Das sind Erinnerungen an ein Stück freies Polen. (1)

Jan Zieja:

Bei Begegnungen mit Menschen des politischen Lebens fühlte ich mich immer als Seelsorger. Ich begleitete sie und wartete, wandte mich mit dem Evangelium an die Kollegen aus dem KOR, aber auch an die Staatsanwälte. Es wurde verschieden aufgenommen. Zuweilen lachte man mich aus und nannte mich einen Utopisten. Vielleicht stimmt das. (1)

■ Priester Jan Zieja starb am 19. Oktober 1991 im Haus der Ursulinen-Schwestern in Warschau. ■

Priester Jan Zieja Foto Bartosz Pietrzak

Quellen:

(1) Jan Zieja, *Życie Ewangelią*, aufgeschrieben von Jacek Moskwa, Kraków 2010.
(2) Michał Komar, *Władysław Bartoszewski. Wywiad rzeka*, Warszawa 2006.
(3) Jan Zieja, Bd. I, *W ubóstwie i w miłości. Wybór kazań*, Bd. II, *W duchu i w prawdzie. Wybór kazań*, Warszawa 1997.
(4) Ryszard Bosakowski, *Ewangelia Jana Ziei*, in: Karta Nr. 56, 2008.

Tygodnik Powszechny

Wir waren bereit zu einem vernünftigen und ehrlichen Kompromiss. Aber ein Lob auf Stalin, auf sein Werk, auf seine Leistungen – das hätten wir einfach nicht über die Lippen gebracht.

Jerzy Turowicz

Redaktion von „Tygodnik Powszechny" vor der Schließung, Krakau, Juni 1953. Von links stehend: Józefa Golmont (Hennelowa), Mieczysława Regiec, Maria Turowicz, Jacek Woźniakowski, Józef Maria Święcicki. Sitzend: Zofia Starowieyska-Morstinowa, Jerzy Turowicz Foto ATP

Die erste Nummer von „Tygodnik Powszechny" (Allgemeine Wochenzeitung) erschien am 24. März 1945 in Krakau – noch vor dem Ende des Zweiten Weltkrieges –, inspiriert vom damaligen Krakauer Erzbischof Adam Stefan Sapieha. Die Redaktion übernahmen Vertreter des Personalismus, einer ebenso modernen wie elitären Strömung im polnischen Katholizismus vor dem Krieg, die an eine Schule in der katholischen Theologie Frankreichs, insbesondere an die Philosophie Jaques Maritains, anknüpfte.

Erster Chefredakteur war der Priester Jan Piwowarczyk. Seit 1951 leitete Jerzy Turowicz bis zu seinem Tode im Jahre 1999 die Zeitung. In der Redaktion arbeiteten Antoni Gołubiew, Hanna Malewska, Zofia Starowieyska-Morstinowa, Stanisław Stomma, Paweł Jasienica, Stefan Kisielewski, Józefa Hennelowa, Jan Józef Szczepański und der Priester Andrzej Bardecki. Neben „Tygodnik" gaben sie – auch in Krakau – die Zeitschrift „Znak" (Zeichen) heraus. Im Polen nach Jalta sah der Kreis um „Tygodnik Powszechny" keine Möglichkeit, sich direkt politisch zu engagieren, also konzentrierte er sich stattdessen auf Fragen der Kultur und die Verteidigung der kulturellen Identität angesichts der wachsenden stalinistischen Indoktrination.

Jerzy Turowicz:

Wir vertraten keine harte oppositionelle Haltung, wir sagten nicht, dass wir keinen Fingerbreit nachgeben, und sei es um den Preis, dass wir zerschlagen werden. Wir meinten, gewisse Konzessionen machen zu müssen – natürlich in den Grenzen des Anstands. Wir waren zu einem vernünftigen und ehrlichen Kompromiss bereit, auch wenn es schwierig war, a priori die Grenzen eines solchen Kompromisses festzulegen und den Punkt zu bestimmen, wo man „non possumus" sagen musste. [...]

Ich vermute, dass die Zeitung 1953 auch ohne Stalin liquidiert worden wäre, denn auch der Primas [Stefan Wyszyński] war damals interniert, und der ganzen Kirche wurde brutal klargemacht, wer das Sagen hat, aber wir hätten bestimmt noch ein halbes Jahr durchhalten können. [...]

Als nach Stalins Tod die gesamte Presse Lobhudeleien druckte und einzig „Tygodnik" das nicht täte, so würden wir ganz eindeutig unsere Position zu allem ausdrücken, was um uns herum geschah. Darüber hinaus war ein positiver Kommentar zu Stalin für uns aus grundsätzlichen Erwägungen nicht möglich. Wir wussten sehr gut Bescheid über seine Rolle nicht nur in Polen, sondern auch in der Sowjetunion, wir hatten den Terror nicht vergessen, die politischen Prozesse und die Lager. (1)

Józefa Hennelowa:

Im zweiten Jahr meines Polonistikstudiums kam ich zu „Tygodnik". Ich war die jüngste und bekam sämtliche Texte zu justieren, übermittelte sie an die Druckerei, und anschließend war ich mit Maria Turowicz, der Sekretärin, für die Korrektur zuständig. Auch die Kontrolle der Nummer gehörte zu unseren Aufgaben, das heißt die Anpassung des Umbruchs nach den Streichungen der Zensur. Die stalinistische Zensur war sehr formalistisch. Sie verlangte von uns bereits umgebrochene Spalten, sogenannte Korrekturabzüge. Einmal wöchentlich holte der Redaktionssekretär bei der Zensurbehörde die abgestempelten und unterschriebenen Abzüge ab. Die Eingriffe waren mit roter Tinte kenntlich gemacht und unterschrieben vom verantwortlichen Zensor.

Das größte Problem war indessen nicht das, was wir nicht schreiben durften, sondern was wir nach Meinung der Zensoren schreiben sollten. Man verlangte von uns

Jerzy Turowicz
Foto AJT

Józefa Hennelowa
Foto AJT

TYGODNIK P

KATOLICKIE PISMO S

Rok IX Kraków, niedzie

unter anderem, dass wir sämtliche Kampagnen gegen die Kirche und den Untergrund kommentierten. Das war für uns ein schreckliches Dilemma. Stundenlang saßen wir da und feilten an den Texten. Ununterbrochen diskutierten wir über die Frage, was wir kommentieren konnten und was nicht, wie wir schreiben mussten, um einerseits nicht zu lügen und andererseits nicht das Verbot der Zeitung zu riskieren.

Nach Stalins Tod verschärfte sich die Lage dramatisch. Jacek Woźniakowski, der damals Redaktionssekretär war, kam jedesmal von der Zensur zurück mit einer Ausgabe, in der von vorn bis hinten alles gestrichen war.

Gleichzeitig begannen Gespräche mit den Staatsorganen. [...]

Nach der vierten konfiszierten Nummer beschlossen wir, keinen weiteren Versuch zu machen. Wir gaben nichts mehr an die Druckerei, und bis zum Juni trafen wir uns nur noch in der Redaktion. [...]

Von diesem letzten Tag vor der Schließung der Redaktion weiß ich nur noch, dass zu einer bestimmten Stunde alles versiegelt werden sollte. Wir kamen etwas früher, um unsere letzten Sachen zu holen. [...] Als wir die Räume verließen, bemühten wir uns sehr, Haltung zu wahren und den Anschein zu vermitteln, als ob gar nichts passiert sei. (1)

Stanisław Stomma:

Angesichts der damaligen Totalisierung des Denkens und der Erziehungsmethoden, angesichts der Tatsache, dass alle Bereiche des gesellschaftlichen Lebens politisiert wurden, konnte für eine unabhängige Zeitung wie „Tygodnik Powszechny" kein Platz sein. Uns war klar, dass wir nur ein wenig Zeit gewinnen konnten. [...]

Wir waren absolut sicher, dass wir die Existenz des Blattes sichern müssen, solange die Kompromisse erträglich sind. Wir wussten aber auch, dass wir an einem bestimmten Punkt Nein sagen müssen. Jasienica meinte, wir gäben der Gesellschaft eine Sauerstoffflasche, damit sie im Mief der offiziellen Propaganda nicht erstickt. Betrieben wir also Etikettenschwindel und verabreichten statt des Sauerstoffs irgendein widerliches Gas, würde unser Arbeit ihren Sinn verlieren. [...]

Für uns war wichtig, dass der Kommunismus in Europa und in Polen auf einen anderen kulturellen Hintergrund traf als in Russland: vor allem auf den Katholizismus. Also entweder der Kommunismus achtet die europäischen Imponderabilien, was eine Zusammenarbeit möglich macht, oder er versucht, seinen Totalitätsanspruch durchzusetzen und den Katholizismus zu instrumentalisieren, was wir auf keinen Fall hinnehmen konnten. [...]

In einem bestimmten Augenblick waren wir die einzige Zeitung, die die damalige Wirklichkeit nicht akzeptierte. Der Staat wiederum beobachtete das, was unseren Lesern ganz klar war – dass wir uns notwendigerweise in die Verhältnisse fügten, wo wir es mussten, dass wir aber nicht taten, was der ganze Rest der Presse tat, nämlich das System zu glorifizieren. [...] Man warf uns also vor, bei uns herrsche ein anderer Ton als in der übrigen Presse. Es hieß, unsere Betrachtungsweise habe keinen Platz mehr, sie sei ein Symbol für die reaktionären Kräfte in Polen. Man forderte, wir sollten unsere Andersartigkeit aufgeben und uns in den einstimmigen Chor der Propaganda einfügen. Dem konnten wir nicht mehr zustimmen. (1)

Jacek Woźniakowski:

Es war die Zeit der Schauprozesse – des Prozesses von Bischof Kaczmarek, von Pfarrer Lelito, also der Vorgänge um die Krakauer Kurie, und vieler anderer. Der Staatsmacht ging es hauptsächlich um die Kompromittierung katholischer Gruppierungen. Eine der Formen sollte so aussehen, dass eine Zeitung, die großes Ansehen genießt wie „Tygodnik Powszechny", in den Chor derer einstimmt, die die Krakauer Kurie verurteilen und mit ihr Kardinal Sapieha, der damals nicht mehr lebte, aber im Grunde genommen bei diesem Prozess der Hauptangeklagte war, wenn auch inoffiziell.

Man kann sich heute schwer vorstellen, welche Art von Druck zu jener Zeit auf unseren Kreis ausgeübt wurde, auch wenn es vielen anderen noch schlechter ging, ganz zu schweigen von den Gefangenen. Dieser Druck ging von zahlreichen Gesprächen mit Staatsvertretern aus, zu denen wir vorgeladen wurden, aber indirekt auch von der Situation als solcher. Es gab einen Typus von Vorwürfen – zum Beispiel die Zusammenarbeit mit dem amerikanischen Geheimdienst – gegen den man sich nicht direkt verteidigen konnte. Man konnte nicht einfach sagen, dies sei eine Dummheit oder Unwahrheit, dann kam man ins Gefängnis. Verhaftet und verurteilt wurde man auf der Grundlage von völlig fiktiven Vorwürfen. Es bestand ständig die Gefahr einer völlig willkürlichen Verhaftung mit allen damit verbundenen, schlimmen Folgen, denn in den damaligen Prozessen gab es nicht den Schatten von Rechtsstaatlichkeit. Es war wirklich eine Periode des Terrors und der Allmacht des Staatssicherheitsdienstes. Wir standen mithin vor der Frage, wie wir unsere Arbeit retten konnten, ohne im Zuchthaus zu verschwinden. Unsere Stärke bestand allerdings darin, dass wir auch darauf vorbereitet waren. Folglich unternahmen wir eine Reihe von Schritten, die uns vor diesem Schicksal bewahren konnten. Doch andererseits wollten wir nichts unternehmen, was die Werte beschädigen könnte, an denen wir festhielten. [...]

Wir waren der Meinung, diese *Dark Ages*, diese finsteren Zeiten müssten wir nach dem Maß unserer Kräfte und Möglichkeiten durchstehen, ohne ein gewisses Vertrauenskapital zu verlieren und moralische Werte aufzugeben. Dies war gewissermaßen eine Conradische Haltung [Anspielung an „Lord Jim", den Helden eines Romans von Josef Conrad]. Wir waren immer der Meinung, dass am Ende des Tunnels ein winziges Licht zu erkennen ist, dass die Situation sich irgendwann bessert, und dass man in diese neuen Zeiten gewisse Werte unversehrt hineintragen muss. (1)

Władysław Bartoszewski:

Die schlimmsten Jahre der Stalin-Zeit erlebte ich im Gefängnis. Was draußen vorging, habe ich fast nicht gewusst. Als ich herauskam, erfuhr ich von den Menschen um „Tygodnik Powszechny". Sie waren die einzigen zwischen Elbe und Yang-Tse-Kiang, die die Zivilcourage hatten zu sagen:„Wir drucken keinen Nachruf auf Stalin!" Ich habe also nicht umsonst gelitten, sagte ich, nachdem ich aus dem Gefängnis entlassen worden war. Es gibt solche Leute in diesem Land. [...] Sie nahmen persönliche Opfer auf sich. Sie durften mehr als drei Jahre ihre Zeitung nicht herausgeben. Das sind so konkrete Menschen wie der Chefredakteur von „Tygodnik Powszechny", Jerzy Turowicz, die im richtigen Moment den Mut gefunden haben, Nein zu sagen. Gerade diese Gruppe unternahm nach Jahren die ersten Versuche in Polen, einen Ausweg aus der Hoffnungslosigkeit in den Beziehungen zwischen Deutschen und Polen zu finden. (2)

Stanisław Stomma:

Nach der Schließung fristeten wir ein kümmerliches Dasein und konnten nur mit Müh und Not für unseren Lebensunterhalt aufkommen. Uns verband jedoch eine sehr freundschaftliche und herzliche Beziehung. Meine Frau und ich erinnerten uns oft an diese Zeiten, als die schönsten Jahre unseres Lebens. Es gab keine Unruhe, keine mit politischer Tätigkeit verbundene Hektik. Es war eine enge Freundschaft einander vertrauter und sich absolut vertrauender Menschen. Mit Gołubiews waren wir fast eine Familie. Unsere Frauen verdienten Geld mit der Herstellung von Weihnachtsbaumschmuck, Gołubiew hat auch geholfen und sich wohl sogar Muster ausgedacht. Es war eine Zeit der Solidarität und Freundschaft. Wir waren unserer selbst sicher und hatten die Gewissheit, dass wir den richtigen Weg gewählt hatten, dass es richtig war zu schweigen. [...]

Wir gründeten den inoffiziellen Katholischen Diskussionsklub (Ka-Ka-Du), der sich im Salon von Zofia Starowieyska-Morstinowa versammelte. Dort begegneten sich Menschen, die bis vor kurzem die Redaktion der Zeitung und deren Kreis bildeten und sich nun privat trafen, um sich über alle möglichen Themen zu unterhalten. Karol Górski sagte uns damals: „Ihr habt jetzt Zeit, Euch auf die nächste Etappe vorzubereiten. Ihr habt jetzt keine gesellschaftlichen Verpflichtungen, also sollt ihr studieren, um bereit zu sein, wenn es soweit ist." (1)

Adam Michnik:

Die Menschen um „Tygodnik Powszechny" entschieden sich dafür, im öffentlichen Leben in der Sphäre von Kultur und Wissenschaft präsent zu sein und verzichteten bewusst auf politische Aktivitäten. Und dennoch hatte damals jeder Artikel über den Heiligen Stanisław oder den September 1939, über Touristik oder Archäologie eine politische Dimension. Dieses bedeutungsvolle Schweigen gab der Zeitung ein politisches Kolorit. Je heftiger die Angriffe auf die Kirche, umso stärker verengte sich das Themenfeld, das

Paweł Jasienica, Stanisław Stomma, Antoni Gołubiew, Zofia Starowieyska-Morstinowa, Krakau, 1948 Foto ATP

Stanisław Stomma, 1950er Jahre
Foto ATP

Von links: Paweł Jasienica, Jerzy Turowicz, Antoni Gołubiew auf dem Weg in die Redaktion von „Tygodnik Powszechny", vor 1953 Foto ATP

durch das Sieb des Zensors in die Zeitung durchsickern konnte. „Tygodnik" war ein Asyl für den Leser und ein Durchhalteappell. Es war der Versuch, in einer von Polizeiterror und ideologischem Wahnsinn beherrschten Welt fundamentale Werte, gesunden Menschenverstand und psychisches Gleichgewicht zu retten. (3)

Stanisław Stomma:

Ohne unser entschiedenes *non possumus* im Jahre 1953 wären wir drei Jahre später, als „Tygodnik" erneuert wurde, nicht nötig gewesen. (1)

Im Jahre 1956 wurde im Gefolge des poststalinistischen „Tauwetters" die Zeitung „Tygodnik Powszechny" der rechtmäßigen Redaktion zurückgegeben. Neue Leute traten in die Redaktion ein – Krzysztof Kozłowski, Marek Skwarnicki, Tadeusz Żychiewicz, Bronisław Mamoń. Mit der Zeit kamen dazu Anna Morawska, Władysław Bartoszewski, Mieczysław Pszon und Prof. Józef Tischner. Zusammen mit der Zeitschrift „Znak", der Warschauer Zeitschrift „Więź" und den ebenfalls neu entstandenen „Klubs der katholischen Intelligenz" bildeten sie eine Art Konföderation, genannt „Znak"-Bewegung. Sie entsandte, angesichts der veränderten Situation, ihre Vertreter in den Sejm und nahm damit symbolisch am offiziellen politischen Leben teil.

In den 1960er Jahren engagierte sich der Kreis um die „Znak"-Bewegung, darunter auch „Tygodnik Powszechny" für Fragen der Erneuerung der Kirche und die Popularisierung der Ideen des Zweiten Vatikanischen Konzils. Nach dem Kardinal Karol Wojtyła – Krakauer Metropolit und Mitarbeiter der Zeitung seit den 1940er Jahren – zum Papst gewählt wurde, berichtete „Tygodnik" umfassend über alle Ereignisse, die mit seinem Pontifikat verbunden waren.

Die Wahl von Johannes Paul II. und seine erste Pilgerfahrt nach Polen 1979 beschleunigten den Niedergang der kommunistischen Macht. Der Kreis um die „Znak"-Bewegung spielte eine bedeutende Rolle in der Ära der „Solidarność", mehrere Vertreter der Bewegung gehörten 1980 zu ihrem Beraterkreis.

Nach der Verhängung des Kriegszustands im Dezember 1981 musste „Tygodnik Powszechny" sein Erscheinen einstellen. Nach der Wiederzulassung im Mai 1982 wurde er ein legales Sprachrohr der in den Untergrund

Von links: Jerzy Turowicz, Elwira Stommowa, Stanisław Stomma, Krakau 1956 Foto ATP

abgedrängten demokratischen Opposition und gab Menschen verschiedener Orientierungen und politischer Richtungen Asyl.

1989 traten mehrere Mitglieder der Redaktion in die erste nichtkommunistische Regierung unter der Führung von Premierminister Tadeusz Mazowiecki ein, der ebenfalls aus der „Znak"-Bewegung kam.

„Tygodnik Powszechny" setzte sich seit den 1960er Jahren für die deutsch-polnische Aussöhnung ein. Mieczysław Pszon, einer der Redakteure von „Tygodnik" und als Bevollmächtigter des Premiers einer der Architekten der Normalisierung der staatlichen Beziehungen zwischen Polen und Deutschland, schlug Kreisau als Ort für die Versöhnungsmesse vor, an der im November 1989 Helmut Kohl und Tadeusz Mazowiecki teilnahmen.

„Tygodnik" unterstützte auch die Idee des polnisch-jüdischen Dialogs und der Abrechnung mit dem polnischen Antisemitismus. Die entscheidende Bedeutung hatte dabei der Artikel von Jan Błonski „Arme Polen blicken auf das Ghetto".

Heute tritt „Tygodnik" für ein offenes Christentum in einer freien Gesellschaft und für kulturelle Pluralität auf der Basis gemeinsamer Werte ein. ■

Quellen:

(1) Jacek Żakowski, *Anatomia smaku, czyli rozmowy o losach zespołu „Tygodnika Powszechnego" w latach 1953–1956*, Warszawa 1985.
(2) Władysław Bartoszewski, *Es lohnt sich, anständig zu sein*, Freiburg 1995.
(3) Adam Michnik, *Szanse polskiej demokracji*, London 1984.

Jan Józef Lipski (1926–1991)

Das Vaterland existiert nur, wenn es auch ein fremdes Land gibt; es gibt keine „eigenen" Landsleute, wenn es keine „Fremden" gibt. Von dem Verhältnis zu den „Fremden" mehr als zu den „eigenen" Landsleuten hängt die Gestalt des Patriotismus ab.

Zwei Vaterländer – zwei Patriotismen, 1980

Foto Bartosz Pietrzak

Władysław Bartoszewski:

Ich hatte zu ihm uneingeschränktes Vertrauen. [...] Wir stammten zwar beide aus dem Milieu der Warschauer Intelligenz, gehörten derselben Generation an und nahmen an einigen der wichtigsten Ereignisse unserer Stadt und unseres Landes teil. Dennoch lernte ich ihn erst 1958 oder 1959 kennen. [...] Das erste Gespräch gehört zu jenen Fällen, in denen beide Partner stillschweigend wissen, dass sie in Fragen von grundsätzlichem Gewicht eine Menge verbindet. [...] Unsere Begegnungen in diesen Jahren, der ehrliche Meinungsaustausch, die weitgehende Übereinstimmung in der Bewertung von Tatsachen und Personen waren der Beginn unserer dreißigjährigen Freundschaft. [...]

Ein Element im Lebenslauf unserer frühen Jugend hat uns besonders verbunden – die Zugehörigkeit zur AK (Heimatarmee) und die Teilnahme am Warschauer Aufstand. (1)

Adam Michnik:

Für uns Zwanzigjährige war er eine Autorität und ein Freund. Vor dem März 1968 waren wir alle ein wenig wie obdachlose Kinder, die auf der Suche nach einer Sprache sind, in der sie ihr Aufbegehren und ihre Identität für die oppositionelle Haltung artikulieren können. Wir wollten nicht mehr in der Sprache des marxistischen Revisionismus reden, und eine Sprache der demokratischen Opposition kannten wir nicht. Jan Józef war in dieser Hinsicht unschätzbar – er entwickelte die Sprache des bürgerlichen Ungehorsams, verbunden mit Verantwortungsbewusstsein.

Jan Józef war kein Radikaler. Revolutionen billigte und förderte er nicht. Oft kam er auf den Warschauer Aufstand zu sprechen. Er war für ihn ein hoffnungsloser Kampf im Namen des Unabänderlichen, der tausende Opfer verschlang und die Zerstörung Warschaus mit sich brachte. Deshalb fürchtete er jede politische Strategie, die eine Ereigniskette mit ähnlichen Konsequenzen auslösen könnte.

Seine oppositionelle Praxis berief sich immer auf das, was konkret und greifbar ist, dabei aber Mut und Entschlossenheit abverlangt. Seine Theorie der Opposition war eine beharrliche Anstrengung, die Tradition der polnischen Demokratie in die Epoche der kommunistischen Diktatur zu transponieren. [...]

Der Antisemitismus war für ihn die Sprache, in der sich der totalitäre Geist mit all dem verbindet, was im polnischen Erbe dumm und schändlich ist. Lipskis Patriotismus schloss diese geistigen Pathologien aus der polnischen Tradition aus, aber er verbannte sie nicht aus der polnischen Erinnerung. [...] Er hing dem Ideal eines offenen, toleranten und multikulturellen Polen an, das seinen Nachbarn und nationalen Minderheiten wohlwollend begegnet, bereichert durch den Kontakt mit Erfahrungen anderer. (1)

Jan Józef Lipski, Wyszogród, August 1954
Foto ARL

Jan Józef Lipski:

Das Vaterland existiert nur, wenn es auch ein fremdes Land gibt; es gibt keine „eigenen" Landsleute, wenn es keine „Fremden" gibt. Von dem Verhältnis zu den „Fremden" mehr als zu den „eigenen" Landsleuten hängt die Gestalt des Patriotismus ab. Es steckt immer etwas Paradoxes darin, dass die Liebe zum eigenen Land und zum eigenen Volk erst durch das Verhältnis zu anderen Ländern und anderen Völkern bestimmt wird, doch ist dieses Paradoxon für jede gedankliche und gefühlsmäßige Unterscheidung charakteristisch.

Wer ist das „eigene Volk", und wer sind „die Fremden"? Worin unterscheidet sich „mein" Land von einem, das nicht „mein" ist? Meine Nation – von einer, die nicht die meinige ist?

Es handelt sich bei diesen Fragen nicht um irgendwelche deskriptiven Inhalte dergestalt: dass wir Polnisch, „sie" aber eine andere Sprache sprechen, dass wir in einer anderen kulturellen Struktur leben als „sie" [...], sondern vielmehr um Werte und Urteile. Halten wir uns für besser als andere, oder aber nur für anders; meinen wir, dass in diesem Anderssein ein besonderer Wert (welcher?) enthalten sei; glauben wir, dass uns aus irgendeinem Grund besondere Rechte und Privilegien zustünden – oder auch Pflichten erwachsen würden? Je nach der Antwort auf diese Fragen vertreten wir unterschiedliche Auffassungen von Patriotismus. In extremen Fällen gehören wir eben zu verschiedenen Vaterländern – wenn sich zum Begriff „Va-

Jan Józef Lipski mit seiner Frau Maria, Warschau, Konopczyńskistraße Foto ARL

terland" vor allem geistige Güter und Werte zusammenfügen und nicht die bloße Tatsache einer gerade solchen und keiner anderen ethnischen Zugehörigkeit.

Die Welt der Werte, von der aus das Problem des Vaterlandes zu betrachten ist, das ist vor allem, wenngleich nicht ausschließlich, die Welt der moralischen Werte. Wir gehören jenem Kulturkreis an, dessen ethische Begriffe im Wesentlichen vom Christentum geprägt wurden. Ob gläubig oder ungläubig – wir wurden geformt vom Gebot der Nächstenliebe, diesem grundlegenden moralischen Wegweiser unserer Kultur. Mit dieser Feststellung möchte ich keineswegs das moralische Gedankengut anderer Religionen und Weltanschauungen herabgesetzt wissen. Der Judaismus, aus dem das Christentum hervorgegangen ist, der Islam, der Buddhismus, der Hinduismus, die laizistischste von allen, die ethische Kultur des Konfuzianismus haben achtungsgebietende Errungenschaften im Bereich der Ethik aufzuweisen. Auch die Denker unseres Kulturkreises, die eine areligiöse, laizistische Strömung repräsentieren, haben unsere ethische Reflexion und unser Bewusstsein bereichert. Nichtsdestoweniger sind wir in erster Linie vom Christentum erzogen worden, und die grundlegenden Ideen dieser Ethik wollen wir uns erhalten.

Meiner Auffassung nach sind Chauvinismus, nationaler Größenwahn, Xenophobie – also Hass gegen alles Fremde, nationaler Egoismus – mit dem christlichen Gebot der Nächstenliebe unvereinbar. Der Patriotismus hingegen verträgt sich mit diesem Gebot. So wie die besondere Liebe zur eigenen Familie kein Hindernis für die Nächstenliebe sein muss und sein sollte, so muss die besondere Liebe zu den Angehörigen derselben nationalen Gemeinschaft dieser obersten moralischen Norm untergeordnet sein. Patriotismus entspringt der Liebe und muss zur Liebe führen; jede andere Form des Patriotismus stellt eine ethische Deformation dar.
1980 (2)

Adam Michnik:

Er hatte einen Komplex der Niederlage: als Soldat des Warschauer Aufstands, als Sozialist einer Epoche, in der diese Idee durch den Kommunismus entwertet wurde, als Anarchosyndikalist in der Zeit des freien Marktes und der Privatisierung. [...] Als ich ihn kennenlernte, existierte noch das relative „Tauwetter" nach dem Oktober (1956) und „unsere kleine Stabilisierung". Opposition galt damals als sinnlose Donquichotterie. Aber Jan Józef versuchte, ein Oppositioneller zu sein, er inspirierte Protestaktionen und Bürgerinitiativen, organisierte Hilfe für Verfolgte und brachte Menschen zusammen, in denen über Politik und Kultur frei und offen gesprochen wurde. [...] Ihm verdanken wir die Bekanntschaft mit Menschen anderer Generationen, Milieus und ideologischen Kreise. (1)

■ Jan Józef Lipski wurde 1926 in Warschau geboren. Während der deutschen Besatzung gehörte er dem konspirativen Pfadfinderverband „Szare Szeregi" (Graue Reihen) an und nahm am Warschauer Aufstand teil. 1953 beendete er sein Polonistikstudium und arbeitete als Literaturwissenschaftler in einem Verlag.

Anfang 1956 trat er dem „Klub des Krummen Rades" bei, avancierte zum Vorsitzenden dieser Vereinigung und wurde Redakteur der

Wochenzeitung „Po prostu" (Ganz Einfach), einer Zeitschrift der jungen Intelligenz, die für einen grundlegenden Umbau des „fehlerhaften und verzerrten" Systems eintrat.

Nach der Auflösung des „Klubs des Krummen Rads" im Jahre 1962 versuchte er, die Verbindungen zwischen seinen Mitgliedern aufrecht zu erhalten. Trotz ihrer manchmal konträren politischen Ansichten – im „Klub" trafen sich Sozialisten, frühere AK-Soldaten und katholische Intellektuelle – einte sie alle ihre kritische Haltung gegenüber der kommunistischen Partei.

Neben dem Schriftsteller und Dichter Antoni Słonimski lieferte Lipski die meisten Vorschläge für den hauptsächlich von Künstlern entworfenen „Protestbrief 34", der Kritik an der Regierungspolitik enthielt und der Premierminister Cyrankiewicz 1964 übergeben wurde. Die Regierung reagierte mit einem Druckverbot der Texte Lipskis. In den 1960er Jahren richtete Lipski einen Hilfsfonds für Familien von Inhaftierten und Unterdrückten aus politischen Gründen ein. Er ermunterte prominente Personen, als Beobachter an politischen Prozessen teilzunehmen und verschaffte den Häftlingen Rechtsbeistand, der nicht ideologisch manipuliert war.

Im März 1968 unterzeichnete er einen Brief zur Verteidigung von Studenten, die von der Universität verwiesen wurden, nachdem sie gegen die Absetzung von Mickiewicz' Theaterstück *Dziady* (Die Ahnenfeier) vom Spielplan demonstriert hatten. In den folgenden Jahren näherte sich Lipski dem Kreis um den Klub der Katholischen Intelligenz [KIK]. In seiner Wohnung fanden Treffen der „Fliegenden Universität" statt. Er gehörte zu den Initiatoren des „Protestbriefes 59" gegen die Verfassungsänderungen, die der Sowjetunion ihre Vormachtstellung im Ostblock zuerkennen sollten.

Er startete die ersten Hilfsaktionen für die unterdrückten Teilnehmer der Streiks vom Juni 1976 und wurde in demselben Jahr Gründungsmitglied des Komitees zur Verteidigung der Arbeiter KOR. Lipski bemühte sich um eine Zusammenführung der weltanschaulich sehr uneinheitlichen demokratischen Opposition. ■

Jacek Kuroń:

Bei jeder Art von Hilfeleistung war Jan Józef Lipski der Aktivste. In begrenztem Rahmen und sehr diskret hatte er das schon in der Stalin-Zeit im sogenannten Pickwicker-Club betrieben, dann im „Klub des Krummen Rades" und nach dessen Auflösung, indem er Geld sammelte und es an Leute verteilte, die wegen ihrer Ansichten verfolgt wurden. [...] Jan Józef bereitete es immer Kopfschmerzen, dass wir nicht an alle Bedürftigen herankämen, nicht wüssten, wem noch geholfen werden müsste, und öffentlich bekanntgeben konnten wir das damals ja nicht. Dabei muss man sich vorstellen, was für eine heikle Sache das ist – Geld. Irgendwo muss man es aufbewahren, natürlich nicht zu Hause, man muss zu Leuten gehen, herumfragen, nachprüfen, ob sie genug bekommen haben, ob sie wirklich etwas brauchen. Später, in der Zeit von KOR, war ein ganzer Apparat mit diesen Dingen befasst. Davor waren die Aufgaben natürlich kleiner, aber in erster Linie erledigte sie Jan Józef. [...] In Kälte und Matschwetter tippelte dieser kranke Mann, der eine Kopfverletzung aus dem Aufstand und einen angeborenen Herzfehler hat, mit seinem Brotbeutel von einem ans andere Ende der Stadt und organisierte Hilfe und Unterstützung. (3)

Władysław Bartoszewski:

In der zweiten Häfte der 1970er Jahre verband uns das Schicksal auf eine eigenartige Weise, als entschieden wurde, dass meine Vorlesungen im Rahmen der „Fliegenden Universität" der Gesellschaft für wissenschaftliche Kurse in Lipskis Wohnung in der Konopczyńskistraße stattfinden sollten. Und so geschah es im akademischen Jahr 1978/1979. Die geräumige Wohnung war immer voll mit zig jungen Leuten. [...] Vor dem Haus, das immer stärker zu einer Anlaufadresse für In- und Ausländer wurde, standen die Funkwagen der Miliz. [...]

Janek, dessen zunehmende Sorge um Sicherheit und Gesundheit viele in den 1970er Jahren miterlebten, war damals einer der wichtigsten Menschen in Polen. Er akzeptierte das mit besorgter Bescheidenheit, sichtlich umgetrieben nur von einem einzigen, für ihn charakteristischen, mehr sozialen als politischen Gedanken – was kann man konkret für die Menschen tun, ihre psychisch-moralische Kondition, ihre Bildung, ihr Selbstvertrauen in die eigenen Fähigkeiten. (1)

Anka Kowalska:

Kurz nach dem Einmarsch der Sowjetunion in Afghanistan hatten wir unsere monatliche Vollversammlung in der Wohnung von

Empfang in der Wohnung von Elżbieta und Paweł Bąkowski aus Anlass der 100. Veröffentlichung im Unabhängigen Verlag NOWa, in der Mitte Jan Józef Lipski und Jan Lityński, Warschau, Oktober 1980
Foto Tomasz Abramowicz/OK.

Versammlung der Mitglieder des KSS „KOR" in der Wohnung von Jacek Kuroń, Warschau, Januar 1980. Von links: Jan Józef Lipski, Adam Michnik, Stefan Starczewski, Marek Beylin, Rafał Zakrzewski; unten rechts: Sergiusz Kowalski Foto Tomasz Michalak/OK

Professor Lipiński. Empört und vom Gewissen getrieben, mit der Zeit daran gewöhnt, dass sich das KOR zu jeder öffentlichen Angelegenheit äußert, waren wir, jung und alt, schon bereit, schriftlich unseren entschiedenen Protest zu noch einem Überfall des sowjetischen Imperiums auf noch ein weiteres Land zu formulieren.

Nicht nur ich hatte Angst [...] vor diesem Angriff einer verzweifelten Maus auf den Bären. Doch niemand von uns hatte soviel Mut und Besonnenheit wie Jan Józef, der mitten in unsere heilige Empörung hinein sagte, er würde sich fürchten, sich mit bloßen Händen mit der Sowjetunion anzulegen. Die Stellungnahmen des KOR würden von der Gesellschaft gewissermaßen als Muster für die eigene Haltung verstanden. Aber wozu würden wir die polnische Gesellschaft in dieser Sache mobilisieren wollen? Sollen die Leute auf die Sowjetbotschaft Steine schmeißen? Wir haben eine unabhängige Untergrundpresse, dort könne jeder schreiben, was er will.

Und zum ersten Mal, seit wir begonnen hatten, die Mauern der Volksrepublik einzureißen, sprach er von seinen Kindern... (1)

Adam Michnik:

Ich werde nie den Tag vergessen, als ich im Gefängnis auf den KOR-Prozess wartete und in der Zeitung die Nachricht von Janeks [Jan Józef] Verhaftung las. Schwer herzkrank, war er vor ein paar Monaten nach London zur Behandlung gefahren und hatte dort sein Buch „KOR" geschrieben. Als der Prozess angesetzt wurde, kehrte er zurück, nur um ins Gefängnis zu kommen. Er wusste, dass ihn dies das Leben kosten kann. Aber er wusste auch, dass er mit dieser Geste seinem Leben, wie auch jedem von uns, einen zusätzlichen Sinn und den anderen Hoffnung und Kraft gibt. Am Vortag seiner Abreise nach Polen schrieb er das Post scriptum zu seinem Buch „KOR". (1)

Jan Józef Lipski:

Morgen reist der Autor dieses Buches von London nach Warschau zurück. Die Junta von Genaral Jaruzelski kündigte den KOR-Prozess an, und ich möchte die Ehre haben, auf der Anklagebank Platz zu nehmen zusammen mit meinen Freunden, mit denen ich einige Jahre für ein besseres Polen gekämpft habe. Ich möchte dabei sein bei diesem letzten Kapitel der Geschichte des KOR, so wie ich von Anfang an bei sämtlichen Aktivitäten beteiligt war. [...]

Worum ging es uns? Anfangs einfach darum, die geprügelten, verhafteten und aus ihren Arbeitsstellen entlassenen Arbeiter nicht allein zu lassen, ihnen und ihren Familien zu helfen, die schwerste Zeit zu überstehen, als der Machtapparat gegen sie wütete. Später erweiterten wir unsere Ziele, die sich am Ende unseres Weges auf zwei konzentrierten – Unabhängigkeit und Demokratie. Und wir versuchten, niemandem Illusionen zu machen, diese Ziele seien leicht erreichbar. Daher beschränkten wir uns in der täglichen Arbeit auf näherliegende Aufgaben, wobei wir vor allem schwer an ihrer Umsetzung arbeiteten. Wir wollten nicht einfach schöne Sprüche über das Vaterland deklamieren, was uns von einigen übel genommen wurde. [...] Im Alltag befassten wir uns mit etwas anderem: Da ist jemand geschlagen worden, dort jemand aus der Arbeit entlassen, es gab keine Medikamente, wieder einmal hatte die Zensur Gedichte eines Autors beschlagnahmt, die Bergarbeiter mussten über ihre Kräfte schuften, einem Bauern wurde sein Land weggenommen, irgendwo wurde eine Kapelle zerstört, in der die Menschen beten wollten, und so weiter und so fort, Tag für Tag, bis wir manchmal nicht mehr konnten. Wir kämpften gegen die Brutalitäten der Miliz, die – scheinbare, weil im eigenen Interesse gut getarnte – Dummheit der Regierenden, gegen die Lüge in der Schule, in der Presse, im Fernsehen. Und schließlich kämpften wir mit der Trägheit und der Angst unserer Mitbürger. Wir gaben Bücher der wichtigsten polnischen Schriftsteller des 20. Jahrhunderts und von Debütanten heraus [...]. Wir organisierten unabhängigen Unterricht für Studenten, bereiteten Arbeiter auf ihre kommende Rolle als Gewerkschaftsvertreter und vollberechtigte Staatsbürger vor. Und das alles war nur ein Tropfen auf den heißen Stein des eigentlich Notwendigen, wenn auch über die Kräfte derer, die es taten.

Daher der Hass. Es kam vor, dass er uns auch dort traf, wo wir es nicht erwartet hatten. Das war das schwerste. Aber wir hatten auch die Augenblicke der Freude, ja sogar des Triumphes. Die wichtigsten waren die Entlassung der letzten 1976 verurteilten Arbeiter aus der Haft und die Entstehung der „Solidarność".

Mit Stolz und in voller Verantwortung möchte ich festhalten, dass wir für die Entstehung der „Solidarność" unabdingbar waren. [...] Wenn man also der „Solidarność" einen Schlag versetzt – ich bin überzeugt, dass der Kriegszustand keine endgültige Niederlage ist, wie man heute schon sehen kann – dann mussten auch wir früher oder später vor Gericht gestellt werden, oder, besser gesagt, zum Objekt der Rache werden.

Post scriptum, September 1982 (4)

Anka Kowalska:

Als wir uns neulich mit Janek an die Anfangszeiten erinnerten: „Weißt du noch, als ...?"

„Ja, und weißt du noch, dass ...?" Da versank Senator Lipski in tiefes Nachsinnen und verkündete unvermittelt, dass das KOR das sinnvollste Kapitel seines Lebens war. Er sagte ein paar Sätze über die Harmonie. Über den unwiederholbaren Luxus des Gefühls, dass ethische Überzeugung, tägliche Praxis und das gesellschaftlich Richtige völlig übereinstimmten. (1)

■ Während seiner oppositionellen Tätigkeit wurde Lipski rund um die Uhr von der Miliz überwacht und vom Sicherheitsdienst belästigt. Von 1975 bis 1980 durften seine Publikationen nicht verbreitet werden, was ihn als Literaturkritiker empfindlich traf. Im Mai 1977 wurde er zusammen mit anderen KOR-Mitgliedern verhaftet, nach wenigen Wochen jedoch wieder freigelassen. Er beaufsichtigte fortan die Finanzen des KOR, das 1977 in Komitee zur Gesellschaftlichen Selbstverteidigung KSS „KOR" umbenannt wurde. Im Januar 1977 gehörte er zu den Mitbegründern der Gesellschaft für Wissenschaftliche Kurse (TKN), die illegale Vorlesungen organisierte, oftmals auch in seiner Wohnung. Lipski trat dem zum TKN gehörenden Kassenrat für die Wissenschaftliche Hilfe bei, der mit Geldmit-

Jan Józef Lipski (in der Mitte) mit Teilnehmern der Oppositionsbewegung „Freiheit und Frieden" während eines zweiwöchigen Hungerstreiks aus Protest gegen die Inhaftierung von Wehrdienstverweigerern, Warschau, Dezember 1987 Foto ARL

teln aus westlichen Ländern versorgt wurde und damit junge, vom Staat geächtete Wissenschaftler finanziell unterstützten konnte.

Nach seiner Ausreise in den Westen zum Zweck einer Herzoperation 1978 nahm er Verbindung mit polnischen Nachkriegs-Emigranten auf, die er um noch mehr Hilfe für die Opposition in der Volksrepublik Polen bat.

Lipski wurde in den Vorstand der Unabhängigen Gewerkschaft „Solidarność" in der Region Mazowsze gewählt. Im Herbst 1981 gründete er die Klubs „Freiheit – Gleichheit – Unabhängigkeit". Nach der Verhängung des Kriegszustands am 13.12.1981 begab er sich in eine streikende Fabrik in Warschau-Ursus. Dort wurde er festgenommen, aber mit Rücksicht auf seinen Gesundheitszustand nicht in Haft genommen. Im Juni 1982 reiste er zur Behandlung nach London und schrieb das Buch „KOR". Als die internierten ehemaligen KOR-Mitglieder im September unter Anklage gestellt wurden, reiste Lipski nach Warschau zurück und wurde selbst für kurze Zeit inhaftiert.

Im November 1987 hatte er entscheidenden Anteil an der Neugründung der Polnischen Sozialistischen Partei, in deren Hauptrat er aufgenommen wurde. 1989 wurde er als Mitglied des „Solidarność" – Bürgerkomitees unter der Leitung von Lech Wałęsa zum Senator gewählt. Jan Józef Lipski starb 1991 in Krakau.

Quellen:

(1) Alina Brodzka, Mirosława Puchalska, Jerzy Jedlicki, Roman Loth (Hg.), *Jan Józef. Spotkania i spojrzenia*, Warszawa 1996.
(2) Jan Józef Lipski, *Wir müssen uns alles sagen. Essays zur deutsch-polnischen Nachbarschaft*, Warszawa 1996.
(3) Jacek Kuroń, *Glaube und Schuld*, Berlin/ Weimar 1991.
(4) Jan Józef Lipski, *KOR*, Warszawa, 1983.

Jacek Kuroń (1934–2004)

Ich versuche bis heute dem Grundsatz zu folgen, dass man im Namen irgendeiner großen, abstrakten Idee keinem konkreten Menschen Böses zufügen darf.

Aus dem Essay *Das Böse, das ich tue*

Foto NAF Dementi

Jacek Kuroń:

Ich bin Pädagoge, mein ganzes Leben lang habe ich mich vor allem mit Erziehung befasst. Mich interessiert die Bildung von Menschen, die in Bewegung sind. Ich bin überzeugt, dass die Verbesserung der gesellschaftlichen Ordnung hin zu mehr Menschlichkeit ebenso von der Haltung der Menschen wie von den sozialen Strukturen abhängt. Eine gesellschaftliche Bewegung, die die Strukturen der Welt zum Besseren verändert, bringt Menschen hervor, die in dieser veränderten Welt im volleren Sinne leben können. [...]

Bewegung – das ist für mich eine fundamentale Kategorie des Denkens über soziale Fragen. Unter Bewegung verstehe ich sämtliche Formen des Handelns von Menschen, die sich zusammentun, um die Welt, in der sie leben, mitzugestalten. Nur dass eben ein totalitäres System dazu tendiert, das gesamte gesellschaftliche Leben unter seine Herrschaft zu bringen. Deshalb ist sogar ein Schrebergartenverein politisch, denn wenn er authentisch sein will, muss er oppositionell werden. Nicht weil er das möchte, sondern weil er vom Regime dazu gezwungen wird. [...]

So lange ich denken kann, ging es mir um eine gesellschaftliche Ordnung, die ich heute Bewegung nennen würde. Natürlich, früher hätte ich eine solche Formulierung nicht gewählt, aber im Grunde genommen ging es mir genau darum. [...] In meinem ganzen Wirken war ich genau dieser Frage treu, der Frage nach dem Menschen als Subjekt. [...]

Mit Bewegung meine ich keineswegs eine Utopie, sondern die Beschreibung einer bestimmten sozialen Wirklichkeit. Eine Utopie ist der Traum, das gesamte gesellschaftliche Leben ließe sich auf Bewegungen gründen. Ich lege aber den Nachdruck auf das Handeln. Ich behaupte nicht, dieses Ziel könne jemals erreicht werden oder alle menschlichen Probleme lösen. Es geht darum, dein Bestes zu tun, um auf die Welt einzuwirken, statt sich von ihr abzugrenzen. Wenn du eine Bewegung in Gang bringst, dann wird sie sich in einer ganz anderen Form strukturieren als du es anfangs wolltest. Trotzdem wirst du die Welt zähmen. Anders als Du es wolltest, aber auf einem höheren Niveau als im Augenblick des Beginnens. Wir haben es hier mit einer schöpferischen Utopie zu tun, im Gegensatz zu den freiheitsfeindlichen Utopien, die glauben, die Geschichte durch einen Akt der Gewalt vorantreiben zu können.
Warschau, 1987 (1)

Jacek Kuroń mit seinen Eltern und seinem jüngeren Bruder Andrzej, Rabka 1946 Foto Privatbesitz Andrzej Kuron/OK

Jacek Kuroń (mit Zigarette) auf einem Pfadfinderlager der „Walterianer", Glinnik, 1956 Foto Marcin Kula/OK

■ Jacek Kuroń, geboren 1934 in Lwów (Lemberg), entstammte einer Familie, in der sozialistische Traditionen gepflegt wurden. Seit früher Jugend vom Kommunismus fasziniert, seit 1949 in der kommuistischen Jugendorganisation aktiv, war er seit 1952 Mitglied der kommunistischen Partei. Nach einem Jahr wurde er wegen seiner kritischen Haltung aus der Partei ausgeschlossen. Mitte der 1950er Jahre war er Mannschaftsführer bei den sogenannten „Walterowcy" (Walterianer), einem „roten" Pfadfinderverband, der linksradikales, unangepasstes, eigenständiges Denken förderte. 1961 wurde der Verband aufgelöst. Aus seinen Reihen gingen zahlreiche spätere Oppositionelle hervor. Hier lernte Kuroń seine spätere Frau kennen, Grażyna Borucka – genannt Gaja. Sie heirateten 1959.

Jacek Kuroń nahm aktiv an den Veränderungen des polnischen Herbstes '56 teil.

Seit 1962 engagierte er sich im Politischen Diskussionsklub der Warschauer Universität. Nach der Schließung des Klubs schrieb er gemeinsam mit seinem Gründer, Karol Modzelewski, eine parteikritische Broschüre. Als der Sicherheitsdienst 1964 diese Broschüre konfiszierte, wurde Kuroń zum wiederholten Mal aus der Partei ausgeschlossen. Im März 1965 erschien eine neue Version der Broschüre, bekannt geworden als „Offener Brief an die Mitglieder der PVAP". Beide Autoren gingen für das Verfassen und die Verbreitung des Briefes, der an die Kritik von Milovan Djilas anknüpfte, welcher von der Propaganda als Revisionist verpönt war, ins Gefängnis. Kuroń wurde im Mai 1967 in die Freiheit entlassen. ■

Jacek Kuroń:

Wir beschlossen mit Karol [Modzelewski] einen offenen Brief zu schreiben, in dem wir unsere Ansichten erläutern und den wir den Mitgliedern der Partei und des Sozialistischen

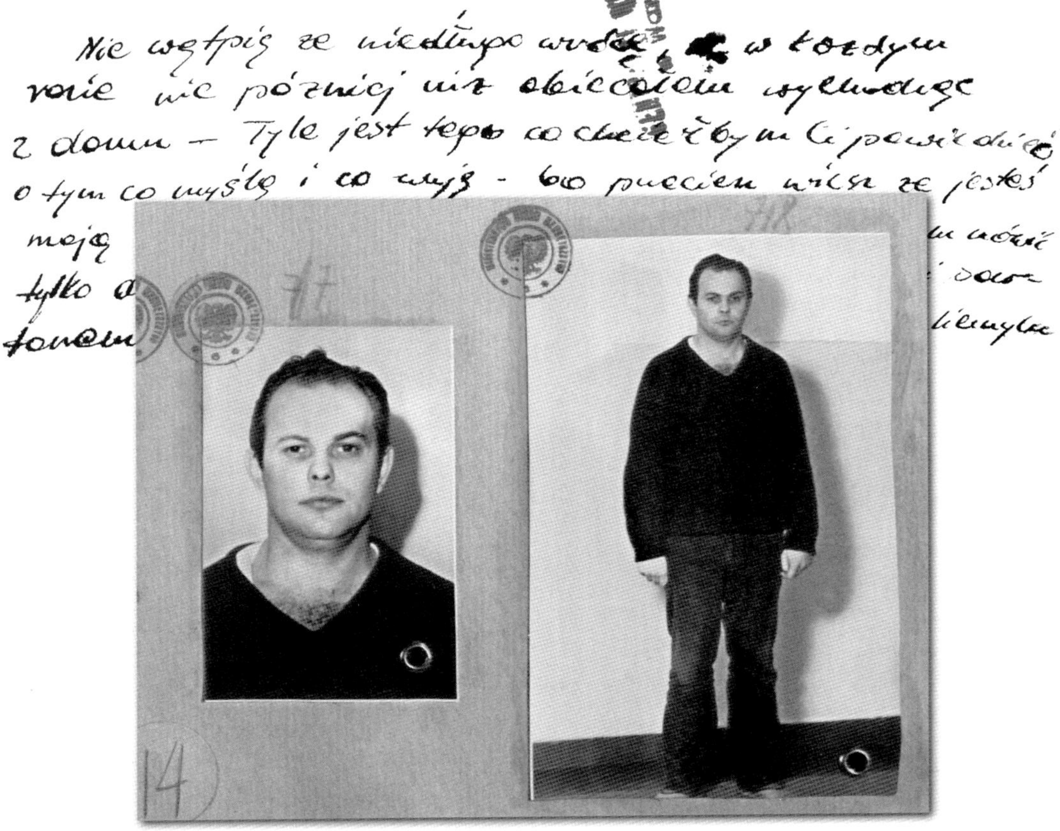

Jacek Kuroń kurz nach der Verhaftung, Warschau, 1965 Foto IPN

Auszug aus einem Brief von Jacek Kuroń an Gaja in der Haftzeit, 21. März 1965

Jugendverbandes [ZMS] an der Warschauer Universität übermitteln konnten. Außerdem beschlossen wir, eine Anzahl von Exemplaren in Umlauf zu bringen und dafür zu sorgen, dass der Text im Westen publiziert würde. [...]

Zum Schluss schrieben wir, wir erwarteten drei Jahre für die „Verbreitung von Unwahrheiten", obwohl alles Dargelegte wahr sei. Am 19. März brachten wir exakt 16 Exemplare des „Offenen Briefes" in Umlauf. Zwei übergab Karol persönlich der Universitätsparteileitung und dem Universitätsvorstand des ZMS, zwei händigte ich Ludwik Hass mit der Bemerkung aus: „Die sind für den Westen."

Am nächsten Morgen erschienen Genossen des Sicherheitsdienstes zur Hausdurchsuchung. Sie nahmen mich mit ins Ministerium an der Rakowiecka, wo das Verhör begann. Am Nachmittag kam Staatsanwältin Pancerowa. Sie fragte, ob ich eine Anzahl von Exemplaren des „Briefes" verteilt hätte und unterschrieb den Haftbefehl. Man brachte mich ins Gefängnis in derselben Rakowieckastraße, nur ein paar Querstraßen weiter. Ich betrat die Zelle nach 21 Uhr, also für Gefängnisverhältnisse nachts. [...] Hauptmann Jadczak ließ mich nach oben bringen und sagte, ich hätte die Chance freizukommen, sie hätten nichts gegen mich – man rechnete wohl mit einem psychischen Schock, die Einlieferung, Gitter, Schlösser und Schlüssel –, ich müsste nur sagen, wie viel Exemplare des „Briefes" es gebe und wer sie erhalten habe. Ich antwortete, ich hätte sie nicht gestern verteilt, um heute diejenigen anzuzeigen, die mir dabei halfen, und ich wurde zurück in die Zelle geführt.

So begann mein Gefängnisaufenthalt. (2)

■ Im März 1968 wurde Kuroń als „Rädelsführer" der Jugendproteste gegen die Kulturpolitik der Partei wieder zu dreieinhalb

Jahren Haft verurteilt. Die erneute Haft verstärkte die Suche nach geistigen Alternativen. Er löste sich vom Kommunismus und verwarf die marxistische Trennung von „Sein und Bewusstsein". Erfahrungen und Beobachtungen im Gefängnis festigten seine Überzeugung, „dass der Mensch handelt, um zu schaffen und zu lieben". ■

Jacek Kuroń:

Im März 1968 gingen unsere Hoffnungen zum Teufel. Die antiautoritäre Linke war, wie sich zeigte, so klein, dass sie praktisch nicht als selbstständige Kraft in Erscheinung treten konnte. Denn das Gros der Studenten, die an der Märzbewegung teilgenommen hatten, kann man keinesfalls als Linke betrachten. Das Regierungslager hingegen, das immerhin von der Linken herkam und sich zu ihr bekannte, lancierte nationalistische Losungen, spielte den nationalen Hass aus. Gleichzeitig traten die Menschen mit einem nichtlinken Ethos gegen die Offensive des kommunistischen Nationalismus im Namen von Werten auf, zu denen auch wir uns bekannten. [...] Wir mussten begreifen, dass die Front des Kampfes gegen den Totalitarismus, für Freiheit und Demokratie quer durch die Linke und Rechte verlief. Anders ausgedrückt, dass unsere ideelle Zugehörigkeit und damit unsere Identität mit dieser Teilung nichts zu tun hatte, die im Polen von heute und vielleicht überhaupt im sowjetischen Lager unzeitgemäß war. Wir mussten uns also ideologisch-politisch noch einmal neu definieren, und das war nur möglich im Dialog mit Leuten außerhalb unseres Kreises, von denen wir fanden, dass sie uns nahestünden. [...]

Besondere Bedeutung hatte für mich – und ich denke, auch für meine Freunde – die Begegnung mit gläubigen Christen. Denn das war eine lange und wichtige Reise in ganz unbekannte Welten. [...]

Das Wichtigste, was ich von ihnen erfuhr – obwohl sie das vielleicht nicht direkt sagten und ich es nur ihren Worten entnahm, war zweifellos, dass ich in allen Texten, in denen von Gott die Rede ist, denken darf: der Mensch. Das war für Gaja und mich eine regelrechte Erleuchtung. [...] Wenn der Weg zu Gott über den Menschen führt und es so viele Wege gibt wie Menschen, dann darf ich mich Ihm über die Liebe zum Menschen nähern. (2)

Jacek Kuroń:

Das Wichtigste waren seine [Dietrich Bonhoeffers] theologischen Schriften – unerhört offen gegenüber allen menschlichen Problemen, die für uns wichtig waren. In einem seiner schon in der Todeszelle geschriebenen Briefe sagt er, in Sorge, dass er den Glauben an Gott unter der Angst verlieren könnte: Man muss leben, als gäbe es Gott nicht. Diese Feststellung wurde zur nächsten großen Entdeckung für mich. Bisher hatte ich dunkel geargwöhnt, die Moral des Christentums fuße prinzipiell auf der Furcht vor Strafe und dem Wunsch nach Belohnung. Ich hatte mir ja die Liebe zu Gott nicht vorstellen können, und dass sie aus der Liebe zum Menschen erwachse, erfuhr ich erst jetzt.

Die heldenhafte Anstrengung in Bonhoeffers Erklärung, sich einer Religion von Belohnung und Bestrafung zu widersetzen, begeisterte mich und überzeugte mich restlos. Vor allem jedoch fand ich in ihr eine Chance für mich selbst. Sie bedeutete ja, in einer Welt ohne Gott zu leben, aber nach Seinen Geboten – ich soll also leben, als gäbe es Gott. (2)

Jacek Kuroń:

Das totalitäre System, das danach strebt, über das gesamte Leben des Menschen vollständig zu verfügen, hat damit existentielle Lebensfragen vergesellschaftet und politisiert. Wir wussten genau, dass in der Marxschen oder, besser noch, in der marxistischen Auffassung der Mensch auf der Strecke bleibt. [...]

Einmal sagte Gajka halb im Spaß, die siebente Feuerbachthese sei bisher immer nur in einer Richtung angewandt worden: Man habe den Menschen, alles, was in ihm vorgeht, durch die gesellschaftlichen Verhältnisse interpretiert. „Stell dir vor", sagte sie und lachte über das ganze Gesicht, und sie hatte goldene Sprenkel in den Augen, „stell dir vor, man könnte aus der Beschreibung der

Psyche eines Menschen das Ensemble der gesellschaftlichen Verhältnisse ableiten." Sie lachte, und ich mit ihr.

Und ich dachte bei mir, das müssten wir zusammen tun. Aber ich wusste, es würde immer Dinge geben, die dringlicher wären. Das fiel mir dort im Gefängnis ein. Ich überlegte, wie ich die Zeit beschleunigen könnte, und ich dachte: Ich will versuchen, diesen

Jacek Kuroń und Antoni Macierewicz, Versammlung KSS „KOR", Warschau, ca. 1980 Foto Tomasz Michalak/OK

Jacek Kuroń und Adam Michnik, Warschau, 1980. Foto Tomasz Michalak/OK

Weg zu gehen, aus allem, was die Psychologie über den Menschen weiß die Gesamtheit der gesellschaftlichen Verhältnisse zu erschließen. Es war eine fantastische Arbeit und das größte intellektuelle Abenteuer meines Lebens. Zugleich aber war es meine Zeitmaschine, eine Aufgabe, ausgeführt gleichsam auf Gajkas Bestellung, die mich voll und ganz in Anspruch nahm und jahrelange Arbeit kostete. Ich glaube, im November 1970 war mein Modell fertig, und ich sah mit großem Bedauern, dass es nicht mit dem Marxismus im Einklang stand. Ich fand also, ich müsste aufhören, Marxist zu sein.

Endgültig trennte ich mich vom Marxismus, als ich mich mit den Wechselbeziehungen zwischen psychischen und gesellschaftlichen Prozessen befasste. [...] Ich fragte nach der Bedingtheit der menschlichen Aktivität, nach den Grenzen der Freiheit des Menschen, ob der Mensch Herr über sein Schicksal sein kann oder ob ihm nur die Anpassung an die Verhältnisse bleibt.

Mit diesem Problem schlug ich mich viele Monate herum. [...] Es war ein glutheißer Sommer und die Untersuchung beschwerlich. Die Vernehmer stellten mir immer wieder Fallen. Ich stöhnte vor Hitze, die mir in den mit Lichtblenden versehenen Zellen von Mokotów aufs Hirn drückte. Und später, nach der Urteilsverkündung, kam der schrecklichste erste Winter in Wronki. Mir froren die Füße in den Gummistiefeln auf dem verschneiten Spazierpfad, die Finger mit dem Kugelschreiber starben in den ungeheizten Zellen ab. Und trotz allem wurden jene scheinbar abstrakten Fragen für mich hochwichtig. Mehr noch, durch sie verloren die Unbilden der Haft ihre Gewalt über mich. Das Allerwichtigste für mich war, die Antwort auf die Frage zu finden: Wie kommt es, dass der Mensch in besonderen Situationen bereit ist, eher auf die Befriedigung seiner elementaren leiblichen Bedürfnisse zu verzichten, als seinem Glauben abzuschwören? (2)

Jacek Kuroń:

Gefängnis bedeutete für mich vor allem Sehnsucht nach Gajka. [...] In den wichtigsten Jahren unseres Lebens taten wir alles gemeinsam, wir dachten, wir fühlten, wir fürchteten und wir freuten uns gemeinsam. [...]

Ich war ihr Übermut, sie meine Vernunft; ich war ihre Analyse und Synthese, sie mein moralisches Urteil. [...] Hatte ich etwas gefunden, getan, geschrieben, dann war der erste Gedanke: Das zeige ich ihr, wenn ich zurückkomme – und ich musste noch so lange warten! War ich böse auf mich, dann hörte ich ihre Stimme: Jacuś, das darf man nicht; und wenn ich stolz auf mich war, hörte ich ihre Stimme auch, sah die Zustimmung in ihren Augen, die Bewunderung. Ich wusch meine Socken und dachte daran, wie Gajka gesagt hatte, man müsse sie dreimal spülen. Ich machte Gymnastik und dachte: Ihretwegen halte ich meine Figur. [...]

Und dann die Erinnerung, denn manchmal erlaubte ich mir den Luxus, an sie zu denken, mich an Ereignisse aus unserem gemeinsamen Leben zu erinnern. Gerade dann war die Ungeduld des Herzens am größten, ich spürte ein inneres Beben und den Wunsch, sie möge sofort hier sein, in diesem Augenblick. Keine zehn Minuten wollte ich warten – und dabei waren es drei Jahre, vielleicht auch mehr. Und die Briefe. An den Sonntagen war Schreibzeit. Ich schrieb den ganzen Tag und gestattete mir dabei den Gedanken an Gajka. Aber der Brief passierte zahllose innere Zensurbehörden, ich wog die Worte, bis sie heiter klangen, damit sie sich nicht sorgte, nicht glaubte, es ginge mir schlecht. Auch damit sie sich nicht grämte, dass es mir gut ginge ohne sie. (2)

Gaja und Jacek Kuroń bei einer Sylvesterfeier, Warschau, 1980 Foto OK

■ Nach der Haftentlassung sah Kuroń zur Verteidigung des Menschen keinen anderen Weg mehr als den der Opposition zum System. Gaja unterstützte ihn darin, wohl wissend, was dies bedeutete – weitere Verhaftungen, Bespitzelung, Schikanen, Verfolgungen, Haussuchungen, Angst um die Nächsten, Mangel an Privatheit und gleichzeitig ständige Aktivität und Einsatzbereitschaft.

In den 1970er Jahren war die Wohnung der Familie Kuroń „das Auge des Taifuns" – hier traf sich die demokratische Opposition, und nach der Gründung im Jahre 1976 richtete hier das Komitee zur Verteidigung der Arbeiter KOR seine Zentrale ein. Rund um die Uhr wurden am Telefon Informationen über Repressionen entgegen genommen und in den Westen weitergeleitet. Nach Kurońs Verhaftung übernahm Gaja seine Rolle. ■

Bolesław Sulik:

In ganz Polen gab es keinen anderen Ort, der in ähnlicher Weise beobachtet und abgehört worden ist, mit der ständigen Aussicht auf die nächste Haussuchung oder Verhaftung. Und doch war diese Wohnung eine Oase der Normalität, ein Ort, an dem sich die Menschen sicher und gut fühlten. (3)

Anka Kowalska:

Ich saß zappelnd neben dem Fahrer, Kuroń hinten, ich konnte ihn also nur sehen, wenn ich mir den Hals verdrehte, was nicht sehr angenehm war; soviel konnte ich sehen: dass er in der warmen Mütze und der Kutte, mit der kleinen lustigen Nase, wie ein streitsüchtiger Kraftfahrer aussah; nachdem er die Mütze abgenommen hatte, sah ich, dass er fast schon glatzköpfig war; dass er trotzdem überraschend jugendlich, ja fast jungenhaft wirkte. Seine dunklen und fröhlichen Augen fielen mir auf, der schnelle, äußerst lebendige Blick, das breite, die Zähne entblößende, ansteckende und herzliche Lachen. Doch diese ersten Eindrücke sind jetzt von all den anderen, in vierjähriger enger Zusammenarbeit und Vertrautheit gewonnenen Erfahrungen überlagert.

Es wäre künstlich, den Herrn Kuroń dieser ersten Begegnung von Jacek zu trennen, den „Taufpaten", wie er treffend und scherzhaft genannt wurde, ohne den das weitere Leben und die Arbeit im KOR einfach nicht vorstellbar wäre; für den man sich begeistert und vor dem man flieht, denn seine Leidenschaft in allem Leben und Handeln sind ebenso ansteckend und bedingungslos wie manchmal schwer auszuhalten; der weder seine eigenen physischen Kräfte schont noch die von anderen; der mit derselben Direktheit einen jeden Menschen zutiefst beleidigen und verletzen kann (dann bittet er mit ehrlicher Verzweiflung um Verzeihung, um dasselbe bei nächster Gelegenheit wieder zu tun), wie er ihn zu ergreifen und anzurühren versteht; der im Eifer der Begeisterung (und ein Jacek ohne diesen Eifer ist ein schwer kranker Jacek) Frau Aniela Steinsbergowa genauso umstandslos behandelt wie eine Studentin des SKS; der schreit, ausrastet, andere unterbricht, niemanden zu Wort kommen lässt, um seine Meinung durchzuboxen (es genügt ja, dass er redet) – und plötzlich, ohne zu schmollen, eine gegenteilige Meinung akzeptiert, wenn sie ihn überzeugt hat oder von einer störrischen Mehrheit vertreten wird. [...] Dieser unhöfliche, schlecht erzogene, brutale und gleichzeitig empfindsame, fürsorgliche und herzliche Mensch; der mit vollem Mund redet und den Mädchen zu „dienstlichen" Treffen Blumen mitbringt; ein Psychoterrorist und ein vollkommener Demokrat, ein Vielfraß und ein Schwätzer, der jeden Tag

Ursus, 25. Juni 1981, Treffen mit Arbeitern während des Jahrestages des Juni '76 Foto Aleksander Kęplicz/FORUM

Jacek Kuroń an seinem Schreibtisch, Warschau, 1985
Foto Tomasz Michalak/OK

hundert Zigaretten raucht und zehn Gläser – nicht etwa Tee, sondern Tee-Essenz – trinkt, und das Kamel, das die Karawane über ungezählte Berge zieht.

Bevor ich mit ihm nach Radom kam, vertraute ich ihm und spürte, mit ihm muss ich keine Angst haben. (4)

Bolesław Sulik:

Jacek – der heilige Apostel [...] ist nichts als Bewegung, Energie, moralische Unruhe, getrieben vom Fieber des Handelns. [...] Energie des Gefühls und Energie des Intellekts bilden eine seltsam nervöse und explosive Mischung. Jacek ist in keiner Beziehung gemäßigt, er verschlingt alles. Er ist kein Vielfraß, aber was auch immer in der Schüssel ist, er verputzt es bis zum letzten Krümel. Er ist kein Trinker, aber jedes Glas, das man ihm einschenkt, leert er bis auf den letzten Tropfen. Mit der gleichen Gier geht er Probleme an, durchlebt die öffentlichen Angelegenheiten und geht er mit sich selbst ins Gericht. (3)

■ Kuroń versuchte, die Arbeiterschaft für die Opposition zu gewinnen und ermunterte sie, unabhängige Vereinigungen zu gründen.

Während der Streiks im August 1980 wurde Kuroń erneut verhaftet, aber auf Druck der Arbeiter umgehend wieder freigelassen. Als Berater von „Solidarność" entwickelte er die Strategie dieser größten polnischen Oppositionsbewegung entscheidend mit. Am 13. Dezember 1981, dem Tag der Verhängung des Kriegszustands, wurde Kuroń interniert. Unter dem Vorwurf, einen Umsturzversuch geplant zu haben, wurde Kuroń im September 1982 offiziell vor Gericht gestellt. Um die weitere Taktik von „Solidarność" mitbestimmen zu können, entwarf er während seiner Haft Strategiepapiere, die er aus dem Gefängnis schmuggeln ließ. Er forderte anfangs die Schaffung eines zentralen „Solidarność"-Führungsstabs, der zum endgültigen Sturz der Regierung einen Generalstreik organisieren sollte. Später jedoch rückte er von dieser radikalen Forderung ab und empfahl

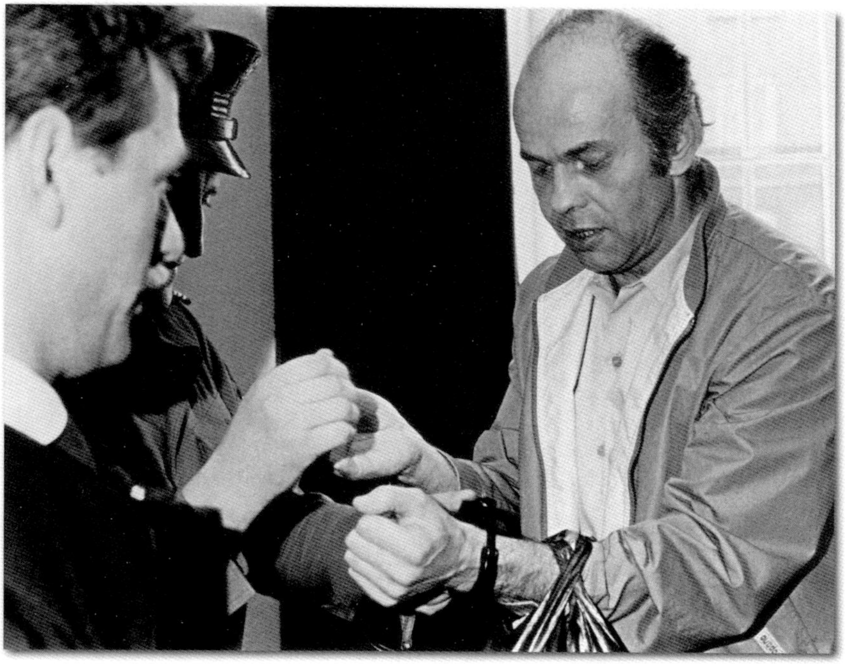

Ein Polizist nimmt Jacek Kuroń die Handschellen ab, nachdem dieser aus dem Arrest zum KOR-Prozess geführt wurde, Warschau, 1984 Foto Wojciech Kryński/Forum

nunmehr einen passiven Widerstand sowie die Errichtung staatsunabhängiger Organisationsstrukturen.

Im November 1982, während er in Haft war, starb seine Frau Gaja. ■

Jacek Kuroń:

Mein Leben lang habe ich nach dem *Sacrum* gesucht, nach etwas, das mein eigenes Leben übersteigt und ihm einen Sinn gibt. Ich weiß längst, dass ein *Sacrum* ohne Gott gebrechlich, beschnitten und eine sich der Welt öffnende Liebe sehr schwer lebbar ist.

Wenn man den Sinn seines Lebens in einem Reich menschlicher Freiheit sucht, dann bedarf es eines starken Glaubens, dass dieser Traum Wirklichkeit werden kann. Die Grundlagen für diesen Glauben habe ich in der Philosophie und in der gesellschaftlichen Bewegung gesucht. Das eine wie das andere ist notwendig, aber es kann uns keine Gewissheit bringen. Darum schreiben wir, wenn wir keinen Gott und, was daraus folgt, keine Religion, keine Kirche haben, gewisse ihnen zugehörende Eigenschaften den Parteien und Doktrinen zu. Das ist eine sehr gefährliche Deformation. Ich war mir bewusst, dass mich vor dem moralischen Irrtum nur ein transzendentes moralisches Gesetz bewahren konnte, das zu finden ohne Gott sehr schwer ist.

Als Gaja starb und meine Welt zusammenbrach, erfand ich mir eine Lebenshilfe: den Glauben an Gott und an ein Leben nach dem Tod, also einfach daran, dass ich Gaja schon bald wiedersehen würde. [...] Daran arbeitete ich nahezu zwei Gefängnisjahre.

Jeder der hier genannten Gründe würde, psychologisch gesehen, für eine Bekehrung genügen. Und doch fand ich den personalen Gott nicht, und immer stieß mich etwas von der Kirche zurück. Zurückstoßen ist wohl das treffendste Wort, und ich denke, das hat unmittelbar mit meinem Verhältnis zu meiner kommunistischen Vergangenheit zu tun.

In einer Phase intensivster Suche gestand ich einem sehr aufgeklärten katholischen Kaplan meine religiösen Bedenken und Zweifel. „Wer hätte keine Zweifel?", erwiderte mir jener Kaplan. „Jetzt müssen Sie die Augen schließen und springen, wie aus dem Flugzeug."

Mir scheint, diese Formulierung illustriert treffend die Struktur des Glaubensaktes. Wir haben ja immer zahlreiche Zweifel, und je länger wir darüber nachdenken, desto mehr werden es. Um zu glauben, muss man sich engagieren, und das kann man nur auf die so beschriebene Weise tun: die Augen schließen und den Sprung ins Dunkel wagen. Vielleicht ist das Wort „sich anvertrauen" das richtige. Aber wir vertrauen uns in dieser Situation doch nicht Gott an. Ihn kennen wir ja nicht, und wir können ihn nicht unmittelbar erfahren. [...] Wir vertrauen uns der Kirche an, also der Gemeinschaft der Gläubigen – ihren Führern, Gelehrten und Heiligen. [...]

Wenn das so ist, dann habe ich das alles schon erlebt. Ich habe den Sprung in den Kommunismus getan und mich der Partei anvertraut, ich habe mich engagiert und unter Menschen gelebt, die ihren Glauben mit mir zusammen erlebten. Ich habe im Leben viel Unrecht getan, ich habe mich vor allem von meinem starken Glauben leiten lassen, und das ist meine Hauptschuld. Ich durfte die Augen nicht verschließen und mich der Gemeinschaft anvertrauen, aber ich habe es getan, und darin besteht meine Erbsünde. Wie also könnte ich das gleiche noch einmal tun? Sooft ich also an den Punkt gelange, da ich endlich die Augen schließen und springen kann, sträubt sich alles in mir. [...]

Wer weiß zuverlässig, dass das, was er hört, die Stimme Gottes ist? [...]

Ich weiß sehr wohl, wie blind und taub meine Sinne sind, wie gebrechlich und fehlbar mein Verstand. Aber Sinne und Verstand sind die einzigen Werkzeuge des Gewissens. Wenn ich mich also beuge, verzichte ich darauf, mich von meinem Gewissen leiten zu lassen, ich überantworte es der Gemeinschaft, und das zu tun, habe ich nicht das Recht. (2)

■ Unter dem Vorwurf, einen Umsturzversuch geplant zu haben, wurde Kuroń – gemeinsam mit Lipski, Michnik und Wujec – im

KOR-Prozess im Juli 1984 abermals vor Gericht gestellt. Eine Amnestie unterbrach den Prozess und Kuroń konnte die Haftanstalt verlassen. Er beriet „Solidarność" im Untergrund und wurde 1985 erneut für drei Monate inhaftiert.

In der zweiten Hälfte der 1980er Jahre sprach er sich für eine Übereinkunft mit der Regierung aus und schloss sich im Dezember 1988 dem von Lech Wałęsa geleiteten Bürgerkomitee an, das sich mit dem Aufbau demokratischer Strukturen für den Fall einer Regierungsübernahme beschäftigte. Kuroń nahm an den Beratungen am „Runden Tisch" teil und wurde im Juni 1989 von der Liste des Bürgerkomitees „Solidarność" als Abgeordneter ins Parlament gewählt. In den 1990er Jahren gehörte er der Regierung als Arbeits- und Sozialminister an.

1998 wurde er mit dem höchsten polnischen Staatsorden des „Weißen Adlers" ausgezeichnet. Gemeinsam mit seiner zweiten Frau Danuta gründete er im Jahr 2000 die Jan Józef Lipski - Volkshochschule im Dorf Teremiski in der Woiwodschaft Podlaskie.

Jacek Kuroń starb am 17. Juni 2004 in Warschau.

Jacek Kuroń als Abgeordneter im polnischen Sejm, Warschau, 1990
Foto Anna Pietuszko/OK

Quellen:

(1) *Taki upór*, J. W. Marewicz im Gespräch mit Jacek Kuroń, in: Karta Nr. 4, 1987.
(2) Jacek Kuroń, *Glaube und Schuld, Dt. von Roswitha Matwin-Buschmann und Dietrich Scholze*, Berlin/Weimar 1991.
(3) Bolesław Sulik, *Oblężeni*, Kultura Nr. 1–2, 1977.
(4) Anna Kowalska, *Początki*, Kultura Nr. 7–8, 1981.

Komitee zur Verteidigung der Arbeiter

Wir beschlossen, diesmal alles zu tun, dass die Intelligenz nicht schläft, wenn Arbeiter geschlagen werden

Jan Józef Lipski im Film von Marcel Łoziński *45–89*

Hungerstreik von Mitgliedern des KSS „KOR" in der Heilig-Kreuz-Kirche in Warschau, Oktober 1979, von links stehend: Kazimierz Janusz, Kazimierz Wóycicki, Antoni Macierewicz, Prof. Jan Kielanowski, Jacek Kuroń, Jan Józef Lipski, Pfarrer Stanisław Małkowski; auf der Bank sitzend: Joanna Duda-Gwiazda, Halina Mikołajska, Jan Lityński, Anka Kowalska, Jacek Bierezin, Andrzej Czuma; vorne sitzend: Konrad Bieliński, Jerzy Markuszewski, Mariusz Wilk, Adam Michnik Foto Janusz Krzyżewski/OK.

Am 24. Juni 1976 kündigte die Regierung der Volksrepublik Polen eine drastische Preiserhöhung für Lebensmittel an. Einen Tag später kam es in ganz Polen zu Streiks. In Radom, wo die Proteste am stärksten waren, gingen die Belegschaften einiger Betriebe auf die Straße. Die Miliz schritt brutal ein. Teilnehmer an den Ereignissen und zufällige Passanten wurden festgenommen, im Arrest durch ein Spalier schlagender Milizionäre getrieben, terrorisiert und gedemütigt. Einige hundert Personen wurden schließlich verhaftet.

Bei ähnlichen Demonstrationen hatte früher die Solidarität zwischen den verschiedenen gesellschaftlichen Gruppen gefehlt, was die brutale Pazifizierung durch das Regime erleichterte. Im März 1968 schlossen sich die polnischen Arbeiter nicht den Protesten der Studenten und der Intelligenz an. Im Dezember 1970 blieb für die streikenden Arbeiter in den Ostseestädten Unterstützung aus Intelligenzkreisen aus. Diesmal gründeten etwa zwanzig Personen verschiedener politischer Orientierungen und aus verschiedenen Generationen das Komitee zur Verteidigung der Arbeiter (KOR). ■

Appell vom 23. September 1976:

Der Protest der Arbeiter gegen die Preissteigerungen spiegelt die Haltung der gesamten Bevölkerung wider, die brutalen Verfolgungen ausgesetzt war. In Ursus, Radom und anderen Städten Polens wurden die Teilnehmer an den Protesten geschlagen, mit Füßen getreten, eingesperrt. Es wurden Entlassungen auf breiter Ebene vorgenommen, die neben den Verhaftungen die Familien getroffen haben, die Opfer der Repressionen waren. [...]

Seit langer Zeit war die Unterdrückung nicht so brutal und anhaltend wie jetzt. Zum ersten Mal seit vielen Jahren werden die Verhaftungen und Verhöre von physischer Brutalität begleitet.

Die Opfer der Repression können auf keine Unterstützung oder Verteidigung seitens der dafür vorgesehenen Organe, zum Beispiel der Gewerkschaften, zählen, die eine klägliche Rolle spielen. Die Vertreter der Sozialhilfe verweigern jegliche Unterstützung. In dieser Situation ist es die Bevölkerung, auf deren Unterstützung die Opfer der Repression angewiesen sind. In der Tat hat die Bevölkerung keine anderen Mittel der Verteidigung gegen die Willkür als die Unterstützung und die gegenseitige Solidarität.

Streik und demonstrierende Arbeiter auf den Straßen von Radom, 25. Juni 1976, die Demonstranten fahren auf einem Elektrokarren zum Sitz des Woiwodschaftskomitees der Polnischen Vereinigten Arbeiterpartei (PVAP). Foto OK

Deshalb beschließen die Unterzeichneten, das genannte Komitee zur Verteidigung der Arbeiter aufzubauen mit dem Ziel, Initiativen zur Verteidigung und Unterstützung in allen möglichen Formen zu ergreifen. Eine medizinische, juristische und finanzielle Hilfe ist unentbehrlich. Ebenso sind vollständige Informationen über die Repression unabdingbar. Wir sind überzeugt, dass man nur durch Bekanntmachen der Taten der Herrschenden den Opfern wirksam helfen kann. [...]

Wo immer es Opfer der Repression gibt, hat die Bevölkerung die Verpflichtung, sich zu organisieren, um sie zu verteidigen. An jedem Ort, in jedem Betrieb, sind mutige Personen für die Durchführung von kollektiven Formen gegenseitiger Unterstützung notwendig.

Die Repression gegen die Arbeiter ist eine Verletzung der elementaren Menschenrechte, die als verpflichtend und unabdingbar neben dem polnischen auch vom internationalen Recht anerkannt werden: Recht auf Arbeit, Streikrecht, Recht auf freie Meinungsäußerung, Versammlungs- und Demonstrationsrecht. Deshalb fordert das Komitee eine Amnestie für die Verurteilten und Verhafteten und die Wiedereingliederung in den Arbeitsprozess für die Opfer der Repression; es stimmt darin mit den Forderungen der Bischofskonferenz vom 9. September 1976 überein. Das Komitee ruft die gesamte Bevölkerung auf, auf ihren Ansprüchen zu bestehen.

Wir sind zutiefst davon überzeugt, dass wir, indem wir dieses Komitee schaffen und aktiv werden, eine menschliche und patriotische Pflicht erfüllen und dass wir der gerechten Sache des Vaterlandes, des Volkes und des Menschen dienen.

Jerzy Andrzejewski, Stanisław Barańczak, Ludwik Cohn, Jacek Kuroń, Edward Lipiński, Jan Józef Lipski, Antoni Macierewicz, Piotr Naimski, Antoni Pajdak, Józef Rybicki, Aniela Steinsbergowa, Adam Szczypiorski, Jan Zieja, Wojciech Ziembiński (1)

Jan Józef Lipski:

Worin vor allem bestand die Idee des KOR? [...]

Erstens, es handelte sich um ein Konzept, das an ethische Grundsätze appellierte, nicht an politische Haltungen. [...]

Zweitens ging es um offenes Handeln. Die Existenz des Komitees und seine Zusammensetzung wurden nicht geheim gehalten, im Gegenteil – Adressen und Telefonnummern seiner Mitglieder wurden öffentlich bekannt gegeben. [...]

Die KOR-Gründer wussten, dass sie die Barriere der Angst überwinden müssen, wollen sie in ihrem Handeln Erfolg haben. Dies

Versammlung von Mitgliedern des KOR in der Wohnung von Prof. Edward Lipiński, Warschau, 1978, von links: Antoni Pajdak, Ludwik Cohn, Piotr Naimski, Aniela Steinsbergowa, Wacław Zawadzki, Jan Józef Lipski
Foto Marcin Jabłoński/OK

war zugleich ein Ziel von großer politischer, gesellschaftlicher und moralischer Bedeutung. Es war also klar, dass diejenigen, die damit anfangen, mit einem guten Beispiel vorangehen müssen. [...]

Drittens war diese Tätigkeit nicht nur offen, sondern auch legal. Die Ratifizierung internationaler Vereinbarungen seitens der Volksrepublik, darunter der Schlussakte von Helsinki, schuf den Freiraum, in dem sich legales Handeln entfalten konnte.

1982 (2)

Jacek Kuroń:

Das KOR wurde von Tag zu Tag größer, ständig kamen neue Städte und Zentren dazu. Gajka [Ehefrau von J. Kuroń] und ich mussten von einem Tag auf den andern das Sammeln und den Umgang mit Informationen lernen. Die Repressionswelle wurde immer stärker, und wenn wir erfolgreich handeln wollten, dann mussten wir Wahrheit und Fantasie auseinanderhalten können. Wir mussten wissen, wer in seinen Berichten zuverlässig ist und wer übertreibt, wie wir denen helfen können, die sich fürchteten, Hilfe von uns anzunehmen und tausend andere Dinge beachten. Die Polizei war uns auf den Fersen und nahm die Menschen bei jeder sich bietenden Gelegenheit in Gewahrsam. Wenn das auf der Straße geschah, dann galt der Grundsatz, dass der Betroffene laut seinen Namen und meine Telefonnummer rufen sollte. Schon bald hatte sich herumgesprochen, eine Rechtsverletzung sei durch die Staatsorgane unter der Nummer 39-39-64 anzuzeigen. Wenn die Polizei irgendwo im Lande irgendjemanden verhaftete, war ich in den allermeisten Fällen wenig später darüber informiert. Wenn jemand wieder entlassen wurde, dann hatte er die Pflicht, mich ebenfalls in Kenntnis zu setzen. Bevor er bei seiner Familie oder seinen Freunden anrief, meldete er sich bei mir in der Mickiewiczstraße. So wusste ich, wo sich die Mitarbeiter des KOR aufhalten und was sie gerade tun. „Radio Freies Europa" informierte stündlich über Festnahmen und Entlassungen. [...] Das effektivste Mittel gegen Verhaftungen und Festnahmen waren diese Berichte von „Radio Freies Europa". War der Fall erst berichtet, konnte man mit ziemlicher Sicherheit davon ausgehen, dass die betreffende Person bald entlassen werden würde.

Von links: Józef Rybicki, Jacek Kuroń (stehend), Jan Zieja, Warschau, 1978 Foto Marcin Jabłoński/OK

Prof. Edward Lipiński, während einer Versammlung der Gruppe in seiner Wohnung, rechts Adam Michnik, Warschau, 1978 Foto Marcin Jabłoński/OK

Als das KOR zum ersten Mal vollständig zusammentraf, nahm uns die Polizei alle zusammen fest und brachte uns aufs Revier. Ich befürchtete, dies könnte das eine Mal sein, da wir nicht nach 48 Stunden freigelassen werden und konnte die Aufregung offensichtlich nicht verbergen, denn der wachhabende Offizier tröstete mich: „Herr Kuroń, machen Sie sich keine Sorgen, Ihre Frau hat schon angerufen bei 'Radio Freies Europa', Sie werden bestimmt bald gehen können." (3)

Mirosław Chojecki:

Nachdem das Komitee entstanden war, hatten wir beschlossen, uns an verschiedenen Orten zu treffen. Doch es zeigte sich, dass wir nur in der Wohnung von Professor Lipiński in der Rakowieckastraße wirklich sicher sein konnten. (4)

Wojciech Onyszkiewicz:

Professor Lipiński saß gewöhnlich in seinem Sessel, und man hatte den Eindruck, er dämmert vor sich hin. Tauchte jedoch ein Problem auf, formulierte er blitzschnell eine Position. Er hatte die große Gabe des Vermittlers. (4)

Wojciech Onyszkiewicz:

In den ersten Monaten hatten wir das Gefühl, völlig isoliert zu sein. Viele meinten, es müsse in einer Katastrophe enden, mit unserer „lustigsten Baracke im Lager" wäre es dann vorbei, und nebenbei würden eine Reihe weiterer kostbarer Initiativen den Bach runtergehen. Aus unserer Sicht waren daher die offenen Briefe an die Regierung, unterschrieben von verschiedenen Persönlichkeiten mit hohem Ansehen in der Öffentlichkeit, sehr wichtig. Mit dieser Aktion wurde die Mauer der Isolation ein wenig durchbrochen.

Durch die Hilfsaktion setzte sich der Zug in Bewegung. Wir taten etwas Konkretes, und zwar erfolgreich. Das hatte für die Tragfähigkeit der Idee unseres Komitees enorme Bedeutung. Aber vielleicht noch wichtiger war der Kampf um zuverlässige Informationen. In der Volksrepublik Polen war das eine Ware für Eingeweihte. In der Geschichte ist es oft so: Wichtiger als die Armee ist die Tatsache, dass jemand etwas wahrnimmt und deutlich zum Ausdruck bringt. (5)

Adam Michnik:

Der Weg des Kampfes um Reformen, ein Evolutionismus, der den Geltungsbereich der Menschen- und Bürgerrechte ständig erweitert, ist meines Erachtens der einzige Weg für die Dissidenten Osteuropas. Das polnische Beispiel zeigt, dass unablässiger Druck der Gesellschaft auf das Regime wesentliche Zugeständnisse erzwingen kann. [...] Die Konzeption der polnischen demokratischen Opposition [...] geht von langsamen, stufenweisen Veränderungen in Teilbereichen aus, nicht von einer plötzlichen Umkehr der Verhältnisse oder der Zerstörung des existierenden Systems durch Gewalt. [...]

Die Formulierung der alternativen Programme und die Verteidigung der Imponderabilien sind die Aufgaben der Kreise der Intelligenz. [...] Da es keine freie Presse und keine unabhängigen Organisationen gibt, ist die moralische und politische Verantwortung der Intelligenz größer denn je. Im Namen dieser außerordentlichen Verantwortung darf man von den Menschen aus diesen Kreisen verlangen, dass sie auf materiellen Gewinn und offizielle Anerkennung verzichten. Wir dürfen von ihnen verlangen, dass sie die Wahrheit sagen. (6)

Marian Brandys:

Am 15. Dezember 1976 klingelte es gegen 9 Uhr morgens an unserer Tür. Durch den Spion sah ich drei unbekannte Männer. Sie gaben sich als „Delegation der Arbeiter von Ursus in einer vitalen Angelegenheit" aus. So hieß das damals – „in einer vitalen Angelegenheit" bedeutete, dass es wirklich um etwas Wichtiges ging. Nach kurzen Verhandlungen ließ ich sie herein. Doch mit ihnen stürmten ungefähr zwanzig andere Kerle in die Wohnung, die sich auf dem Treppenabsatz versteckt hatten. Die ganze Gesellschaft forderte lautstark ein Gespräch mit dem Mitglied des Komitees zur Verteidigung der Arbeiter, der Schauspielerin Halina Mikołajska. Sie mussten über den Grundriss unserer Wohnung gut informiert sein, denn ohne zu fragen gingen sie in das Zimmer, in dem Halina noch im Bett lag. In ihrer rauen, proletarisch-direkten Art verlangten sie „im Namen der Arbeiter von Ursus und der ganzen Arbeiterklasse" von meiner Frau „die Einstellung der antipolnischen Aktivitäten des KOR". Diese bestand angeblich in der „Übermittlung von unwahren und Polen diffamierenden Nachrichten an den Sender Freies Europa". [...]

Die Eindringlinge drohten Halina: Falls sie die Störungen ihrer ehrlichen Arbeit zum Wohle des Landes nicht unterlasse, dann könnten sie auch anfangen, zu stören. Sie solle sich nicht wundern, „wenn faule Eier auf die Bühne fliegen". Die angeblichen Arbeiter lehnten es ab sich auszuweisen, aus Sorge, wie sie sagten, ihre guten Namen als Arbeiter könnten zu „Radio Freies Europa" gelangen. [...]

Halina war, aus dem Tiefschlaf gerissen, in den sie nach einer schlaflosen Nacht gefallen war, noch halb bewusstlos. Im ersten Moment glaubte sie an diesen kalt ausgedachten Schwindel. Vor drei Monaten hatte sie auf ein normales Leben verzichtet, um in das KOR einzutreten und den für die Ereignisse des Juni 1976 verfolgten Arbeitern zur Seite zu stehen. Nun erfuhr sie, dass diese Arbeiter auf ihren Schutz und ihre Hilfe keinen Wert legten, sich im Gegenteil scharf und brutal von ihr distanzierten, und dass sie sich rächen werden...

In diesem schrecklichen Augenblick zwischen Traum und Wachheit zerbrach für sie der Sinn des Lebens. Nie werde ich den erstarrten Ausdruck tiefster Verzweiflung auf ihrem Gesicht vergessen. Als sie drohten, faule Eier auf die Bühne zu werfen, zog sie sich unwillkürlich die Decke über den Kopf.

In der darauffolgenden Nacht unternahm sie einen Selbstmordversuch, mit einer unwahrscheinlichen Menge von Valium-Tabletten. [...]

Am nächsten Tag, als es uns gelungen war, sie wieder zur Besinnung zu bringen, wehrte sie sich verzweifelt gegen die Rückkehr ins Leben. Sie schrie, sie müsse es tun, weil sie in dieser alles erfassenden Atmosphäre der Lüge nicht mehr leben könne, inmitten dieser Überfälle von Banditen auf ihr Haus, falschen Telefonanrufen und verleumderischen Briefen mit dem Verdacht, Gelder des Komitees zu veruntreuen. [...] Vor einem Jahr, als sie den ersten Schritt zum öffentlichen Protest tat, als sie die Denkschrift zur Verfassungsreform unterschrieben hatte, überraschte mich, wie sehr sie sich klar war über die Folgen dieses Schrittes. [...] Nur eines hatte sie vergessen – den Grad ihrer Empfindlichkeit. (7)

Halina Mikołajska, eine bedeutende Schauspielerin, von Anfang an Mitglied des KOR

Foto Tomasz Michalak/OK

Aus den konspirativen Schriften der Polnischen Verständigung für Unabhängigkeit (PPN):

Das wichtigste politische Ereignis seit den Arbeiterunruhen im Juni war die Entstehung des KOR. Es ist seit dem Krieg die erste Gruppe, die offen und auf längere Sicht gegen den Missbrauch der Macht antritt. [...] Das KOR handelt trotz Schikanen, Repressionen und Beschimpfungen und zeigt damit, was ein paar mutige Menschen alles erreichen können [...].

Im Laufe des letzten Jahres haben einige hundert Menschen, meist aus dem intellektuellen und künstlerischen Bereich, offene

Briefe gegen den Ausverkauf des Restes nationaler Unabhängigkeit und den Machtmissbrauch unterschrieben. Für die jungen Polen können diese Menschen, die später oft Repressionen unterworfen wurden, als Muster für Zivilcourage und staatsbürgerliche Verantwortung dienen. Auf diese Weise bildet sich eine neue moralische und gesellschaftliche Autorität heraus, und das unter Bedingungen wütender Attacken der Staatsmacht, die über keine sachlichen Argumente verfügt und deshalb in einer verdummenden Propaganda, in Verleumdungen, in Erpressung und Schikanen ihre Zuflucht sucht. Wir müssen uns aber darüber im Klaren sein, dass die allgemein verbreitete Antistimmung gegen die Regierung in Polen nicht von einer Solidarität des gesellschaftlichen Handelns begleitet wird. Auch selbstständiges Denken ist nicht allgemein verbreitet. [...] Es überwiegt eine passive, abwartende Haltung. Die Menschen jammern und murren, sind aber allen Formen offenen Protestes abgeneigt. [...] Diese Passivität bedeutet, sich den Machthabern auszuliefern.

Dezember 1976 (8)

Antoni Macierewicz beim Verteilen von Flugblättern vor der Warschauer St.-Annen-Kirche zur Verteidigung des verhafteten Danziger Gewerkschaftsaktivisten Błażej Wyszkowski, Juni 1978
Foto Marcin Jabłoński/OK

Jan Józef Lipski:

Wenn sich Leute zur Mitarbeit meldeten, haben wir ihnen im Rahmen des Möglichen erlaubt, im KOR und in der Bewegung das zu tun, was ihnen besonders am Herzen lag, obwohl das manchmal unwichtige Dinge waren. Nicht selten kamen neue Leute mit eigenen Konzeptionen für ihre Aktivitäten. In der Regel erlaubten wir das, was den Grundsätzen des KOR nicht entgegenstand. Deshalb wurde alles von Menschen voller Eigeninitiative und Enthusiasmus getan, und das brachte beste Ergebnisse. [...]

Das langfristige Ziel des KOR bestand darin, in verschiedenen Bereichen und Milieus neue, vom KOR unabhängige Zentren zum Leben zu erwecken. Es ging nicht darum, ob das KOR der Unabhängigkeit dieser Gruppen zustimmt, es hat diese vielmehr postuliert. Daher war die Gründung der Unabhängigen Verlagsanstalt (NOWa), der Studentischen Solidaritätskomitees und einer Reihe ähnlicher Organisationen mit keinerlei Konflikten verbunden. (2)

■ Die Tätigkeit von KOR führte nach einem Jahr zur Freilassung vieler Verurteilter von Radom und Ursus. Das KOR arbeitete als Komitee zur gesellschaftlichen Selbstverteidigung weiter. In seinem Umfeld bildeten sich immer mehr unabhängige Initiativen – darunter auch Vorläufer der Gewerkschaft „Solidarność". Es entstand das Programm zur Selbstorganisation der Gesellschaft. ■

Beschluss des Komitees für Gesellschaftliche Selbstverteidigung des KOR:

Das Hauptziel des KOR war die rechtliche, finanzielle und ärztliche Hilfe für alle Opfer der Repressionen [Juni 1976]. Die Aktion wurde größtenteils beendet, obwohl in man-

Untergrunddruckerei des unabhängigen Verlags NOWa, Warschau, 1978, von Links: NN, Zenon Pałka, Mirosław Chojecki, Wojciech Onyszkiewicz, Konrad Bieliński
Foto Marcin Jabłoński/OK

chen Fällen die Hilfe immer noch nötig ist.

Während der Arbeit des KOR haben sich mehrere, aus anderen politischen Gründen Verfolgte und in ihrem Kampf um ihr Recht Hilfe suchende Menschen gemeldet. Es stellten sich mehrere mit der nicht gesetzmäßigen Tätigkeit des Sicherheitsdienstes, der Staatsmiliz, der Rechtsprechung und des Gefängniswesens zusammenhängende Probleme heraus. Das KOR konnte sich dieser wichtigen gesellschaftlichen Aufgabe nicht entziehen. [...]

Aufgaben des Komitees für Gesellschaftliche Selbstverteidigung (KSS) KOR werden sein:

1. Kampf gegen Repressionen aus politischen, weltanschaulichen, religiösen oder rassischen Gründen sowie Hilfestellung für diejenigen, die aus diesen Gründen verfolgt werden.

2. Kampf gegen Verletzung der Gesetze und Hilfe für die Benachteiligten.

3. Kampf um gesetzmäßige Gewährleistung der Freiheits- und Bürgerrechte.

4. Förderung und Schutz jeglicher Bürgerinitiativen, welche die Verwirklichung der Menschen- und Bürgerrechte anstreben. [...]

Wir werden unsere Tätigkeit fortsetzen, da wir überzeugt sind, dass die wirksamste Waffe angesichts der Macht der Regierenden die aktive Solidarität der Bürger ist.

September 1977 (1)

Marian Brandys:

Es klingelte an der Tür. Draußen stand das KOR-Mitglied Mirosław Chojecki mit einem jungen Arbeiter aus Radom, der zur Bewährung aus dem Gefängnis entlassen wurde und wieder normal arbeitete. Sie ließen ihm trotzdem keine Ruhe. Ständig musste er irgendeine Strafgebühr bezahlen, Gerichtskosten, usw. Soeben wurde er aufgefordert, 5.000 Zloty an das Rote Kreuz zu zahlen. Er hatte kein Geld, doch er hatte Angst, dass das Gericht die Bewährung aufheben wird, falls er nicht zahlen könnte. Um Hilfe zu finden, fuhr er zum KOR nach Warschau. In solchen Augenblicken fühlte man, wie dringend KOR notwendig war und ist. Das Wissen um die Existenz des KOR habe ihm in der Haft Halt gegeben, bekräftigte der junge Arbeiter. Er ballte die Fäuste, während er über die Schläge und Folterungen im Radomer Gefängnis sprach: „Meine Söhne werde ich schon so erziehen, dass sie für mich bezahlen werden." Er war wirklich mit Chojecki befreundet, der, wie man erzählte, in Radom etwa 150 solcher Freunde hatte. Mirek [Chojecki] war ein Pfundskerl! Sie schlugen ihn und brachten ihm Verletzungen bei, feuerten ihn auf der Arbeit, verleumdeten ihn in den Zeitungen, aber sie bekamen ihn nicht weich. Ohne Aussicht auf Rückkehr in seinen Beruf (er war ein vielversprechender Physikochemiker) arbeitete er zusammen mit dem KOR-Mitglied Seweryn Blumstajn, von Beruf Psychologe, als Anstreicher. Gleichzeitig baute er eine Druckereiwerkstatt für die „unabhängige Verlagsbewegung auf größtmöglichstem Gebiet" auf. (9)

Jacek Kuroń:

Im Januar oder Februar 1979 waren wir zusammen beim Prozess von Jan Kozłowski, einem Bauern, der wegen seiner politischen Aktivitäten verfolgt wurde. Wir fuhren zusammen im Taxi nach Tarnobrzeg. Aniela [Steinsbergowa] erzählte Anekdoten über politische Prozesse vor dem Krieg. Es war sehr wichtig, dass Aniela, Michnik und ich zu diesem Prozess fuhren. Wir waren überzeugt – und das hat sich als richtig herausgestellt –, dass der Verlauf dieser Prozesse davon abhängt, ob bekannte Leute anwesend sind. [...]

Anka Kowalska und andere wurden unterwegs angehalten, nackt ausgezogen, durchsucht, 48 Stunden festgesetzt und nicht zum Prozess zugelassen. Aniela sagte: „Dann fahre ich, mal sehen, ob sie mich auch anhalten." Die Polizei hat uns nicht angehalten, ließ aber das Auto nicht aus den Augen. [...]

Die Polizei hatte die Anweisung, uns so passieren zu lassen, dass wir zu spät kommen. Wir verspäteten uns tatsächlich um eine Stunde, obwohl wir das vorausgesehen hatten und deshalb schon um Mitternacht losgefahren waren. Doch der Prozess begann anderthalb Stunden später, und wir kamen hinein. Am nächsten Morgen waren wir in Warschau zurück. Als wir uns verabschiedeten, sagte der Taxifahrer: „Sie sind sicher der jüngste Fahrgast, den ich je hatte." Damals wurde das KOR in das junge KOR und das alte KOR eingeteilt. Das junge KOR ging bis zu Jan Józef Lipski, also etwas über fünfzig. Aniela (damals 83-jährig) zählte sich zum jungen KOR und hat das stets herausgestrichen! [...]

Im Blick auf Personen wie Aniela steckt in der Geschichte des KOR eine wichtige Botschaft. Die Zusammenarbeit der Generationen ist bekanntlich das Fundament einer Gesellschaft – in der Familie, in der Schule, in der Literatur. Äußerst selten ist jedoch die Erfahrung, die wir machen konnten. Als die jüngeren Mitglieder im KOR arbeiteten wir partnerschaftlich mit denen zusammen, die einige -zig Jahre früher, in der Zwischenkriegszeit, aufgewachsen waren. (10)

Jacek Kuroń:

Die Tätigkeit des KOR war nicht auf Polen begrenzt. Wir nahmen schnell Kontakte zur Opposition in anderen Ländern auf. Mit den Mitgliedern der Charta 77 aus der Tschechoslowakei hatten wir den lebendigsten Austausch. Unsere Leute fuhren hin, sie kamen zu uns. Das Warschauer Studentenkomitee brachte mich mit dem wunderbaren Jungen aus der Slowakei, Tomáš Petřivy in Verbindung. [...] Er schlug ein Treffen der Dissidenten beider Seiten im Riesengebirge vor. Ich hielt das für eine verrückte Idee ... und stimmte zu. [...] Ich besprach das mit Adam [Michnik], Jan [Lityński] und Antek [Macierewicz]. [...] Wir verabredeten uns auf der Schneekoppe. [...]

Im Juni 1978 war herrliches Wetter. Mit zwei Sprechern der Charta 77, Václav Havel und Marta Kubišová, die offenbar genauso schön sang wie sie aussah, saßen wir unter Tannenbäumen. Martas Freund machte Fotos. Wir begannen sofort mit der Redaktion einer gemeinsamen Erklärung, denn niemand konnte wissen, wie lange wir unbeobachtet bleiben und ob sie uns nicht sofort festnehmen würden. [...]

Ich will nicht verschweigen, dass diese Begegnung auf uns alle einen enormen Eindruck gemacht hat. Auf der einen Seite die Miliz, die Geheimpolizei und die Spitzel, auf der anderen Seite wir an diesem Tisch, mit Rum, Salami, Käse, Brot – alles aus Havels Reisetasche –, über uns rauschen die Tannen, und wir diskutieren freundschaftlich über die Frage, wie wir den Tyrannen stürzen können. Als ob sich in diesem Augenblick ein gemeinsamer Traum erfüllen würde, dass man sich durch Freundschaft aus der Unfreiheit losreißen kann. [...]

Am 20. September fuhren einige Jungs noch einmal, und wieder klappte es. [...]

Am 1. Oktober sollte das nächste Treffen stattfinden. Doch Petřivy rief mich an und berichtete, Antek Macierewicz, Adam Michnik und Jan Lityński seien festgenommen worden.

Unsere kamen nach 48 Stunden wieder frei. Schlechter endete es für die Tschechen und Slowaken. Tomáš Petřivy, [Jiři] Němec und [Jaroslav] Šabata wurden festgenommen. Tomáš wurde sofort zum Militär eingezogen und von dort in eine psychiatrische Anstalt überführt. Šabata wurde verurteilt, weil er angeblich einen Polizisten geschlagen habe. Wir fühlten uns verpflichtet, etwas zu tun, denn sie saßen schließlich unsertwegen. Wir schrieben einen Protestbrief und sammelten ziemlich viele Unterschriften. [...] Und in der Heilig-Kreuz-Kirche organisierten wir einen Hungerstreik für ihre Freilassung. (3)

Erklärung des KOR und der Charta 77:

Vor zehn Jahren drangen die Armeen von fünf Staaten des Warschauer Paktes in die Tschechoslowakei ein, um die Freiheitsbestrebungen ihrer Völker zu unterdrücken. Der Demokratisierungsprozess in der CSSR wurde gebremst, die Hoffnung auf ein demokratisches Gesamteuropa zunichte gemacht. Die Gesellschaft der Tschechoslowakei war im Begriff, eine Alternative zum totalitären System zu entwickeln. Im gleichen Jahr wurde die Freiheitsbewegung der polnischen Intelligenz mit Gewalt unterdrückt. [...] Zum zehnten Jahrestag der Ereignisse von 1968 erklären wir – verbunden in der Verteidigung von Wahrheit, Menschenrechten, Demokratie, sozialer Gerechtigkeit und nationaler Unabhängigkeit – unseren gemeinsamen Willen, auch künftig diesen Werten treu zu bleiben und in ihrem Geiste zu handeln. Die Quelle unser aller Bestrebungen und Handlungen ist die unverzichtbare menschliche Würde als Wert, der dem Leben des Einzelnen und der Völker Sinn gibt. Daher kommt unser tiefes Gefühl der Solidarität mit den vielen Freunden auf der ganzen Welt, die die gleichen Ideale vertreten.

1978 (11)

Zbigniew Romaszewski:

Als ich Ende 1978 feststellte, dass ich immer noch als normaler Bürger behandelt wurde und mich im Bereich unseres Lagers frei bewegen konnte, beschloss ich, nach Moskau zu reisen. [...]

Hungerstreik im Protest gegen die Verhaftung von aktiven Mitgliedern der Charta 77 in der Tschechoslowakei, Heilig-Kreuz-Kirche Warschau, Oktober 1979, von links: Andrzej Czuma, Halina Mikołajska, Jan Lityński, Joanna Duda-Gwiazda
Foto Janusz Krzyżewski/OK

Treffen auf der Schneekoppe, von links: Marta Kubišová, Jacek Kuroń (stehend), Václav Havel, 1978
Foto Jiří Bednař/OK

Dazu musste man eine Einladung vorweisen oder einen Voucher, der die Reservierung von Hotelplätzen bestätigte. Ich ging also zum Orbis (dem staatlichen Reisebüro) und beantragte eine Reise als individueller Tourist. Der Antrag wurde, wie ich es vorausgesehen hatte, sehr schnell abgelehnt. Ich wunderte mich erst, als nach zwei Wochen eine Mitarbeiterin des Reisebüros anrief und mir einen anderen Reisetermin anbot. [...]

Wir fuhren Richtung Grenze. [...] Dann kamen die Grenzer. Einer betrachtete meinen Ausweis und die Reisegenehmigung, der andere blätterte sein Verzeichnis durch. Als der erste meine Papiere schon abgestempelt hatte, erschien auf dem Gesicht des anderen der von mir erwartete Ausdruck der Aufregung. [...]

Nach einiger Zeit kamen zwei Zöllner herein, baten meine Mitreisende hinaus mit der Erklärung, eine Durchsuchung durchführen zu müssen und schlossen die Tür. Sie entschuldigten sich auch bei mir und sagten, es sei nur eine unangenehme Dienstpflicht. [...] Terespol. Die Grenzer gaben mir die Papiere zurück, notierten sorgfältig meine Personalien und stiegen aus. So gelang ich ins Ausland. [...]

[In Moskau] konnte ich endlich meinen Plan in Angriff nehmen – Professor [Andrej] Sacharow zu treffen. Ich kannte ihn natürlich nicht und hoffte, der bekannte sowjetische oppositionelle Schriftsteller [Wladimir] Woinowitsch werde mich vorstellen. Woinowitsch war aber aus dem Schriftstellerverband ausgeschlossen worden, als zusätzliche Schikane wurde ihm auch das Telefon weggenommen. Ich ging zu ihm hin, traf ihn aber nicht an. Also entschloss ich mich, ohne jede Voranmeldung zu Sacharow zu gehen. [...]

Ich kannte Sacharow von zahlreichen Fotos, doch schon im ersten Augenblick, nachdem er mir die Tür geöffnet hatte, war in seinem Aussehen und Verhalten etwas, was mich überraschte. [...] Sacharow war bescheiden und ungemein natürlich, dem Gesprächspartner wohlwollend zugewandt, ohne einen Anflug von Koketterie. [...]

Ich bat ihn um ein Interview für das außerhalb der Zensur erscheinende „Biuletyn Informacyjny", doch vorher würde ich einfach mit ihm sprechen wollen. Sacharow war über die Aktivität der Opposition in Polen hauptsächlich durch die Sendungen von BBC und „Stimme Amerikas" informiert. Aus dieser Quelle wusste er zum Beispiel auch von dem Solidaritätstelegramm, das KOR und Charta 77 gemeinsam zu seinen Händen geschickt hatten. Seine Kenntnisse waren dennoch bruchstückhaft. Der Empfang des Senders „Radio Svoboda" (Freiheit), der in polnischen Angelegenheiten umfassend berichtete, wurde in Moskau systematisch gestört. (11)

**Erklärung des KSS „KOR"
zur Auflösung seiner Tätigkeit:**

Die Kraft unserer Bewegung lag in der zwischenmenschlichen Solidarität. [...] Wir waren zutiefst überzeugt, dass nur eine offene Kampfansage an die Rechtlosigkeit die Niederlage dieses Unrechts einleiten könnte und dass ihr einzig die Vereinigung der ganzen Gesellschaft ihrer Mitglieder gegen die Repression ein Ende setzen könnte.

Heute sind die unabhängigen gesellschaftlichen Institutionen mächtige Werkzeuge der gesellschaftlichen Selbstverteidigung geworden. Unter ihnen ist die Gewerkschaft „Solidarność", die authentische Vertretung unserer Bevölkerung, das wichtigste. [...]

Wir sind davon überzeugt, dass alle, die früher den Zielen des KOR, danach des KSS „KOR" nahestanden, „Solidarność" unterstützen und gemäß der eigenen Fähigkeiten und Talente in ihren Reihen oder in ihrer Unterstüzung aktiv sein müssen. Wir sind davon überzeugt, dass die polnische Gesellschaft heute reif ist, die Umwandlung unseres Landes in Angriff zu nehmen, das vom Totalitarismus, der Korruption und der Willkür der Staatsmacht verwüstet wurde. [...]

Am fünften Jahrestag der Gründung des KOR betrachten wir unsere Tätigkeit als beendet. [...]

Wir haben uns in den Dienst der Freiheit Polens und seiner Bürger entsprechend unserem Bewusstsein und unserer Sachkenntnis als Staatsbürger gestellt. Wir ließen uns leiten vom Ideal eines Polen, das einstmals auf seine Tradition der Toleranz und der

Mitglieder des KOR beraten sich auf einem Warschauer Friedhof, 1970er Jahre, von links: Antoni Macierewicz, Zbigniew Romaszewski, Jacek Kuroń, Jan Lityński Foto OK

Freiheit stolz sein konnte; eines Polen, das ein gemeinsames Vaterland der Polen, der Weißrussen, der Litauer, der Ukrainer, der Juden, das Vaterland aller Bürger ungeachtet ihrer Sprache, ihrer Konfession und ihrer nationalen Herkunft war. Es steht uns nicht zu, ein Urteil über unsere Arbeit zu fällen. Wir wünschen, dass sie dem großen nationalen Werk gedient hat: dem Aufbau eines unabhängigen, gerechten und demokratischen Polen.

September 1981 (1)

Quellen:

(1) Werner Mackenbach (Hg.), *Das KOR und der polnische Sommer*, Hamburg 1982.
(2) Jan Józef Lipski, *KOR*, Warszawa 2006 (2. Auflage).
(3) Jacek Kuroń, *Gwiezdny czas*, London 1991.
(4) Karta Nr. 6, 1988.
(5) Wojciech Onyszkiewicz berichtet, aufgenommen 1998 von Piotr Śmiłowicz (Archiwum Opozycji Ośrodka KARTA, heute in der Sammlung Archiwum Historii Mówionej OK./DSH).
(6) Adam Michnik, *Nowy ewolucjonizm*, in: Szanse polskiej demokracji, London 1984.
(7) Marian Brandys, *Od dzwonka do dzwonka*, Warszawa 1979.
(8) *Polskie Porozumienie Niepodległościowe. Wybór tekstów*, London 1989.
(9) Marian Brandys, *Moje przygody z historią*, London, 1981.
(10) Vorwort von Jacek Kuroń und Andrzej Friszke, in: Claude Levi-Strauss, *Smutek tropików*, Warszawa 1992.
(11) Zbigniew Romaszewski, *Moja podróż do Moskwy*, in: Kultura Nr. 7, 1979.

Petro Hryhorenko
/Pjotr Grigorenko/ (1907–1987)

Am meisten fürchten die, die uns regieren […], dass ihre Lüge ans Licht kommt. Was wir denken, ist ihnen egal. Sie wollen nur, dass wir die Wahrheit nicht aussprechen.

Pjotr Grigorenko

Foto Memorial/OK

Pjotr Grigorenko:

Die Konferenz begann morgens um 10.00 Uhr [07. September 1961]. Erstes Referat: „Zum Programm der Partei." Sobald die Konferenzplanung bekannt war, gab ich einen Zettel ab mit der Bitte, mir im Zusammenhang mit dem ersten Referat das Wort zu erteilen. Die Rednerlisten wurden vorher fertiggemacht, und „wilde" Wortmeldungen wie meine wurden außer der Reihe notiert. Nur die auf der ordentlichen Liste kamen zu Wort, die anderen mussten kämpfen. Aber ich hatte mich noch nicht entschieden, ob ich kämpfen soll. Denken wollte ich vorläufig auch nicht. Das Referat war zum Einschlafen. […]

Die Diskussion begann. Mein Herz pochte immer stärker. Ich musste mich entscheiden. Hätte irgendjemand etwas von meinen Absichten gewusst, er hätte mich ohne Mühe davon abbringen können. Aber niemand wusste etwas. Ich war mir nicht sicher, ob ich es jemandem sagen sollte, aber ich wusste genauso, dass jeder mir abraten würde. […]

Die für mich in diesem Moment anonyme und feindliche Masse in dem riesigen Saal paralysierte meinen Willen. Der einfachste Ausweg wäre – so schoss es mir durch den Kopf – Schweigen. Soll es sein, wie die Versammlung entscheidet. […]

Unterdessen verließ der letzte Redner die Tribüne. Der Versammlungsleiter sagte: „Genossen! Weil alle grundsätzlichen Probleme berührt wurden, schlage ich vor, die Diskussion zu schließen." In diesem Augenblick war mir, als ob mich jemand vom Platz hochreißt: „Ich bitte in dieser Sache ums Wort!" […]

„Also redet, Genosse Grigorenko", zeigte der Versammlungsleiter mit seinem Bleistift auf mich. „Genosse Grigorenko, Sie haben zehn Minuten."

Ich stand auf und ging nach vorn. Es ist mir später nie gelungen, richtig auszudrücken, was damals mit mir passiert ist. Ich fühlte mich selbst nicht mehr. So muss es einem Todeskandidaten ergehen. Vielleicht war es eine Massenhypnose, der Saal blickte mich wie gebannt an. Auf jeden Fall habe ich etwas Schrecklicheres nie erlebt. Es war der schlimmste Augenblick meines Lebens. Aber zugleich meine Sternstunde. (1)

Pjotr Grigorenko (rechts) mit Vater und Geschwistern Foto Memorial/ OK

Pjotr Grigorenko (5. von links) in einer Gruppe von Offizieren, September 1944 Foto Memorial/OK

Petro Hryhorenko, dt. Pjotr Grigorenko, geboren 1907 in Borisovka im Saporoger Gebiet in der Ukraine als Sohn einer Bauernfamilie, trat als Zwanzigjähriger in die kommunistische Partei ein. Seit 1931 Berufssoldat, kämpfte er im Krieg gegen Japan und Deutschland und erhielt zahlreiche staatliche Auszeichnungen. Nach dem Krieg war er als Dozent an der Militärakademie tätig. Er erlangte den Doktortitel in Militärwissenschaften und wurde zum General ernannt.

Als auf dem 20. Parteitag der Kommunistischen Partei der Sowjetunion 1956 die Grausamkeiten des Stalinismus offengelegt wurden, erkannte Grigorenko, dass das herrschende System nicht den Idealen des Kommunismus entsprach. Bei einer regionalen Parteikonferenz im September 1961 griff er die Politik des Staates und den um sich greifenden Chruschtschow-Kult an. Er musste seine Dozententätigkeit aufgeben, bevor er in den Fernen Osten dienstversetzt wurde. Da er nicht mehr offen reden konnte, entschied er sich, im Verborgenen zu handeln.

Im Herbst 1963 gründete er während eines Urlaubs in Moskau den geheimen Kampfverband für die Wiedergeburt des Leninismus, dem seine Söhne und einige ihrer Freunde beitraten. Grigorenko verfasste Flugblätter, die er unter den Soldaten verteilte, was besonderen Mut verlangte. Darin kritisierte er die Bürokratie des sowjetischen Staates sowie die Repressionen gegenüber den Teilnehmern an den Arbeiterprotesten. Am 1. Februar 1964 wurde er vom KGB verhaftet. Wegen der Verbreitung systemschädigender Informationen ordnete das Gericht ein psychologisches Gutachten an, das ihm die Unzurechnungsfähigkeit bescheinigte. Auf dessen Grundlage wurde er im Juli 1964 zwangsweise in eine psychiatrische Spezialklinik eingewiesen.

Sinaida Grigorenko:

In der Angelegenheit Grigorenko wurden 40 Offiziere verhört, von denen sich 39 positiv über ihn äußerten. Und Chruschtschow, der erneut einsehen musste, welche Autorität Grigorenko in der Armee hatte, änderte das Urteil: statt Erschießen – Zwangspsychiatrie. Bei dieser Gelegenheit gestattete sich Chruschtschow eine Ergänzung der marxistischen Ideologie: „In der sowjetischen Gesellschaft gibt es keine Andersdenkenden, nur Verrückte." Danach begannen sich die psychiatrischen Anstalten mit Menschenrechtlern zu füllen.

Grigorenko wurde nach Moskau in das Serbski-Institut gebracht, dort als nicht normal eingestuft und in die psychiatrische Abteilung des Gefängniskrankenhauses von Leningrad verbracht. (2)

Pjotr Grigorenko:

Die Psychiatrieärztin Margareta Feliksowna notierte meine Antworten schrecklich entstellt. Und das nicht deshalb, weil sie beweisen wollte, dass ich anormal sei, sondern weil sie selber politisch eine völlige Analphabetin war. Das war das Niveau ihres staatsbürgerlichen Bewusstseins. Sie fragte mich zum Beispiel: „Pjotr Grigorjewitsch, in der Akademie hatten Sie ein Gehalt von 800 Rubeln. Was hat Sie dazu verleitet, eine antisowjetische Tätigkeit aufzunehmen? Was hat Ihnen gefehlt?" Meine Antwort war kurz: „Sie werden das nicht begreifen. Mir fehlte die Luft zum Atmen." Da blitzte es in ihren Augen vor Freude, sie dokumentierte meine Antwort für die Akten, bewies sie ihr doch, dass ich wirklich durchgedreht war. (1)

Im April 1965 wurde Pjotr Grigorenko als „geheilt" entlassen und zum Gefreiten degradiert. Nach Aberkennung jeglicher Privilegien arbeitete Grigorenko fortan als Hausmeister, Touristenführer und Transportarbeiter, gleichzeitig trat er nun offen für die Verteidigung der Menschenrechte ein. In seiner Wohnung versammelten sich die Dissidenten. Die ganze Zeit wurde er von seiner Frau Sinaida Michajlowna unterstützt.

Pjotr Grigorenko:

Das Recht ist auf Eurer Seite. Dennoch werden Eure Rechte gebrochen. Warum?

Der Hauptgrund liegt – so scheint es mir – darin, dass Ihr den Gegner falsch einschätzt. Ihr glaubt, es mit ehrlichen Menschen zu tun zu haben, aber das ist nicht wahr. Was Euch angetan wurde, tat nicht Stalin allein. Seine Leute leben nicht nur, sie sitzen auch in hohen Positionen. Sie fürchten, dass sie für die Mitwirkung an diesem Verbrechen zur Verantwortung gezogen werden könnten, falls Ihr zurückbekommt, was unrechtmäßig geraubt wurde.

Pjotr Grigorenko mit seiner Frau Foto Memorial/OK

Deshalb tun sie alles, dass Ihr Euren Kampf nicht gewinnt. [...]

Um diese unnormale Situation zu beenden, müsst Ihr die Überzeugung gewinnen, dass man das, was das Recht garantiert, fordern muss – und nicht darum bitten.

Stellt Forderungen! Und fordert nicht nur einen Teil dessen, was Euch unrechtmäßig genommen wurde.

Beschränkt Euch nicht auf schriftliche Petitionen. Nutzt alle in der Verfassung garantierten Mittel – die Freiheit des Wortes, die Versammlungs- und Demonstrationsfreiheit. [...]

Und beschränkt Euch in diesem Kampf nicht auf Euer eigenes nationales Umfeld. Knüpft Kontakte zu Vertretern anderer Völker der Sowjetunion, vor allem denen, die mit Euch leben – Russen und Ukrainer, die genauso erniedrigt werden wie Euer Volk.

Botschaft an die Krimtataren, 1968 (1)

Pjotr Grigorenko:

Das Anheizen internationaler Spannungen, was im Zusammenhang mit den Ereignissen in der Tschechoslowakei besonders deutlich wird, ist das Normalverhalten unserer Führer. Lüge und Unterdrückung stehen hinter dieser Politik, genau so wie hinter dem Unrecht im eigenen Land. Die Regierenden fürchten sich nicht vor unseren Taten, und schon gar nicht vor Krawallen. Am meisten fürchten sie, dass ihre Lüge ans Licht kommt. Was wir denken, interessiert sie nicht. Sie wollen nur, dass wir die Wahrheit nicht aussprechen. [...]

Ich appelliere an alle Menschen guten Willens in der ganzen Welt. Lasst nicht zu, dass der feige Überfall auf die ČSSR von der Schmach des Schweigens begleitet wird. [...] Es ist die Pflicht von Euch allen, vor allem der Kommunisten unter Euch, in deren Namen diese ungeheuerliche Unrechtstat begangen wurde, von der Sowjetführung den sofortigen Rückzug ihrer Truppen aus der ČSSR zu fordern.

Erklärung im Zusammenhang mit der Verhaftung von Iwan Jachimowitsch, verbreitet im Samisdat, 23. März 1969 (3)

Juri Andropow:

Als Gegner des staatlichen und gesellschaftlichen Sowjetsystems tritt Grigorenko mit feindlichen Ausfällen gegen die Politik der KPdSU auf. [...]

Vielfältige Warnungen und Vorbeugemaßnahmen gegen Grigorenko zeigten keine Wirkung. Er fühlt sich straflos, und mit Unterstützung seiner ausländischen Freunde, die ihm bei jeder feindlichen Aktion zulaufen, aktiviert er seine Anhänger zu immer neuen Formen antisozialistischer Tätigkeit. Im Ergebnis einer Durchsuchung im November 1968 wurden bei ihm über 300 Dokumente tendenziösen und verunglimpfenden Inhalts beschlagnahmt, was ein hinreichender Beleg für seine verbrecherische Tätigkeit ist.

Grigorenko nimmt aktiv an der Herstellung und Verbreitung von aufwieglerischen Materialien zum sogenannten Problem der Krimtataren teil. Darin fordert er Rechte für die kleinen Nationen der UdSSR, die angeblich keinerlei Rechte haben.

Die vorliegenden Materialien belegen, dass Grigorenko unablässig bemüht ist, in seine feindliche Tätigkeit politisch unreife Jugendliche hineinzuziehen. In den Jahren 1968–1969 wurden etwa 20 Personen aufgeklärt, die er zu seiner antigesellschaftlichen Tätigkeit ausnutzt, vor allem zum Sammeln von Unterschriften unter den verleumderischen Dokumenten. Der Vater eines dieser Bekannten Grigorenkos wandte sich mit der

Pjotr Grigorenko (zweiter von rechts in der oberen Reihe) und andere Dissidenten in Charkow Foto Memorial/OK

Bitte an die Organe, „Grigorenko zur Verantwortung zu ziehen, um die jungen Menschen vor dem schädlichen Einfluss dieses Menschen zu schützen."

Unter der Intelligenz verbreitet Grigorenko die Idee von der Notwendigkeit, eine Gesellschaft zur „Verteidigung der Menschenrechte" ins Leben zu rufen, die die Aktivität von Organisationen wie etwa der Hauptverwaltung der sowjetischen Strafanstalten kontrollieren und die „Öffentlichkeit der Verhandlung" in Strafprozessen gegen Angeklagte wegen Vergehen gegen Paragraf 70 und 90 des Strafgesetzbuches sichern soll.

Ein Kulminationspunkt in der rechtswidrigen Tätigkeit Grigorenkos war die Schaffung eines Verteidigungskomitees für Jachimowitsch, der im März von der Staatsanwaltschaft der Lettischen Sowjetrepublik verhaftet wurde.

Ausländische Rundfunkstationen und die Presse, darunter die von reaktionären antisowjetischen Organisationen, informieren die Weltgemeinschaft laufend über die feindliche Tätigkeit Grigorenkos und stellen ihn als „das Gewissen Russlands" dar, als „Avangarde einer großen geschichtlichen Bewegung", als den „bekannten Kämpfer für Recht und Freiheit".

In Erwägung der Tatsache, dass Grigorenko trotz vielfacher Warnungen seine gegen die Gesellschaft gerichtete Tätigkeit nicht einstellt, wird vorgeschlagen, ihn zur strafrechtlichen Verantwortung zu ziehen.

Geheimer Bericht des Vorsitzenden des Komitees für Staatssicherheit (KGB), Juri Andropow.
16. April 1969 (3)

■ Pjotr Grigorenko schloss sich der Dissidentenbewegung an und setzte sich für die von Stalin vertriebenen Krimtataren ein, die in ihre Heimat zurückkehren wollten. Im Samisdat publizierte er einen Artikel unter dem Titel „Die Verschleierung der historischen Wahrheit als Verbrechen gegen die Nation", in dem er Stalin für die Niederlagen der Roten Armee im Jahr 1941 verantwortlich machte. Dieser Text, in Form eines Pamphlets, wurde zum Bestseller des Samisdats.

Grigorenko verteidigte offen die Angeklagten in politischen Prozessen, darunter Alexander Ginsburg, begrüßte den „Prager Frühling" und stellte sich hinter die Menschen, die am 25. August 1968 auf dem Roten Platz in Moskau gegen die militärische Intervention in der ČSSR protestierten. Für Natalja Gorbanewskajas Buch „Zwölf Uhr mittags" schrieb er einen Kurzbeitrag über die Repressionen in der Psychiatrie.

Pjotr Grigorenko während des Aufenthaltes in der Psychiatrie 1969, das Foto wurde von einem Besucher heimlich aufgenommen und im Westen publiziert. Foto Memorial/OK

Im Mai 1969, als er die Bewegung der Krimtataren bei ihrem Prozess verteidigen sollte, wurde er in Taschkent verhaftet und erneut wegen Diffamierung des sowjetischen Systems angeklagt. Das Gericht in Taschkent wies ihn daraufhin zur Zwangsbehandlung in eine Spezialklinik ein. Aus Protest trat er in einen Hungerstreik, wurde dann zwangsernährt und geschlagen. ■

Pjotr Grigorenko:

8. Mai – 11. Juni [1969]: Briefe an den Generalstaatsanwalt der Ukrainischen SSR Rosmetow und den Generalstaatsanwalt der UdSSR Rudenko. Forderungen: Wechsel der vorbeugenden Mittel, Einstellen der Bewa-

chung oder Verlegung der Untersuchung an den Wohnort Moskau und – entsprechend der Strafprozessordnung – den „Ort des Verbrechens", oder Besuchserlaubnis für meine Frau. Falls keine dieser Forderungen erfüllt wird, trete ich in den Hungerstreik.

13. Juni: Beginn des Hungerstreiks

15. Juni: Beginn der Zwangsernährung. Sie schlagen und würgen. [...]

16.-19. Juni: Zwangsernährung. Sie schlagen besonders auf das verletzte Bein. Besonders die aus dem Lefortowo-Gefängnis geben sich Mühe, speziell aus Moskau abgeordnet.

17. Juni: Erklärung, dass der Hungerstreik aus Protest gegen die bestialische Behandlung fortgesetzt wird.

18. Juni: Aufgeschrieben, wer an meinem Tode schuld sein wird. Nach diesen beiden Erklärungen hörten die Grausamkeiten auf. Steckten mich mit Gewalt in die Zwangsjacke. Ich wehrte mich. Die Zahl der Peiniger stieg von fünf auf zwölf. Langer Kampf. Mit schrecklichen Herzschmerzen kippte ich um. Hoffte, dass es das Herz nicht aushält. Wünschte den Tod, rechnete damit, dies würde bei der Entlarvung der Willkür helfen.

20. Juni: Staatsanwältin Naumowa kam in die Zelle und gab zu verstehen, mein Tod sei erwünscht. Dies bestätigt nur, was mir schon früher der Naczalnik des Isolators sagte, Major Lysenko: „Dass Sie sich bloß nicht ein pompöses Begräbnis einbilden. Die Familie erfährt nicht einmal das genaue Todesdatum. Vielleicht teilen wir es ihnen in drei Tagen mit, vielleicht in drei Monaten, vielleicht in einem halben Jahr. Den Ort des Grabes erfahren sie nicht..."

Gefängnistagebuch, 1969 (1)

Wladimir Bukowski:

Nur wenigen war bekannt, dass das erste Konsilium in Taschkent unter der Leitung von Professor Detengof nicht nur die völlige Zurechnungsfähigkeit Grigorenkos feststellte, sondern auch von der Erstellung weiterer Expertisen entschieden abriet.

„Die Untersuchungen haben gezeigt, dass es an seiner psychischen Gesundheit keinen Zweifel gibt. Durch weitere Beobachtungen im Krankenhaus ist ein vertieftes Bild seiner Psyche nicht zu gewinnen – nur die Expertise wird komplizierter, berücksichtigt man das Alter, die extrem negative Einstellung zum

Pjotr Grigorenko, seine Frau und Mykola Rudenko, Vorsitzender der Ukrainischen Helsinki-Gruppe, nach der Entlassung aus der zweiten psychiatrischen Zwangsbehandlung Foto Memorial/OK

Aufenthalt in psychiatrischen Kliniken und die erhöhte Empfindlichkeit", schrieben die Experten aus Taschkent.

Und erst danach verbrachte das KGB Grigorenko im Eilverfahren nach Moskau ins Serbski-Institut zu einer weiteren Expertise, wo es den Arzt und KGB-Oberst Lunz nichts kostete, aus dieser „Empfindlichkeit" und der „negativen Einstellung zum Aufenthalt in psychiatrischen Kliniken" eine Paranoia zur „Formulierung von Reformideen" zu machen.

Ich kannte Pjotr Grigorjewitsch Grigorenko persönlich sehr gut, ich kannte seine ganze Familie und muss sagen, dass ich selten im Leben selbstkritischere und bescheidenere Menschen mit so ausgewogenen Ansichten getroffen habe. Jedoch werden ihn meine „ehrlichen Spezialisten" – wenn ich sie finde – nicht persönlich kennen [Bukowski hatte vor, unabhängigen Spezialisten die gesammelte Dokumentation zum Begutachten vorzulegen]. Das Einzige, was übrig blieb, war auf die ausreichende Selbstverständlichkeit der eigentlichen Expertise zu rechnen. (5)

Andrej Sacharow:

Im Jahre 1971 erschien im Samisdat eine seinerzeit anonyme Expertise, die bewies, dass Grigorenko an keiner psychischen Krankheit litt (was später von hervorragenden amerikanischen Psychiatern bestätigt wurde). Autor war der junge Arzt Semjon Glusman, der 1972 verhaftet und zu sieben Jahren Freiheitsentzug und drei Jahren Verbannung verurteilt wurde (formal auf der Grundlage einer völlig anderen Anklage). (6)

■ Im September 1973 wurde Grigorenko in ein normales psychiatrisches Krankenhaus verlegt und im Juni 1974 – am Vortag des

Aktion zur Befreiung Welikanowas – Pjotr Grigorenko in den USA
Foto Memorial/OK

Staatsbesuches von US-Präsident Richard Nixon in der Sowjetunion – beschloss die Regierung, seine Zwangsbehandlung zu unterbrechen. Seine traumatischen Erlebnisse hinderten den ehemaligen General nicht an seinen Aktivitäten zur Verteidigung der Menschenrechte. Grigorenko schloss sich der Moskauer Helsinki-Gruppe an und beteiligte sich an der Bildung der Ukrainischen Helsinki--Gruppe. Im November 1977 durfte er für ein halbes Jahr zur ärztlichen Behandlung in die USA reisen.

Während dieses USA-Aufenthaltes hielt er sich bewusst mit politischen Äußerungen zurück. Die Sowjetführung nutzte jedoch die Gelegenheit und erkannte Grigorenko die sowjetische Staatsbürgerschaft ab. In seinem unfreiwilligen Exil entledigte er sich seiner letzten kommunistischen Überzeugungen und kehrte zum orthodoxen Glauben zurück.

Er starb 1987 in New York und wurde auf dem ukrainischen Friedhof beigesetzt. ■

Quellen:

(1) Pjotr Grigorenko, *Erinnerungen*, München 1981.
(2) Sinaida Hryhorenko, *Erinnerungen*, unveröffentlicht.
(3) Prawosaschtschitnik, Nr. 1, 1995.
(4) Petro Hryhorenko, *Erklärung im Zusammenhang mit der Verhaftung von Jachimowitsch, verbreitet im Samisdat*, London 1973.
(5) Wladimir Bukowski, *Wind vor dem Eisgang, Ullstein Kontinent*, Berlin 1981.
(6) Andrej Sacharow, *Mein Leben*, München 1991.

Tatjana Welikanowa (1932–2002)

Und wer bleibt dann noch hier? Wir sind für alles verantwortlich, was in unserem Land geschieht, und ich will mich aus dieser Verantwortung nicht davonstehlen.

Antwort auf ein Angebot zur Emigration

Foto Memorial/OK

Julij Kim:

Tatjana Michailowna war der Inbegriff des russischen Intellektuellen der 1970er Jahre, der sich für die Verteidigung der Menschenrechte unter größtem Risiko engagierte, als dafür auf jeden Fall eine Kündigung, wenn nicht die Ausweisung aus der UdSSR oder Verhaftung, sogar der Tod drohten [...]. Und sie ist dieses Risiko eingegangen, sie hat all diese Prüfungen so würdig wie nur möglich ertragen. (1)

Tatjana Welikanowa wurde 1932 in Moskau geboren. 1954 schloss sie das Studium an der physikalisch-mathematischen Fakultät der Universität Moskau ab. Am 25. August 1968 war sie während der „Demonstration der Sieben" – einer Protestaktion gegen die militärische Intervention in der Tschechoslowakei – auf dem Moskauer Roten Platz anwesend, an der ihr Ehemann, Konstantin Babitzki, teilnahm. Nach dessen Verhaftung begann Tatjana Welikanowa sich für die Menschenrechte einzusetzen. Im Mai 1969 wurde Welikanowa Gründungsmitglied der „Initiativgruppe zur Verteidigung der Menschenrechte in der UdSSR", sie war auch Mitherausgeberin der meisten Dokumente dieser Gruppe.

Welikanowa spielte eine sehr wichtige Rolle bei der Herausgabe der illegalen Zeitschrift „Chronik der laufenden Ereignisse". Nach der Verhaftung der leitenden Redakteurin Natalja Gorbanewskaja Ende 1968 übernahm sie die Hauptaufgaben bei der Organisation und Leitung der Zeitschrift, verbunden mit der Vorbereitung der weiteren Ausgaben der „Chronik", des Vertriebs der sogenannten Nullnummer, also der ersten Testexemplare.

Ihre Wohnung gehörte in den 1970er Jahren zu den zentralen Orten, an denen Informationen über politisch Verfolgte aus der gesamten Sowjetunion zusammenliefen. Zu ihren engsten Mitarbeitern gehörten Sergei Kowaljow und Tatjana Chodorowitsch. ■

Tatjana Welikanowa, 1950er Jahre
Foto Memorial/OK

Initiativgruppe zur Verteidigung der Menschenrechte in der UdSSR:

Es ist bekannt geworden, dass die Häftlinge einiger Lager in Mordwinien und im Gebiet Perm den heutigen Tag des 30. Oktober 1974 zum „Tag der politischen Häftlinge in der UdSSR" erklärt haben.

Wir hoffen, dass viele Menschen in verschiedenen Ländern diesem Leid und diesem Kampf gegenüber nicht gleichgültig bleiben und die politischen Gefangenen in der Sowjetunion unterstützen werden.

Wir bitten Journalisten und unabhängige Presseagenturen [...], ihre Leser an das Leid unserer Freunde in den Gefängnissen, psychiatrischen Kliniken und Lagern, an deren schweren Kampf um den Erhalt der Menschenwürde zu erinnern.

Der Begriff „politischer Gefangener" wird in unserem Lande offiziell nicht gebraucht – im Gegenteil, die Regierung behauptet, dass es keine politischen Gefangenen in der Sowjetunion gebe. Jene, die man sonst überall politische Gefangene nennt, werden dem Strafkodex gemäß als „besonders gefährliche Staatsverbrecher" oder als „Verbrecher gegen die Staatsordnung" verurteilt. [...]

Es entstand eine paradoxe Situation – die Gerichte schreiben einem Menschen politische Ziele zu, aber nach einer Verurteilung aus eben diesen Gründen, erklären sie ihn für einen gewöhnlichen Verbrecher. [...]

Heute haben unsere Freunde in einigen Lagern Mordwiniens und des Permer Gebietes ein- und zweitägige Hungerstreiks erklärt. [...] Indem wir den Journalisten Berichte über die Straflager und die wichtigen Dokumente übergeben, die von den Häftlingen mit nicht geringer Mühe und ungeheurem Risiko in die Freiheit gesandt wurden, bitten wir, daran zu denken, dass deren Verfassern die Rache der Strafvollzugsbehörden droht. Unsere Freunde nehmen bewusst dieses Risiko auf sich. Die Veröffentlichung der Erklärungen und Briefe geschieht aus ihrem freien Willen. Es ist ein Versuch, sie vor den strengen Strafen zu schützen, es ist eine Verpflichtung derer, die frei sind, unsere und eure Pflicht.

Tatjana Welikanowa, Sergei Kowaljow,
Grigorij Podjapolski, Tatjana Chodorowitsch,
Erklärung zur Einführung des Tages
des politischen Gefangenen in der UdSSR,
30. Oktober 1974 (2)

Natalja Gorbanewskaja:

Ich kannte sie damals noch nicht, auch ihren Mann nicht... Während der Demonstration [auf dem Roten Platz am 25. August 1968] stand Tanja unter den Zuschauern exakt mir gegenüber. Am nächsten Tag wurde ich aufgefordert, mich bei der Verwaltung der Kriminalmiliz der Hauptstadt Moskau zu melden. Ich ging selbstverständlich nicht alleine hin, aber als wir dort ankamen, sah ich Tanja, die nach ihrem Mann suchte. Sie wusste nicht, dass die verhafteten Demonstranten alle längst im KGB-Gefängnis saßen. Als Tanja sagte, sie sei während der Demonstration auf dem Platz gewesen, wurde sie aufgefordert, mich als Teilnehmerin eines Vorfalls zu erkennen, der die öffentliche Ordnung gefährdet haben sollte. Ich sah, wie verlegen sie war, also lächelte ich sie an und auf diese Weise lernten wir uns kennen.

Tanja wurde verhört, sie war auch Zeugin bei dem Prozess, sagte jedoch nichts, außer den allgemein bekannten Fakten. Ihre Verwunderung war groß, als sie im Gerichtsurteil las, dass die Schuld der Angeklagten unter anderem durch die Aussagen der Zeugin Tatjana Welikanowa bewiesen wurde. Seitdem verweigerte sie bei allen Verhören die Antworten. Sie blieb alleine mit drei Kindern, ihr Mann wurde zur Verbannung verurteilt.

1969 entstand in Moskau die erste Menschenrechtsorganisation – die Initiativgruppe zur Verteidigung der Menschenrechte, die von drei Frauen ins Leben gerufen wurde: Natalja Gorbanewskaja – einer allein erziehenden Mutter zweier Kinder, Tatjana Welikanowa, die alleine drei Kinder großzog, und Tatjana Chodorowitsch, einer Witwe mit vier Kindern ... Später, nachdem ich aus dem Gefängnis entlassen worden war, bat mich ausgerechnet Tatjana Welikanowa, als Redakteurin bei der „Chronik der laufenden Ereignisse" mitzuarbeiten. (3)

Sergej Kowaljow:

Ein westlicher Sowjetologe sagte einmal über die „Chronik": „Das ist äußerst solide Arbeit. Ich denke, da gibt es im Untergrund ein kleines Institut, das sich mit der Sammlung und Auswertung von Informationen befasst." Wenn er das Institut bloß sehen würde! (4)

Leitende Personen der Initiativgruppe zur Verteidigung der Menschenrechte in der UdSSR, von links: Sergej Kowaljow, Tatjana Chodorowitsch, Tatjana Welikanowa, Grigorij Podjapolski, Anatolij Lewitin-Krasnow Foto Memorial/OK

Malva Landa:

Zwei Ausgaben der „Chronik", die Nummern 24 und 25, bereiteten wir [1972] in der winzigen Wohnung von Sergei [Kowaljow] vor. Ludmila, seine Frau, war darüber bestimmt sehr verärgert, als wir uns alle dort versammelten. Vor allem deswegen, weil sie damals ein kleines Kind hatten.

Sergei und Tatjana Welikanowa mieteten daraufhin eine Einzimmerwohnung nahe der U-Bahn Station Krasnopresnenskaja. So arbeiteten wir Tag und Nacht. Ich musste schlafen, aber Sergei und Tanja konnten zwei Wochen ohne Unterbrechung arbeiten, fast ohne Schlaf. (4)

Andrej Sacharow:

In meinen Augen gehört Tatjana Welikanowa zu denen, die die Menschenrechtsbewegung in der UdSSR verkörpern, ihre Reinheit und Kraft. [...] In den entscheidenden Jahren befand sie sich im Epizentrum dieser Bewegung. [...] Sie ist stark, energisch und vernünftig.

Ihre Beteiligung an der Menschenrechtsbewegung ist Ausdruck einer tiefen inneren Überzeugung von der moralischen und existenziellen Notwendigkeit dieses Kampfes. Tanjas Verhaftung und ihr Prozess hat alle, die sie kannten, äußerst empört. (5)

1976 wurde Tatjana Welikanowa aus ihrer Arbeit entlassen, ihre Wohnung mehrfach durchsucht. Im Oktober 1979 wurde sie verhaftet und im August 1980, wie viele andere Menschenrechtler in der UdSSR, wegen „antisowjetischer Agitation und Propaganda mit dem Ziel der Untergrabung und Schwächung der Sowjetmacht" zu vier Jahren verschärfter Lagerhaft und fünf Jahren Verbannung verurteilt. Im Gerichtssaal fanden sich Milizionäre und KGB-Agenten ein, dazu einige Verwandte, die vorsorglich erst am Verhandlungstag unterrichtet wurden. Von den Freunden war niemand da.

Um sich nicht zu einer Handlangerin der Unterdrückung zu machen, verweigerte sie als eine der wenigen Dissidenten in der Untersuchungshaft und während der Verhandlung konsequent jegliche Zusammenarbeit mit dem Gericht und dem KGB. Ihre Lagerhaft verbrachte sie in Mordwinien, bevor sie nach Kasachstan in die Verbannung geschickt wurde.

Irina Ratuschinskaja, eine Mitgefangene in Mordwinien:

Diese Logik ist nachvollziehbar: Tatjana Michailowna Welikanowa, eine weltweit bekannte und angesehene Persönlichkeit, ist für

Tatjana Welikanowa (1. von links) und Lev Lukianenko Foto Memorial/OK

sie ein gesellschaftlich schädliches Element. Dass ein Mensch selbstständig denken kann und selbstständig zu bestimmten Erkenntnissen und Schlüssen kommt, ist für KGB-Leute unvorstellbar (nach ihrem Verständnis bestimmt das Sein das Bewusstsein), und so sind sie ständig auf der Suche nach schädlichen fremden Einflüssen. In der Freiheit liegen die Dinge klar, da sind es die westlichen Radiosendungen – andere Quellen, aus denen der sowjetische Mensch seine Ideen von der eigenen Würde und seinem Recht auf Selbstbestimmung schöpfen könnte, gibt es ja nicht für sie. Aber hier, in der Zone, kann ja nur Radio Moskau empfangen werden! Woher also der verderbliche Einfluss? Natürlich geht er von der Welikanowa aus, sie ist es, die uns verdirbt! Sie ist ja auch älter als wir und damit für uns, die zweite Dissidentengeneration, zweifellos eine Autorität in strittigen Fragen.

Tatjana Michailowna und ich gehen hinaus, um Brennholz zu sägen. Wir hatten uns Pfähle von einem abgerissenen Zaun in die

Zone holen dürfen, die wir nun zu Brennholz für den Herbst verkleinern. Die Pfähle sind dick und haben hier vermutlich seit Gründung der mordwinischen Siedlung den Zaun gehalten. Aber wir stellen uns gar nicht dumm an (obwohl wir beide Stadtmenschen sind), und die Arbeit geht uns flott von der Hand, zumal wir uns dabei über Gott und die Welt unterhalten. Tatjana Michailowna wird im Herbst in die Verbannung gehen, unsere gemeinsame Zeit ist bald abgelaufen.

Sie war in der Zone der Mensch, der mir am nächsten stand, meine weiseste Ratgeberin, mein Vorbild. Ihre Geduld gegenüber den Schwächen und Fehlern anderer Menschen war grenzenlos. Außerdem war sie eine wandelnde Enzyklopädie in Fragen der Menschenrechtsbewegung und deren Traditionen. Oft, sehr oft dachte ich nach ihrer Abreise voller Dankbarkeit an diese hochherzige, selbstlose Frau, die durch die edle Tradition von Würde und Sorge Maßstäbe in der Zone setzte. (6)

■ Im Mai 1987 wurde Tatjana Welikanowa begnadigt, nahm jedoch diesen Straferlass nicht an und blieb noch bis Dezember an ihrem Verbannungsort.

Nach ihrer Rückkehr nach Moskau unterrichtete sie in unteren Klassen Mathematik und Russisch. Tatjana Welikanowa starb 2002 in Moskau. ■

Tatjana Welikanowas „Haus" in der Verbannung in Kasachstan, um 1985 Foto Memorial/OK

Tatjana Welikanowa in der Verbannung in Kasachstan Foto Memorial/OK

Jelena Bonner, Ehefrau von Andrej Sacharow:

Sie gehörte nie zu dem Bürokraten-Kreis um die Menschenrechte, also zu diesen Menschen, die seit der Perestrojka begonnen hatten, irgendwelche Posten zu besetzen oder in Menschenrechtsorganisationen zu arbeiten. Nachdem sie aus dem Lager und der Verbannung zurückgekehrt war, unterrichtete sie Mathematik an einer der Moskauer Schulen. Tanja war ein sehr offener, sehr edler und guter Mensch. Ich behielt an kaum jemanden aus unserem Dissidentenkreis so herzliche Erinnerungen, solche Gefühle, wie an Tatjana Welikanowa. (1)

Quellen:

(1) http://www.svobodanews.ru/content/transcript/376394.html (20.06.2012)
(2) Kuratorium Geistige Freiheit (Hg.), *Russischer Samisdat. Stimmen aus dem „anderen Russland"*, Nr. 7, Bern 1975.
(3) *Katyń to mój ból.* Mit Natalja Gorbanewskaja sprach Anna Morawiecka, http://ludzkasprawa.pl/content/view/587/43/ (20.06.2012)
(4) Karta Nr. 16, 1995.
(5) Andrej Sacharow, *Mein Leben*, München 1991.
(6) Irina Ratuschinskaja, *Grau ist die Farbe der Hoffnung. Bericht aus einem Frauenlager*, München und Hamburg 1988.

Wassyl Stus (1938–1985)

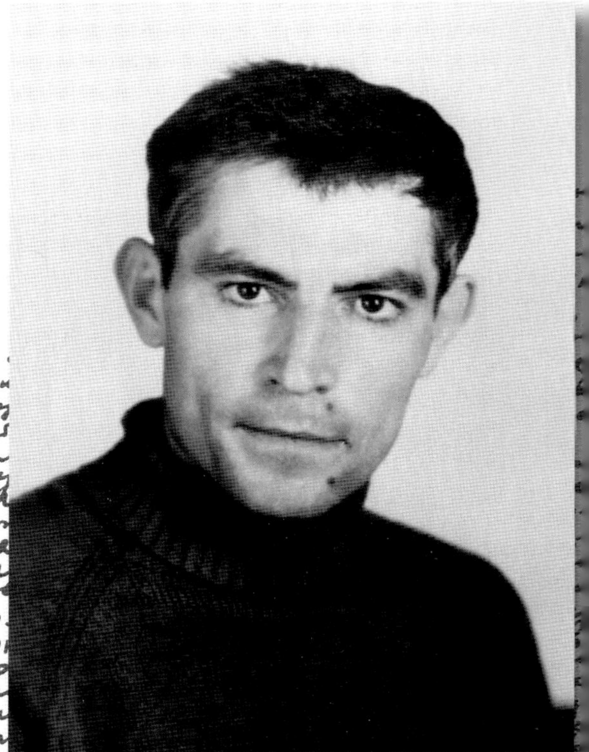

Ich schätze die Fähigkeit, in Würde
zu sterben. Das ist mehr wert,
als Verse zu schmieden.

Aus *Credo,* 1976

Wassyl Stus:

XXX

Schon ist ein Unabwendbares geschehen.
Noch irrt ein Lächeln übers Antlitz hin,
dem Vogel gleich, der auf dem Zweige sitzt
und die Gefahr schon spürt und dennoch zögert
davonzufliegen. Eine blaue Glocke
tönt noch mit einem hohen, kühlen Klang,
doch immer heftiger ertönt ein Sprung,
und in der Brust erbebt das kranke Herz,
als wäre es der Klöppel einer Glocke,
die gleichfalls krank ist. Ja, noch blüht der Garten,
noch zwitschert dünn die trunkne Vogelschar,
doch Unabwendbares ist schon geschehen,
es nähert sich schon eilig meinem Hof
wie eine Wolke. Bald wird Donner sein
und Regen, Hagel, Feuer flammen auf,
gespannt und prall wie erste Sommerzweige.
Und noch etwas wird sein. Noch mehr. Der Tag
steht – aufgeschossen wie ein Fernsehturm
und bohrt sich in die Höhe stachelspitz,
gleich, gleich wird er als heiße Träne quellen
und sich ergießen, setzen, niederfallen
und irgendwo versinken bis zum Knie
unter der Last der Ahnung, die mich drückt
denn schon ist Unabwendbares geschehen.

Aus dem Zyklus Palimpseste, 12. Mai 1971 (1)

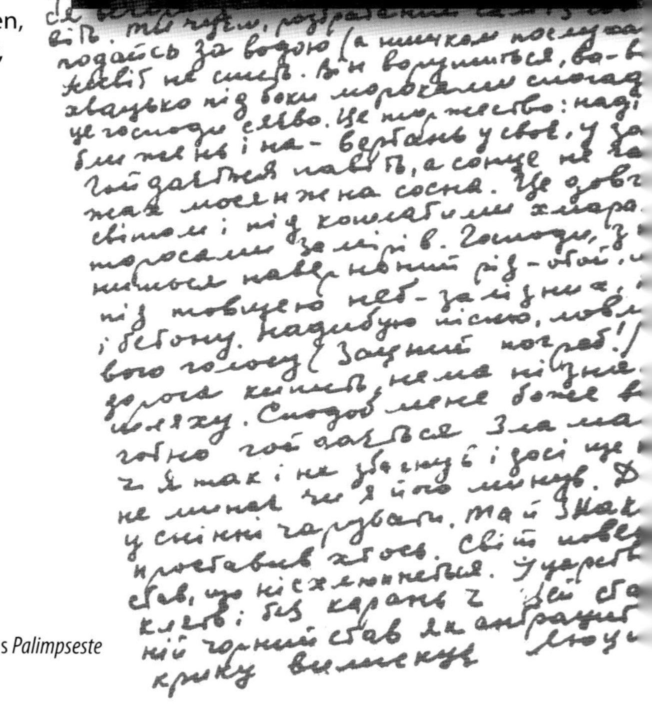

Handschrift eines Gedichts von Wassyl Stus aus dem Zyklus *Palimpseste*

Lew Kopelew:

Wassyl Stus ist ein Poet. Stets und immer ist es die ukrainische Sprache, in der er denkt, träumt, dichtet. Die Bilder seiner Heimat leuchten ihm auch in den finstersten Gefängniszellen und Lagerbaracken. Die Stimme der Ukraine, ihre Lieder, ihre Klagen, altvertraute Weisen und neue, eben entstehende Melodien klingen in ihm, trotz all der überlauten, feindlichen, fremden Geräusche. Unerschrocken, ungebrochen widersteht er den brutalen Gewalten, die seine Heimat unterdrücken, die ihn verfolgen, foltern, mundtot zu machen versuchen. Doch ihnen zum Trotz bleibt sein Schaffen eine weise und kampfeslustige, sanfte und zornige, lebensvolle und todesmutige Poesie.

Vorwort aus dem Tagebuch des Wassyl Stus (2)

Wassyl Stus (links) mit Arbeitskollegen bei der Bahn, 1954 Foto DS

Wassyl Stus:

Meine Gedichte, Übertragungen und literarischen Essays sind eine verbotene Beschäftigung – die Pflicht eines Sohnes dieses Volkes, denn die Verantwortung für dieses Volk ist meine einzige wirkliche Aufgabe. Ich werde mir keine weniger gefährliche Position aussuchen als die eines Schriftstellers. (3)

Wassyl Stus mit seinem Sohn Dmytro, ca. 1966
Foto Memorial/OK

■ Wassyl Stus wurde am 6. Januar 1938 in Rachniwka bei Winnyzja in der Ukraine geboren. Seine Mutter erzog ihn in der folkloristischen ukrainischen Tradition, was für die Ausprägung seines Weltbildes bestimmend war. 1959 schloss er ein Geschichts- und Philologiestudium in Donezk ab.

Nach dem Militärdienst arbeitete Stus als Redakteur der Zeitschrift „Sozialistisches Donbass" bevor er 1963 ein literaturwissenschaftliches Doktorandenstudium begann. 1965 heiratete er Walentyna Popeluch und ein Jahr später wurde sein Sohn Dmytro geboren.

Am 4. September 1965 nahm er an einer spontanen Protestaktion nach dem Film von Sergei Paradschanow *„Tini sabutych predkiw"* (Schatten vergessener Ahnen) [dt. Titel *„Feuerpferde"*] im Kiewer Kino „Ukraina" teil, die sich gegen die Verhaftungen aufbegehrender Intellektueller richtete. Er verlor daraufhin seinen Studien- und Arbeitsplatz, schlug sich mit Hilfsarbeiten durch und schrieb nebenher Gedichte, Kritiken und übersetzte. 1965 bemühte er sich, sein erstes Buch zu veröffentlichen – ohne Erfolg. Alle Versuche, in einem sowjetischen Verlag zu publizieren, schlugen fehl. Der Band *Symowi derewa* (Winterbäume) erschien 1970 in Belgien.

Stus protestierte gegen die Wiedergeburt des Personenkultes, Entnationalisierungspolitik und die Einschränkung der Redefreiheit. Er unterschrieb Protestbriefe der sich neu formierenden Opposition. 1971 trat er dem Komitee zur Verteidigung Nina Strokatas bei. Am 12. Januar 1972 wurde er wegen „antisowjetischer Agitation und Propaganda" festgenommen. Als Begründung genügten dem Gericht seine im Samisdat veröffentlichten Gedichte und Essays. Am 7. September 1972 wurde er zu fünf Jahren Lagerhaft und drei Jahren Verbannung verurteilt.

Ab Februar 1973 befand er sich in den berüchtigten mordwinischen Lagern. Während der Haft zog er sich eine lebensgefährliche Krankheit zu. Trotzdem nahm er an Protestaktionen der politischen Häftlinge teil – Hungerstreiks, Protestbriefe und Appelle, die er zum Teil selbst verfasste. In seinem Brief vom 1. August 1976 an das Präsidium des Obersten Rates der UdSSR verzichtete er auf die sowjetische Staatsbürgerschaft.

Die Lagerverwaltung beschlagnahmte seine Gedichte, die nie wieder gefunden wurden. Stus appellierte an den P.E.N.-Club, Maßnahmen zu ergreifen und die Autorität der Organisation zu nutzen, um seine Werke (Lyrik und Übersetzungen) zu retten. 1978 wurde er in den internationalen P.E.N.-Club aufgenommen.

Am 11. Januar 1977 trat er den Weg in die Verbannung in das lebensfeindliche Magadan an, wo er in einer Goldmine arbeitete und unaufhörlich schikaniert wurde. Während dieser Zeit lebte Stus zusammen mit ehemaligen Kriminellen in einem Wohnheim für Arbeiter. ■

Wassyl Stus:

Am 5. März 1977 erreichte ich die Kolyma. Hinter mir lagen 53 Transporttage, fast zwei Monate. Mir kommt die Zelle des Durchgangsgefängnisses von Tscheljabinsk mit ihren Scharen von Kakerlaken an den Wänden in den Sinn. Als ich sie betrachtete, spürte ich, wie ein brennender Juckreiz meinen ganzen Körper befiel. Danach folgte das Durchgangsgefängnis von Nowosibirsk und das fürchterliche Gefängnis von Irkutsk [...]. Die betrunkenen Gefängnisaufseher von Irkutsk schienen mir aus den Kohorten der despotischen Gendarmen der Zaren Nikolaus I. und Alexander II. zu stammen. Einer von ihnen hätte mich beinahe zusammengeschlagen, als ich mich über sein brutales Benehmen beschwerte. Schließlich kam Chabarowsk und danach das Passagierflugzeug, in dem die Freien durch einige Sitzreihen von den Sklaven getrennt waren. Hier brauchte man sich vor niemandem zu schämen. Ich wurde mit Handschellen an einen Rückfalltäter gefesselt, und so verbrachten wir etwa zwei Stunden.

Dann war auch die Kolyma erreicht. Ein tief hängender, kalter Himmel, ein kleines Gefängnis an irgendeinem Platz, ein relativ gutes Essen und eine warme, dämmrige Einzelzelle. Ich wurde zum Gefängnisleiter gerufen, er hatte noch nie einen politischen Häftling gesehen.

Nach einigen Tagen Fahrt brachte mich der Polizeikastenwagen, in dessen Mitte ein kleiner Eisenofen stand, nach Ust-Omtschug, das liegt 400 km von Magadan entfernt. Dort wurde ich in eine Vorbeugehaftzelle gesteckt, einige Tage festgehalten und schließlich zum Milizkommandanten Perewersjew gebracht, der mir erklärte, dass ich im Matrosowo-Bergwerk arbeiten und im Zimmer Nr. 56 des Arbeiterwohnheims wohnen werde. Da ich über meinen Gesundheitszustand zu klagen hatte, wollte er mich den Ärzten zeigen. Nach etwa zwanzig Minuten untersuchten mich entsprechend unterrichtete Ärzte, die mich natürlich einstimmig für gesund erklärten.

Am Abend des 5. März 1977 wurde ich in die Bergarbeitersiedlung gebracht. Im Zimmer saßen um eine Schnapsflasche etwa fünf betrunkene junge Männer, die mich zu erwarten schienen. Niemand wunderte sich über mich. Ein Radio dröhnte, ein Tonbandgerät und ein Transistor johlten laut, ihnen war wohl sehr lustig zumute.

Die Brigade, der man mich zuteilte, war eine kommunistische Stoßbrigade. Fast die Hälfte der Arbeiter waren Parteimitglieder. Es war eine Musterbrigade, in der ich umerzogen werden sollte.

Im Bergwerksstollen herrschte fürchterlicher Staub. Eine Ventilation war nicht vorhanden. Es wurden senkrechte Sackstrecken gebohrt. Der Presslufthammer wog 50 kg, die Stange bis zu etwa 85 kg. Wenn die „Fenster" gebohrt wurden, musste man mit Schaufeln das Gestein abtragen. Das Atemschutzgerät bestand aus einer Mullbinde, die nach einer halben Stunde untauglich wurde, sie war nass und mit Staub bedeckt. Man riss sie herunter und arbeitete ohne Schutz. Nach Arbeitsschluss kam man nassgeschwitzt mit dem Aufzug an die Oberfläche an die eisige Luft. Lungen- und Muskelentzündungen sowie Rheuma verfolgen jeden dortigen Bergarbeiter. Dazu kommen das Zittern nach jahrelanger Arbeit mit Pressluftbohrern und die Staublunge. [...] Betriebsunfälle im Bergwerk sind sehr häufig. Hier stürzt ein Felsbrocken herunter, dort wird ein Mann eingeklemmt, dann fällt ein Bohrarbeiter ins „Loch", oder man gerät unter einen Förderwagen. Gebrochene Arme, Beine, Rippen kann jeder zweite von ihnen aufweisen. [...] Abends kam ich immer von der Arbeit ins Wohnheim zurück und fiel wie tot auf mein Bett. Es gab nur Arbeit und Schlaf. Dazwischen existierte nichts. Diese Arbeit hielt ich drei Monate aus. Dann musste ich den Behörden erklären, dass diese Arbeit nicht meiner Gesundheit entsprach. Die Miliz wurde wütend, und es begannen die ersten Repressalien. [...]

Am 10. Februar 1978, als ich mich nur mühsam vorwärts bewegen konnte und bereits wieder im Bergwerk arbeitete, wurde ich zur Kaderabteilung bestellt. Es zeigte sich, dass sie diese Zeit für eine Zimmerdurchsuchung nutzten. Die Durchsuchung fand im Zusammenhang mit dem Strafverfahren gegen das Mitglied der Ukrainischen Helsinki-Gruppe Lew Lukianenko statt. Es war denen gleichgültig, dass ich Lukianenko persönlich gar nicht kannte und wir nur zwei, drei Briefe gewechselt hatten. Man beschlagnahmte dabei meine Briefentwürfe an [Rassul] Gamsatow, [Pjotr] Grigorenko, etliche Briefe von meinen Freunden sowie ein Gedichtheft. Danach wurde ich drei Tage lang in Ust-Omtschug verhört. Ich habe nichts gestanden, höchstens meine Entrüstung zum Ausdruck gebracht. Nun hatten die Repressalien einen Höhepunkt erreicht. In meinem Zimmer wurden jetzt Säufer untergebracht. Sie sollten später, während meines nächsten Strafverfahrens, als Belastungszeugen auftreten. [...] Jeden Abend kam irgendjemand zu mir – einmal war es eine Komsomolzen-Patrouille, ein anderes Mal die Miliz. [...] Ausgerechnet dann bekam ich ein Telegramm mit der Nachricht über den Tod meines Vaters. Aber die Miliz ließ mich nicht nach Hause. Als Zeichen des Protestes musste ich einen Hungerstreik ausrufen. (2)

Wassyl Stus in der Verbannung auf der Halbinsel Kolyma, 1977–79
Foto Memorial/OK

Wassyl Stus:

Psychologisch war mir klar, dass sich das Gefängnistor für mich bereits wieder geöffnet hatte und sich bald schon hinter mir schließen würde, und zwar für lange Zeit. Doch was hätte ich tun sollen? Ukrainer wurden zur Ausreise nicht zugelassen, außerdem war ich nicht scharf darauf, ins Ausland zu gehen. Wer würde dann die Stimme der Entrüstung und des Protestes in der Ukraine erheben? Das war Schicksal, und sein Schicksal kann sich keiner aussuchen. Man nimmt es an, so wie es kommt. Nimmt man es nicht an, dann wird man vom Schicksal ja doch gepackt. [...] In der Sowjetunion muss man in der Regel immer eine zweite Haftstrafe abbüßen – dann ist alles klar und einfach. Keine Überraschungen. (2)

Michail Hejfetz, Mitgefangener in Mordwinien:

Wassyl schien sehr geschwächt zu sein. Ein Gesicht mit kantigen Zügen, wie in Holz geschnitzt, Backen wie gehobelt und beinahe kahlgeschoren. [...] Wassyl ist so geschaffen, dass er keine Unwahrheit über die Lippen bringt, selbst wenn ihn dies retten könnte. Dieser Charakterzug machte ihn in der Lagerwelt extrem verwundbar und

Lagertrakt für Sonderbehandlung im strengen Regime, Lager Perm-36 in Kutschino, Gedächtnisrekonstruktion von Boleslaw Stening Foto DS

führte zu seiner völligen Erschöpfung. Als seine Freunde wollten wir keineswegs, dass er Kompromisse schließt – nur dass er nicht ganz so heftig reagieren möge, kaum dass ihm der Feind unter die Augen gekommen war. Aber – keine Chance! (4)

■ Im August 1979 kehrte Stus nach Kiew zurück. Er arbeitete als Handwerker, nahm sein literarisches Schaffen wieder auf, und setzte sich für die drangsalierten Mitglieder der Ukrainischen Helsinki-Gruppe ein. Er selber trat der Gruppe im Oktober 1979 bei.

Am 14. Mai 1980 wurde er erneut verhaftet, unter dem Vorwurf, Briefe an Andrej Sacharow, Lew Lukianenko und befreundete Systemkritiker in Kiew geschrieben zu haben. Am 2. Oktober 1980 verurteilte ihn das Kiewer Bezirksgericht als „besonders gefährlichen Wiederholungstäter" zu zehn Jahren verschärfter Lagerhaft und fünf Jahren Verbannung. Die Haftstrafe verbüßte er in dem berüchtigten Lager Kutschino bei Perm. ■

Wassyl Stus:

Ich verfolge die Ereignisse in Polen. Hoch sollen die Freiheitskämpfer leben! Man freut sich über die Unnachgiebigkeit der Polen gegenüber dem sowjetischen Despotismus. Ihre Aktionen, die das ganze Volk umfassen, sind beeindruckend, die Arbeiter, die Intelligenz, die Studenten, alle sind dabei, außer Armee und Polizei. [...] In der totalitären Welt gibt es kein anderes Volk, das mit solcher Hingabe seine Menschen- und Selbstbestimmungsrechte verteidigen würde. Polen gibt der Ukraine ein Beispiel. [...] Nach den Ereignissen in Polen kann, wie es mir scheint, nur noch der letzte Dummkopf und Schuft an die Ideale Moskaus glauben. [...]

Ich bin begeistert von den polnischen Kämpfern und bedaure, dass ich kein Pole bin. Polen weckt eine neue Epoche in der totalitären Welt und bereitet deren Niedergang vor. Ob das polnische Beispiel indes auch unser eigenes wird, ist fraglich.

Notiz nach der Einführung des Kriegszustands in Polen (2)

Wassyl Stus:

Der Versuch, unter diesen Bedingungen ein Tagebuch zu führen, ist gleichsam ein Akt der Verzweiflung. Solche Bedingungen, wie sie hier herrschen, hat es in der Erinnerung der Leute weder in Mordwinien noch in den schwarzen Zonen gegeben. Kurz und gut, das Lagerregime, das hier in Kutschino eingeführt wurde, ist der höchste Grad polizeilicher Zwangsmaßnahmen. Jegliche Berufung an die obersten Behörden bleibt unbeantwortet oder zieht eine Bestrafung nach sich. Innerhalb eines halben Jahres wurde mir dreimal die Besuchserlaubnis entzogen, jeden zweiten Monat die Erlaubnis, im Laden einzukaufen. Drei Wochen habe ich ohne Unterbrechung im Karzer zugebracht. [...]

Mit einem Wort, Moskau hat den hiesigen Lagerbehörden alle Vollmachten erteilt, und wer die Illusion noch nicht aufgibt, dass noch irgendein Gesetz unsere Beziehungen zur Lagerverwaltung regulieren könnte, irrt gewaltig. Das Gesetz der völligen Gesetzlosigkeit – das ist das einzige, was unsere sogenannten Beziehungen ausmacht. [...] Die Durchsuchungen werden willkürlich durchgeführt. Alles, was sie nur wollen, nehmen sie einem weg, sogar eine Aktennotiz oder behördliche Mitteilung. Wir haben jegliches Recht verloren, uns selbst zu gehören, ganz zu schweigen, eigene Bücher, Hefte, Notizen zu besitzen. [...] Es ist hier absolut unmöglich, schöpferisch zu arbeiten. Jede Verszeile wird einem bei der erstbesten Durchsuchung weggenommen. [...]

Ein solcher Druck ist nur vor dem Untergang möglich. Ich weiß nicht, wann der Untergang kommen wird, aber ich selbst fühle mich wie ein zum Tode Verurteilter. (2)

■ Wassyl Stus verbüßte seine Strafe in den Lagern in Perm. Der Aufenthalt dort zerstörte seinen Körper, er schrieb und übersetzte jedoch weiter. Stus verfolgte die „Solidarność"-Revolution in Polen und trat als Fürsprecher der polnisch-ukrainischen Versöhnung auf. Er hatte vor, ein Buch zu veröffentlichen, aber seine Werke wurden weiterhin konfisziert. Ihr Schicksal bleibt bis heute ungewiss. Seinen Verwandten teilte man mit, die Werke seien bei der Schließung des Lagers verloren gegangen.

Er verfasste weiterhin Gedichte und übertrug die Lyrik Rilkes ins Ukrainische. Trotz wiederholter Beschlagnahmungen ließ sich einiges retten – er fügte die Gedichte in Briefe an seine Frau ein.

1983 gelang es Stus, einen Text aus dem Lager zu schleusen, der im Westen unter dem Titel „Aus dem Lagertagebuch" veröffentlicht wurde. Heinrich Böll schlug Stus für den Literaturnobelpreis vor, daraufhin intensivierten sich die Schikanen im Lager.

Am 28. August 1985 kam Stus erneut in Karzerhaft, wo er einen Hungerstreik „bis zum Ende" ankündigte. Er starb in der Nacht vom 3. auf den 4. September 1985. ■

Quellen:

(1) Wassyl Stus, *Palimpseste*, unveröffentlichtes Manuskript der deutschen Übersetzung.
(2) *Ein Dichter im Widerstand. Aus dem Tagebuch des Wassyl Stus*, Hamburg 1984.
(3) Unveröffentlichte Materialien der Ausstellung.
(4) Michail Hejfetz, *Wassyl Stus – ein Dichter hinter Stacheldraht*, Bern 1983.

Helsinki-Gruppen

In einem zivilisierten Kampf der Ideen sind die Methoden wichtiger als die Ziele.

Jurij Orlow, Kommentar zur Auflösung der Moskauer Helsinki-Gruppe, 1982

Andrej Sacharow Foto Memorial/ KARTA

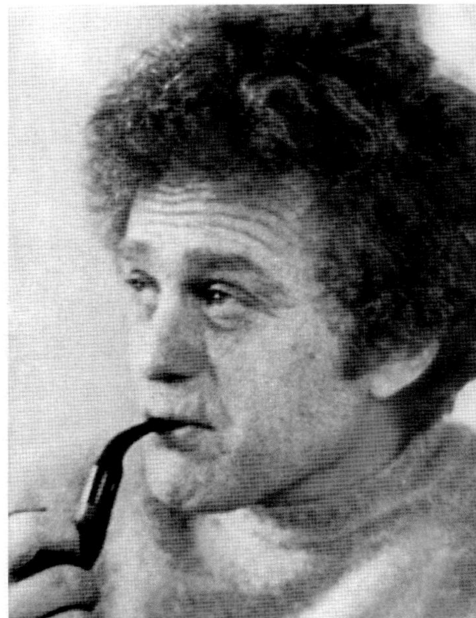

Jurij Orlow Foto Memorial/OK

Andrej Sacharow:

Die freie Äußerung von Überzeugungen, eine lebendige öffentliche Meinung, ein pluralistischer Charakter des Bildungssystems, die Freiheit der Presse und anderer Informationsträger – daran fehlt es spürbar in den sozialistischen Ländern wegen ihrer für sie typischen wirtschaftlichen, politischen und ideologischen Vereinheitlichung.

Gleichzeitig sind diese Bedingungen lebensnotwendig; nicht nur, um zu vermeiden, dass es zu einem Missbrauch des Fortschritts (ob nun bewusst oder unbewusst) kommt, sondern auch, um ihn vielmehr zu fördern. Dabei ist besonders zu betonen, dass nur in einer Atmosphäre intellektueller Freiheit ein effektives Bildungssystem und die schöpferische Kontinuität von Generationen möglich sind. Und umgekehrt führen – indem sie das humanistische Erbe von Wissen, Literatur und Kunst zerstören – die mangelnde intellektuelle Freiheit, die Herrschaft einer finsteren Bürokratie und Konformismus unvermeidlich zum allgemeinen intellektuellen Niedergang, zur Bürokratie und zur Formelhaftigkeit des gesamten Bildungswesens, zum Verschwinden der wissenschaftlichen Forschung und der dafür nötigen schöpferischen Atmosphäre, zu Stillstand und Verfall. [...]

Unerträglich ist der Gedanke, dass in dem jetzigen Augenblick, in dem wir uns in diesem Saal zur dieser feierlichen Zeremonie versammelt haben, Hunderte und Tausende Häftlinge aus Gewissensgründen leiden müssen in Folge quälenden, langjährigen Hungerns, in Folge einer Ernährung, die kaum Eiweiß und Vitamine enthält und fehlender Medikamente (es ist verboten, in diese von der Außenwelt isolierten Orte Vitamine und Arzneien zu schicken), in Folge einer Arbeit, die über die Kräfte geht, des Zitterns aus Kälte, Nässe und Erschöpfung in halbdunklen Karzern. Diese Gefangenen sind gezwungen, fortwährend um ihre Menschenwürde, für ihre Überzeugung, gegen die Maschinerie der „Umerziehung" und somit faktisch gegen ihren seelischen Zusammenbruch zu kämpfen. [...]

Ich bitte Euch, anzuerkennen, dass alle Häftlinge aus Gewissensgründen und alle politischen Gefangenen mit mir die Ehre des Friedensnobelpreises teilen. [...]

Ich bin der Meinung, dass wir uns als Verteidiger der Menschenrechte vor allem für die unschuldigen Regimeopfer in verschiedenen Ländern einsetzen müssen, ohne dabei den Sturz oder die vollständige Verurteilung dieser Regime zu fordern. Nötig sind Reformen, und keine Revolutionen. Nötig ist eine elastische, pluralistische und tolerante Gesellschaft, die Forschergeist verkörpert, Diskussionen erlaubt und die Errungenschaften aller gesellschaftlichen Systeme undogmatisch verwertet.

Friedensnobelpreisrede, 1. Dezember 1975 (1)

Jurij Orlow:

Ich verstand sehr gut, wie wichtig die Helsinki-Vereinbarungen für die Sowjetunion waren: Sie ersetzten den Friedensvertrag und festigten die Nachkriegsgrenzen in Europa – die so günstig für die UdSSR waren – im Tausch gegen bestimmte Verpflichtungen, einschließlich der Verpflichtungen, die Menschenrechte betrafen. [...] Die Vereinbarungen übertrugen formell die Menschenrechte aus der Sphäre der Wünsche und „unserer Innenangelegenheiten" in die Sphäre der konkreten internationalen Politik, obwohl das in der Praxis vom sowjetischen Regime nicht anerkannt wurde und der Westen das vorerst nicht ausnutzte. Die herkömmliche Art, sich an die westliche Gemeinschaft zu wenden, würde nicht helfen, dachte ich mir. Eine eigene Kommission müsste entstehen, die an interessierte Regierungen Experten-Dokumente schicken würde. Diese würden darüber berichten,

Larysa Bogoras und Anatolij Martschenko Foto Memorial/OK

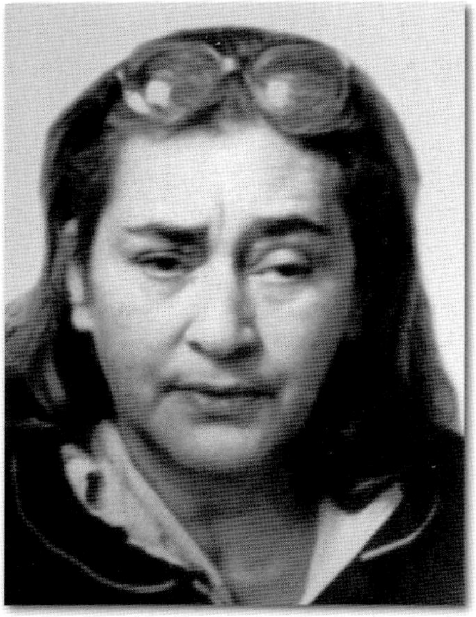

Jelena Bonner Foto Memorial/OK

Alexander Ginsburg Foto Memorial/OK

wie die sowjetische Regierung die von ihr unterschriebenen internationalen Verpflichtungen verletzt. (2)

■ Am 12. Mai 1976 gab Jurij Orlow auf einer Pressekonferenz in der Wohnung von Andrej Sacharow die Gründung der „Moskauer Helsinki-Gruppe" bekannt (MGH, voller Name: „Öffentliche Gruppe zur Förderung der Durchführung der Beschlüsse von Helsinki in der UdSSR"). Sie stellte sich die Aufgabe, Informationen über Verletzungen der Beschlüsse des Schlussaktes der Konferenz über Sicherheit und Zusammenarbeit in Europa (unterschrieben am 1. August 1975 in Helsinki) zu sammeln, zu veröffentlichen und den westlichen Gesellschaften und Regierungen zu übermitteln. Die Unterzeichner der Gründungserklärung kamen aus dem russischen Dissidentenmilieu – viele hatten bereits politische Haft- und Verbannungsstrafen abgebüßt. Im Laufe von sechs Jahren gab die Gruppe 195 Informationsdokumente und einige Berichte heraus. Zusammen mit anderen Menschenrechtsorganisationen erstellte sie mehrere Erklärungen und Meldungen.

Im Rahmen der Helsinki-Gruppe entstanden in den Jahren 1975-1976 die „Arbeitskommission zur Untersuchung der Nutzung der Psychiatrie zu politischen Zwecken" mit der unter anderem Alexander Podrabinek zusammenarbeitete und das „Christliche Komitee zur Verteidigung der Rechte der Gläubigen in der UdSSR". Bald darauf wurden in den anderen Sowjetrepubliken lokale Abteilungen der Moskauer Zentrale gegründet: in der Ukraine, in Litauen sowie in Georgien und Armenien, die es sich zur Aufgabe machten, die Umsetzung der auf der Helsinki-Konferenz 1975 gefassten Beschlüsse zum Schutz der Menschenrechte, zu der sich auch die Sowjetführung schriftlich verpflichtete, zu überwachen. ■

Gründungserklärung der Moskauer Helsinki Gruppe:

Diese Gruppe hat sich zum Ziel gesetzt, die Einhaltung der humanitären Artikel der Schlussakte der Konferenz für Sicherheit und Zusammenarbeit in Europa zu fördern. [...]

Zu diesem Zweck nimmt die Gruppe schriftliche Beschwerden von Sowjetbürgern entgegen, die diese persönlich betreffen und die Verletzung der oben genannten Artikel zum Inhalt haben. Sie überreicht diese Beschwerden allen Regierungschefs, die die Akte unterzeichnet haben, und legt sie der Öffentlichkeit vor [...].

Ludmilla Alexejewa Foto Memorial/OK

Malwa Landa Foto Memorial/OK

In ihrer Tätigkeit gehen die Mitglieder der Gruppe von der Überzeugung aus, dass Fragen der Menschlichkeit und offene Information in direkter Beziehung zu den Problemen der internationalen Sicherheit stehen. Sie rufen daher die Öffentlichkeit in den anderen Teilnehmerstaaten der Helsinki-Konferenz auf, ihrerseits Gruppen zu bilden, die eine strikte Durchführung der Helsinki-Beschlüsse durch die Regierungen ihrer Länder zu fördern suchen. [...] Wir hoffen, dass in der Zukunft auch ein entsprechendes internationales Förderungskomitee gebildet wird.

Alexander Podrabinek Foto Memorial/OK

Die Mitglieder der Gruppe zur Förderung der Durchführung der Beschlüsse von Helsinki in der UdSSR:

Ludmilla Alexejewa, Michail Bernstam, Jelena Bonner, Alexander Ginsburg, Pjotr Grigorenko, Alexander Korchak, Malwa Landa, Anatolij Martschenko, Prof. Jurij Orlow [Vorsitzender der Gruppe], Prof. Vitalij Rubin, Anatolij Schtscharanski

Moskau, 12. Mai 1976 (3)

Andrej Sacharow:

Die von Orlow unterstrichene Verbindung mit der Helsinki-Schlussakte, die sich im Namen der Gruppe widerspiegelte, verlieh dieser Tätigkeit zusätzliche Bedeutung, größeres Gewicht. [...] Geschickt ausgenutzt wurde die große Bedeutung der Helsinki-Akte und der verkündeten Verbindung von internationaler Sicherheit und Menschenrechten für die UdSSR, genau gesagt für ihre Führung. Die Anerkennung einer solchen Verbindung in einem internationalen Abkommen spielte tatsächlich eine prinzipielle Rolle. Aus eben diesen Gründen reagierten die Behörden empfindlich auf die Aktivitäten von Bürgerrechtlern, welche die Helsinki-Schlussakte als „Stütze" benutzten. Das bedeutete jedoch nicht, dass die Behörden daraus positive

Hauskonzert von Julij Kim, von links: Irina Korsunska, Sofia Kallistratowa, Jurij Gastew, Moskau, 1970er Jahre Foto Memorial/OK

Schlüsse zogen. Im Gegenteil! Die Gruppenmitglieder wurden vor allem in den nichtrussischen Republiken starkem Druck ausgesetzt. (4)

Moskauer Helsinki-Gruppe:

Die Gewissensgefangenen werden in der UdSSR physischen und psychischen Folterungen unterworfen. Gesetzgeberisch sind Zwangsarbeit, systematische Beschränkungen in der Ernährung und zusätzliche Qualen in der Isolationszelle des Lagers sowie im Gefängniskarzer vorgesehen. [...]

Die Normen im Gefängnis bei „Verpflegung nach herabgesetzter Norm" sowie im Karzer, ferner im Lager (Lagergefängnis und Isolationszelle) garantieren eine eigentliche Hungerfolter. [...] Unzureichende Ernährung und Hunger sind verbunden mit schwerer Zwangsarbeit und in einer Reihe von Fällen mit sehr ungünstigen Unterbringungsbedingungen: kalte, feuchte, stinkende Zellen ohne Tageslicht und frische Luft. Für den Karzer und die Isolationszelle sieht die Gesetzgebung keine Matratze oder anderes Bettzeug vor [...]

Auf dieser Grundlage hält die Helsinki-Gruppe die Schaffung einer Internationalen Kommission zur Untersuchung der angemeldeten Verletzungen für unerlässlich – in erster Linie Hungerfolter und Karzer.

Dokument Nr. 3, Moskau, 17. Juni 1976 (3)

Sofia Kallistratowa:

Unsere Arbeit bestand darin, Dokumente zu verfassen. Wir taten nichts anderes. Und anfangs verschickten wir diese Dokumente an die Regierungschefs der 35 Staaten, die die Helsinki-Vereinbarungen unterschrieben hatten. Das erste Exemplar ging an das Präsidium des Obersten Rates der UdSSR. Später stellten wir jedoch fest, dass die Bestätigungen nur aus dem Präsidium des Obersten Rates kommen, und es wurde uns klar, dass unsere Dokumente die Regierungschefs anderer Länder nicht erreichen.

Daraufhin ergriffen wir andere Maßnahmen: Wir übergaben unsere Dokumente ganz offen an ausländische Korrespondenten, und auf diese Weise erreichten wir, dass sie auf internationaler Ebene Reaktionen hervorriefen. An dieser Stelle sollten die Prinzipien unserer Arbeit erwähnt werden: erstens, volle Legalität und Offenheit. Wir erlaubten uns keine anonymen Dokumente, wir unterschrieben alle Papiere selber, gaben unsere Adressen und Telefonnummern an. Wir handelten immer offen, ungeachtet der Repressionen, die uns drohten. Zweitens, nahmen wir von niemandem materielle Hilfe an. Unsere Arbeitsgeräte waren eine Schreibmaschine und ein Kugelschreiber. Sogar die Versendung unserer Dokumente haben wir aus unserer Tasche bezahlt. [...] Wir handelten immer uneigennützig und offen. Unsere letzte Regel lautete: Niemals, in keiner Weise und auf keinen Fall zur Gewalt aufrufen, jede Form der Gewalt ablehnen. Immer und überall handelten wir nur mit Worten. Und gegen unser Wort, gegen unsere Idee kämpfte man mit Gefängnisstrafen, mit Lagern, Verbannungen und Verhaftungen, Verhören, Durchsuchungen. (5)

Am 9. November 1976 informierte der ukrainische Schriftsteller und Dissident Mikola Rudenko auf einer von Sacharow einberufenen Pressekonferenz – dies war die einzige Möglichkeit, an Westjournalisten heranzukommen – über die Gründung der ukrainischen Helsinki-Gruppe. Die Gründungserklärung unterschrieben unter anderem die ehemaligen Gulag-Häftlinge Oksana Meschko und Alexander Berdnyk, Lew Lukianenko und Iwan Kandyba, die gerade eine 15-jährige Haftstrafe im Lager abgebüßt hatten sowie die ehemaligen politischen Gefangenen Mikola Matusewitsch und Myroslaw Marynowitsch. 1979 trat Wassyl Stus der Gruppe bei.

Kurz darauf wurde die Bildung ähnlicher Gruppen in Litauen, Georgien und Armenien bekanntgegeben. Die Gruppen der nichtrussischen Republiken brachten die ungelösten Probleme der nationalen Selbstbestimmung und der Religionsfreiheit in die Bewegung ein. Eben deswegen wurden sie mit besonderer Schärfe verfolgt.

Mikola Rudenko:

Die Ukrainische Helsinki-Gruppe wurde in enger Zusammenarbeit mit der Moskauer Gruppe organisiert. Sie hatten die Möglichkeit, unsere Denkschriften zu verbreiten, was wir nicht geschafft hätten. General Pjotr Grigorenko war unser Vertreter bei der Moskauer Gruppe, er arbeitete eng mit ihr zusammen und unterhielt Kontakte zu ausländischen Journalisten. Wir arbeiteten auch intensiv mit der Litauischen Helsinki-Gruppe, und ich verbrachte sieben Jahre zusammen in einem Arbeitslager mit den Mitgliedern dieser Gruppe, wo wir eigentlich dasselbe Schicksal teilten. Sie sind unsere Brüder. [...]

Wir verfolgten dieselben Ziele: Menschen- und Nationalrechte. Es gibt keine authentischen Menschenrechte ohne Nationalrechte. (6)

Myroslaw Marynowitsch:

Die Idee des Widerstandes gegen die kommunistische Macht war in der Ukraine nichts Neues, sie erreichte aber mit der Gründung der Ukrainischen Helsinki-Gruppe eine neue Qualität. Zum einen war sie der erste Versuch, die illegale Tätigkeit im Untergrund durch eine völlig legale Organisation zu er-

Mikola Rudenko Foto Memorial/OK

Myroslaw Marynowitsch Foto Memorial/OK

Lew Lukianenko Foto Memorial/OK

setzen, die nicht das Regime als solches bekämpft, sondern die Folgen der Despotie. Es wurden die Namen und Privatadressen der Gruppenmitglieder veröffentlicht, die sich bereit erklärt hatten, Informationen über die Verletzung von Menschen- und Bürgerrechten zu sammeln.

Zum andern war die Dominante dieses Widerstands nicht die nationale Befreiung, die das erklärte Ziel der früheren nationalen Widerstandsgruppen gewesen war, sondern die Idee der Menschenrechte. Dieser Paradigmenwechsel war insofern bedeutsam, als die Helsinki-Bewegung anfangs auch von nationalen Widerstandskreisen als „Verrat an der ukrainischen Sache" eingestuft wurde. Erst als die Menschenrechtsbewegung eine große internationale Kraft wurde, begannen sich die Nationalisten zu solidarisieren.

Das Problem der Proportionen zwischen nationaler Befreiung und Rechtsschutz im ukrainischen Widerstand löst bis heute heiße Debatten aus. Einerseits kann man die Hilfe der Moskauer Dissidenten bei der Bildung und Entwicklung der ukrainischen Gruppe kaum überschätzen. Das geistige Fundament, die Möglichkeit zu Kontakten mit ausländischen Korrespondenten und Diplomaten, die Übermittlung und Verbreitung von Informationen – alles das ist ohne Moskau nicht denkbar. Andererseits waren die russischen Dissidenten oft beunruhigt über die „Verschmutzung" der reinen Menschenrechtslinie durch nationale Obertöne. Für die russischen Dissidenten war die Verteidigung der Menschenrechte ein wichtiges Instrument zur Demokratisierung der UdSSR. An diesem Punkt endete ihr strategisches Ziel. Für die ukrainischen Dissidenten dagegen öffnete die Demokratisierung des sowjetischen Staates einen Weg zur nationalen, kulturellen und religiösen Selbstbestimmung. [...]

Unabhängig von den politischen Zielen war die Hauptfunktion der Helsinki-Gruppe und der ukrainischen Dissidenten allgemein in der damaligen Gesellschaft die moralische Opposition gegen die Welt der Lüge im Kommunismus. Die Mehrheit meiner Freunde – und ich selbst auch – wurden vor allem deshalb Dissidenten, weil die Unterordnung unter das Regime nicht mit Selbstachtung und persönlicher Würde zu vereinbaren war. Jeder von uns hat an einem bestimmten Punkt das Leiden daran beendet und öffentlich gesagt: „Der König ist nackt!" Diese Treue zur Wahrheit führte fast unweigerlich ins Gefängnis. Sie gab aber auch eine ungeheure geistige Kraft, die direkt aus der *Bergpredigt* Jesu mit ihrem Versprechen gespeist ist: „Selig sind, die um der Gerechtigkeit willen verfolgt werden, denn ihrer ist das Himmelreich" (Matthäus 5,10).

Berlin, Dezember 2001 (7)

Wassyl Stus:

In Kiew wartete indes eine Überraschung auf mich. Es stellte sich heraus, dass eine Woche vor meiner Ankunft die KGB-Leute in unsere Wohnung eingedrungen waren, wobei sie meine Frau, die sich gerade auf dem Heimweg befand, abfingen und mit ihr zwei Stunden durch Kiew herumfuhren, bis die Eindringlinge unsere Wohnung wieder verlassen hatten.

Ich musste dann erfahren, dass Menschen, die der Ukrainischen Helsinki-Gruppe nahestehen, auf die brutalste Weise unterdrückt werden. Ein solches Kiew wollte ich nicht. Als ich gesehen hatte, dass die Helsinki--Gruppe völlig zerschmettert war, trat ich ihr bei, weil ich einfach nicht anders handeln konnte. (8)

Tomas Venclova:

Wir fuhren zu Dritt nach Moskau, [Viktoras] Petkus, ich und Ejtan Finkelstein, ein jüdisches Mitglied der Gruppe, ein sehr anständiger und guter Kerl, die Behörden verweigern ihm die Ausreise nach Israel. [...] In Moskau machten wir uns auf den Weg zu [Alexander] Ginsburg und anderen, von [Lew] Kopelew liehen wir uns eine Schreibmaschine mit lateinischer Schrift, auf der wir das Manifest unserer Gruppe und verschiedene Dokumente verfassten. Am 1. Dezember 1976 organisierten wir eine Pressekonferenz. [...] Dort informierten wir darüber, dass es schon eine russische und ukrainische Helsinki-Gruppe gäbe und nun noch eine litauische dazu käme. Wir werden uns mit den verschiedenen *violations of human rights* auf litauischem Territorium beschäftigen. Wie die anderen Helsinki-Gruppen lässt sich auch die litauische von einem interessanten Prinzip leiten: Sie ist weder eine nationale noch eine religiöse, sondern eine regionale Bewegung. Für jede Menschenrechtsverletzung auf litauischem Gebiet – unabhängig davon, ob einem Litauer, Juden, Russen oder Polen Unrecht zugefügt wird – ist unsere Gruppe zuständig. [...]

Tomas Venclova Foto Memorial/OK

Dies war ein neues Element in der litauischen Dissidentenbewegung, denn bisher kümmerte sich ein Litauer nur um litauische Angelegenheiten, ein Katholik um katholische usw. Die Helsinki-Gruppe stützte sich erstmals vollständig auf demokratische Prinzipien. [...]

Petkus ist ein Katholik und ein Nationalist, Priester Karolis Garuckas [...], war ein katholischer Aktivist. [...]. Ona Lukauskaite ist eine betagte Dichterin von etwa achtzig Jahren, deshalb sperren sie sie nicht ein. Sie sagt und schreibt was sie will, sie ist so eine litauische Nadeschda Mandelstam. [...] Das fünfte Mitglied in unserer Gruppe war Ejtan Finkelstein [...]. Die Gruppe bestand also aus fünf Personen: einem strengen Katholiken, einem mit den Traditionen des litauischen Widerstands nach dem Krieg verwachsenen nationalistischen Katholiken, einer aus der Tradition der linken Bewegung der Vorkriegszeit stammenden Dichterin, dann ich, wer immer ich auch war, vielleicht eine neue Tradition, und ein jüdischer Aktivist. [...] Die Beziehungen zu den russischen Dissidenten waren sehr kollegial. [...] Das war eine wahre Völkerfreundschaft. (9)

Anatolij Schtscharanski:

Wenn ein zionistischer Jude wie ich, ein christlicher russischer Nationalist wie Wolodja Poresch, ein ukrainischer Nationalist, ein Eurokommunist und ein litauischer Katholik zusammen in einer engen Zelle sitzen, dann können sie sich entweder alle unentwegt streiten und gegenseitig provozieren oder umgekehrt versuchen, ihre eigenen Probleme besser zu verstehen und vereint eine Lösung im Kampf gegen den gemeinsamen Feind, den KGB, zu suchen. Ich war immer für die zweite Variante, wodurch ich eine Menge Dinge erfuhr und lernte, andere Menschen zu verstehen. Dieselbe Haltung hatte ich schon, als ich noch frei war – einen anderen Menschen zu verstehen und ihm zu helfen. [...]

Das Gefängnis kann zu einer nützlichen Schule werden, die zu einer beachtlichen Erleuchtung führt. Und das hilft im weiteren Leben. Es kann jedoch auch umgekehrt sein, nämlich dass das Gefängnis den Menschen zerbricht. Der KGB versteht es, dies auszunutzen, indem er versucht, Zellengenossen für dich zu finden, die dich zum Zusammenbruch bringen, so dass du so schnell wie möglich dazu bereit bist, nachzugeben, aus Verzweiflung, Angst und Vereinsamung. Es hängt also alles davon ab, wie stark du bist und inwieweit du es schaffst, deine inneren Überzeugungen zum Ausdruck zu bringen und auf gewöhnliche Posen oder Haltungen zu verzichten, die den Erwartungen deiner Umgebung entsprechen. (10)

Walerij Martschenko in der Verbannung in Kasachstan, 1979
Foto Memorial/OK

■ Im Februar 1977 begann die erste Repressionswelle gegen die Mitglieder der Helsinki-Gruppe – nahezu alle wurden verhaftet, zu mehreren Jahren Lagerhaft verurteilt oder zur Emigration gezwungen, unter anderem Mikola Rudenko, Jurij Orlow, Alexander Ginsburg. Der Dichter Tomas Venclova, der in der litauischen Gruppe aktiv war, wurde des Landes verwiesen, ohne zurückkehren zu dürfen.

Die ukrainische Helsinki-Gruppe wurde zum Ziel besonders intensiver Verfolgungen und Repressionen. Bis 1981 wurden alle offen agierenden Mitglieder verhaftet; Jurij Litwin, Waleri Martschenko, Oleksa Tychyj und Wassyl Stus kamen im Lager ums Leben. ■

Jurij Orlow:

Niemand hat es laut gesagt – dass wir uns sputen müssen, solange wir frei sind. Ein guter Start, die Befürchtung, eine Gelegenheit zu verpassen und schließlich die Kraft der Persönlichkeiten – das war es, weswegen wir schnell und effektiv arbeiteten. Alle vierzehn Tage gaben wir eine umfängliche Dokumentation heraus, und außerdem die Appelle. (2)

Moskauer Helsinki-Gruppe:

Die Ideologiepolitik in der UdSSR erfordert eine totale Erfassung von Kindern und Jugendlichen durch die sogenannte kommunistische Erziehung. Dieses ideologische Prinzip wird in den entsprechenden Artikeln über Ehe und Familie aufrechterhalten. Artikel 52 dieses Gesetzes fordert von den Eltern, „ihre Kinder im Geiste des Moralkodex der Erbauer des Kommunismus zu erziehen". Artikel 59 bestimmt, dass [...] „den Eltern oder einem Elternteil die elterlichen Rechte entzogen werden können, wenn zum Beispiel festgestellt wird, dass sie mit ihrem unmoralischen antigesellschaftlichen Verhalten einen schädlichen Einfluss auf ihre Kinder ausüben". Artikel 64 erlaubt dem Gericht, einen Entscheid über die „Wegnahme von Kindern ohne Entzug der elterlichen Rechte" zu treffen.

Die von uns zitierten Formulierungen dienen zur „gesetzlichen" Begründung von Beschlüssen, Kinder ihren religiösen Eltern wegzunehmen. In den allermeisten Fällen wird diese Maßnahme gegen „Sektierer" – Baptisten, Pfingst-Christen, Adventisten und andere – angewendet. Eine solche Praxis war in den Jahren 1964–1974 weit verbreitet.

Die Repressionen gegen religiöse Familien, namentlich die Wegnahme von Kindern, sind Teil einer politischen Strategie, die seit Jahrzehnten verfolgt wird.

Dokument Nr. 5, Moskau, 17. Juni 1976 (3)

Der russische Dissident Alexander Podrabinek wird bei der Teilnahme an einem Baptistentreffen von Funktionären des KGB verhaftet und wegen „Rowdytums" zu 15 Tagen Arrest verurteilt. Moskau, 3. April 1977 Foto Memorial/OK

Andrej Sacharow:

Anfang 1979 besuchte mich ein mir vorher nicht bekannter Gast. Nachdem ich ihn ins Haus ließ, versicherte er sich, dass ich Sacharow bin, und sagte, er habe meine Adresse von X bekommen. Er stellte sich als Zbigniew Romaszewski aus Polen vor, vom Komitee zur Verteidigung der Arbeiter [KOR], und bat mich um ein Gespräch. Ich traf mich zweimal mit Romaszewski. Das zweite Gespräch, am nächsten Tag, wurde in Anwesenheit von Tatjana Welikanowa geführt. [...]

Romaszewski interessierte sich für die Situation unserer Dissidenten und zeigte sich über sie so unterrichtet, wie es bei Ausländern gewöhnlich nicht der Fall ist (aber eigentlich war er für mich auch kein Ausländer). Seinerseits erzählte er kurz, aber informativ von der Lage in Polen, von den Stimmungen im Lande und den Zielen des KOR. [...]

Romaszewski machte auf mich und Tatjana Welikanowa großen Eindruck durch seine Intelligenz, seinen Geist, sein Verantwortungsgefühl und seine Kompetenz. Dieser Begegnung habe ich es zu verdanken, dass ich die Ursprünge der Gewerkschaft „Solidarność" besser verstehe. (4)

Zbigniew Romaszewski:

Sacharow ist kein Politiker. Jeden Morgen geht der Professor als wissenschaftlicher Mitarbeiter in das Physikalische Institut der Akademie der Wissenschaften der UdSSR zur Arbeit. Er beschäftigt sich mit theoretischer Physik, dem Problem der Elementarteilchen. Am späten Nachmittag kommt er nach Hause, und dann stürmen die in all den Jahren in der Sowjetunion angehäuften Niederlagen, Ungerechtigkeiten und Erniedrigungen auf ihn ein. Er ist wirklich ein sehr müder Mensch, der beschlossen hat, um jeden Preis auf seinem Posten auszuharren und die in ihrer Würde verletzten Menschen zu verteidigen.

Dabei wird er von einem Freundeskreis unterstützt. Diese Leute traf ich am nächsten Tag. Und wieder war es für mich eine Überraschung. Das gesellschaftliche Klima in Moskau ist schwerer, ganz anders als in War-

Andrej Sacharow bei seinem Versuch, in den Verhandlungssaal beim Prozess gegen den Vorsitzenden der Moskauer Helsinki-Gruppe, Jurij Orlow zu gelangen. Lublino bei Moskau, Mai 1978 Foto Memorial/OK

schau, so dass ich mir auch die russischen Oppositionellen ganz anders vorgestellt hatte als die Warschauer. Diese Menschen sind weder durch ihre Popularität noch von der Weltöffentlichkeit geschützt. Jeden Moment können sie aufgrund fingierter Vorwürfe zu langjährigen Lager- und Verbannungsstrafen verurteilt werden.

Und doch sah ich in ihrem Auftreten nicht den Schatten dieses über ihnen schwebenden Grauens. Sie verhalten sich, als ob es den Terror des KGB nicht gäbe. Sie treten offen auf, telefonieren mit dem Ausland, treffen Korrespondenten, vertreten ihre wahren Ansichten. Sie leben wie freie Menschen. (11)

■ In den Jahren 1980–1982 wurden fast alle Mitglieder der öffentlichen unabhängigen Organisationen in der Sowjetunion verhaftet und verurteilt. Andrej Sacharow wurde in die für Ausländer gesperrte Stadt Gorki verbannt.

Im Dezember 1981 wurde ein Prozess gegen die Anwältin Sofia Kallistratowa angestrengt. Sie war als Strafverteidigerin in politischen Prozessen bekannt und gehörte der Moskauer Gruppe an. Um das Risiko zu vermeiden, dass diese 75-jährige Frau ins Lager kommt, beschloss die Gruppe, die damals unter äußerst schwierigen Umständen arbeitete, im September 1982 ihre Selbstauflösung. ■

Quellen:

(1) Andriej Sacharow, *Rozmyślania, wywiady, propozycje*, artykuły, Warszawa 1990.
(2) Jurij Orlow, *Ein russisches Leben*, München 1992.
(3) Gesellschaft für Menschenrechte und „Glaube in der 2. Welt" (Hg.), *Dokumente der Moskauer Helsinki-Gruppe. Texte der „Förderungsgruppe zur Erfüllung der Beschlüsse von Helsinki in der UdSSR"*, Frankfurt am Main/ Zürich, 1977.
(4) Andrej Sacharow, *Mein Leben*, München 1991.
(5) Offizielle Internetseite der Moskauer Helsinki-Gruppe: www.mhg.ru
(6) „Kultura Niezależna" Nr 53, 1988.
(7) Myroslaw Marynowitsch, *Rundbrief der Kreisau-Initiative Berlin*, Berlin 2001.
(8) Wassyl Stus, *Ein Dichter im Widerstand. Aus dem Tagebuch des Wassyl Stus*, Hamburg 1984.
(9) *Gespräch mit Tomas Venclova*, Aneks Nr. 28, 1982.
(10) *Arina und Aleksander Ginsburg im Gespräch mit Anatolij Schtscharanski*, in: „Obóz" Nr. 13, 1988.
(11) Zbigniew Romaszewski, *Moja podróż do Moskwy*, in: Kultura Nr. 7, 1979.

Nijolė Sadūnaitė (1938)

Ich bin glücklich, dass ich getan habe, was getan werden musste. Und wenn ich herauskomme, werde ich es wieder tun.

Anstelle einer Unterschrift des Vernehmungsprotokolls

Nijolė Sadūnaitė:

Als ich knapp zehn Jahre alt war, wollten sie, dass ich den Pionieren beitrete. Sie zwangen mich die ganze Nacht, in der Schule zu bleiben, erst gegen halb fünf ließen sie mich endlich nach Hause. Ich lief alleine einige Kilometer, der Weg führte an einem Friedhof vorbei – ich hatte Angst.

Trotzdem unterschrieb ich den Beitrittsantrag nicht – weder ich noch mein Bruder. Sie bestellten meine Mutter in die Schule, die ihnen sagte, sie wolle nicht, dass ihre Kinder heuchlerisch seien. Sie sollten ungebildet, aber ehrlich sein. Wenn nur Pioniere und Komsomolzen lernen durften, dann würden ihre Kinder nicht mehr lernen. Daraufhin schmissen sie uns von der Schule. Es war jedoch gegen das sowjetische Recht. Also kamen nach zwei Wochen die Lehrer uns abholen, damit wir wieder zur Schule gingen. Es stellte sich heraus, dass es in der Klasse nur drei Schüler gab, die den Beitritt verweigert hatten. Und das dank ihrer Eltern.

Als ich dabei war, das Gymnasium zu beenden, wurde ich gewarnt: Wenn du keine Komsomolzin wirst, bekommst du keinen Studienplatz. [...]

Ich ging immer zur Kirche, ohne daraus ein Geheimnis zu machen. In meinen Papieren fand sich ein Vermerk: „Sie verzichtete nicht auf den religiösen Aberglauben." Mit einem Zeugnis, wenn auch mit lauter Einsern, aber mit diesem Vermerk, konnte ich von einer Hochschule nicht mal träumen. Mir blieben ein Technikum oder eine Landwirtschaftsschule übrig ...

Dieser „religiöse Aberglaube" erwies sich als sehr stark. Als ich achtzehn wurde, entdeckte ich in mir die Gabe Gottes – die Berufung. [...]

Später erzählten mir die Schwestern, meine Mutter hätte einer von ihnen gesagt: „Aus ihr wird nichts. Sie ist ein Luftikus! Ich versichere ihnen, dass sie hier nicht länger als zwei Monate aushält." Es kam aber anders. (1)

■ Nijolė Sadūnaitė, geboren 1938 in Kaunas, stammt aus einer Intellektuellenfamilie. Im Alter von achtzehn Jahren trat sie in das konspirative Kloster in Ponewiesch ein. Seit 1958 ist sie Schwester im Frauenorden der „Heiligen Jungfrau Maria Unbefleckten Empfängnis". Nijolė Sadūnaitė arbeitete in Fabriken, Kinder- und Altersheimen und im Museum der Schönen Künste der Litauischen Sowjetrepublik. 1970 schloss sie einen Lehrgang als Krankenschwester ab.

Seit 1972 beteiligte sie sich an der Herausgabe der „Chronik der Katholischen Kirche Litauens". Sie sammelte Informationen, sorgte für die Verbreitung der Untergrundzeitschrift und half, sie ins Ausland zu schleusen. Am 27. August 1974 wurde sie verhaftet. ■

Fragen, die den Prozess betreffen, denn die Schuldigen sind Sie. Sie sind es doch, die die Grundrechte der Gläubigen brutal verletzen, obwohl diese in der Verfassung, in der Allgemeinen Deklaration der Menschenrechte und in den Gesetzen garantiert sind. Darüber hinaus protestiere ich gegen diese Ermittlungen. Und ich werde den Schuldigen nicht dabei helfen, Verbrechen zu begehen!" Petruškevičius drohte: „Wir sperren Dich in ein psychiatrisches Krankenhaus, dort geht es Dir hundertmal schlechter als im Gefängnis!" [...]

Während der Vernehmung bekam er nichts aus mir heraus und so befahl er, mich in den Keller des KGB abführen zu lassen. Später kam eine Frau und nahm mir alles

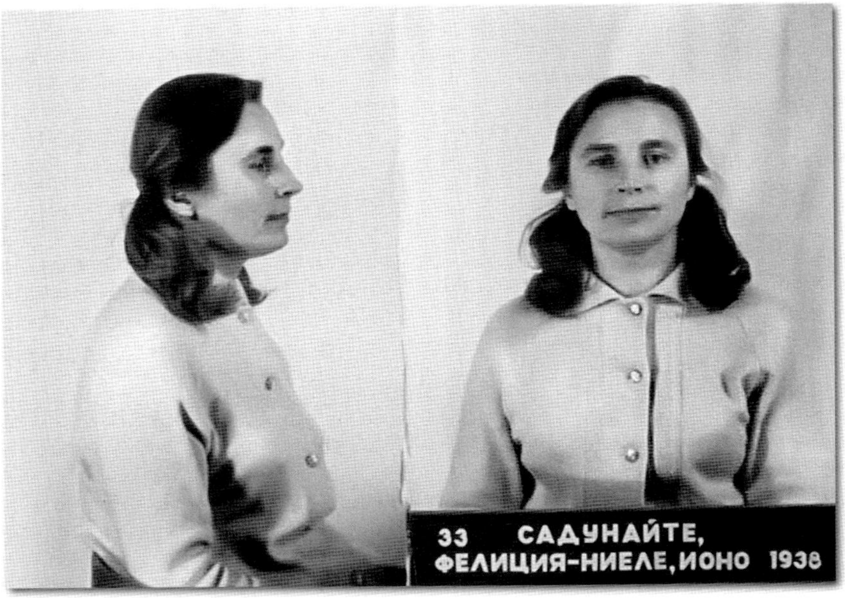

Nijolė Sadūnaitė – Aufnahme des KGB nach der Verhaftung im Juni 1974 Foto LAS

Nijolė Sadūnaitė:

Nachdem ich die Wohnung betreten hatte, fing ich an, die elfte Ausgabe der „Chronik" abzutippen. Als meine Mitbewohnerin das Geklapper hörte – sie war eine KGB-Informantin, die ich aber nie verdächtigte – rief sie den KGB an und informierte ihn über alles. [...]

Oberstleutnant Petruškevičius fragte mich eingangs: „Von wem hast Du die 'Chronik' bekommen?!" Ich sagte: „Ich antworte auf keine

weg, auch das Kreuz, das ich um den Hals trug, den Rosenkranz und ein Medaillon. [...]

Obwohl es in der Zelle sehr heiß und stickig war, hatte ich gute Laune, vor allem deshalb, weil ich allein war und mich an niemanden anpassen musste. Ich dankte Gott dafür und begann, geistliche Lieder zu singen. Daraufhin hämmerten die Wärter gegen die Tür und befahlen mir, aufzuhören. Als sie damit keinen Erfolg hatten, meldeten sie es dem

Vorgesetzten und jammerten: „Diese Langspielplatte, die wir da reinbekommen haben, kann man nicht einmal ausschalten." (2)

■ Sadūnaitė wurde ein Prozess wegen der Herausgabe und Verbreitung der „Chronik der Katholischen Kirche Litauens" gemacht. Die Verhöre und Verhandlungen dauerten mehrere Monate. ■

Nijolė Sadūnaitė:

Weil Sie Unschuldige verleumden und verurteilen, weil Sie diese in Gefängnissen und Lagern foltern, lehne ich alle Antworten auf Fragen des Gerichts ab. Wie schon während der Ermittlungen möchte ich damit meinen Protest ausdrücken. [...] Ich setze voraus, dass ich entsprechend Ihrer Position ein besonders gefährlicher Staatsfeind bin, daher möchte ich nicht, dass die Anwälte, die mich verteidigen sollten, Schwierigkeiten bekommen. Deshalb verzichte ich auf rechtlichen Beistand. Das ist die eine Seite der Medaille. Die andere beruht auf der Überzeugung, dass die Wahrheit keine Advokaten braucht, denn sie ist allmächtig und unbesiegbar. [...]

Sie wissen sehr gut, dass die Menschen um die „Chronik" aus Liebe zum Volk handeln und deshalb um seine Freiheit und Würde kämpfen; sie kämpfen um die Anerkennung des Rechts, von ihrem Gewissen in voller Freiheit Gebrauch zu machen – ein Recht, das allen Bürgern unabhängig von ihren Überzeugungen in der Verfassung und den Menschenrechtspakten garantiert ist. [...] Die Verfassung und die Gesetze sind toter Buchstabe, solange es zu so zahlreichen Diskriminierungen der Gläubigen kommt. Die „Chronik" will diese von Atheisten an den Gläubigen begangenen Vergehen gleichsam in einem Spiegel registrieren. Die Unmoral ist sich darüber im Klaren, dass sie das Spiel verliert und fürchtet den Blick in den Spiegel. Deshalb fürchten auch Sie sich vor allen, die von Ihren Gesichtern die Maske der Lüge und Heuchelei herunterreißen [...]. Das ist es, was Sie am meisten fürchten – die Stimme der Wahrheit! [...]

Ein Dieb stiehlt seinem Opfer Geld. Sie stehlen dem Menschen das Kostbarste, was er hat – die Übereinstimmung mit dem eigenen Gewissen und die Möglichkeit, diesen Besitz an die eigenen Kinder und die kommenden Generationen zu vererben. [...]

Und Sie freuen sich Ihres Sieges? Aber worauf soll denn dieser Triumph beruhen? Auf einer ruinierten Moral; auf Millionen von Kindern, die vor ihrer Geburt getötet werden, auf der Entwürdigung des Wertes der menschlichen Person, auf der Not und der Feigheit gewöhnlicher Menschen, die von Angst und Bitterkeit angesteckt sind. Dieses sind die Früchte, die Sie hervorbringen. Christus hat richtig gesagt, ihr sollt sie an ihren Früchten erkennen! Ihre Verbrechen treiben Sie immer schneller auf den Müllhaufen der Geschichte. [...]

Ich erlebe heute den glücklichsten Tag meines Lebens. Ich werde verurteilt wegen der „Chronik", die gegen physische und psychische Tyrannei kämpft. Dies ist gleichbedeutend damit, mich für die Wahrheit und die Liebe zu den Menschen zu verurteilen. [...] Das Urteil wird mein Sieg sein! Ich bedaure nur, dass ich so wenig für andere tun konnte. Mit Freude gehe ich in die Unfreiheit für die Freiheit der anderen, und ich bin auch bereit zu sterben, damit andere leben können. (2)

Nijolė Sadūnaitė in der Verbannung im Dorf Bogutschany nahe Krasnojarsk Foto OK

■ Am 17. Juni 1975 wurde Nijolė Sadūnaitė vom Höchsten Gericht der Litauischen Sowjetrepublik zu drei Jahren verschärfter Lagerhaft und drei Jahren Verbannung ver-

Nijolė Sadūnaitė in der Verbannung in Bogutschany mit Gästen aus Litauen, Schwester Bronė Kibickaitė und der ehemalige Häftling des Konzentrationslagers Liudas Simutis, November 1977 Foto LCBL

Nijolė Sadūnaitė in einer Kirche Foto OK

urteilt. Sie wurde in ein Straflager für politische Häftlinge in der Republik Mordwinien geschickt. ■

Nijolė Sadūnaitė:

Gleich nach der Ankunft im Lager in Mordwinien im Jahre 1975 erfuhr ich, dass ein Agent des KGB den ukrainischen Dichter Wassyl Stus deswegen furchtbar geschlagen habe, weil es ihm nicht gelungen war, diesen moralisch zu zerbrechen. Anschließend wurde der Dichter blutüberströmt in das Lagergefängnis geworfen. Das gab Gerüchten Nahrung, denen zufolge er selbst die Auseinandersetzung herbeigeführt habe. Der Schläger erhielt als Auszeichnung ein Paket. Als die Ukrainerinnen, denen auch ich mich angeschlossen hatte, dies alles erfuhren, traten sie in einen Hungerstreik und forderten, Stus ins Krankenhaus zu überweisen sowie eine Untersuchung der Staatsanwaltschaft einzuleiten, um den wahren Schuldigen zu bestrafen. In einer Denkschrift hielten wir fest, dass wir bis zum Erfolg dieses Anliegens den Hungerstreik fortsetzen würden... Im Gegenzug wurden wir alle in der psychiatrischen Abteilung des Krankenhauses festgesetzt. Nach fünf Tagen unseres Hungerstreiks erschien der Staatsanwalt, der den Befehl gab, Stus ins Krankenhaus einzuweisen. Seine Verletzungen hatten zu einem Magendurchbruch geführt. Er wurde nunmehr operiert. Danach wurde ihm Invalidität zweiten Grades bescheinigt, was ihn von schwerer körperlicher Arbeit befreite. (2)

■ In der Verbannung, die Sadunaite von 1977–1980 im Dorf Bogutschany nahe Krasnojarsk verbrachte, arbeitete sie als Putzfrau und Köchin.

Am 09. Juli 1980 kehrte Nijolė Sadūnaitė nach Litauen zurück und setzte ihre Kooperation mit Menschenrechtsgruppen fort. Trotz fortdauernder Observierung durch den KGB vervielfältigte und verbreitete sie die „Chronik der katholischen Kirche in Litauen" und sendete Dokumente und Informationen nach Moskau, die russische Dissidenten später in den Westen weitergaben.

Ab November 1982 lebte sie fünf Jahre im Verborgenen und wechselte oft den Wohnort in mehreren Sowjetrepubliken. Im Untergrund setzte sie ihre Kooperation mit Menschenrechtlern fort und reiste häufig nach Moskau, wo sie die „Chronik der katholischen Kirche in Litauen", „Aušra" und Schriften verbotener Verlage persönlich verbreitete. Im Oktober 1983 übergab sie ihre handschriftlichen Erinnerungen in den Westen, wo sie 1985 in den USA als Buch erschienen und in mehrere Sprachen übersetzt wurden. ■

Nijolė Sadūnaitė:

Als ich bei meinen Bekannten ankam, gingen vor dem Haus Tschekisten auf und ab. Zum Umkehren war es zu spät. Ich ging hinein, blieb aber nicht vor ihrer Tür stehen, sondern stieg weiter die Treppen hoch. Nach ein paar Minuten hörte ich lautes Klopfen: „Bitte aufmachen, Passkontrolle!" Ich zog mich um und wechselte die Perücke. Dann verließ ich das Haus und ging an den Polizisten vorbei. Im Rücken spürte ich ihren prüfenden Blick. Als ich in das Haus hineinging, war ich eine „Alte", heraus kam ich aufgemacht und geschminkt wie eine junge Frau. Ich dankte Gott für den Beistand, ging zum Bahnhof und fuhr in eine andere Stadt. (3)

■ Von 1987–1988 war Sadūnaitė in der litauischen gesellschaftlichen Bewegung Sajudis aktiv und wurde damit erneut zum Opfer fortdauernder behördlicher Schikanen. Am 23. August 1987 hielt sie auf einem Treffen in Wilna zum Jahrestag des Hitler-Stalin-Paktes die Eröffnungsrede. Wenige Tage darauf zerrten KGB-Agenten sie in ein Auto, verschleppten sie nach Weißrussland, hielten sie 30 Stunden fest und drohten ihr mit dem Tod.

Als Aktion zur Befreiung der letzten politischen Gefangenen aus dem Baltikum schloss sich Nijolė Sadūnaitė am 24. August 1988 auf dem Giedymin-Platz in Wilna einem Hungerstreik an, den sie ab 26. August in ihrem Haus fortsetzte.

Nijolė Sadūnaitė lebt in Wilna, wo sie für die dortige Caritas-Gesellschaft arbeitet. ■

Nijolė Sadūnaitė (rechts) bei einer Rede zum Gedenken an die Opfer des Hitler-Stalin-Paktes von 1939, Wilna 1987 Foto LCBL

Quellen:

(1) Paweł Wołowski, Katarzyna Korzeniowska, *Jak służąc Panu Bogu przechytrzyć KGB. Rozmowy z twórcami „Kroniki Kościoła Katolickiego na Litwie"*, Warszawa 2006.

(2) Nijolė Sadūnaitė, *Pamiętnik*, Paris 1986.

(3) Unveröffentlichte Materialien der Ausstellung.

Chronik der Katholischen Kirche Litauens

Man muss wählen, weil wir keine Meinungsfreiheit haben.
Diese Krankheit, die wir oft genug erfahren, heißt Angst...
Angst ist erniedrigend, also lasst sie uns überwinden.

Priester Alfonsas Svarinskas in einer seiner Predigten

Priester Sigitas Tamkevicius Foto OK

Priester Alfonsas Svarinskas Foto OK

Chronik der Katholischen Kirche Litauens:

Es war eine sehr bescheidene Publikation, die zum Ziel hatte, die Heimat und die Welt über die Diskriminierung der Gläubigen in Litauen und über die Bemühungen, ein Minimum an Religionsfreiheit zu erreichen, zu informieren. [...] Die litauischen Priester kamen zu dem Entschluss, dass sie nicht mehr untätig sein können, weil sonst die Sowjetmacht alle unterdrücken wird. Was also tun? Die Antwort darauf gaben Moskauer Dissidenten, die mutig mit ihren Berichten, Büchern und Publikationen aufgetreten sind. Viele [...] erwachten daraufhin aus der Lethargie. [...] Schluss mit der Dunkelheit und dem Schlaf! Man muss kämpfen, man muss die Verbrechen der Sowjetmacht gegenüber der Kirche und den Gläubigen schwarz auf weiß nachweisen. (1)

■ In Litauen wurde die katholische Kirche zur wichtigsten Kraft im Streben nach nationaler Unabhängigkeit. Nach der Machtübernahme durch die Rote Armee 1940 und erneut 1944 wurde ein Drittel der Geistlichen in Lager deportiert, viele wurden erschossen, unter anderem Bischof Vincentas Borisevičius; Bischof Mečislovas Reinys starb im Gefängnis.

Nach der Zerschlagung der Partisanenbewegung durch die Sowjetmacht war der Kampf um die Verteidigung der Religionsfreiheit die wichtigste Aktivität der litauischen Opposition.

In der zweiten Hälfte der 1960er Jahre entstanden erste Pläne zur Herausgabe einer illegalen Zeitschrift, als Reaktion auf die verschärften Angriffe der Regierung auf die Kirche und die Gläubigen.

Für die litauische katholische Kirche zu Sowjetzeiten gehörten Zerstörungen und Schließungen von Gotteshäusern und Sanktuarien, Schikanen gegenüber den Geistlichen und katholischen Laien, Einschränkungen beim Zugang zum Priestertum, bei der Besetzung der Bischofsämter mit politisch loyalen Hierarchen oder die Zwangsatheisierung zum Alltag.

Im Dezember 1971 unterschrieben 17.000 Menschen ein „Memorandum litauischer Katholiken", das zur Verletzung der Glaubensfreiheit und zur Kirchenverfolgung Stellung nahm. Die Katholiken beklagten das Verbot religiöser Literatur, den Arbeitszwang am Sonntag, Behinderungen des Religionsunterrichts, Schikanen gegenüber christlichen Schülern und das Verbot, Kirchen zu bauen.

Anfang der 1970er Jahre wurden einige Priester zu einjährigen Gefängnisstrafen verurteilt, weil sie Religionsunterricht erteilt hatten: Antanas Šeškevičius (September 1971), Prosperas Bubnys und Juozdas Zdebskis (November 1971). Dies war ein weiterer Anstoß, im Untergrund eine Zeitschrift zu gründen. Initiator und langjähriger Herausgeber war P. Sigitas Tamkevičius. Er meinte, man müsse das religiöse Bewusstsein stärken, denn ein guter Katholik werde auch ein gegen den Kommunismus widerstandsfähiger Litauer sein. Die Zeitschrift gestaltete er nach dem Vorbild der russischen „Chronik der laufenden Ereignisse". ■

Erzbischof Sigitas Tamkevičius:

Unser erstes Vorhaben war der Kampf um die Transparenz, die wir wie die Luft zum Atmen brauchten. Wir wussten genau – wenn davon, was mit uns in Litauen passiert, niemand in der Welt Kenntnis nimmt, würde das unseren Tod bedeuten. Was den Einfluss der „Chronik" auf den Verlauf der Ereignisse angeht, so konnten wir uns nicht vorstellen, dass die Zeitschrift so lange erscheinen und auf so großes Interesse stoßen würde. [...]

Als wir 1972 begannen die „Chronik" herauszugeben, war es sehr schwer, sie nach Westeuropa zu liefern. Von Anfang an nahmen wir Kontakt mit russischen Dissidenten auf, unter anderem mit Sergej Kowaljow. Diese ehrlichen und mutigen Menschen halfen uns sehr. Ich übergab ihnen eine fertige Nummer, auf Litauisch, wobei sie immer um zwei Exemplare baten. Ein Exemplar diente als Grundlage für die Übersetzung eines Teils des Materials für ihre „Chronik der aktuellen Ereignisse". Das andere wurde von ausländischen Korrespondenten oder Mitarbeitern der Botschaften nach Westen gebracht. [...]

In den folgenden Jahren kamen immer mehr Touristen. Sie wurden nur nach Vilnius, Kaunas oder Trakai reingelassen, nicht aber in die Provinz. In den Hotels konnte man mit ihnen Kontakt aufnehmen. Wir hielten Ausschau nach solchen Gelegenheiten, um die Zeitschrift zu verteilen. Ich wusste jedoch, dass ich einem Touristen die „Chronik" in Papierform nicht so bedenkenlos geben kann, wie den Freunden in Moskau. Ihr Gepäck hätte doch durchsucht werden können. So kamen wir damals auf die Idee, die Kopien auf Mikrofilmen aufzunehmen.

Unser vollstes Vertrauen hatten auf Anhieb ausländische Priester und Nonnen. Letztendlich musste man jemanden glauben, es gab keinen anderen Ausweg. Wir versteckten also die „Chronik" als Mikrofilm in einem Geschenk, das befördert werden sollte, wobei wir sie selbstverständlich über den Inhalt informierten. Die Mehrheit von ihnen wollte uns helfen. [...]

Die Nummer tippten wir in der Regel zweimal ab, mit Durchschlag, sodass wir 16 bis 18 Kopien hatten. Wir stellten auch Mikrofilme her. Ich interessierte mich nicht weiter, wer die „Chronik" abtippte und wie viele es davon gab. Auf jedem Exemplar stand: „Lese und gebe es weiter, wenn du kannst, schreib es ab." Manchmal gab es die Möglichkeit, Kopien in – sagen wir – hundert Exemplaren auf einem Vervielfältigungsgerät herzustellen, die meisten Hefte jedoch wurden ein oder zwei Mal abgetippt, und dann – wie Gott will.

Wir kamen ziemlich schnell zu dem Schluss, es sei gar nicht so wichtig, dass in Litauen viele Kopien herumgereicht werden. Immer mehr Leute wurden erwischt und verurteilt, weil sie die „Chronik" abgetippt hatten. Das Risiko wurde immer größer. Als dann Radio Vatikan anfing, Informationen aus unserer Zeitschrift zu senden, stellten wir fest, dass das Risiko keinen Sinn hat, wo doch alle Interessierte in Litauen diese Nachrichten hören können.

Das System, die Materialien weiterzuleiten, stand ungefähr 1976 fest. Nach ca. einem oder zwei Monaten ab dem Versand der Zeitschrift aus Litauen informierte Radio Vatikan, dass die, zum Beispiel 25. Nummer der „Chronik" die Redaktion erreicht hatte. Nach einiger Zeit wurde der Inhalt dieser Nummer im Radio vorgelesen, ohne sich direkt auf die „Chronik" zu berufen, sondern allgemein auf eine litauische Emigrationszeitschrift. (2)

Nijolė Sadūnaitė:

Von der Existenz der „Chronik" erfuhr ich vom Kanoniker Petras Radys, als ich ihn während seiner Krankheit pflegte. Später, in Vilnius, erzählte darüber auch Pfarrer Juozas Zdebskis, bei dem ich die Katechese absolvierte. Er war für uns eine Autorität, weil er wegen des Religionsunterrichts zweimal im Gefängnis saß. Eines Tages fragte er mich: „Nijole, möchtest Du mit der ‚Chronik' zusammenarbeiten?" Ich antwortete: „Selbstverständlich, mit großer Freude!" Pfarrer Zdebskis warnte mich, ich solle nicht vergessen, dass die einzige Belohnung Gefängnis sei, mit mehr solle ich nicht rechnen. Worauf ich entgegnete, er habe schon zweimal gesessen, na und, ich aber noch nie, also müsse ich noch sehen, wie das ist. Eine Frau ist eben ein neugieriges Wesen.

Meine Aufgabe bei der ersten Nummer war das Abtippen, dann das Fotografieren, damit man die Mikrofilme an jemanden aus dem Ausland übergeben konnte. Im Winter fuhren wir nach Moskau. Das erste Mal fuhr ich mit Tamkevičius. Ich hatte die „Chronik" mit, er, als Redakteur, hatte nichts dabei. Wir fuhren zusammen mit dem Zug, damit ich später wusste, wie ich alleine dorthin gelange, und damit er mich mit den Dissidenten bekannt machen konnte.

Berg der Kreuze in Šiauliai – nach den Zerstörungen durch den KGB, 1970er Jahre Foto OK

Priester Juozas Zdebskis Foto OK

Vor den anderen gaben wir vor, uns nicht zu kennen. Nach dem Verlassen des Zuges lief er als erster und ich vier Schritte hinter ihm [...]

Und wir waren doch wie Kinder, wie im Kindergarten: Wir hatten keine Ahnung, keine Erfahrung... Es war Gottes Gnade, glaube ich, dass alles so lange gut ging. Es war wie ein Kinderspiel. Sie lachten über unsere Konspiration. Und wir kämpften – wie David gegen Goliath. [...]

Die Redaktion befand sich bei Pfarrer Tamkevičius [im Pfarrhaus in Kybartai]. Er besaß zwei oder drei Schreibmaschinen und bewahrte das ganze Archiv auf. Zusammen mit Schwester Elena Šuliauskaitė fuhr ich – getrennt und verkleidet – zu einem Städtchen, 27 km von Kybartai entfernt; wir verabredeten uns bei einem der ehrlichen Menschen und nach dem Sonnenuntergang kam P. Tamkevičius. In seinem Wagen fehlte der Rücksitz, also legten wir uns dorthin. Er bedeckte uns mit einer Plane, mit irgendwelchen Säcken, Tüten, obendrauf warf er seine Einkäufe: Brötchen, Käse und andere Lebensmittel. [...] Es passierte einmal, dass ihn nicht weit von Kybartai die Polizei aufhielt. Einer von ihnen sah ins Auto hinein und sagte: „In Ordnung". Und auf dem Hof vorm Haus standen auch die Herren vom KGB, deshalb fuhr er von hinten ans Haus heran.

Wir liefen schnell in den Keller, dessen Wände mit Kissen verkleidet waren, damit man das Klappern der Schreibmaschinen nicht hören konnte. Das erste Exemplar entstand anhand der Typoskripte, aus denen wir die Informationen bezogen. Danach verbrannten wir diese Papiere – es gab einen Eimer, etwas Benzin, Streichhölzer. Wenn jemand versuchen sollte, mit Gewalt einzudringen, hätten wir alles vernichten können, bevor sie gekommen wären, damit nichts in ihre Hände fällt... (2)

Sergej Kowaljow:

Uns verbanden Freundschaftsbande, obwohl wir uns nicht so oft trafen. [...] Alle vier, also Zdebskis, Plumpa, Tamkevičius und Sadunaite verband eine gemeinsame Eigenschaft – der eigenartige Sinn für Humor. Sie mochten es zu scherzen, wir lachten alle, als sie über verschiedene Situationen erzählten, in die sie manchmal gerieten. Unverwechselbare Sensibilität, Freundlichkeit, Frohsinn, Sinn für Humor, Gutherzigkeit – das waren ihre gemeinsamen Eigenschaften. [...]

Nijolė war sehr einfallsreich, sie mochte verschiedene Maskeraden. Sie verkleidete sich, schminkte sich – und war nicht wiederzuerkennen! Sie freute sich darüber, dass sogar wir sie nicht erkannten.

Die Treffen waren kurz. Wir tauschten Texte aus, saßen am Tisch, manchmal tranken wir etwas – selbstverständlich nur mit Petras Plumpa. [...]

Soweit wir konnten, versuchten wir uns zu schützen. Zum Beispiel erwähnten wir nie die Namen derer, von denen wir irgendetwas bekamen oder denen wir etwas übergaben. Keiner meiner litauischen Freunde wusste, wohin ich das, was sie mir übergaben, hinbringe, oder wann ich es bei der Arbeit nutzen würde. (2)

■ Die erste „Chronik der Katholischen Kirche Litauens" kam am 19. März 1972 heraus. Bis 1989 erschienen 81 Nummern der Zeitschrift. Sie informierte über „Diskriminierungen der Gläubigen in Litauen und die Bemühungen, ein Minimum an Religionsfreiheit zu erreichen". Ständige Rubriken lauteten: „Aus dem Gerichtssaal", „Hausdurchsuchungen und Verhaftungen", „Zerstörungen von Kreuzen".

Die „Chronik" wurde zuerst in einer Auflage von 100 bis 300, später bis 150 Exemplaren kopiert (die Auflage wurde wegen des wachsenden Risikos reduziert). Die „Chronik" wurde in Litauen verbreitet und gelangte mit Hilfe russischer Dissidenten wie Tatiana Welikanowa, Sergej Kowaljow, Pater Alexander Lavut und Pater Gleb Jakunin in den Westen. Sie wiederum lieferten russische unabhängige Publikationen nach Litauen. In den ersten zehn Jahren ihres Erscheinens wurden vierzehn Personen verhaftet und verurteilt, weil sie die Zeitschrift vervielfältigten und in Umlauf setzten. ■

Erzbischof Sigitas Tamkevičius:

Trotz der Repressalien wurden Priester und Laien immer mutiger. Die Tatsache, dass Radio Vatikan intensiv über uns berichtete, half uns sehr. Für einen Menschen, der für etwas kämpft und leidet, ist es sehr wichtig, wenn er weiß, dass man ihn nicht vergisst. Ich glaube, die „Chronik" und Radio Vatikan trugen zu dieser Veränderung in den Menschen bei und stärkten ihren Mut. [...]

Wir wussten, dass der Papst und der Westen von uns Kenntnis hatten. Und uns gegebenenfalls auf irgendeine Weise geholfen hätten, weil sie wussten, was wir taten und was mit uns passierte. Dieses Bewusstsein machte uns Mut. [...]

Der KGB fing an, in Litauen und im Westen zu verbreiten, die „Chronik" enthalte Unwahrheiten, ihre Informationen seien anonym und man wisse nicht, wer sie redigiere. Uns erreichten Stimmen, dass die Menschen im Westen begannen, sich zu überlegen, wer eigentlich die „Chronik" herausgibt und ob der Inhalt wirklich der Wahrheit entspricht. Wir kamen deswegen zu dem Schluss, dass einige von uns genannte Fakten in den offiziellen Dokumenten des Katholischen Komitees [zur Verteidigung der Rechte der Gläubigen] erscheinen sollten, die wir dann persönlich unterschreiben würden. Und so geschah es. (2)

Priester Alfons Svarinskas:

Man muss wählen, weil wir keine Meinungsfreiheit haben. Diese Krankheit, die wir oft genug erfahren, heißt Angst... Angst ist erniedrigend, also lasst sie uns überwinden. (3)

■ Im November 1978 wurde das „Katholische Komitee zur Verteidigung der Rechte der Gläubigen" gegründet, das öffentlich agierte, was bedeutet, dass auch die Namen der Mitglieder öffentlich bekannt waren. Das Komitee hatte unter anderem zum Ziel, „die sowjetische Regierung auf die Diskriminierung der Gläubigen aufmerksam zu machen; die Kirchenleitung und notfalls auch die Gesellschaft über die Lage der Gläubigen in Litauen und anderen Sowjetrepubliken zu informieren, sich zu bemühen, dass das sowjetische Recht und dessen Anwendung nicht mehr im Gegensatz zu den von der Sowjetunion unterzeichneten internationalen Verträgen steht, den Priestern und Gläubigen ihre Rechte zu erklären und zu ihrer Verteidigung beizutragen".

Für sein Wirken in dem Komitee verhaftete man im Januar 1983 Pfarrer Svarinskas und verurteilte ihn zu sieben Jahren Lager und drei

Die Gründer des Komitees zur Verteidigung der Rechte der Gläubigen, von links: die Priester Winces Velavicius, Alfonsas Svarinskas, Sigitas Tamkevičius, Juozas Zdebskis, Jonas Kauneckas, 1978 Foto OK

Jahren Verbannung. Im selben Jahr wurde Pfarrer Tamkevičius wegen „antisowjetischer Agitation" verhaftet und zu sechs Jahren Lager und vier Jahren Verbannung verurteilt. Eine Petition an die zentralen Behörden zur Verteidigung der beiden Priester unterschrieben 123.000 Litauer. 1986 kam Pfarrer Zdebskis unter ungeklärten Umständen ums Leben. ■

Erzbischof Sigitas Tamkevičius:

Im Frühjahr 1984 kam ein Vernehmer ins Lager nach Perm und holte mich zum Gespräch. „Sie waren ein Redakteur der Chronik", sagte er auf einmal, ganz gewiss davon überzeugt, dass ich es bestätige, weil ich ja schon verurteilt war. „Die Chronik erscheint nicht mehr?", fragte ich ihn. „Doch, sie erscheint noch", gab er zur Antwort. Diese Nachricht war für mich genauso teuer wie das tägliche Brot im Gefängnis. „Sie erscheint" – noch lange klang es in meinen Ohren wie Musik. (3)

■ Nach der Verhaftung von P. Tamkevičius wurde P. Jonas Boruta Chefredakteur der „Chronik", der diese Funktion bis zur Schließung der Zeitschrift innehatte. ■

Bischof Jonas Boruta:

Einerseits waren wir uns dessen bewusst, dass wir viel riskieren, dass es gefährlich ist, aber andererseits wussten wir, dass, falls der Chefredakteur Tamkevičius verhaftet werden sollte und die Zeitschrift nicht mehr erscheinen würde, es für ihn und für die Sache der „Chronik" umso gefährlicher sein würde. [...] Ich war [zu dieser Zeit] ein illegaler Priester: Ich war in ganz Litauen unterwegs, von einer Pfarrgemeinde zur anderen, ich führte Besprechungen mit Nonnen oder Jugendlichen durch.

Zur damaligen Zeit galt das sowjetische Recht, das untersagte, sich ohne Anmeldung an einem Ort länger als zehn Tage aufzuhalten. Die Miliz prüfte das nach. Aber dieses Gesetz entpuppte sich – aus der Sicht meiner Arbeit für die „Chronik" – als sehr vorteilhaft. Aufgrund des Gesetzes war ich jede Woche am anderen Ende von Litauen. Es war eine komfortable Situation, um Informationen zu sammeln. Ich fuhr dorthin, wo Pfarrer aus verschiedenen Pfarrgemeinden zusammenkamen, wo es Kirchweihen, Katechesen gab. Ich konnte dann während der Gespräche etwas erfahren und notieren. [...]

Wir wollten, dass die „Chronik" eine Zeitschrift im christlichen und katholischen Geiste ist, die über das Problem der Verletzung der Rechte der Gläubigen sowohl der katholischen Kirche als auch anderer Konfessionen berichtet. Uns lag daran, die nationale Problematik zu vermeiden, da es eine andere Zeitschrift gab, die sich damit befasste [„Aušra"].

Wir dachten damals – und so denke ich auch jetzt noch –: Wenn wir mit Fakten arbeiten und über die Menschenrechte reden, dann leisten wir einen größeren Beitrag für die Wiederherstellung der Freiheit, als wenn wir uns in die möglichen nationalen Konflikte hineinziehen lassen. (2)

Erzbischof Sigitas Tamkevičius:

Manche Dissidentenkreise, zum Beispiel die Freiheitsliga, warfen der „Chronik" vor [in der zweiten Hälfte der 1980er Jahre], sie beschäftige sich nur mit Angelegenheiten der Kirche, sie verteidige die Kirche und nicht Litauen. Wir, die Redakteure der „Chronik" glaubten daran, dass, wenn wir die Kirche und die Gläubigen verteidigen, wir damit ganz Litauen verteidigen. Ich weiß heute, dass es tatsächlich so war. Die Menschen wurden mutiger, sie verspürten Zusammengehörigkeit und verstanden, dass sie gemeinsam ihre Rechte einfordern können. (2)

Quellen:

(1) Chronik der Katholischen Kirche Litauens, Nr. 51.

(2) Paweł Wołowski, Katarzyna Korzeniewska, *Jak służąc Panu Bogu przechytrzyć KGB. Rozmowy z twórcami „Kroniki Kościoła Katolickiego na Litwie"*, Warszawa 2006.

(3) Chronik der Katholischen Kirche Litauens, Bd. XI, Kowno 1997.

Václav Havel (1936–2011)

Da das „Leben in Lüge" die Grundstütze des Systems ist, ist es kein Wunder, dass das „Leben in Wahrheit" eine Grundbedrohung für das System bedeutet. Deshalb muss es härter verfolgt werden als alles andere.

Essay *Versuch, in der Wahrheit zu leben*, 1978

Foto Ota Nepily

Václav Havel:

In der Kindheit genoss ich, besonders wenn wir in unserem Landhaus wohnten und ich die Dorfschule besuchte, vielfältige Vorteile und Vorrechte: Ich war – im Unterschied zu meinen Mitschülern und Freunden – ein „Herrensöhnchen", stammte aus einer vermögenden und also einflussreichen Familie, die – wie es in einem solchen Milieu damals üblich war – auch „Dienerschaft" beschäftigte; ich hatte eine Erzieherin, wir hatten eine Köchin, eine Dienstmagd, einen Gärtner, einen Chauffeur. Und das alles bewirkte zwischen mir und meiner unmittelbaren Umgebung (bzw. einem bedeutenden Teil dieser Umgebung, nämlich dem, den meine ärmeren Mitschüler und unsere „Dienerschaft" bildeten) eine begreifliche soziale Schranke, die ich – obwohl ein kleiner Stöpsel – sehr genau spürte und an der ich sehr schwer trug, denn ich fühlte sie eindeutig als mein Handicap; ich schämte mich meiner Vorrechte, bat um ihre Aufhebung, ich sehnte mich nach Gleichheit mit den anderen. Wohl nicht, weil ich von Kindheit an ein Sozialrevolutionär gewesen wäre, sondern einfach, weil ich mich ausgeschlossen und abgetrennt fühlte. [...] Als ob ich unterbewusst fühlte oder befürchtete, dass sich alle – und zu Recht – gegen mich verschworen hatten [...]. Rechnen Sie dazu, dass ich ein gemästetes Dickerchen war, und dass alle – wie das unter Kindern üblich ist – sich über mein Dicksein lustig machten, um so mehr, als das für sie leicht eine wenn auch unbewusste Gelegenheit zum Akt einer Art „sozialer Rache" sein konnte. [...]

Václav Havel mit seinen Eltern Božena und Václav und seinem jüngeren Bruder Ivan auf dem Gut der Großeltern von Havel, 1939 Foto Archiv Ivan M. Havel

Meine bürgerliche Herkunft hat in mir so etwas wie ein soziales Gefühl erweckt, oder besser bestärkt, nämlich den Widerstand gegenüber unverdienten Vorrechten, ungerechten sozialen Schranken, gegenüber jeglicher familiären oder sonstigen Vorbestimmtheit für eine sogenannte „höhere Stellung", gegenüber jeder Erniedrigung der Menschenwürde. (1)

Václav Havel:

Mein Leben, meine Arbeit, meine Stellung und mein Wirken erscheinen mir aus einer verdächtig großen Menge von Paradoxa zusammengesetzt. [...]

Ich habe ein ziemlich unruhiges Leben gewählt und selbst stifte ich irgendwie immer Unruhe – und dabei sehne ich mich nach nichts mehr als nach Ruhe. Ungewöhnlich gern habe ich Harmonie, Bequemlichkeit, allgemeine Übereinstimmung, Frieden und freundschaftlich verständiges Einverständnis aller mit allen (am liebsten wäre es mir, wenn sich alle für immer gern hätten); Spannungen, Konflikte, Missverständnisse, Unklarheiten und Chaos ertrage ich sehr schwer – und dabei war meine Stellung in der Welt und ist sie bis heute immer äußerst kontrovers: Ich bin in einer lebenslangen Konfrontation mit der Macht, verschiedenen Institutionen und Organisationen, ich habe den Ruf eines ewigen Rebellen und Aufrührers, dem nichts heilig ist, und auch meine Stücke sind alles andere als ein Bild des Friedens und der Ruhe.

Václav Havel mit Freunden, den jungen Poeten: Jan Zábrana und Jiří Kuběna, Prag 1957
Foto Archiv Václav Havel

Ich bin ein sehr unsicherer Mensch, fast neurotisch, gerate leicht in Panik, bin furchtsam und schrecke ständig vor etwas auf, auch vor dem Klingeln des Telefons, ständig zweifle ich an mir und häufig beschuldige ich mich masochistisch und verfluche mich – und dabei erscheine ich manchen (und sogar in gewisser Weise mit Recht!) als ein selbstsicherer und sich seiner Sache gewisser Mensch, beneidenswert ausgeglichen, ruhig abwägend, ausdauernd, zäh, sachlich auf seinem Standpunkt beharrend. [...]

Ich gelte als fester, tapferer, wenn nicht gar dickköpfiger Mensch, der nicht gezögert hat, sich für das Gefängnis zu entscheiden, als ihm weitaus verführerischere Alternativen angeboten wurden – und über diesen meinen Ruf muss ich ziemlich lächeln: Eigentlich fürchte ich mich ständig vor etwas, und mein angeblicher Mut und mein Durchhaltevermögen kommen aus der Angst – nämlich der Angst vor dem eigenen Gewissen, das mich so gern quält, für wirkliches und eingebildetes Versagen! Und mein ganzes heldenhaftes Gefängnis war im Grunde nur eine Kette von Befürchtungen, Ängsten und Schrecken: Ein wenig wie ein Kind, immer schon im Voraus erschrocken und mit aufgerissenen Augen [...] habe ich das Gefängnis wohl schwerer ertragen, als es die Mehrheit derer ertragen hätte, die mir ihre Anerkennung aussprechen. [...] Und trotz alledem weiß ich, wäre es notwendig, würde ich wieder dorthin gehen, und ich würde es wieder aushalten. (1)

■ Václav Havel wurde 1936 in Prag als Sohn einer angesehenen Unternehmerfamilie geboren. Nach dem Zweiten Weltkrieg verlor die Familie im Zuge der Enteignungen durch die Kommunisten ihren Besitz. Havel durfte keine weiterführende Schule besuchen. Er machte kurzzeitig eine Lehre als Zimmermann, danach eine Ausbildung zum Chemielaboranten. Gleichzeitig besuchte er ein Abendgymnasium, das er 1954 mit Abitur abschloss. Nachdem ihm ein geisteswissenschaftliches Studium verwehrt wurde, entschloss sich Havel, an der Technischen Hochschule in Prag zu studieren. Zu dieser Zeit begann er, seine Texte zu veröffentlichen. Nach zwei Jahren brach er das Studium an der Verkehrswirtschaftsfakultät ab, weil er einen zweijährigen Militärdienst absolvieren musste. Später fing er an, am Theater zu arbeiten, zuerst als Techniker, dann als Regieassistent, und schlussendlich als literarischer Leiter. Havel schrieb Theaterstücke, die auf Prager Bühnen aufgeführt wurden. 1964 heiratete er Olga Šplíchalovà. In den Jahren 1962–1966 studierte er im Fernstudium Dramaturgie an der Theaterfakultät der Akademie der musischen Künste in Prag.

Václav Havel als Arbeiter in der Brauerei in Trutnov, 1974 Foto Archiv Karl Hádek

Im März 1968 gehörte Havel zu den 150 Schriftstellern und Kulturschaffenden, die einen offenen Brief an das Zentralkomitee [KC] der Tschechischen Kommunistischen Partei [KPCs] mit Forderungen nach mehr Demokratie verfassten. Im April desselben Jahres wurde er zum Vorsitzenden des Kreises Unabhängiger Schriftsteller gewählt; so wurde Havel zu einer berühmten Persönlichkeit des Prager Frühlings. Während der Invasion der Tschechoslowakei durch die Streitkräfte des Warschauer Pakts schrieb er Kommentare für das Tschechoslowakische Radio in Liberec und nahm an Protestaktionen gegen die militärische Besetzung des Landes teil.

Havel war einer der zehn Verfasser der am 21. August 1969 erschienenen *Zehn-Punkte-Proklamation*, die sich der Normalisierungspolitik widersetzte. Anfang der 1970er Jahre wurde sein Name auf den Index gesetzt, seine Bücher wurden aus allen Bibliotheken in der Tschechoslowakei entfernt, seine Stücke durften nicht mehr aufgeführt werden, er selbst durfte nicht mehr am Theater arbeiten. Trotz alldem schrieb er weiter. Im Jahre 1974 arbeitete er neun Monate lang als Arbeiter in einer Brauerei.

Im April 1974 schrieb Havel einen offenen Brief an den Generalsekretär der KPCz, Gustáv Husák, in dem er die anschwellenden sozialen Konflikte anprangerte.

Václav Havel:

Im Jahre 1975 reifte die Absicht, nicht länger ein nur passives Objekt jener „von den Siegern geschriebenen Geschichte" zu sein, wie Václav Bělohradský sagt, sondern für einen Augenblick wieder zu ihrem Subjekt zu werden; kurz gesagt, nicht nur darauf zu warten, was „sie" tun, sondern selbst etwas zu tun und zur Abwechslung einmal „sie" zu zwingen, sich mit etwas anderem zu befassen, als was sie selbst geplant hatten. Und so schrieb ich Dr. Husák einen umfangreichen offenen Brief, in dem ich versuchte, die traurige gesellschaftliche Situation in unserem Land zu analysieren, auf die Tiefe der geistigen, moralischen und sozialen Krise hinzuweisen, die sich hinter dem scheinbar ruhigen Leben verbirgt, und indem ich an den Adressaten appellierte, sich das Maß seiner Verantwortung für diese ganze Misere klarzumachen.

Der Brief war für mich damals in erster Linie der Akt einer gewissen „Autotherapie"; ich wusste zwar nicht, was folgen wird, aber das Risiko war es mir wert: Ich gewann wieder Gleichgewicht und Selbstbewusstsein; ich hatte das Gefühl, mich aufgerichtet zu haben, und dass mich also niemand beschuldigen könne, nichts zu tun und dem tristen Zustand nur schweigend zuzuschauen; ich atmete freier, weil ich die Wahrheit nicht mehr in mir erstickte. Ich machte einfach mit dem Warten auf die Besserung der Welt Schluss und bekannte mich zu meinem Recht, in die Welt einzugreifen oder zu ihr Stellung zu nehmen. [...]

Offenbar hatte ich den Augenblick erwischt, in dem auch viele andere das ewige Warten leid waren, sie begannen, ihrer Müdigkeit müde zu werden und aus dem vorhergegangenen Knock-Out zu erwachen. Mein Brief ist damals von allen möglichen Leuten abgeschrieben worden, und es hat ihn wohl jeder gelesen, dem nicht alles gleichgültig war. (1)

Ende 1975 gründete Havel die Edition Expedition, eine Editionsreihe für unabhängige Literatur, in der Werke der offiziell verbotenen Autoren erschienen.

Im August 1976 schickte er, zusammen mit einigen anderen Schriftstellern und Philosophen, einen Brief an Heinrich Böll, den Nobelpreisträger und ehemaligen Vorsitzenden des internationalen P.E.N.-Clubs mit der Bitte um Solidaritätsbekundung für die Mitglieder der Rockgruppen People of the Universe und DG 307, denen ein Prozess gemacht wurde. Dieser Prozess und die Schlussakte der Konferenz für Sicherheit und Zusammenarbeit in Europa, die im Herbst 1976 in der Tschechoslowakei in Kraft getreten war, wurden zum Antrieb, um Kontakte zu knüpfen und die Zusammenarbeit aufzubauen zwischen den bis dahin isoliert handelnden Gruppen von Schriftstellern, ehemaligen Politikern des Prager Frühlings, christlichen Kreisen und von Underground-Künstlern.

Václav Havel:

Für mich persönlich fing das alles irgendwann im Januar oder Februar 1976 an. Ich war in Hrádeček allein, überall lag eine Menge Schnee, draußen nächtliche Schneestürme, ich schrieb irgendetwas, und auf einmal klopft jemand an die Tür. Ich gehe öffnen, und in der Tür steht, ganz verschneit und verfroren, ein Freund, den ich nicht nennen möchte. Wir verbrachten die Nacht zusammen in einer Debatte mit dem Kognak, den er mitgebracht hatte. Dieser Freund hat mir so zwischendurch vorgeschlagen, ich solle mich einmal mit Ivan Jirous treffen und bot sich an das zu vermitteln. [...]

Nach einem Monat etwa, als ich in Prag war, bin ich aufgrund der Bemühungen des Schneemanns wirklich mit Jirous zusammengetroffen. [...] Er gab mir seinen *Bericht über die dritte tschechische musikalische Erneuerung* und spielte mir auf einem alten, krächzenden Grammophon Kompositionen der Plastic People, DG 307 und anderer Underground-Gruppen vor. Obwohl ich kein Fachmann für Rockmusik bin, spürte ich sofort, dass von diesen Einspielungen etwas Bemerkenswertes ausstrahlte, dass es um eine ernste und wahrhaftige Sache ging, um die wirklich innerlich freie Artikulation einer existenziellen Erfahrung, die jeder verstehen muss, der noch nicht völlig abgestumpft ist. [...]

Jirous lud mich zu einem Konzert ein, das in etwa vierzehn Tagen irgendwo außerhalb von Prag stattfinden sollte. Es fand nicht mehr statt: Inzwischen war Jirous zusammen mit der Gruppe und mit Underground-Sängern verhaftet worden, insgesamt wohl neunzehn Leute. Ich erfuhr das in Hrádeček und bin sofort nach Prag gefahren, weil mir klar war, dass das meine Sache war. Ich wusste auch, dass es wohl nicht leicht sein würde, für die Jungen eine breitere Fürsprache zu erhalten. Von den Leuten, die in Frage kamen, kannte sie fast niemand, unter ihnen herrschte ein ähnliches Misstrauen vor, wie ich es vor meinem Treffen mit Magor (das ist das Pseudonym von Jirous) hatte, ich hatte fast nichts Konkretes in der Hand, womit ich hätte belegen können, dass das wirklich nicht die Faulenzer, Rowdies, Alkoholiker und Junkies sind, für die sie das Regime ausgab und welche es hoffte, ohne Schwierigkeiten hinwegfegen zu können. (1)

■ So entstand die [Bürgerrechtsbewegung] Charta 77. Havel war einer ihrer ersten drei Sprecher (und einer der Verfasser der Grundsatzerklärung). Ähnlich wie die anderen Sprecher und die Mehrheit der Unterzeichner wurde er einige Male von der Staatssicherheit verhört; vom 14. Januar bis 20. Mai 1977 saß er in Untersuchungshaft aufgrund eines laufenden Verfahrens wegen seiner „staatsfeindlichen Aktivitäten". Nach seiner Freilassung und wegen einer breiten Kampagne gegen seine Person in den tschechoslowakischen Medien entschied sich Havel, als Sprecher der Charta 77 zurückzutreten.

Begegnung der Charta 77 im Sommerhaus der Havels in Hrádeček, von links: Michal Matzenauer, Jan Lopatka, Vlasta Třešňák, Václav Havel, Pavel Landovský (von hinten) Foto Ondřej Némec

Treffen der Mitglieder des KSS „KOR" und der Charta 77 auf der Schneekoppe an der polnisch-tschechoslowakischen Grenze. Von links: Marta Kubišova, Václav Havel, Adam Michnik, Jacek Kuroń, Antoni Macierewicz, Jan Lityński, Tomáš Petřivy, Sommer 1978 Foto Jiři Bednař

Am 1. Oktober 1977 fand in dem Sommerhaus Havels in Hrádeček bei Trutnov das dritte Festival der Untergrund-Kultur statt. Noch in demselben Monat wurde Havel vom Stadtgericht in Prag zu 14 Monaten Haft (drei Jahre auf Bewährung) wegen angeblicher Versuche, den Staatsinteressen im Ausland zu schaden, verurteilt. Ende Januar 1978 wurde er zusammen mit den anderen Unterzeichnern der Charta 77 festgenommen; er blieb bis 13. März in Untersuchungshaft.

Am 27. März 1978, nach einigen Monaten Vorbereitung, wurde die Gründung des Ausschusses zur Verteidigung der zu Unrecht Verfolgten (VONS) verkündet – Havel war einer der Mitbegründer. Im August und September nahm er an illegalen Treffen mit den Vertretern der polnischen Opposition an der polnisch-tschechischen Grenze teil. ■

Adam Michnik:

Im Sommer 1978, auf der Schneekoppe, begann mein persönliches Abenteuer mit Havel.

Es war ein sehr wichtiges Treffen – ein symbolisches Zeugnis gemeinsamer Bestrebungen und Werte der demokratischen Opposition in Polen und der Tschechoslowakei. Wir – die Mitglieder des KOR und der Charta 77 – hatten damals eine gemeinsame Erklärung zum zehnten Jahrestag des Prager Frühlings, des polnischen März '68 und der sowjetischen Intervention in der Tschechoslowakei vorbereitet.

Ich hörte dem Gespräch zwischen Havel und [Jacek] Kuroń zu. In ihrem Antikommunismus und Antifaschismus, in dem Glauben an den Sinn des Aufbaus von zivilgesellschaftlichen Organisationen, im Verständnis der Oppositionsbewegungen, die beide gründeten, standen sie sich sehr nahe.

Jacek hatte eigentlich eine unphilosophische Mentalität: Seine Philosophie bestand im Handeln. Für Jacek war Politik ein natürliches Element des passionierten Erziehers. Schon damals war er bekannt für sein Talent, wunderbare Reden bei Kundgebungen zu halten. Václav war vielmehr ein Intelektueller, seine Aussagen hatten einen philosophischen Hintergrund, er berief sich auf Heidegger und [Jan] Patočka. Es fiel mir auf, dass er sich allen Klischees entzog: Er war kein aufrührerischer Kommunist (anders als Jacek), kein Liberaler, kein Sozialdemokrat. Diskret, leise, ein distanzierter Schriftsteller und Philosoph der dreckigen Wirklichkeit. Ganz einfach: ein Demokrat oder ein schüchterner, sanfter und bescheidener Mensch mit großem Mut, enormer Vorstellungskraft und Konsequenz. Er holte auch eine Flasche heraus – auf dem Ettiket war ein Mann in Jägerkleidung abgebildet. Es war der [Jägerwodka] Myslivecká. Er sagte: „Wenn wir schon keinen Sozialismus mit menschlichem Antlitz haben, so haben wir wenigstens einen Wodka mit menschlichem Gesicht."

All das zusammengenommen war ein heroischer, aber auch ein komischer Akt (die Konsequenzen für uns alle, besonders für die Tschechen, konnten sehr unangenehm sein).

Uns amüsierte die vorstellbare Reaktion der Sicherheitsbeamten auf die Nachricht über unser Treffen. Ein illegales Treffen einiger Kriminellen aus beiden Ländern, die die Notwendigkeit der Freundschaft und Zusammenarbeit zwischen den Völkern erklären – das hatte etwas vom absurden Theater. Na ja – dachte ich mir – absurdes Theater war eine Spezialität Havels. (2)

Im Oktober 1978 schrieb Václav Havel in Hrádeček seinen bekanntesten Essay *Versuch, in der Wahrheit zu leben.* Von November 1978 bis Februar 1979 wurde er erneut, neben Ladislav Hejdánek, Sprecher der Charta 77.

Vacláv Havel:

Das posttotalitäre System verfolgt mit seinen Ansprüchen den Menschen auf Schritt und Tritt. Es verfolgt ihn freilich in ideologischen Handschuhen. Deshalb ist das Leben in diesem System von einem Gewebe der Heuchelei und Lüge durchsetzt: Die Macht der Bürokratie wird Macht des Volkes genannt; im Namen der Arbeiterklasse wird die Arbeiterklasse versklavt; die allumfassende Demütigung des Menschen wird für seine definitive Befreiung ausgegeben; Isolierung von der Information wird für den Zugang zur Information ausgegeben; die Manipulierung durch die Macht nennt sich öffentliche Kontrolle der Macht, und die Willkür nennt sich die Einhaltung der Rechtsordnung; die Unterdrückung der Kultur wird als ihre Entwicklung gepriesen; die Ausbreitung des imperialen Einflusses wird für Unterstützung der Unterdrückten ausgegeben; Unfreiheit des Wortes für die höchste Form der Freiheit; die Wahlposse für die höchste Form der Demokratie; Verbot des unabhängigen Denkens für die wissenschaftliche Weltanschauung; Okkupation für brüderliche Hilfe. Die Macht muss fälschen, weil sie in eigenen Lügen gefangen ist. Sie fälscht die Vergangenheit, die Gegenwart und die Zukunft. Sie fälscht statistische Daten. Sie täuscht vor, dass sie keinen allmächtigen und zu allem fähigen Polizeiapparat hat. Sie täuscht vor, dass sie die Menschenrechte respektiert, sie täuscht vor, dass sie keine Angst hat, sie täuscht vor, dass sie nichts vortäuscht.

Der Mensch muss nicht an alle diese Mystifikationen glauben. Er muss sich aber so benehmen, als ob er an sie glaubt, sie zumindest schweigend tolerieren oder sich wenigstens gut mit denen stellen, die mit den Mystifikationen operieren. Schon deshalb muss er aber in Lüge leben.

Er muss die Lüge nicht akzeptieren. Es reicht, dass er das Leben mit ihr und in ihr akzeptiert. Schon damit nämlich bestätigt er das System, erfüllt es, macht es – er ist das System. [...]

Da das „Leben in Lüge" die Grundstütze des Systems ist, ist es kein Wunder, dass das „Leben in Wahrheit" eine Grundbedrohung für das System bedeutet. Deshalb muss es härter verfolgt werden als alles andere. [...]

Es scheint, dass das Leben in Wahrheit im posttotalitären System das eigentliche Hinterland, der eigentliche Ausgangspunkt für das ist, was man im breitesten Sinne des Wortes als „Opposition" bezeichnen kann. Die Konfrontation dieser „oppositionellen Kraft" mit der bestehenden Macht hat freilich eine grundsätzlich andere Form als in einer offenen Gesellschaft oder in einer „klassischen" Diktatur: Es ist ursprünglich keine Konfrontation auf der Ebene der faktischen, institutionalisierten und quantifizierbaren Macht mit Hilfe dieser oder jener direkter Machtinstrumente, sondern auf einer ganz anderen Ebene – auf der Ebene des menschlichen Bewusstseins und Gewissens, auf der existenziellen Ebene. [...]

Warum wurde Solschenizyn aus seiner Heimat vertrieben? Sicher nicht als eine Einheit der tatsächlichen Macht, also, weil sich irgendein Vertreter des Regimes vielleicht fürchtete, dass Solschenizyn seinen Posten einnehmen möchte. Seine Vertreibung war etwas anderes, nämlich ein verzweifelter Versuch, diese gefährliche Quelle der Wahrheit zu verstopfen. Der Wahrheit, bei der niemand voraussehen konnte, welche Veränderungen im gesellschaftlichen Bewusstsein sie hervorrufen und folglich zu welchen politischen Erschütterungen sie einst führen könnte. Das posttotalitäre System handelte nach der ihm eigenen Art – es schützte die Integrität der Welt des Scheins, um sich selbst zu schützen.

Der Totenschleier des Lebens in Lüge ist aus einem sonderlichen Stoff gemacht – so lange er die ganze Gesellschaft luftdicht bedeckt, scheint er aus Stein zu sein. In dem Moment aber, wo ihn jemand an einer einzigen Stelle durchlöchert, wenn ein einziger Mensch „der Kaiser ist nackt!" ruft, wenn ein einziger Spieler die Spielregeln verletzt und dies somit als Spiel entlarvt, kommt plötzlich alles in ein anderes Licht, und der ganze Schleier wirkt, als ob er aus Papier wäre – als ob er anfängt, unaufhaltsam in kleine Fetzen zu zerfallen. (3)

Am 29. April 1979 wurde Havel zusammen mit anderen VONS-Mitgliedern festgenommen und angeklagt, gegen den Staat aufzubegehren. Er wurde zu viereinhalb Jahren Gefängnis verurteilt. Im Januar 1983 wurde aus den 144 Briefen, die Havel an seine Frau (zwischen Juni 1979 und September 1982) schrieb, eine Samisdat-Publikation unter dem Titel *Briefe an Olga* herausgegeben. Im Januar 1983 erkrankte Havel an einer akuten Lungenentzündung, daraufhin wurde er in ein Gefängniskrankenhaus nach Prag verlegt und Anfang Februar vorzeitig aus der Haft entlassen.

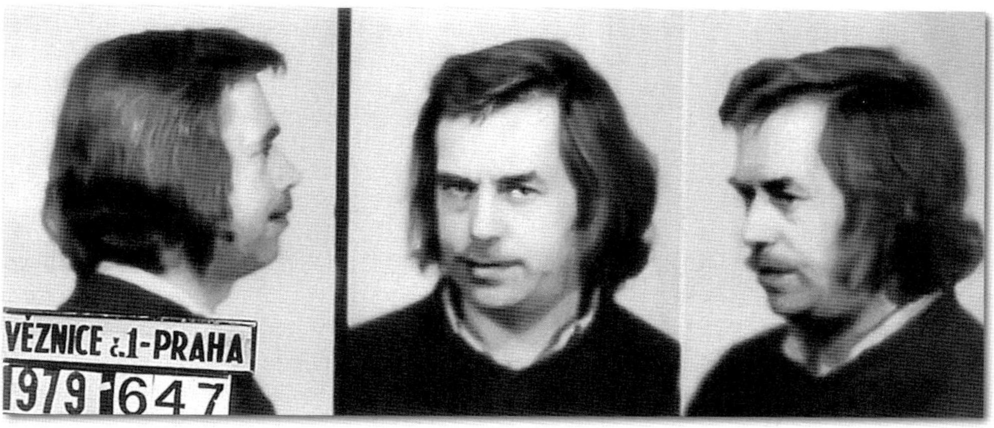

Haftfotos von Václav Havel, 1979 Foto Narodnyj Archiv in Prag

Václav Havel, Briefe an seine Frau:

Liebe Olga,

man muss sich freilich – ob man will oder nicht – die Frage stellen, ob das alles Sinn hat und welchen. Je mehr ich darüber nachdenke, desto mehr wird mir klar, dass ich hier die letzte und entscheidende Antwort nicht in irgendwelchen Äußerlichkeiten finde, die von sogenannten Informationen abhängen; keine Information gibt mir darauf Antwort. Die Antwort – die positive Antwort – finden wir schließlich immer nur in uns, in unserem gesamten Glauben an den Sinn der Dinge, in unserer Hoffnung. Wem ist der Mensch eigentlich verantwortlich? Worauf bezieht er sich? Was ist der letzte Horizont seines Beginnens; der absolute Fluchtpunkt all dessen, was er tut, das nicht zu täuschende „Seinsgedächtnis", das Gewissen der Welt und höchste „Gerichtsinstanz"; was ist dieser entscheidende Maßstab, Hintergrund oder Raum jeder seiner existenziellen Erfahrungen? Und was ist gleichzeitig Zeuge oder rätselhafter Partner seiner täglichen Selbstgespräche; das, was der Mensch – in welche Situation er auch immer geworfen sei – ununterbrochen fragt, worauf er sich verlässt – offenbar als etwas schrecklich Abstraktes, Nebelhaftes und wahrlich wenig Anziehendes (umso mehr, als auch meine Beziehung zu ihm so schwer fassbar ist). So erscheint er freilich nur demjenigen, den ich darüber zu informieren versuche – die Erfahrung selbst ist ganz lebendig, vertraulich und konkret, vielleicht (wegen ihrer immer aufs neue

Olga und Václav Havel in ihrem Sommerhaus in Hrádeček, 1976
Foto Bohdan Holomíček

und woran er sich in seinem Tun wendet; das, was ihn in seiner Allwissenheit und Unbestechlichkeit schreckt und rettet; das, worauf der Mensch eigentlich einzig etwas gibt und dessentwegen er sich bemüht? Seit der Kindheit fühle ich, dass ich nicht ich selbst wäre – ein menschliches Wesen –, wenn ich nicht in andauernder und vielfältiger Spannung zu diesem meinem „Horizont" lebte, dem Quell des Sinnes und der Hoffnung – und seit der Jugend bin ich nicht sicher, ob es dabei um „Gotteserfahrung" geht oder nicht. [...]

Ich bin einfach ein Kind des Zeitalters des begrifflichen und keineswegs mythischen Denkens und deshalb erscheint auch mein Gott – wenn ich schon gezwungen bin, über ihn zu sprechen (was ich sehr ungern tue) überraschenden Vielfältigkeit) lebendiger als bei manchen anderen, die ihren „normalen" Gott ordentlich mit allen zugehörigen Attributen ausgestattet haben (die ihn vielfach seltsamerweise eher verbergen als näher bringen). Und was für meinen Gott auch bezeichnend ist: Er ist Meister im Warten, womit er mich hin und wieder ziemlich nervös macht. Als ob er verschiedene Möglichkeiten vor mir arrangiere und dann schweigend abwarte, was ich tun werde. Versage ich, dann straft er mich – durch mich selbst (zum Beispiel durch Vorwürfe), versage ich nicht, belohnt er mich (mit meiner Erleichterung und Freude) – und vielfach lässt er mich sogar im Ungewissen.

7. August 1980 (4)

Liebe Olga,

wieder stelle ich mir jenen lang vergangenen Augenblick in Heřmanice vor, als ich an einem heißen, wolkenlosen Sommertag auf einem Haufen rostigen Eisens saß und in die Krone eines mächtigen Baumes blickte, der in erhabener Ruhe alle Zäune, Drähte, Gitter und Wachtürme überragte, die mich von ihm trennen. Ich betrachte das unmerkliche Beben seiner Blätter auf dem Hintergrund des unendlichen Himmels, und allmählich beherschte mich völlig ein schwer zu beschreibendes Gefühl. Mir scheint, dass ich mich auf einmal hoch über alle Koordinaten meines momentanen Daseins auf der Welt erhoben hatte in eine Art „Über-Zeit" der totalen Gegenwart alles Schönen, das ich je gesehen und erlebt hatte. Eine versöhnte, ja fast zärtliche Zustimmung zu dem unausweichlichen Lauf der Dinge, wie sie mir dieser Standpunkt eröffnete, verband sich in mir mit der sorglosen Entschlossenheit, bis zum Ende all dem entgegenzutreten, dem man entgegentreten muss. Das tiefe Staunen über die Souveränität des Seins verwandelte sich in den Taumel, hervorgerufen durch das unendliche Fallen in den Abgrund seines Geheimnisses; eine grenzenlose Freude darüber, dass ich lebe, dass mir gegeben war, all das zu durchleben, was ich durchlebte, und das alles einen tieferen Sinn hat, verband sich in mir seltsam mit dem unbestimmten Schrecken vor der Unfassbarkeit und Unerreichbarkeit all dessen, an das ich gerade in diesem Moment, am „Ende der Endlichkeit" selbst angelangt, so dicht herantrete. Ich war durchflutet von einer Art höchst glücklichen Einklang mit der Welt und mir selbst, mit diesem Augenblick, mit allen Augenblicken, die er mir vergegenwärtigt, auch mit all dem Unsichtbaren, das hinter dem Augenblick ist und Bedeutung trägt.

19. Juni 1982 (4)

■ In den folgenden Jahren wirkte Havel weiterhin in der Charta 77. Er schrieb auch Theaterstücke sowie etliche Essays.

Im Juni 1989 war er Mitverfasser der Petition „Einige Sätze", die von mehreren Tausend tschechoslowakischen Bürgern unterschrieben wurde.

Zwei Tage nach der brutalen Niederschlagung der studentischen Demonstration am 17. November 1989 wurde das Bürgerforum gegründet, in dem sich Gruppen und Einzelpersonen, die grundsätzliche politische Veränderungen in der Tschechoslowakei anstrebten, zusammenschlossen. Havel war von Anfang an führende Person der Bewegung. Während der Demonstrationen im Park von Letná in Prag sagte er unter anderem: „Das Bürgerforum will eine Brücke zwischen dem Totalitarismus zur wirklichen Demokratie und Pluralismus sein, über die echte freie Wahlen hereinkommen."

Am 29. Dezember 1989 wählte die Föderalversammlung Václav Havel zum ersten nicht kommunistischen Präsidenten der Tschechoslowakei. In der Antrittsrede versprach er die ersten freien Wahlen, die dann im Juni 1990 stattfanden. Am 5. Juli

Václav Havel spricht während der Demonstration
auf dem Škroupově-Platz, Prag, 10. Dezember 1989
Foto Přemysl Fialka

1990 entschied das neu gewählte Parlament Havel als Präsidenten zu bestätigen. Zwei Jahre später trat er zurück, aus Protest gegen die Teilung der tschechoslowakischen Föderation.

Wahlkampf für Havel, Brünn, Dezember 1989 Foto Ota Nepily

Nach der Gründung der Tschechischen Republik wurde Havel am 26. Januar 1993 vom Parlament zum ersten Präsidenten Tschechiens gewählt.

Bohumil Hrabal:

Liebe April [Clifford], an dem Tag, als Herr Václav Havel zum neuen Präsidenten dieser unseren Republik gewählt wurde; als der Enthusiasmus so über die Ufer trat, dass die Tränenströme den Lauf der Moldau ansteigen ließen, ging ich den Königsweg entlang, der so überklebt und überschrieben war, dass es kein Stück Mauer, kein Schaufenster mehr gab; als die sich wiederholenden, mit Gestik unterstützten Emotionen der Studenten die Absicht äußerten, der Präsident solle so jung sein, wie sie, ein Mensch also, der nicht nur das Maß unseres politischen Lebens, sondern auch das Maß der Welt sein wird... (5)

Im Januar 1996 starb seine Frau Olga nach langer Krankheit. Sie erfreute sich in der Tschechischen Republik einer großen Beliebtheit. Ende 1996 wurde bei Havel Lungenkrebs diagnostiziert. Er heiratete 1997 die Schauspielerin Dagmar Veskrnovà. Am 20. Januar 1998 wurde er vom Tschechischen Parlament erneut zum Präsidenten gewählt; seine zweite Amtszeit endete am 2. Februar 2003.

Nachdem Havel sein Amt niedergelegt hatte, blieb er aktiv sowohl in der Politik als auch in humanitären Organisationen; er begann, wieder zu schreiben.

Václav Havel starb am 18. Dezember 2011 in Prag.

Quellen:

(1) Václav Havel, *Fernverhör. Ein Gespräch mit Karel Hvížďala*, Reinbek bei Hamburg 1987.
(2) Adam Michnik, Vorwort zu: *Václav Havel, Siła bezsilnych i inne eseje*, Warszawa 2011.
(3) Václav Havel, *Versuch in der Wahrheit zu leben. Von der Macht der Ohnmächtigen*, Reinbek bei Hamburg 1980.
(4) Václav Havel, *Briefe an Olga. Betrachtungen aus dem Gefängnis*, Reinbek bei Hamburg 1989.
(5) Bohumil Hrabal, *Listy do Kwiecieńki*, Warszawa 2002.

Charta 77

Heute wissen die Menschen wieder, dass es Dinge gibt, für die es sich lohnt zu leiden – und dass die Dinge, wofür man leidet, diejenigen sind, wofür es sich lohnt zu leben.

Jan Patočka, *Was wir von der Charta 77 erwarten können*, 8. März 1977

Sprecher der Charta 77, es stehen von links: Václav Havel, Jiři Dienstbier, Ladislav Hejdánek, Václav Benda; es sitzen: Jiři Hájek, Zdena Tominová, 1979 Foto Ondřej Némec

Václav Havel:

Ohne jenes starke Solidaritätsgefühl der unterschiedlichsten Gruppierungen kann man sich die Entstehung der Charta 77 gar nicht vorstellen, auch nicht ohne jenes plötzliche Gefühl, dass man nicht länger warten kann und dass man gemeinsam und laut die Wahrheit sagen muss – ohne Rücksicht auf alle Sanktionen, die das nach sich ziehen wird; auch ohne Rücksicht darauf, dass die Hoffnung, damit in absehbarer Zeit irgendwelche sichtbaren Ergebnisse zu erreichen, sehr vage wahr. (1)

Milan Kundera:

Die Charta [ist] kein revolutionäres Programm, ja nicht einmal ein politisches Programm, keine grundsätzliche „Regimekritik" und kein Projekt zur Weltverbesserung. Einige -zig oder hunderte Menschen, die die Charta unterschrieben, mahnten als Privatpersonen lediglich die Einhaltung der bestehenden Ordnung und der offiziell proklamierten humanitären Prinzipien an. Sie

Konzert The Plastic People of the Universe, von links: Paul Wilson, Pepa Janiček, Jiři Kabeš. Foto LP

Konzert The Plastic People of the Universe in Havels Sommerhaus in Hrádeček. Unter den Zuhörern Václav Havel (vorn links), Anna Šabatová und Petr Uhl (hinten rechts) Foto LP

polemisieren nicht, sondern nehmen das Wort ernst. Wenn die Verfassung die Freiheit des Wortes zusichert, dann ziehen sie daraus ganz naiv die Konsequenz. Wenn die Verfassung den gleichberechtigten Zugang zur Bildung zusagt, dann wundern sie sich, warum die Kinder verfolgter Eltern nicht studieren dürfen. Sie verhalten sich so, als ob die Worte wirklich das bedeuten würden, was sie vorgeben zu bedeuten. Ihnen liegt nicht daran zu beweisen, die herrschende Ideologie sei falsch, und doch entlarven sie mit ihrem unschuldigen Blick diese Ideologie zwangsläufig als ein gigantisches Betrugsmanöver.

In diesem Sinne ist die Charta, trotz ihrer Bescheidenheit und ihres pedantischen Legalitätsanspruchs, ein Angriff auf die Fundamente des Regimes, weil diese Fundamente eine ungeheure Mystifikation der Sprache darstellen, für die es in der gesamten Menschheitsgeschichte nichts Vergleichbares gibt. (2)

■ Im August 1968 marschierten die Armeen der Warschauer Paktstaaten in Prag ein. Das bedeutete das Ende des Prager Frühlings – ein weiterer Versuch, dem Sozialismus ein „menschliches Antlitz" zu verleihen, war gescheitert. Wenig später, im Rahmen der sogenannten „Normalisierung" wurden Tausende von Menschen in politischen Prozessen verurteilt, aus der Partei ausgeschlossen, verloren ihre Arbeitsplätze und wurden zur Emigration gezwungen.

Schriftsteller wie Václav Havel, Pavel Kohout oder Ludvík Vaculík, die in der politischen und kulturellen Erneuerungsbewegung aktiv waren, erhielten Publikationsverbot. Fortan konnten Menschen mit abweichenden Meinungen nur noch in ihrem engen, privaten Kreis wirken.

Es vergingen fast zehn Jahre, bis Menschen verschiedener Berufe und politischer Überzeugungen sich wieder trafen, um eine gemeinsame Initiative zu starten: die Bekanntgabe der Charta 77. Deren Gründung war eine Solidaritätsaktion mit verhafteten Mitgliedern der Plastic People und DG 307 vorangegangen, Rockgruppen des musikalischen Undergrounds. Der Dramaturg Václav Havel und der Philosoph Jiří Němec organisierten 1976 eine Kampagne zu ihrer Verteidigung. ■

Václav Havel:

Diese Konfrontation war im Grunde ernster und gefährlicher als die Prozesse zu Anfang der 1970er Jahre: Hier wurde nämlich nicht mehr mit politischen Gegnern abgerechnet, die in gewisser Weise wissen mussten, was sie riskieren, dies hatte schon lange nichts mehr zu tun mit dem Kampf zweier alternativer politischer Garnituren; es war etwas Schlimmeres: der Angriff des totalitären Systems auf das Leben selbst, auf die menschliche Freiheit und Integrität. Objekt des Angriffs waren keine Veteranen alter politischer Schlachten, es waren überhaupt keine Menschen mit politischer Vergangenheit, es waren sogar noch nicht einmal Menschen mit einer ausgeprägten politischen Absicht, es waren junge Leute, die nur auf ihre Art leben wollten, die Musik spielen, die sie gern haben, singen, was sie wollen, in Übereinstimmung mit sich selbst leben und sich wahrhaftig äußern. [...] Meine Aufgabe sah ich damals darin, meine verschiedenen Kontakte auszunutzen, die ganze Sache hochzuspielen und irgendwelche Aktionen zur Unterstützung und Verteidigung dieser Menschen zu provozieren. Ich wusste, dass sich schon vor längerer Zeit Jiří Němec, der Philosoph und Psychologe, dem Untergrund sehr angenähert hatte. [...] Jiří und ich haben dann angefangen, in der Kampagne für die Plastic People Regie zu führen. [...] Unsere Aktionen fanden ihren Höhepunkt, wenn ich mich richtig erinnere, in einem offenen Brief an den Schriftsteller Heinrich Böll und mündeten schließlich in eine große Petition, die über siebzig Leute unterschrieben hatten. Die Sache war derart in das breitere Bewusstsein getreten, dass es von da an von selbst ging. [...] Damals haben sich, in mehr oder weniger engem Zusammenhang mit den Plastic People, die Hauptkreise aneinander angenähert und informell – durch verschiedene neue Kontakte und Freundschaften – miteinander verbunden, die bis zu dieser Zeit voneinander isoliert waren und die den Kern der zukünftigen Charta 77 bildeten. (3)

Erklärung der Charta 77:

Die Verantwortung für die Einhaltung der Bürgerrechte im Lande obliegt selbstverständlich vor allem der politischen und staatlichen Macht. Aber nicht nur ihr. Jeder trägt sein Teil Verantwortung für die allgemeinen Verhältnisse und somit auch für die Einhaltung kodifizierter Pakte, die dazu übrigens nicht nur Regierungen, sondern alle Bürger

Wechsel der Sprecher der Charta 77, von links: Jiří Hájek, Ladislav Hejdanek, Vaclav Havel, 1979 Foto Ondřej Němec

verpflichten. Das Gefühl dieser Mitverantwortlichkeit, der Glaube an den Sinn bürgerlichen Engagements und der Wille dazu, sowie das gemeinsame Bedürfnis, dafür einen neuen und wirksameren Ausdruck zu finden, hat uns auf den Gedanken gebracht, „Charta 77" zu bilden, deren Entstehung wir heute öffentlich anzeigen.

Charta 77 ist eine freie, informelle und offene Gemeinschaft von Menschen verschiedener Überzeugungen, verschiedener Religionen und verschiedener Berufe, verbunden durch den Willen, sich einzeln und gemeinsam für die Respektierung der Bürger- und der Menschenrechte in unserem Land und in der Welt einzusetzen [...]

Charta 77 fußt auf dem Boden der Solidarität und Freundschaft von Menschen, die von der gemeinsamen Sorge um das Geschick der Ideale bewegt werden, mit denen sie ihr Leben und ihre Arbeit verbunden haben und verbinden. Charta 77 ist keine Organisation, hat keine Statuten, keine ständigen Organe und keine organisatorisch bedingte Mitgliedschaft. Ihr gehört jeder an, der ihrer Idee zustimmt, an ihrer Arbeit teilnimmt und sie unterstützt. [...]

Durch ihren symbolischen Namen betont Charta 77, dass sie an der Schwelle eines Jahres entsteht, das zum Jahr der Rechte politisch Gefangener erklärt wurde und in dessen Verlauf die Belgrader Konferenz die Erfüllung der Verpflichtungen von Helsinki prüfen soll. Als Signatare dieses Manifestes betrauen wir Prof. Dr. Jiří Hájek, Dr. Václav Havel und Prof. Dr. Jan Patočka mit der Aufgabe, als Sprecher von Charta 77 zu fungieren. [...]

Wir glauben daran, dass Charta 77 dazu beitragen wird, dass in der Tschechoslowakei alle Bürger als freie Menschen arbeiten und leben können.

[unterzeichnet von 242 Personen]

01. Januar 1977 (4)

■ Die Staatsorgane veranlassten eine Hetzjagd auf die Chartisten. Öffentliche Versammlungen wurden organisiert, um die Charta zu diffamieren und Unterschriften für die sogenannte Anti-Charta zu sammeln, die allgemeine Unterstützung für das Regime deklarierte. Wer die Charta unterschrieb, verlor seine Arbeit oder wurde festgenommen. Am 14. Januar 1977 wurde Václav Havel verhaftet. Jan Patočka starb am 13. März 1977 nach einem mehrstündigen Verhör. Kurz vor seinem Tode hatte er am 8. März in sein „politisches Testament" geschrieben: „Heute wissen die Menschen wieder, dass es Dinge gibt, für die es sich lohnt zu leiden – und dass die Dinge, wofür man leidet, diejenigen sind, wofür es sich lohnt zu leben." ■

Václav Havel:

Ich war damals wohl sechzehn Jahre alt, es war tief in den 1950er Jahren, als es mir gelang, einen gewissen Herrn Jirhowsky – er führte in der Universitätsbibliothek die Aufsicht über die für die Ausleihe verbotenen Bücher – davon zu überzeugen, dass er mir Patočkas „Die natürliche Welt als philosophisches Problem" herausgab.

Bei der Lektüre von Patočkas Werken war ich nicht sehr wählerisch, ich habe alles durchgearbeitet, was ich bekommen konnte. Den lebenden Patočka sah ich erstmals gegen Ende der 1950er Jahre bei einer geschlossenen Vorlesung über Comenius [einen berühmten tschechichen Philosophen] im Nationalmuseum, zu der ich Gott weiß wie hineinkam. Er war ein nobler, unauffälliger Mensch, aber jedes Wort hat mich getroffen.

Persönlich begegnete ich Patočka erst später, irgendwann im Jahre 1960, als er uns in langen Nächten über Phänomenologie, Existentialismus und überhaupt Philosophie erzählte. [...]

Später kannten wir uns schon besser und sahen uns auch von Zeit zu Zeit, ich konnte aber eine gewisse Distanz nicht überwinden, die mir chronisch schadet im Kontakt mit Menschen, die ich sehr schätze – besonders solchen Menschen, die mir in der Zeit meiner ersten Selbstfindungsversuche sehr viel bedeuteten. [...]

Diese Distanz nahm erst jetzt ab, in letzter Zeit, als uns nicht nur die gleichen Ansichten zu einigen uns betreffenden Problemen verbanden, sondern auch zu der Frage, wie wir handeln können, und der schmale Ausschnitt

Ludvík Vaculík Foto OK

Jan Patočka Foto LP

gemeinsamer Arbeit. [...] Erst jetzt machte ich mir klar, in welch geringem Maße ich aus lauter Dummheit die Möglichkeit des freien Gesprächs mit dem Professor genutzt hatte; und andererseits begann ich die moralische Größe seiner Persönlichkeit voll zu begreifen. Ich fühlte mich, als ob jemand Balsam auf meine Seele goss, wenn ich etwas für richtig erachtete, es aber nicht belegen konnte. [...] Er konnte es ganz einfach erklären, ebenso kommunikativ wie kristallklar, so dass ich durch ihn mich selber besser verstand.

Ganz deutlich wurde mir das während unseres letzten Gesprächs. Wir befanden uns damals – mit einem dritten Verdächtigen – im Warteraum für die Vernehmungen des Gefängnisses in Ruzyně. Die Pausen zwischen den Verhören brachten wir mit Philosophieren zu. Jeden Moment konnten sie einen von uns holen, aber den Professor brachte das nicht aus der Ruhe. Während seines improvisierten Seminars über die Geschichte der Idee von der Unsterblichkeit und der Verantwortung des Menschen wog er die Worte so sorgfältig, als ob er unendlich viel Zeit hätte. [...] Zum Schluss lud er mich zu sich ein, um noch genauer über diese Dinge zu sprechen. [...]

An diesem Tag kehrte ich nicht mehr aus dem Gefängnis nach Hause zurück, und das Gespräch mit Patočka über die Unsterblichkeit bleibt bis heute – abgesehen von einem kurzen Besuch meiner Frau in Gegenwart eines Untersuchungsbeamten – das letzte Gespräch, das ich mit jemandem führte, der nicht zum Innen- oder Justizministerium gehörte. Ich freute mich sehr an dem Gedanken, dass, wenn ich diesen finsteren Bau irgendwann verlassen werde, einer meiner ersten Wege zu ihm führen wird, um das begonnene Gespräch fortzusetzen. [...]

Und dann kam die Nachricht, dass mein letztes Gespräch mit Patočka schon für immer das letzte bleiben wird.

Gefängnis Ruzyně, 1. Mai 1977 (5)

Ludvík Vaculík:

Ich wollte zur Beerdigung gehen, bekam aber zum selben Termin eine amtliche Vorladung. Ausgerechnet jetzt, dachte ich mir. Ich entschuldigte mich schriftlich, dass ich wegen einer Beerdigung verhindert sei. Außerdem war ich fest entschlossen, sie diesmal auszutricksen. Die Trauerfeier sollte um 10 Uhr beginnen, und ich wollte unglaublich früh das Haus verlassen – schon um sechs

Uhr morgens. Nur dass mich die Behörde überlistete. Als ich aus dem Haus trat, stand das Auto vor der Tür, der übliche Tatra 603 in seiner abstoßenden Form und scheußlich dunklen Farbe.

Man führte mich in ein Zimmer im Parterre. Zwei Herren begrüßten mich. [...] Der ältere sagte: „Wir haben Sie eingeladen, weil es diese Beerdigung gibt. Wir tun Ihnen nichts Schlimmes, wir müssen nicht über die Charta sprechen, ja wir müssen uns überhaupt nicht unterhalten, wenn Ihnen das lieber ist. Sie können vielleicht lesen, wenn Sie etwas dabei haben, oder wir borgen Ihnen was. Sie können auch schlafen. Nach der Trauerfeier lassen wir Sie gehen." [...] Viertel vor elf klopfte es an der Tür. Mein Aufpasser verließ das Zimmer. Als er zurückkam, sagte er: „Die Sache ist zu Ende, Sie können gehen."

Ich lief zur Straße Aleja Narodowa und hielt ein Taxi an. Vor der St. Margarethenkirche traf ich die letzten Trauergäste. Am Friedhofstor wurde ich nur fotografiert und musste mich ausweisen, aber man ließ mich durch. Ich ging über den stillen und leeren Friedhof, zwischen den Kreuzen hindurch fast bis in den äußersten Winkel. Und hier war wirklich ein frisches Grab.

Prag, 17. März 1977 (6)

Jiři Ruml:

Es ist 9.00 Uhr, die Sonne scheint, und an der St. Margarethenkirche halten schwarze Autos vom Typ Tatra 603 an, aus denen Beamte der Sicherheitspolizei aussteigen – mit Fotoapparaten, Filmkameras und Tonbandgeräten. Sie stellen sich entlang der seitlichen Mauer bis zum Friedhofstor auf. Andere Kameras filmen die Kapelle und das offene Grab. Hinter der Friedhofsmauer hört man den betäubenden Krach der Speedway-Motorräder, der an eine nicht enden wollende Maschinengewehrsalve erinnert, über dem Friedhof kreisen Polizeihubschrauber und stören das Gebet des Priesters.

Jan Patočkas Beerdigung. Die Regierung hatte Angst, es könnte dabei zu einer regierungsfeindlichen Demonstration kommen. Foto Ondřej Němec

Einige Leute schwachen Glaubens dachten sich vielleicht, so müsse der Höhepunkt eines Dramas aussehen und das danach das definitive Ende eintritt. Tatsächlich endete nur eine Etappe. Die Erste. Vor seinem Tod hatte Jan Patočka gemeinsam mit Jiří Hájek sein letztes Dokument unterzeichnet, mit der Nummer 8, das eine Woche vor der Beerdigung erschien. Dieses Dokument informierte, dass 168 weitere Personen die Charta unterzeichnet hatten. (7)

Petr Uhl:

Nach der Verhaftung von Václav Havel im Januar und dem Tod von Jan Patočka zwei Monate später, verblieb als einziger Vertreter der Charta 77 Jiří Hájek. Der Staatssicherheitsdienst [StB] warnte ihn vor, dass sofern er ein weiteres Dokument unterschreiben würde, er ins Gefängnis käme. Aktivitäten der Gefahr von Repressionen aus, die andere nicht treffen, nämlich die passiven Unterzeichner, deshalb haben sie auch das Recht – sofern sie im Einvernehmen mit der Programmdeklaration handeln – die Aktivitäten fortzusetzen, und ich habe die Pflicht, die Ergebnisse als Sprecher zu veröffentlichen", stellte Hájek fest. [...]

Der Preis war hoch. Nach dem Tod von Patočka befand sich die Charta 77 in einer Krise. Es stand die Frage im Raum, ob die Aktivitäten nicht beendet werden sollten, und man sich zur Niederlage bekennen sollte. (7)

Die Mitglieder des VONS aus Prag, oben von links: Václav Havel, Otta Bednářová, Petr Uhl, Jarmila Bělíková, Jiři Němec; unten von links: Ladislav Lis, Jiři Dienstbier, Dana Němcová, Václav Benda und Václav Malý Foto Ondřej Němec/LP

Dennoch unterschrieb Hájek bis September, als wieder drei Sprecher der Charta im Amt waren, vier Dokumente und drei Briefe. Das erste Dokument war die Analyse „Über die Gewissens- und Glaubensfreiheit und Religionsrechte in der Tschechoslowakei", die unter anderem von Erika Kadlecová vorbereitet wurde. [...]

Hájek vertrat den Standpunkt, dass die aktive Minderheit der Charta-Unterzeichner, also jene, die sich für eine weitere Herausgabe der Dokumente aussprachen, das Recht auf Aktivität habe. „Sie setzen sich durch ihre

■ Kurz danach wurde die Institution der drei Sprecher wieder eingeführt. An die Stelle von Patočka trat der Philosoph Ladislav Hejdánek, Havels Platz nahm die Sängerin Marta Kubišová ein.

Hejdánek beschrieb die Charta 77 als eine wirklich freie Gemeinschaft von unabhängig denkenden Menschen, die im Namen moralischer und nicht politischer Motive handelten. Der Beitritt zur Charta von so hoch geschätzten Personen wie Jan Patočka oder Hejdánek führte dazu, dass sie einen universellen ethisch-philosophischen Charakter erhielt.

Die Charta 77 überdauerte Jahre der Verfolgung. In unterschiedlichen Phasen traten ihr 1200 Menschen bei. Immer wieder fanden sich neue Sprecher und Förderer ihrer Aktionen. Darunter waren frühere Kommunisten wie Miloš Hájek, Jaroslav Šabata und Petr Uhl mit seiner Frau Anna Šabatova, Künstler, wie die Schriftstellerin Eva Kantůrková oder die Schauspielerin Vlasta Chramostová, der Priester Václav Malý, Bürgerrechtler: Dana Němcová, Jan Ruml, Saša Vondra, Jiří Dienstbier. Neben der Charta wurde der Ausschuss zur Verteidigung von zu Unrecht Verfolgten (VONS) gebildet, dessen Mitgründerin unter anderen Olga Havlova war. ■

Václav Havel:

Kurz nach meiner Entlassung aus dem Gefängnis [13. März 1978] wurde der Ausschuss zur Verteidigung von zu Unrecht Verfolgten (VONS) gegründet, und ich wurde sein Mitglied. Meine jüngsten Erfahrungen hatten natürlich direkten Einfluss auf meinen Beitritt zum VONS. Ich wollte denen helfen, die ebenso Opfer von Ungerechtigkeiten wurden, und denen die glücklichen Umstände nicht gegeben waren, die dazu führten, dass mein Verfahren eingestellt wurde. [...]

Womit befasst sich die Erklärung des VONS? Nur mit ganz konkreten Fällen. Sie informiert darüber, wer, wo, wann und warum ein Strafverfahren bekommen hat, wer unter was für Bedingungen verurteilt, wer hingegen befreit worden war und wo und wie die Polizei interveniert hatte. (7)

Dana Němcová:

Das war auch eine Reaktion auf die Repressionen gegenüber den Menschen, die Tonbandaufnahmen der Stimme Amerikas, Radio Free Europe oder literarische Arbeiten des [unabhängigen] Verlages „Petlice" verbreiteten... Es war uns klar, dass wir darüber informieren müssten, wie Menschen gejagt und bestraft werden für Sachen, die nicht strafbar sein sollten, und dass wir uns den Häftlingen und ihren Familien gegenüber solidarisch zeigen müssten. Wir überlegten, ob wir diese Aktivitäten unter dem Dach der Charta 77 fortführen sollten, aber wir kamen zu dem Ergebnis, dass wir als Charta-Leute eher eine Gruppe bilden sollen, die zwar mit der Charta zusammen arbeitet, aber ihre eigenen Ziele verfolgt. (8)

Markéta Fialková:

Im VONS halfen wir Verhafteten Anwälte zu finden, wir organisierten finanzielle Hilfe. Das störte die Regierung in unerhörter Weise. Vor allem, da wir den tatsächlichen Charakter der Gerichtsprozesse bekannt machten. Im Mai 1979 wurden zehn Hauptmitglieder des Ausschusses festgenommen. Das war der größte politische Prozess in der Tschechoslowakei seit 20 Jahren. Damals wurden meine beiden Eltern verhaftet [Dana Němcova und Jiři Němec]. Mein Vater wurde nach sieben Monaten Haft verurteilt. Unter den zehn Angeklagten bekam nur meine Mutter nach einem halben Jahr Haft eine Bewährungsstrafe, die anderen wurden nach

Dana Němcová Foto LP

dem Paragraphen 98/2 über subversive Betätigung, Unterminierung der Republik und staatsfeindliche Hetze verurteilt, wofür eine Strafe von drei bis sechs Jahren drohte.

Die Haftzeit meiner Eltern war eine schwierige Zeit, aber die Solidarität und Hilfe der Freunde sowie völlig fremder Menschen war so groß, dass ich diese Zeit gar nicht als besonderen Schock oder Horror erinnere. Ich weiß aber nicht, was die beiden Jüngsten gefühlt haben [zwei Brüder]. Die familiären Verpflichtungen zu Hause teilten wir uns mit meiner Schwester Paula. Ich kümmerte mich um alle rechtlichen Fragen. Lange Stunden verbrachte ich bei Anwälten, von denen leider nicht viele den Mut hatten, in diesem Schauprozess aufzutreten, täglich brachte ich in Erfahrung, was in den Verhören gesagt wurde, was neu war in der Beweisführung. Ich ging damals auch zum Nationalrat, legte Dokumente vor, um zu vermeiden, dass die beiden jüngsten Brüder in ein Kinderheim eingewiesen werden.

Konzert The Plastic People of the Universe in Hrádeček, am Saxophon Vratislav Brabenec, an der Geige Jiří Kabeš, am Mikrophon Ivan Martin Jirous „Magor" (kurz nach der Entlassung aus 18 Monate Haft), rechts Václav Havel, 1978 Foto Ondřej Némec

Shakespeares „Macbeth" in einer Aufführung des Haus-Theaters der Schauspielerin Vlasta Chramostová, Prag um 1979, von links: Pavel Kohout, Vlastimil Třešňák, Pavel Landovský, Vlasta Chramostová, Tereza Kohoutová Foto Ivan Kyncl

Anfang der 1980er Jahre fegte meine Mutter (von Beruf Psychologin), schwer herzkrank, kurz bevor sie eine Invalidenrente erhalten sollte, die Bürgersteige. Wir bemühten uns, ihr dabei zu helfen, aber nicht immer war das möglich. Eines Tages kam Mutter mit dem Besen nach Hause und erzählte lachend, wie ein Vater mit seinen zwei kleinen Söhnen an ihr vorbei ging und ihnen erklärte: „Schaut her, so endet ihr, wenn ihr nicht lernen wollt!". Mutter konnte sich nicht zurück halten und rief ihnen zu: „Jungs, das stimmt nicht immer, ich habe ein Hochschulstudium!" Der Vater war leicht konsterniert.

Mein Vater, der 17 Jahre in einer phoniatrischen Klinik als Psychologe arbeitete, „endete" nach seiner Unterzeichnung der Charta 77 als Nachtwächter. 1981 emigrierte er für immer nach Österreich. (9)

Die Aktivitäten zur Verteidigung der Menschenrechte waren verbunden mit einem unabhängigen Kulturleben. Die Rockgruppe Plastic People und andere Underground-Gruppen spielten Konzerte im Sommerhaus von Václav Havel in Hrádeček, in Privatwohnungen fanden Theateraufführungen und Kunstperformances, Seminare und Lesungen statt.

Václav Havel:

Falls die Hauptebene der Arbeit der „Dissidentenbewegungen" der Dienst an der Wahrheit, das heißt an den wirklichen Intentionen des Lebens ist und dieser Dienst sich zwangsläufig in die Verteidigung des Menschen, seines Rechts auf ein freies und wahrhaftiges Leben verwandelt (in die Verteidigung der Menschenrechte und in den Kampf für die Respektierung der Gesetze), dann bildet die weitere und vorläufig, wie es scheint, reifste Phase dieses Weges das, was Václav Benda als Entwicklung von „Parallelstrukturen" formulierte.

In einer Situation, in der denen, die sich für ein „Leben in Wahrheit" entschlossen haben, jeglicher direkte Einfluss auf die bestehenden gesellschaftlichen Strukturen oder gar eine Betätigung in ihrem Rahmen unmöglich gemacht wurde und diese Menschen das zu gestalten beginnen, was ich „unabhängiges Leben der Gesellschaft" nannte, fängt dieses zweite, unabhängige Leben an, sich von selbst auf eine bestimmte Art zu strukturieren. Manchmal begegnet man nur ganz winzigen Keimen einer solchen Strukturierung, manchmal haben diese unabhängigen Strukturen schon verhältnismäßig weit entwickelte Formen. [...]

Um welche Strukturen handelt es sich hier? Bei uns hat Ivan Jirous als erster die Konzeption der „zweiten Kultur" entwickelt und in der Praxis angewandt. Er meinte zwar ursprünglich vor allem das Gebiet der nonkonformistischen Rockmusik [...]. Der Begriff wurde jedoch dann in erweitertem Sinn auf das ganze Gebiet der unabhängigen und unterdrückten Kultur angewandt, also nicht nur auf die Kunst und ihre mannigfaltigen Strömungen, sondern auch auf die Geisteswissenschaften und auf die philosophische Reflexion. Diese „zweite Kultur" schafft sich natürlicherweise ihre eigenen elementaren Organisationsformen: Verlagsreihen und Zeitschriften des „Samisdat", private Theatervorstellungen und Konzerte usw. (In Polen ist dies alles sehr viel weiter entwickelt, es existiert ein unabhängiger Verlag; es gibt viel mehr Zeitschriften, darunter auch politische, die „Presse" ist nicht nur auf die Schreibmaschine angewiesen usw.; in der Sowjetunion hat wiederum der „Samisdat" eine längere Tradition und offenbar auch ganz andere Formen.)

Die Kultur ist also der Bereich, wo man zurzeit die „Parallelstruktur" in der am höchsten entwickelten Form sehen kann. Benda dachte jedoch auch über die Perspektiven und Keimformen solcher Strukturen in anderen Bereichen nach: von dem parallelen Informationsnetz, über die parallele Bildung (Privatuniversitäten), parallele Gewerkschaftsbewegung, parallele internationale Beziehungen bis hin zu einer hypothetischen „Parallelwirtschaft". (1)

Ladislav Hejdánek:

Das philosophische Seminar fand wöchentlich in meiner Wohnung statt. Den Studenten sagte ich: Wer etwas zu verlieren habe, möge nicht kommen. [...] Die meisten von ihnen waren junge Leute, die sich für Philosophie interessierten, die aber keine Lust hatten, die offizielle Philosophie zu studieren. Sie kamen gleich zu mir, es waren nicht viele. In den besten Jahren waren es 40, 50 Teilnehmer. Niemals waren alle da. Darunter waren Leute, die im Schichtdienst arbeiten mussten. Ende der 1980er Jahre waren es mal nur zehn oder sogar acht Teilnehmer. [...]

Zwei Sitzungen fanden ohne Probleme statt, nach der dritten wurde ich zur Polizei vorgeladen. Dort hat man mir nahegelegt, das Seminar einzustellen. [...] Das Seminar lief weiter, von Zeit zu Zeit kam die Polizei. Aber dann, im Dezember 1981, erfolgte der Umsturz von Jaruzelski in Polen. Unsere tschechische Sicherheitspolizei glaubte, das sei ein guter Augenblick für eine „definitive Lösung". Alle, die an meinem Seminar teilgenommen hatten, wurden für vier Tage ins Gefängnis gesperrt. (10)

Ladislav Hejdánek, christlicher Philosoph, erklärte in seinen Samisdat-Texten die Essenz des moralischen Widerspruchs der Charta 77. Er analysierte Begriffe wie Freiheit, Demokratie, Diktatur. Seine in Form von Briefen gehaltenen Essays „Wahrheit und Widerstand" geben starkes Zeugnis von seinem Glauben in die Kraft des Wortes, die Kraft der Wahrheit.

Ladislav Hejdánek:

Der Mensch braucht nämlich für seine Beziehung zur Wahrheit, zum Guten und zur Schönheit keine Vermittler, sondern nur Lehrer und ältere, erfahrene Brüder, die einen Rat geben können, aber selbst nie eine fertige Lösung parat haben. Bei der Entscheidung darüber, was Wahrheit und was Lüge ist, was Recht und was Unrecht, was gerecht und was ungerecht, was gut und was böse, was schön und was kitschig ist, sind wir letztendlich immer allein. Auch wenn wir immer unsere Lehrer haben, auch wenn wir uns mit unseren Nächsten und mit denjenigen, denen wir vertrauen, beraten können und müssen, müssen wir zuletzt selbst persönlich verantwortlich entscheiden. Und diese Verantwortung ist nicht reduzierbar auf eine Verantwortung gegenüber den Menschen, der Gesellschaft, einer beliebigen gesellschaftlichen Organisation, dem Staat, dem Volk, der Heimat u. ä., sondern ihre Grundlagen und Wurzeln gehen viel tiefer. [...] Der Mensch wird vor einen Appell der Wahrheit selbst gestellt, aber die Wahrheit kann und darf nie mit dem persönlichen Verständnis verwechselt werden, mit keiner formulierten Form, die immer nur ein Versuch bleibt, auf ihren Appell und ihre Aufforderung zu antworten. [...] Gegenüber den Wahrheitsforderungen und -ansprüchen stehen wir jedoch ohne irgendwelche Vorbehalte, ohne irgendein Hintertürchen, ohne jede Ausflucht, ohne Ausrede. (11)

verlor, dass man dem Einfluss all dieser opportunistischen Ansichten und Forderungen ausgeliefert war, und das war etwas so furchtbar unappetitliches und bedrohliches, dass wenn du dir das bewusst machtest, konntest du so nicht weiter leben. Da ging es gar nicht um Metaphysik, sondern um etwas ganz Reales – sich sagen müssen: „Genug, ich werde nicht in der Lüge leben." Das ist einer der Leitsätze, die nicht untergehen dürfen. Der Mensch muss verantwortlich sein für seine Haltung und für die Gesellschaft, in der er lebt und mit der ihn etwas verbindet. Wir sind nicht nur Individuen, sondern wir leben in einer Gruppe, in der bestimmte Grundsätze gelten sollten, die Wahrheit sollte immer verpflichten.

Vorlesung im Rahmen der unabhängigen Jan-Patočka-Universität in einer Privatwohnung in Prag, Ende der 1970er Jahre Foto Ivan Kyncl

Dana Němcová:

Für mich war immer gültig, was Professor Patočka gesagt hatte und was sich in einem Satz zusammenfassen lässt: Man kann in der Lüge nicht leben. Heute können sich die Menschen so etwas schlecht vorstellen, weil jeder sagt, was er denkt und daraus folgt nichts schlechtes für ihn. Man machte sich gar nicht klar, dass man seine Identität, seine Würde

Darüber hinaus erlebte ich die Charta 77 als eine große Schule des pluralistischen Denkens, wo am wichtigsten immer das ist, was man gemeinsam vertreten kann, wo wir uns einigen können, und wo wir authentisch sind, ohne unsere Identität zu verlieren. Das fehlt in der gegenwärtigen Politik, um es gelinde auszudrücken. Diese Schule war sehr wichtig. Für mich persönlich war das so eine

Staatsgrenze, Übertreten verboten. Treffen von polnischen und tschechoslowakischen Oppositionellen an der Grenze in den Sudeten, 9. Juli 1988, von links stehend: Mirosław Jasiński, Petr Uhl, Józef Pinior, Adam Michnik, Jan Lityński, Mieczysław Piotrowski, Jaroslav Šabata, Stanislav Devátý, Zbigniew Bujak, Anna Šabatová, Václav Malý, Jan Čarnogurski, von links sitzend: Zbigniew Romaszewski (vorne), Zbigniew Janas, Václav Havel, Petr Pospichal, Jan Urban, Jacek Kuroń, Danuta Winiarska, Ladislav Lis, Saša Vondra. Foto NAF Dementi

tiefe Erfahrung der Solidarität und gegenseitigen Vertrauens, dass ich mir solche Zeiten nicht vorstellen konnte, in denen wir alle auf Konsum eingestellt sind, in denen wir käuflich sind und auf unterschiedliche Weise verfault als menschliche Gemeinschaft. Es gibt immer eine Wahl. (8)

Quellen:

(1) Václav Havel, *Versuch in der Wahrheit zu leben. Von der Macht der Ohnmächtigen*, Reinbek bei Hamburg 1980.
(2) Milan Kundera, *Trzeba zniszczyć Kandyda*, in: Karta Nr. 3, 1986.
(3) Václav Havel, *Fernverhör. Ein Gespräch mit Karel Hvížďala*, Reinbek bei Hamburg 1987.
(4) Hans-Peter Riese (Hg.), *Bürgerinitiative für die Menschenrechte. Die tschechoslowakische Opposition zwischen dem „Prager Frühling" und der „Charta 77"*, Frankfurt/Köln 1977.
(5) Václav Havel, *Briefe an Olga. Betrachtungen aus dem Gefängnis*, Reinbek bei Hamburg 1989.
(6) Ludvík Vaculík, *Das Begräbnis des Sprechers*, in: Zapis Nr. 6, 1978.
(7) Peter Balun, *Wola ponad siłę*, in: Karta Nr. 51, 2007.
(8) Interview mit Dana Němcová, Příběhy 20. století (Post Bellum), Rozhovor Adama Drdy s Danou, Němcovou, 01.10.2009.
(9) Interview mit Marketa Fialkova, *Są większe wartości niż moje szczęście*. Katarzyna Boruń im Gespräch mit Markéta Fialkova, in: *Powściągliwość i praca* Nr 10, 1999.
(10) Doris Liebermann, Jürgen Fuchs, Vlasta Wallat (Hg.), *Dissidenten, Präsidenten und Gemüsehändler. Tschechische und ostdeutsche Dissidenten 1968–1998*, Essen 1998.
(11) Ladislav Hejdánek, *Wahrheit und Widerstand. Prager Briefe*, München 1988.

Friedensgemeinschaft Jena

Unsere Devise war: Nicht warten auf demokratische Rechte, sondern sie einfach wahrnehmen.

Roland Jahn

Die junge Szene aus Jena auf einer Wanderung, 1970er Jahre Foto Hans-Helmut Kurz/RHG

Roland Jahn:

Bedeutend war die Jenaer Landschaft. Da ging man mit hundert Leuten auf Wanderung. Wo gibt es so was, dass da plötzlich hundert Langhaarige die Jenaer Berge bewandern. Es war nicht immer alles politisch geprägt, sondern es entwickelte sich was an fröhlichem Jugendleben, was ganz einzigartig war. Natürlich gab es auch einige, die bestimmte Ansprüche hatten, wie eine Gesellschaft funktionieren sollte, aber die Politisierung erfolgte hauptsächlich durch den Staat selber. Die haben sofort, wenn da hundert Leute, die sich etwas auffällig kleideten und lange Haare trugen, auftraten, Revolution gewittert und hielten das unter Beobachtung. Sie machten Kontrollen und Festnahmen und das in einer Art, die nicht gerade Sympathie erweckend ist. (1)

Renate Ellmenreich:

Irgendwie kamen wir auf die Idee, wir müssten dezentral und konspirativ arbeiten. Das war sicher angeregt durch einige linke Westfreunde und durch unsere zunehmend größer werdende Bibliothek. [...] Für die Lesekreise haben wir uns in kleine Gruppen von fünf bis sieben Leuten aufgeteilt. [...] Wir hatten uns verschiedene Aufgaben gestellt. Bernd [Markowsky] zum Beispiel entwarf das Programm für eine zu erneuernde SED. Bibes [Marian Kirstein] Gruppe hatte ein richtiges neues Parteistatut ausgearbeitet. Meine Gruppe befasste sich mit der Neuorganisation der staatlichen Organe. [...]

Ich glaube, das Gute war, es gab keinen Chef. Natürlich hat Tommy [Thomas Auerbach] alle gekannt, und wir haben alle Gruppen gekannt. Aber untereinander kannte nicht jeder jeden. Es war eine abgestufte Konspiration. Wir sind fast jedes Wochenende wandern gegangen. Auf diesen Wanderungen haben wir uns immer wieder abgestimmt. Im Wald konntest du einfach frei reden. Solche Wanderfreunde waren wir sonst ja eigentlich nicht alle. (2)

Thomas Auerbach:

Ich kam 1971 als Diakon nach Jena, um die sogenannte Offene Arbeit zu führen. Die Offene Arbeit, das war ein besonderer Zweig der evangelischen Jugendarbeit, der aus einer politischen Notsituation entstanden ist. Erste Hälfte der 1960er Jahre, beginnend mit den Jahren 1962/63 entstand in der DDR eine Bewegung unter Jugendlichen, angelehnt an die Hippie-Bewegung in westlichen Ländern. Die Jugendlichen ließen sich die Haare wachsen, sie trampten, auch über die Grenze, zum Beispiel nach Polen zu den Jazz-Jamboree [Festivals]. Es waren Beat-Bands entstanden. Das war also eine Jugend, die anders als vorhergehende Generationen sich dem allumfassenden Zugriff des Staates entzog.

Und Mitte der 1960er Jahre begann der Staatsapparat, sehr hart zu reagieren und diese Jugendlichen wurden diszipliniert. Es kam zu Berufsverboten, Arbeitsplatzbindung, Einweisung in Arbeitslager und gegen Ende der 1960er Jahre ging es sogar so weit, dass solche Jugendliche von den Straßen

Auf einer Wanderung im Juni 1976, vierter von links: Thomas Auerbach
Foto Hans-Helmut Kurz/RHG

■ Ende der 1970er Jahre bestimmten zunehmende Militarisierung der Gesellschaft und verschärfter Druck auf systemkritische Schriftsteller und Künstler das politische Klima in der DDR. Unangepasste, nach unabhängigen Lebensformen strebende Jugendliche waren von den Repressionen am stärksten betroffen. Besonders stark war dieses Milieu in Jena, wo sich die jungen Leute der Jungen Gemeinde anschlossen. ■

weggefangen und ihnen zwangsweise die Haare geschnitten wurden. Sie flogen aus den Jugendclubhäusern. In dieser Situation, etwa 1968/69, öffneten dann Mitarbeiter der evangelischen Kirche ihre Räume, weil diese Jugendlichen nirgends unterkamen. Und so entstand, besonders im Süden der DDR, in Thüringen, unter anderem in Saalfeld-Rudolstadt die Offene Arbeit. [...] Lehrlingen. Durch die Öffnung der Jungen Gemeinde Stadtmitte ist in Jena die Offene Arbeit entstanden. (1)

Lutz Rathenow:

Ende April 1973 wurde ich [aus der Armee] entlassen und versuchte, in Jena sofort Kontakt zu allen Gruppen und Kreisen aufzunehmen. Anfang Mai begannen die Feten und Treffs, immer Dienstagabend bei mir. In dem kleinen Zimmer kamen so 15 bis 25 Leute zusammen, mehr gingen nicht rein. Dabei fanden sich sofort ein paar Leute, wie Siegfried Reiprich, Bernd Markowsky, Gerd Lehmann, die ernsthaftere Interessen hatten. Ich lernte damals Jürgen Fuchs kennen.

Arbeitskreis Literatur und Lyrik, so nannten wir uns – ein etwas merkwürdiger Name. Arbeitskreis sollte wissenschaftlich klingen. Was „Literatur und Lyrik" betrifft, so waren Lyrik oder Gedichte sozusagen das Edelste an Literatur und zu jener Zeit wollten alle Dichter sein. Eine gewisse Arroganz war dabei, zusätzlich gefördert dadurch, dass der Staat

Lutz Rathenow (2. von links) kurz nach der Entlassung aus der Armee, 1973
Foto RHG

Die Offene Jugendarbeit, die Anfang der 1970er Jahre auch in anderen Städten losging, wurde zur Wiege der späteren staatsunabhängigen Menschenrechts-, Umwelt- und Friedensbewegung in der DDR. Aus ihr stammten viele Aktivisten der DDR-Opposition in den 1980er Jahren.

Als ich 1971 nach Jena kam, fand ich dort bereits einen Oberschülerkreis vor. Dieser Kreis öffnete sich sehr schnell auch für Studenten und junge Arbeiter. Jena war nicht nur Universitätsstadt, sondern ein Industriezentrum der DDR. Dort waren der VEB Carl Zeiss Jena, Jenapharm, der führende Pharmahersteller in der DDR, und das große Glaswerk Schott & Genossen mit tausenden

von Anfang an Gedichte sehr ernst nahm. Man kriegte mit Geschriebenem sofort eine Reaktion. [...]

Ich hatte es zum Teil sehr taktisch-schützend betrieben: die frechsten weggelassen, damit nicht gleich alles zur staatsfeindlichen Organisation wurde – aber intern wurde offen über alles diskutiert.

Es gab Veröffentlichungen im „Forum" oder in der wirklich sehr schlechten Zeitung „Kulturelles Leben". Man kann sich schämen, dort Gedichte gedruckt zu haben, aber wir haben dort alles hingeschickt. Es war Gewerkschaftsarbeit, also das literarisch unterste, die hielten alles für ein Gedicht, was nicht irgendwie gegen die DDR war und manchmal füllten sie eine oder zwei volle Seiten mit Gedichten des Arbeitskreises. Dies waren wiederum Argumente für mich, wenn's Ärger gab. [...]

Allerdings gab es [in unserer Gruppe] von Anfang an Konflikte zwischen den Leuten, die Literatur verbreiten wollten, auch die verbotene – dafür stand ich – und denen, die den Arbeitskreis als Mittel der politischen Sensibilisierung nützen wollten. Wir wollten alle offen reden über verschiedene Sachen und gingen damit sofort in den Bereich der Politik. Aber die einen wollten mehr schreiben, die anderen mehr diskutieren, die dritten wollten mehr mit dem Geschriebenen Propaganda machen, zu den Lehrlingen gehen und denen Biermannlieder vorspielen. Aber ich glaube, wir haben diese Konflikte einigermaßen gut gelöst. Es waren auch kleine Schulen der Demokratie. (1)

Thomas Auerbach:

Wir hatten die Revolution der Nelken in Portugal mit großer Sympathie verfolgt. Und dann gab es den faschistischen Offiziersputsch gegen die neue Regierung. Die DDR-Medien hielten sich mit der Berichterstattung zurück. Auch im „Neuen Deutschland" stand nichts darüber. Wir erfuhren alles nur über die Westmedien, über den RIAS.

Daraufhin organisierten wir eine Solidaritätsaktion. Wir nahmen einen Klapptisch und einen Plattenspieler und zogen vor die Volksbuchhandlung am zentralen Platz in Jena. Wir behaupteten, wir kämen von der FDJ – man musste ja immer sagen, woher man kommt, und die meisten waren ja auch in der FDJ. Wir sammelten Unterschriften für Portugal. Es kamen Leute, total verunsichert, auch Staatsfunktionäre und fragten: „Können wir hier denn wirklich unterschreiben?" Darauf antworteten wir: „Das ist doch eine gute Sache, für den Sozialismus." Wir gingen sogar zu der FDJ- und der SED-Kreisleitung und sammelten auch dort Unterschriften. In kurzer Zeit hatten wir drei Tausend Unterschriften zusammen. Diese Unterschriftenliste schickten wir an das „Neue Deutschland", mit der Bitte um Veröffentlichung.

Dadurch machten wir die Erfahrung, wie DDR-Staatsorgane darauf reagieren, wenn Menschen spontan was machen. Das war natürlich eine niederschmetternde Erfahrung – alles wurde abgelehnt. Aus solchen Aktionen heraus ist die Überlegung entstanden, wir müssten uns zusammensetzen und eine eigene Analyse dieses Systems machen, überall kriegten wir die Fragen gleich mit den Antworten serviert und wir müssten die Antworten selber finden. (1)

Wolf Biermann, 1970er Jahre Foto Roger Melis

Unter dem Dach der Evangelischen Kirche bildeten sich unabhängige Friedensgruppen. Außer der Abrüstung in beiden Blöcken forderte diese Bewegung eine Entmilitarisierung der Gesellschaft, demokratische Strukturen, einen verantwortlichen Umgang mit der Umwelt, den Abbau der Blockkonfrontationen und Bewegungsfreiheit für Menschen und Ideen zwischen Ost und West. Mit diesen Forderungen geriet die Bewegung zwangsläufig in Opposition zur SED.

Dies zeigte sich exemplarisch in der Stadt Jena, wo die Tradition geistiger Freiheit noch lebendig war. In den 1970er Jahren wurde die evangelische Junge Gemeinde kulturell und politisch aktiv. Um die jungen Schriftsteller Lutz Rathenow und Jürgen Fuchs entstand ein weiterer Kreis. Als im November 1976 der Liedermacher Wolf Biermann ausgebürgert wurde, protestierten tausende Menschen. Auch in Jena kursierten Unterschriftenlisten. Jürgen Fuchs wurde verhaftet und, wie viele andere Oppositionelle, in die Bundesrepublik ausgewiesen.

Thomas Auerbach:

Im November 1976 wurde Wolf Biermann, anlässlich einer Tournee in der Bundesrepublik, die Staatsbürgerschaft der DDR aberkannt. Für die Jenaer oppositionelle Szene war Biermann eine Identifikationsfigur. Jürgen Fuchs, der inzwischen nicht mehr in Jena, sondern bei Robert Havemann in Grünheide wohnte, übermittelte uns telefonisch den Text einer Protesterklärung von Ost-Berliner Schriftstellern und anderen Künstlern. Am Abend des 18. Novembers fand in den Räumen der Jungen Gemeinde Stadtmitte eine Veranstaltung statt, auf der Unterschriften für diese Erklärung gesammelt wurden.

Durch den Verrat eines IM's erfuhr die Stasi bereits in derselben Nacht von den Ereignissen. Es kam zu einer Verhaftungswelle. Etwa 50 Personen wurden festgenommen. Es wurde uns staatsfeindliche Hetze und staatsfeindliche Gruppenbildung vorgeworfen. Aufgrund internationaler Proteste getraute sich die DDR-Justiz nicht mehr uns zu den vorgesehenen hohen Haftstrafen von drei bis zwölf Jahren zu verurteilen. Sechs weitere Jenaer und ich wurden nach zehn Monaten Untersuchungshaft zwangsweise nach West-Berlin abgeschoben. (1)

Wolf Biermann:

Die Tochter von Robert Havemann war ja meine Freundin. [...] [Sibylle Havemann] studierte Sozialpsychologie an der Universität, wo neben ihr so eine Leuchte wie Jürgen Fuchs und solche Armleuchter wie die Stasi-Offiziere studierten, die dort eine psychologische Grundausbildung kriegten, damit sie uns besser fertigmachen konnten. [...] Ich kam dorthin, weil ich meine Sibylle und meinen Sohn Felix sehen wollte, besuchte sie oft und lernte Jürgen Fuchs kennen, der in der Lutherstraße unterm Dach in einer kleinen Kammer wohnte. Ideal für Verliebte und zum Abhören für die Stasi.

Dort lernte ich dann viele Freunde kennen [...], all diese Athleten der Widerstandsgruppe. Das klingt sehr gewaltig – im Grunde waren das ganz liebenswürdige, freundliche

Matthias Domaschk, genannt Matz, auf einem Treffen der Jungen Gemeinde Jena-Stadtmitte, in der er mitwirkte. Rechts seine Lebensgefährtin Renate Ellmenreich Foto MDA

Junge Gemeinde Jena-Stadtmitte, Werkstatttage, Juni 1977
Foto Hans-Helmut Kurz / MDA

und sanftmütige Menschen. Und trotzdem waren sie Widerstandskämpfer in diesem Regime. Das Regime sah sie als solche und zu Recht, denn es war schon jeder Mensch ein Widerstandskämpfer, der sich diesem totalitären Anspruch entzog. Das klingt so phantastisch übertrieben: Widerstandsgruppe. Mein Vater war Widerstandskämpfer gegen die Nazis in Hamburg; er hat immerhin versucht, Waffenschiffe zu sabotieren, die Nachschübe brachten für die Legion Kondor nach Franco-Spanien im Bürgerkrieg. Er wurde wegen Hochverrat verurteilt, als er 1936 aufflog. [...] In der DDR wurden Leute wegen Spionage oder Hochverrat verurteilt, die im Grunde der Gipfel der menschlichen Naivität, Harmlosigkeit und Liebe waren. Sie setzten sich zusammen und lasen sich gegenseitig ein paar Gedichte vor. Es fällt einem schwer, den Leuten im Westen zu erklären, warum das von den Herrschenden in der DDR so scharf verfolgt wurde. Weil die Leute im Westen nicht begreifen, was ein totalitäres Regime bedeutet. (2)

Lutz Rathenow:

Nach der Ausbürgerung Wolf Biermanns diskutierten wir darüber überall auf den Straßen, in kleinen Gruppen, in Wohnungen und wollten sofort etwas tun. Ich sollte eine Unterschriftensammlung von jüngeren Schriftstellern aus Gera und Jena zusammenbekommen.

Jürgen Fuchs telegrafierte mich an, ich ging zur Post und rief ihn an; er verlas mir die Erklärung der Autoren, die in verhaltenen Worten gegen den Rausschmiss protestierten. Wir mussten gar nicht weiter darüber reden, ich fühlte mich verpflichtet, selbst etwas zu tun.

Als ich begann, die Resolution zu formulieren, kam es zur Festnahme, zu einem 30-stündigen Verhör; zur selben Zeit lief in meinem kleinen Zimmer in der Brandströmstraße die Hausdurchsuchung.

Die Festnahme anderer Freunde, die zahlreichen Hausdurchsuchungen stellten die politische Situation quasi auf den Kopf. Das war der Beginn der Polarisierung, die ein Miteinander mit dem Staat faktisch nicht mehr ermöglichte. Danach begegnete ich ihm wie einem Feind. Ich hatte das Gefühl, dass diese Situation für mehrere politisierte Leute in meiner Umgebung zutraf. Insofern wirkte die Biermann-Ausbürgerung wie ein Katalysator. [...]

Jürgen Fuchs war ein aus mehrfacher Hinsicht wichtiger Mensch, Schriftsteller und politisch beeinflussender Mann. Erstens schrieb er Gedichte, die schon am Anfang, als Schülergedichte herausstachen: durch die Spannung, die sie vermitteln und durch einen duldsam unduldsamen Blick auf die Verhältnisse. Zweitens war er als Sozialpsychologe, als Studierender jemand, der den analytischen Blick auf die Politik mit literarischen Ansprüchen verband; er regte mich zum Nachdenken an. Drittens war er jemand, der viele Kontakte hatte und mich mit verschiedenen Menschen zusammenbrachte: Wolf Biermann, Robert Havemann, seine Tochter Sybille Havemann, Reiner Kunze. [...] Er war jemand, der eine Art fordernde Toleranz praktizierte, der gleichzeitig sehr fordernd war, der Maßstäbe vermittelte, der mir auch klar machte, was er sich wünschen würde aber letztlich überließ er mir die Entscheidung, was ich machen sollte. Dadurch hatte ich immer ein Gefühl der Handlungsfreiheit. (1)

In der Untersuchungshaftanstalt Hohenschönhausen entwarf Jürgen Fuchs die „Vernehmungsprotokolle", die kurze Zeit nach der Haft im (westdeutschen) Rowohlt Verlag erschienen.

Jürgen Fuchs:

Sonntag. Keine Vernehmung... „Gehirnwäsche" was ist das? Du wirst in ein Bürozimmer geführt, vor einen Schreibtisch gesetzt, und verschiedene Herren reden lange und immer wieder auf dich ein, taktisch, also: freundlich, feindlich, laut, leise, sachlich, witzelnd, ironisch, zynisch, kumpelhaft, verbindlich etc. Was sie auch sagen, immer hat es einen „Grund", erfüllt es einen „Zweck", liegt eine „Absicht" vor.

Sie verhalten sich taktisch, aggressiv, egal, ob sie sich feindlich oder freundlich geben, ob sie mit offenen Karten spielen oder kaschieren. Sie wollen, was du nicht willst, ohne zu sagen, was sie wollen. Du fühlst dich bedroht und wirst bedroht, unmittelbar und anschaulich: Mauern, Pritschen, Glasziegel, Spione, Gitter, Schreibtische, Vernehmer sind gegen dich, spürbar, hörbar, sichtbar.

Aber noch bedrohlicher wird deine Lage, wenn du an das denkst, was sie dir verkünden, mit Nachdruck prophezeien: lange U-Haft, Prozess, Bautzen, zehn Jahre. Alles liegt im Bereich des Möglichen, wenn du deine Phantasie einsetzt. Sie schlagen ihre Gesetzferne Zukunft so aussieht, wie diese düstere Gegenwart, wenn nicht... wenn du keine „Einsicht" zeigst. Zeigst du „Einsicht", ist alles „in Ordnung", wehrst du dich aber schreiend und kratzend, wird dir bewiesen, dass dies nichts einbringt.

Dein Ausbruch scheitert, die Gefahr bleibt und wächst an. Und was kommt dann? Dann kommt die Angst, dann kommt das Schluchzen, dann ist es soweit: aufbäumen, scheitern, zerbrechen, das möchten sie gern.

Jürgen Fuchs, 1970er Jahre Foto RHG

bücher auf und spielen Schicksal, sie illustrieren Gefahren und versprechen dir deine baldige Vernichtung, die sie lachend oder lächelnd „Erziehung" nennen.

Aber was sind wirkliche Gefahren, was manipulierte? Was ist Drohung, Einschüchterung, und was wird wirklich geschehen? Gehirnwäsche: Sie erzeugen eine wirkliche Gefahrensituation, in der deine Lebensinteressen in Frage gestellt werden, sie sperren dich ein und führen dich vor, und dann versuchen sie, dir mit Hilfe verschiedener Methoden klarzumachen, dass auch die

„Gehirnwäsche": kultiviert, wissenschaftlich, mit hoher Erfolgsbilanz, alle Beteiligten waschen ihre gepflegten Hände in Unschuld und im Recht: Hat etwa jemand die Hand erhoben? Nein? Na also, was wollen Sie denn. Und stellen Sie gefälligst mal dieses Imi-Paket [ein Putzmittel in der DDR] wieder hinter das Klobecken, wo es hingehört.

Du weißt, was sie wollen / aber du weißt nicht, ob du widerstehen kannst / vielleicht wirst du schwach / weil du weißt, was sie wollen / wer weiß.

28. November 1977 (3)

Matthias Domaschk, ca.1979 Foto MDA

Renate Ellmenreich, ca. 1975 Foto MDA

Lutz Rathenow:

Das, was ich von den ersten Menschen, die in die Bundesrepublik ausgereist waren, hörte, war im Grunde nicht gut. Es war ein solches Maß an Unverständnis gegenüber den östlichen Gesellschaften und der DDR, dass ich mir sagte, das tust du dir nicht an, du willst unbedingt in der DDR bleiben.

Das war Anfang 1977. Ich hatte gerade die erste Festnahme hinter mir, Arbeitskreis war längst Geschichte, das Studium war weg, der operative Vorgang der Staatssicherheit begann. Ich fing an, Kontakte zum Schutzkomitee Freiheit und Sozialismus [West-Berlin] herzustellen. Nebenbei war ich noch Transportarbeiter bei Carl-Zeiss Jena, ich musste doch ein bisschen Geld verdienen. Zum Glück bin ich dann aus Jena weggekommen, weil ich dort wahrscheinlich bei irgendeiner der Geschichten, die in den nächsten Jahren gelaufen sind, verhaftet worden wäre. Und ob ich die Kraft hätte, nein zu sagen, wenn es darum ginge, in den Westen zu gehen? Jedenfalls war Ostberlin erst mal die Chance, aus diesen sehr beklemmenden Verhältnissen Jenas herauszukommen – nachdem acht bis zehn Leute nach der Biermann-Ausbürgerung verhaftet wurden und nach den ganzen Wellen der Observation. Nach meiner kurzen Arbeitszeit bei Carl-Zeiss Jena, wo ich auch – nicht als einziger – innerhalb des Betriebes überwacht wurde, war Jena für mich eigentlich erledigt. Wobei ich die ganze Zeit sah, wie sich unter anderen, jüngeren, sofort wieder neue oppositionelle Kreise bildeten. Sie hatten es allerdings schwer in Jena. Sie hatten es bis 1981 im Grunde so schwer, dass sie gar nicht sichtbar in Erscheinung treten konnten. Deswegen hatte ich in Berlin wirklich ein Gefühl der Befreiung. [...] (1)

Renate Ellmenreich:

Im Januar 1977 hörten wir dann über Westmedien von der Gründung der Charta 77 in der CSSR. Freunde vom Westberliner Schutzkomitee Freiheit und Sozialismus, die sich für Biermann und die wegen seiner Ausbürgerung Inhaftierten einsetzten, ermutigten uns, mit den Chartaleuten Kontakt aufzunehmen. Trotzkistisch interessierte Leute aus Dresden gaben uns die Adresse von Petr Uhl und seiner Frau Anna Šabatová, die berühmte Anglická 8 in Prag, inklusive der Instruktionen, wie wir uns konspirativ dahin zu begeben haben. Über Pfingsten 1977 fuhren Matthias [Domaschk] und ich mit meinem Motorrad nach Prag und erreichten die Wohnung der beiden über ein Nachbarhaus.

Drei Tage lang saßen wir zusammen ohne das Haus zu verlassen, erzählten von den Ereignissen in Jena, kochten und badeten die Kinder gemeinsam (unsere Tochter hatten wir sicher bei Freunden untergebracht). Hanka hat auf einer Schreibmaschine alle Details mitgeschrieben für ein Chartadokument. Hier lernten wir übrigens auch Hankas Vater kennen, Jaroslav Šabata, der uns von der geheimen Untergrunduniversität erzählte, in der die 1968 geschassten Professoren in Privatwohnungen und auf abgelegenen Bauernhöfen Vorlesungen für junge Leute hielten, die nicht studieren durften. Das hat Matthias sehr interessiert, denn auch er gehörte zu den verhinderten Studenten (wegen seiner Unterschrift unter der Petition). Einen Punkt, den wir lange diskutierten, erinnere ich noch gut: Die Chartaleute ermunterten uns, den Mut zu haben, Öffentlichkeit herzustellen. Wir hatten uns von der Stasi immer Angst einreden lassen vor der Westpresse, dass die uns nur missbrauchen würden usw.; wir hatten alle unsere Aktivitäten immer schön versucht zu tarnen (und es dabei mitunter zu einiger Meisterschaft gebracht). Erst nach und nach verloren auch die ostdeutschen Dissidenten ihre Scheu, übermittelten die vielen erlebten Menschenrechtsverletzungen an Freunde im Westen, damit die darüber Öffentlichkeit herstellen konnten. Öffentlichkeit im eigenen Land gelang dagegen erst in den 1980ern. Für uns war diese Reise nach Prag eine wunderbare Erfahrung von Solidarität und Aufgehobensein in einer größeren Bewegung. (4)

■ Im April 1981 kam der Oppositionelle Matthias Domaschk in der Untersuchungshaftanstalt der Staatssicherheit in Gera unter ungeklärten Umständen ums Leben. Nach mehrstündigen Verhören wurde der junge Vater erhängt in seiner Zelle aufgefunden. Sein Tod erzeugte Gefühle von Ohnmacht und Wut. Er festigte aber auch die Überzeugung, dass politisches Handeln künftig öffentlich sein muss.

Über Lutz Rathenow in Ost- und Jürgen Fuchs in West-Berlin gelangte die Nachricht von Matthias Domaschks Tod in den Westen.

Zum ersten Todestag von Matthias Domaschk klebten seine Freunde in ganz Jena Todesanzeigen, die von der Staatssicherheit schnell beseitigt wurden. Auf einem Friedhof stellten sie eine Plastik auf, die wenig später in einer Nacht- und Nebel-Aktion von Mitarbeitern der Stasi konfisziert wurde. Ihr Autor, der Künstler Michael Blumhagen, wurde anlässlich seiner Verweigerung des Reservistenwehrdienstes verhaftet. Während seiner Abwesenheit ließ das Ministerium für Staatssicherheit [MfS] sein Haus samt Atelier abreißen und dem Erdboden gleichmachen.

Atelier und Haus des Bildhauers Michael Blumhagen in Graitschen bei Jena, das von der Stasi zerstört und abgerissen wurde. Foto MDA

Michael Blumhagens Plastik zum Gedenken an Matthias Domaschk, von seinen Freunden auf dem Friedhof in Jena aufgestellt, wird von der Stasi entfernt. Foto MDA

In dieser Zeit gelang es Roland Jahn, die Fotos von der Entfernung der Skulptur in den Westen zu schmuggeln. Sie wurden kurz darauf im Nachrichtenmagazin „Der Spiegel" veröffentlicht. ■

Roland Jahn:

Matthias Domaschk war ein Freund von mir, einer, auf den man setzen konnte, auch im Persönlichen. Wie ich träumte er von einem Leben in Freiheit und Gerechtigkeit und sprach laut darüber.

Sein Tod war ein Signal, dass es nicht nur darum geht, dass wir festgenommen oder verhört werden können, sondern, dass die Auseinandersetzung mit dem Staat existenziell ist und dass es jeden von uns treffen kann, weil solch extreme Repressionen nicht erst bei großen Staatsfeinden einsetzten, sondern schon bei uns kleinen Träumern. Das machte einen sehr betroffen und man spürte, es geht um alles oder nichts. Zu der Trauerfeier zum Tode von Domaschk kamen fast dreihundert Leute, die alle irgendwelche Bezüge zu ihm hatten. Bei mir führte sein Tod zu einer Radikalisierung, sowohl im Denken, wie auch im Handeln. Konkret hieß das, dass ich gegen ein solches Vorgehen der Staatssicherheit protestierte. Dieser Protest diente auch als Selbstschutz. Sie sollten mitkriegen, dass wir es nicht schweigend hinnehmen, dass sie nicht alles tun können, was sie wollen. (1)

Renate Ellmenreich:

Im April 1981 beging die SED ihren X. Parteitag in Berlin und wie immer zu solchen Anlässen traf das MfS umfangreiche Sicherheitsvorkehrungen. Unter anderem sollten nicht angepasste oder widerständige Personen von Berlin ferngehalten werden. So wurden auch Matthias Domaschk und Peter Rösch auf der Fahrt zur Geburtstagsfeier eines Freundes aus dem Zug nach Berlin herausgeholt und verhaftet. In der Untersuchungshaftanstalt des MfS in Gera wurden sie brutal verhört. Nach über 13 Stunden Verhör war Matthias Domaschk tot. Das MfS versuchte den Tod als Selbstmord zu verschleiern.

Zur – eigentlich geheim gehaltenen – Beerdigung am 16.4.1981 kamen über 300 Menschen auf den Jenaer Nordfriedhof.

Dieser sinnlose Tod wird zu einem Fanal für die sich gründende „Friedensgemeinschaft Jena", die 1982 zum ersten Mal mit einer Menschenkette und Schweigeminuten auf dem Markt in Jena öffentlich wurde. (4)

■ Aus dieser Situation heraus entwickelten die Jenaer immer neue Aktionsformen. Sie organisierten Schweigekundgebungen und gaben Protestpostkarten heraus. Roland Jahn, eine der Schlüsselfiguren, wendete häufig die Methode der „gezielten Provokation" an – den Versuch, das System mit seinen eigenen Waffen zu schlagen.

Doch 1982 führten derartigen Aktionen zu Verhaftungen. Thomas Kretschmer, der einen Druck mit der Losung „Lernt polnisch" verbreitet hatte, bekam zwei Jahre Gefängnis. Roland Jahn wurde am 1. September festgenommen und im Januar 1983 zu 22 Monaten Haft verurteilt. Im Herbst 1982 begann eine Verhaftungswelle, doch schon im Frühjahr wurden nach zahlreichen Protesten im Ausland alle wieder entlassen. ■

Roland Jahn:

[Wir] verfolgten natürlich die politische Entwicklung, sowohl in der Tschechoslowakei, als auch in Polen über die Westnachrichten: sowohl die Gründung von KOR und von Charta '77 als auch die Entstehung der „Solidarność" 1980. Ich beobachtete die Entwicklung in Polen mit großem Interesse und ich dachte daran, dass eine Art „Solidarność" auch in der DDR entstehen müsste, damit sich Menschen zusammenfinden, ihre Interessen formulieren und sich zur Wehr setzen.

Zu der Zeit arbeitete ich, von der Uni entfernt, bei Zeiss-Jena als Transportarbeiter und bemühte mich dort, den Gedanken von „Solidarność" zu verbreiten: symbolisch, indem ich eine polnische Fahne auf meinem Schreibtisch aufstellte und inhaltlich, indem ich versuchte, die Arbeiter dazu zu bringen, ihre Unzufriedenheit zu formulieren. Zum Beispiel: Wie sind die Strukturen im Betrieb, wie es um ihren Lohn aussieht? Ich sollte zum

Vertrauensmann der Einheitsgewerkschaft in unserer Abteilung gewählt werden, aber diese Wahl wurde verhindert. Mir wurde dann gesagt: „Wir wollen uns hier keinen Wałęsa züchten."

Roland Jahn parodiert Hitler-Stalin zur 1. Mai-Kundgebung, 1982 Foto Manfred Hildebrandt/MDA

Frank Rub und Jörg Knaack mit einem von der Stasi zerrissenen Transparent auf der Demo am 18. März 1983 Foto Liane und Bernd Albrecht/MDA

Die Kollegen aus dem Betrieb wurden eingeschüchtert, was einfach hingenommen wurde. Ich aber behielt meine polnische Fahne weiter an meinem Fahrrad und an meinem Schreibtisch. Als dann das Kriegsrecht in Polen eingeführt wurde und Jaruzelski wieder die polnische Fahne hisste, gestaltete ich die Fahne um, indem ich in den charakteristischen Lettern „Solidarność" auf sie schrieb, um deutlich zu machen, dass ich nicht zu Jaruzelski stehe, sondern zu den Menschen, die sich in der Emanzipationsbewegung zusammenfanden. Um mich strafrechtlich abzusichern, nahm ich einfach die Überschrift aus dem Neuen Deutschland, „Solidarität mit dem polnischen Volk" und übersetzte sie ins Polnische: „Solidarność z polskim narodem". Ich konnte versuchen, mich zu verteidigen, indem ich behauptete, das sei keine Straftat, man dürfte doch eine Solidaritätserklärung auf eine Staatsflagge schreiben. Die Staatsorgane der DDR nahmen dennoch diese Fahne zum Anlass, mich zu inhaftieren; mir wurde ein Prozess gemacht und ich wurde nach dem Paragraph 222 des Strafgesetzbuches („Missachtung staatlicher Symbole") zu einem Jahr und zehn Monaten Haft verurteilt. (1)

Frank Rub:

Die Gründung der Friedensgemeinschaft Jena kam durch eine Gruppe von Leuten zustande, die in der Jungen Gemeinde Stadtmitte agierte. Blase [Peter Rösch], ein Freund von Matthias Domaschk, Roland Jahn, Kaktus [Thomas Grund], Ute Hinkeldey und Thea Roß waren die Protagonisten. [...]

Unsere Ziele: Solidarität über die Grenzen hinweg, demokratische, pazifistische Kindererziehung und die Abwendung von Kriegsgefahr durch die Verbannung der Raketen aus Deutschland. Ich war auch für eine einseitige Abrüstung; die Ostler sollten als Zeichen des guten Willens die Russenraketen aus der DDR herausschaffen. Es wurden offene Briefe verfasst und Schweigeminuten abgehalten, alles war sehr demonstrativ. Am 24. Dezember 1982 wurde vor der Jenaer Stadtkirche anlässlich des Weihnachtsfestes eine Schweigeminute für den Frieden abgehalten und die Friedensgemeinschaft rief intern auf, an der Veranstaltung teilzunehmen. Zig Menschen wurden davon abgehalten, in die Stadt zu gehen. Es war aufgeboten: die Kampfgruppe von Zeiss, die Abteilung Inneres, die gesamte Jenaer Polizei und auswärtige Polizei, die an den Ausfahrtstraßen all die vermeintlichen Teilnehmer abfangen sollte. Trotzdem sind so etwa 20 Leute auf verschiedenen Wegen bis zur Stadtkirche gelangt.

Ich hielt alles mit meiner kleinen Kamera fest. Dann rannte ich mit dem Fotoapparat in die Stadtkirche hinein und vesteckte ihn dort. Als ich rauskam, fingen sie mich auf der Treppe ab und zerrten mich in einen Hauseingang, gegenüber der Stadtkirche – zwei Zivilleute – und fragten: „Wo haben Sie die Kamera?!" Ich antwortete: „Die habe ich für den Superintendenten hinterlegt. Moment Mal, wer sind Sie denn überhaupt?" Sie wiesen sich als Kriminalpolizei Eisenberg aus. Sie schrieben meine Daten auf und ließen mich laufen. Von dem Zeitpunkt an wartete ich auf die Verhaftung, die kam dann Mitte Januar. Es gab eine Verhaftungswelle, die die Friedensbewegung ersticken sollte.

Es waren 10–12 Leute, die sich in dem Staatssicherheitsgefängnis in Gera einfanden. Sie wurden dermaßen psychisch gefoltert und gedemütigt, dass sie alle den Ausreisantrag stellten. Ich fühlte mich wie der Einzelkämpfer [Ernst] Teddy Thälmann und ich sagte mir, nein, ich bleibe in der DDR. Sie drohten mir: „Hör mal, lieber Freund, mit deiner Aktion dauert es vielleicht 10–12 Jahre, bis du wieder rauskommst." Vorauf ich erwiderte: „Wir sind als kritische Künstler wichtig, wir müssen hier bleiben und arbeiten." Ich war der Einzige, der aus dem Gefängnis rauskam und keinen Ausreiseantrag hatte. (1)

Roland Jahn:

Im Januar 1983 wurde in Jena eine ganze Gruppe von Menschen inhaftiert. Diese Gruppe war als Friedensgruppe medial bekannt geworden. Die westdeutschen Nachrichten, Radio- und Fernsehsender berichteten, Menschen seien wegen ihres Eintretens für Abrüstung und Frieden inhaftiert worden. Die Umstände der Festnahme stimmten zwar nicht ganz im Detail, trotzdem wurden sie in der Berichterstattung kurz und knapp zusammengefasst. Es war durchaus richtig, das so zu formulieren. Diese Leute wurden aufgrund der Proteste im Westen aus der Haft entlassen.

Ich kam auch mit aus dem Knast raus, obwohl ich bereits im September 1982 wegen der polnischen Fahne inhaftiert wurde und nur indirekt dazugehörte. Es hieß also: „Die Friedensgruppe aus Jena ist wieder aus der Haft entlassen worden."

Wir hätten jetzt natürlich eine Bürgerrechtsgruppe bilden können, aber politisch-taktisch war es viel besser zu sagen, wir nennen uns „Friedensgruppe", als die wir immer dargestellt wurden, obwohl für uns der Friedensbegriff viel umfassender war. Wir brachten in unsere Konzeption der „Friedensgemeinschaft" Formulierungen mit ein, die den Ansprüchen einer Bürgerrechtsgruppe schon sehr nahe kamen. Für uns hieß Frieden: Leben in Gerechtigkeit, demokratische Rechte, Meinungsfreiheit, Informationsfreiheit, Versammlungsfreiheit.

All das muss man ebenfalls vor dem Hintergrund bestimmter Entwicklungen in den 1970er Jahren sehen. In der DDR wurden damals Gruppen gebildet, die die Schlussakte von Helsinki durchsetzen wollten oder ähnliches. Sie wurden alle weggefangen. Deswegen agierten viele dieser Leute Ende der 1970er Anfang der 1980er Jahre in dem Schutzraum Kirche. Der Schritt, für den wir uns entschieden – nicht innerhalb der Kirche zu wirken, aus der Kirche rauszugehen – bedeutete, dass wir einen anderen Schutz brauchten, der es dem Staat nicht so einfach machen würde, zuzuschlagen und uns wieder zu inhaftieren. Was zu unserer vorzeitigen Freilassung im Februar 1983 führte, waren die Proteste in Ost und West, die dadurch veranlasst wurden, dass man sagte: „Es geht nicht, dass Menschen, die für den Frieden eintreten, inhaftiert werden."

Unsere Devise war: Nicht auf demokratische Rechte warten, sondern sie einfach wahrnehmen. Nicht irgendwo beantragen, ob wir das und jenes machen dürfen, sondern einfach machen. (1)

KONZEPTION - DER FRIEDENSGEMEINSCHAFT JENA

Wer sind wir:
Solidargemeinschaft - bestehend aus Christen, Atheisten, konfessionell Ungebundenen, keine pol. Organisation, ohne Leitung ohne eingeschriebene Mitglieder

Warum hab... t, Isolierun
-Angst v...
-gemeins... ns, der Bedr
hung
-gemeinsa...

Motivatio...
christlic... ng

Was wolle...
Frieden z... n Leben, als
Freihiet, ... ht auf Gewal

Die Friedensgemeinschaft Jena bei der Pfingstdemonstration am 19. Mai 1983, 1. von links Roland Jahn mit dem Plakat „Schwerter zu Pflugscharen", Kennzeichen der Friedensgruppen in der DDR Foto Bernd Albrecht/MDA

Im März 1983 gab die Gruppe die Gründung der Friedensgemeinschaft Jena bekannt. Sie agierte nunmehr außerhalb der kirchlichen Schutzräume. Frieden war für sie „eine Lebensweise, die die menschliche Würde und Persönlichkeit achtet und die persönliche Freiheit nicht einschränkt".

Die Friedensgemeinschaft trat mit eigenen Losungen bei offiziellen Kundgebungen auf, was die Sicherheitsorgane des Staates gewaltsam unterbunden.

Das System antwortete mit einer neuen Repressionswelle – Roland Jahn wurde gegen seinen Willen in die Bundesrepublik ausgewiesen. Er unterstützte nach seiner Ausbürgerung vom Westen aus die Opposition, indem er gezielt Informationen über Vorgänge in der DDR in den Medien veröffentlichte. Die meisten anderen wurden ebenfalls in den Westen ausgebürgert. Im Sommer 1983 war die Friedensgemeinschaft Jena weitgehend zerschlagen. Ihre Idee der Verknüpfung von Frieden und Menschenrechten sowie das Prinzip konsequenter Öffentlichkeit wurden in den folgenden Jahren von anderen Oppositionsgruppen in der DDR aufgenommen und weitergeführt.

Quellen:

(1) Zofia Wóycicka, *Doświadczanie wolności*, Interviews mit Thomas Auerbach, Roland Jahn, Edwin Kratschmer, Eve und Frank Rub und Lutz Rathenow, in: Karta, Nr. 48, 2006.

(2) Udo Scheer, *Vision und Wirklichkeit: Die Opposition in Jena in den siebziger und achtziger Jahren*, Berlin 1999.

(3) Jürgen Fuchs, *Gedächtnisprotokolle Vernehmungsprotokolle*, Reinbek bei Hamburg, 1990.

(4) Renate Ellmenreich, unveröffentlichtes Manuskript, 2012.

Solidarność

Die Menschen begriffen, dass alles in diesem Lande
von uns selbst abhängt und dass wir auf alles Einfluss haben.

Jacek Kuroń, *Sternzeit*

Lech Wałęsa spricht zu den Menschenmengen vor dem Tor der Danziger Werft, 1980 Foto Erazm Ciołek/FORUM

Jacek Kuroń:

Wenn man das Phänomen des August 1980 – die große friedliche Revolution der Arbeiterschaft und der Intelligenz – verstehen will, dann muss man sich all das bewusst machen, was in und mit der polnischen Gesellschaft bei der Pilgerreise von Johannes Paul II. im Juni 1979 geschehen ist. Rationale Kategorien reichen dazu nicht aus.

Ich selbst war in diesen wunderbaren Tagen – mit Ausnahme einer Nacht – überhaupt nicht auf den Straßen. Schon drei Tage vor dem Besuch begann die Bewachung, was wir „Atemstöße in den Rücken" nannten. Ich erinnere mich, wie ich mit Gajka Freunde besuchen wollte. Und schon fing der Ärger an. Wir wollen allein in den Fahrstuhl und beschleunigen den Schritt – da stürzen sie hinter uns her und schreien, dass wir abhauen wollen. Wir kommen heraus, es ist menschenleer und dunkel, aber sie blaffen schon. Ich will in ein Taxi steigen, und wieder Geschrei, dass ich ihnen entkommen wolle. Ins Taxi lassen sie mich nicht. Bis ich abwinkte und die Lust verloren hatte.

Ich machte Tee und setzte mich vor den Fernseher, wie im Urlaub. Die Papstreise erlebte ich durch das Fernsehen. Ganze Messen wurden übertragen, drei oder vier von insgesamt acht oder neun Predigten. Die Kamera zeigte den Papst, eine Ecke des Platzes, eine ältere Frau, Priester und Geistliche, wieder eine alte Frau und ein Stück des leeren Platzes. Dazu eventuell kleine Kinder und Rollstuhlfahrer. Aber so sehr sie sich auch bemühten, immer wieder leere Plätze ins Bild zu rücken, es gelang ihnen nicht, die Massen zu verbergen. Überall riesige Menschenmengen. Es schien, als sei das ganze Volk unterwegs, und nur ich sitze ganz allein zu Hause. [...]

Eine Nacht blieb ich nicht zu Hause. Ich sah aus dem Fenster, es war schon dunkel, und Massen von Jugendlichen zogen vorbei. Sie gingen auf den Schlossplatz, wo der Papst für sie eine Messe feierte, vor der Annenkirche. Der Zug hörte nicht auf. Ich hielt es nicht mehr aus und sprang hinaus, es war keine Bewachung mehr da. Ich ging in die Stadt. Dort war es voll von fröhlichen Menschen, alle sehr diszipliniert und stark. Ich spürte das – die Nacht, die Freude, diese Ordnung. Das Klima der Freiheit. Die Menschen bewegten sich Richtung Altstadt. Es gab hell gekleidete Ordnungskräfte mit Armbinden. Sie brauchten nur ein paar Worte zu sagen, mit einem Lächeln und einer Handbewegung dirigierten sie die Menschenmenge. Das war keine Masse mehr, das waren schon organisierte und bewusste Menschen. In diesem Moment wurde mir klar, dass sich bei uns etwas Großes ereignete. Die Nation erlebte ihre eigene Kraft. [...] Dazu kam noch die unerhörte moralische Kraft in den Predigten des Papstes. Eine tiefe Weisheit, angepasst an unsere Situation und unsere Zeit: Ihr seid hier die Hausherren. Die Berufung darauf, dass das Volk und jeder einzelne Subjekte des Handelns sind. [...] Die Menschen begriffen, dass alles in diesem Lande von uns selbst abhängt und dass wir auf alles Einfluss haben. (1)

Aussagen der Werftarbeiter:

Es musste zu diesem Ausbruch kommen. Genau wie im Dezember 1970. Nur, dass wir damals den Fehler machten und auf die Straße gingen. Diesmal bleiben wir in der Werft. Das ist unser Platz. Wir werden ihn erfolgreich verteidigen. Bis wir erkämpft haben, was uns zusteht. Wir wissen, dass die Sache, für die wir stehen, größer ist als die Werft.
Danzig, August 1980 (2)

■ Im Dezember 1970 gingen in den polnischen Ostseestädten die streikenden Arbeiter auf die Straße, verzweifelt darüber, dass niemand mit ihnen reden wollte. Die Parteiführung billigte stattdessen die Anwendung von Gewalt. Das Massaker endete mit Toten und Verletzten.

Vor dem Werfttor 2, wo auf die Arbeiter geschossen wurde, fanden seit 1976 am Jahrestag dieser Ereignisse illegale Gedenkveranstaltungen statt. Die Opposition hatte sich in den Ostseestädten bereits formiert. Bogdan Borusewicz, ein Mitglied des KOR, organisierte in Danzig „Freie Gewerkschaften". Unter den Arbeitern kursierte der „Robotnik", eine im Untergrund gedruckte Zeitung.

Die erste Pilgerfahrt von Papst Johannes Paul II. nach Polen, 1979 Foto OK

Streik auf der Danziger Werft, August 1980 Foto OK

Anna Walentynowicz inmitten der streikenden Werftarbeiter, August 1980 Foto Witold Górka/OK

Lech Wałęsa spricht zu den streikenden Arbeitern vor dem Gebäude der Direktion der Danziger Werft Foto Zbigniew Trybek/OK

Im Juli 1980 wurde das Land von einer Streikwelle erfasst. Sie richtete sich gegen Preiserhöhungen für Fleisch, das in der Volksrepublik Polen ohnehin Mangelware war. Borusewicz bereitete Streikaktionen in der Werft vor. Sie begannen in den Morgenstunden des 14. August. An der Spitze standen Vertreter der „Freien Gewerkschaften" – drei junge Arbeiter und Lech Wałęsa, der vor vier Jahren aus politischen Gründen aus der Werft entlassen worden war und nun bald zum Streikführer werden sollte. Das erste Ziel war die Wiedereinstellung der soeben entlassenen Arbeiterin Anna Walentynowicz.

Am nächsten Tag begann auch auf der Gdingener Werft ein Streik unter Führung von Andrzej Kołodziej, einem 20-jährigen Arbeiter, der eben erst eingestellt wurde und den „Freien Gewerkschaften" angehörte.

Nach zwei Tagen entwickelte sich der Ausstand in der Danziger Werft zu einem Solidaritätsstreik. Lech Wałęsa wurde an die Spitze eines Überbetrieblichen Streikkomitees [ÜSK] gewählt, in dem alle streikenden Betriebe Danzigs vertreten waren.

Diesmal verließen die Streikenden ihre Arbeitsplätze nicht mehr. Die Danziger Werft wurde zu einer Festung, die zusätzlich von einer wachsenden Zahl der Arbeiterfamilien und den Danzigern bewacht wurde. Sie versammelten sich vor dem Tor der Werft. In der Werft fanden Messen statt, die die Arbeiter aufrichteten und den Zusammenhalt der Streikenden mit den Menschen vor dem Tor stärkten.

Am 17. August stellte das Komitee eine Liste von 21 Forderungen zusammen. An erster Stelle stand die Forderung nach Zulassung von freien Gewerkschaften. Darüber hinaus verlangten die Arbeiter die Beschränkung der Zensur, die Freilassung der politischen Gefangenen und die Ehrung der Opfer vom Dezember 1970 durch ein Denkmal. ■

Bogdan Borusewicz:

Unsere Forderungen hatten wir so aufgestellt, damit sie uns zugleich unsere Verhandlungstaktik vorgaben. Vom kniffligsten bis hin zum leichtesten Punkt. Und so sollten sie diskutiert werden. Selbst wenn der erste Punkt aus taktischen Gründen erst einmal ausgeklammert und auf später vertagt werden würde, hätte man doch auf ihn als dem wichtigsten zurückkommen müssen.

Freie Gewerkschaften bedeuteten das Maximum, was wir erreichen konnten. Als Tadeusz Szczudłowski von der Menschen- und Bürgerrechtsbewegung in der Nacht noch freie Wahlen als Forderung hinzufügte, musste ich das am Morgen, als ich wach wurde, nach kurzer Debatte wieder streichen. „Aufhebung der Zensur" veränderte ich zu „Einschränkung der Zensur".

Damals kam´s ja darauf an, dass die Sowjets keinen Vorwand fänden, so wie 1968 in der Tschechoslowakei.

Streik auf der Danziger Werft, 16. August 1980. Mitglieder der Freien Gewerkschaften bringen den Streikenden Brot. Zweite von links: Alina Pieńkowska, daneben Bogdan Borusewicz Foto Bogusław Nieznalski/OK

Die 21 Punkte und ihr erster Punkt wurden zum Modell für die Streikenden, für die Betriebe ohne Oppositionskader. Wir waren nur eine Handvoll, doch dadurch konnten wir diese gewaltige Massenbewegung leiten. (2)

Aus der ÜSK Erklärung:

Der erste Punkt aus unserem Forderungskatalog besitzt Kernbedeutung. Ohne unabhängige Gewerkschaften, dürften sämtliche anderen Forderungen künftig den Bach runtergehen. Das soll ja in der kurzen Geschichte der Volksrepublik Polen [VRP] schon mehrfach vorgekommen sein. Die offiziellen Gewerkschaften haben unsere Rechte und Interessen nicht nur in keinster Weise geschützt, sondern gebärden sich angesichts unserer berechtigten Streikaktion noch hasserfüllter als Partei und Regierung. Am heftigsten ist ausgerechnet der Vorsitzende des Zentralrats der Gewerkschaften CRZZ Szydlak über uns hergezogen. [...] Er bezeichnete unseren Streik als Umtriebe staatsfeindlicher Kräfte und Terror. Seine Worte erhalten die Drohung: „Wir werden unsere Macht nicht abgeben, werden unsere Macht mit niemandem teilen". [...]

Wir hatten den Regierungssprecher aufgefordert, in Verhandlungen einzutreten, und tun das nochmals. Werden die Gespräche hinausgezögert, so graben sie sich selbst das Wasser ab.

Danzig, 20. August 1980 (2)

Aus dem Appell der 64 Intellektuellen:

Wir alle, ob nun Regierende oder Regierte, müssen uns von Polens Wohlfahrt leiten lassen. In der derzeitigen Lage sollen wir uns nicht dazu versteigen, die Gesellschaft durch unüberlegte Worte und beleidigende Wertungen nuch zusätzlich aufzubringen und zu spalten.

Wie wir uns alle erinnern können, gab es ja bereits zu Genüge unrühmliche Feldzüge des Hasses. Lernen wir alle, gegenseitig unsere Würde zu achten. [...]

Die Geschichte wird niemandem verzeihen, der sich zu anderen Lösungen als denen einer derartigen Verständigung hinreißen lässt. Wir appellieren daher, eben diesen Weg zu beschreiten, mahnen zur Zurückhaltung und appellieren an das Vorstellungsvermögen in der Überzeugung, dass es derzeit keine wichtigere Frage für Polen gibt.

Warschau, 20. August 1980 (2)

Aus einem Dokument der Polnischen Verständigung für Unabhängigkeit:

Die streikenden Werftarbeiter und die sie solidarisch unterstützenden Arbeiter anderer Produktionsbetriebe im Küstengebiet gefährden weder den Sozialismus noch die Sicherheit unseres Landes. An ihren besetzten Arbeitsplätzen, die laut VRP-Verfassung doch ihnen selbst gehören, keimen erneut Prinzipien, Ideale, Rechte auf, von denen die Praxis der Herrschenden weit abgerückt ist. Es bildet sich ein echtes Bewusstsein für das Volkseigentum und die Verantwortung für unsere Heimat. [...]

Menschenmengen vor dem Tor der Danziger Werft, August 1980 Foto Bogusław Nieznalski/OK

Die Streikenden artikulieren aktiv all das, was unser ganzes polnisches Volk denkt, empfindet und wünscht. Wenn sich unsere Staatsmacht dessen bewusst wird, sollte sie das von jeglichen Versuchen der Gewaltanwendung zurückhalten. Rückhalt genießen die Streikenden auch bei der internationalen Gewerkschaftsbewegung und der erdrückenden Mehrheit der Weltöffentlichkeit, die voller Spannung deren besonnenen unblutigen Kampf – und wir sind vertrauensvoll, das er bis zum Schluss unblutig bleibt – verfolgten, weil sie wissen , das sich hier nicht allein das Schicksal der polnischen Arbeiter, nicht nur ganz Polens, sondern auch das Schicksal Europas entscheidet.

21. August 1980 (2)

Tadeusz Mazowiecki:

Einige Unterzeichner des Appells der Intellektuellen kamen auf den Gedanken, ein bloßer Appell sei zu wenig. Wir sollten an Ort und Stelle fahren, um allein schon durch unsere Präsenz unsere Solidarität mit den Streikenden zu bekunden. [...]

So bin ich mit Professor [Bronisław] Geremek nach Danzig gefahren. Am Abend standen wir am Werfttor und baten um eine Unterredung mit Herrn Wałęsa oder einem anderem ÜSK-Präsidiumsmitglied. Wir wurden in den Sitzungssaal gebracht (debattiert wurde damals dort beinah ununterbrochen). Wie sich heraus stellte, waren wir genau in dem Augenblick eingetroffen, als sich erste Verhandlungsaussichten mit dem Regierungsausschuss abzeichneten. (2)

Lech Wałęsa:

Ich wollte konkret von ihnen wissen, was sie uns anzubieten haben, weil wir tatsächlich Hilfe dringend gebrauchen konnten. Darauf Geremek: „Wir sind Intellektuelle. Wir eignen uns für so was nicht, wir können lediglich in einer Berater- und Expertenrolle agieren." DIE Idee! Das fehlende Rädchen im Getriebe hatte sich von selbst eingestellt. [...] Auf meine Frage: „Wie lange wollt ihr denn bei uns bleiben?", erwiderte Mazowiecki: „Bis zum Schluss." (2)

Erst am zehnten Tag entschloss sich die Regierung zur Aufnahme von Verhandlungen mit dem Streikkomitee. Der Bildung freier Gewerkschaften wollte sie aber auf keinen Fall zustimmen.

Hinter den Kulissen wurden Überlegungen zu einer gewaltsamen Lösung angestellt. Der Besetzung der Werft durch sowjetische Armee-Einheiten wurde erwogen. Unter den Arbeitern wuchs das Gefühl der Bedrohung. Doch gleichzeitig breitete sich die Streikwelle über ganz Polen aus. Als auch in den oberschlesischen Bergwerken die Arbeit niedergelegt wurde und das Gespenst des Generalstreiks drohte, gab die Partei- und Staatsführung nach.

Aus den Verhandlungen des ÜSK mit dem Regierungsausschuss

23. August 1980

Mieczysław Jagielski:

Wenn ich Verpflichtungen eingehe, die irreal sind, heißt das doch, dass ich unehrlich handle.

Lech Wałęsa:

Herr Premierminister, wir waren ganz Ohr. Mir scheint allerdings, dass wir nicht gesagt haben, warum das so ist, dass immer nach geraumer Zeit – und diesmal hat das ja zehn Jahre gedauert und mir scheint, dass das auch diesmal wieder zehn Jahre anhalten wird – wir immer wieder an denselben Punkt zurückkommen, wo wir heute stehen. [...] Mir scheint, dass irgendwas bei der Steuerung, der Leitung, der Überprüfung nicht stimmt. Ich bin ja bloß Arbeiter. Aber so verstehe ich das eben.

Mieczysław Jagielski:

Da stimme ich Ihnen zu. Etwas stimmt nicht. Ich möchte also folgendes Verfahren vorschlagen, gehen wir aufeinander zu. Vertraut mir: Hierzu wird sich das bevorstehende Plenum des Zentralkomitees äußern.

Lech Wałęsa:

Da wollen wir Ihnen schon mal eine kleine Anregung einflüstern. Eine Lösung dürfte bestimmt darin bestehen, was wir vorschlagen: freie Gewerkschaften, starke und dynamische, so wie sie sich die Arbeiterwelt vorstellt. Das ist keine politische Frage. Hierbei handelt es sich tatsächlich um ein Gegengewicht und um die Kontrolle. Wir werden uns selber kontrollieren, selber unsere Fehler sehen, Lösungen vorschlagen, allerdings nie mit Methoden, wie das momentan passiert, wenn die Leute, die ihren Mund aufmachen wollen, schickaniert, verhaftet, festgehalten werden, wenn der Machtapparat, die Polizei, bloß andauernd noch aufgebläht wird.

26. August 1980

Lech Wałęsa:

Wir wollen freie, unabhängige und tatsächlich selbstverwaltete Gewerkschaften. Wir stecken in unserem Land in einer schwierigen Krise. Die resultiert nur daraus, dass die Werktätigen bisher keine wirkliche eigene Gewerkschaftsvertretung besessen haben.

Mieczysław Jagielski:

Diese Frage ist auf unserer jüngsten ZK-Tagung besprochen worden. [...] Dort hieß es, dass die Erneuerung der Gewerkschaftsarbeit eine wichtige und vordringliche Aufgabe sei. [...] Zwingend geworden seien Maßnahmen, die den Weg für eine radikale Verbesserung des Sachverhalts ebnen, die also den Klassencharakter der Gewerkschaftsbewegung erstarken lassen, damit sie ihre Stellung bei den Massen wiedergewinnt.

Andrzej Gwiazda:

Seit vielen Jahren wird Polens gesamte Wirtschaft, werden die Lokalbehörden und Ministerien danach beurteilt, wie viel Stahl sie produzieren, wie viel Kohle, wie viel Meter Kabel. Kein Mensch jedoch schert sich darum, wie der Arbeiter lebt [...]. Es existierten zwar Gewerkschaften, deren Grundanliegen es war, die Arbeitnehmerinteressen zu verteidigen, doch „die" Gewerkschaften haben das bestimmt nicht gemacht. Ganz im Gegenteil. Dort bestimmte die Betriebsleitung, wo es lang ging. Und in der Werkhalle hörten sie, ganz außer sich, die kaum hörbaren, leise geflüsterten Unmutsbekundungen. [...] Unser Ziel ist die Gründung einer wirklichen Arbeitnehmerorganisation, an die die Menschen auch tatsächlich glauben können.

31. August 1980

Lech Wałęsa:

Haben wir alles erreicht, was wir wollten, was wir uns wünschen, wovon wir träumen? [...] Nicht alles. Doch wir alle wissen ja, dass wir allerhand gewonnen haben. Ihr habt mir die ganze Zeit über vertraut. Ihr dürft mir also glauben, was ich euch sage: Wir haben alles erreicht, was sich in der derzeitigen Situation erreichen ließ. Den Rest erreichen wir auch noch, weil wir das wichtigste haben – unsere unabhängigen, selbstverwalteten Gewerkschaften. Das ist unsere Garantie für die Zukunft.

Mieczysław Jagielski:

Es gibt weder Verlierer noch Sieger. [...] Ich sage nur: Wir sind uns einig geworden! (2)

Alina Pieńkowska, Mitglied des Streikkomitees:

Die führende Rolle bei diesem Streik in der Werft hatten Menschen mit ganz verschiedenen Ansichten. Sie befürworteten verschiedene Methoden des Kampfes gegen den Kommunismus. Aber trotz dieser Unterschiede gelang es uns, einander zuzuhören und so miteinander zu reden, dass wir einen Konsens erreichten. Nach außen vertraten wir gemeinsame, mit den Arbeitern, den Experten und den Aktivisten der Opposition abgestimmte Positionen. So konnte die Staatsmacht uns nicht manipulieren und gegeneinander ausspielen. Diese solidarische Grundhaltung hat uns geholfen, den Streik zu gewinnen. (2)

■ Am 31. August 1980 wurde in der Danziger Werft die Vereinbarung zwischen dem Überbetrieblichen Streikkomitee und der Regierungskommission unterzeichnet. Erstmals in der Geschichte des sowjetischen Blocks wurden unabhängige Gewerkschaften legalisiert. Die „Solidarność" wurde gegründet.

Es war der Beginn einer weitreichenden Demokratisierung des gesellschaftlichen Lebens in einem undemokratischen System. Die Allmacht des kommunistischen Blocks geriet ins Wanken – es entstand eine gesellschaftliche Massenbewegung. ■

Verhandlungen zwischen den Streikenden und der Regierungsdelegation, Lech Wałęsa und Mieczysław Jagielski Foto Aleksander Jałosiński/FORUM

Stanisław Barańczak:

Wenn ich mir die letzten zehn Jahre vor Augen halte, die ich noch in Polen verbrachte [bis 1981], so scheint mir, dass man das Wesen all dessen, was geschehen ist, als allmähliche Rückkehr der Gesellschaft zu einer schlicht kostbaren Normalität beschreiben kann. [...]

Anfangs hatten wir eine für alle totalitären Länder typische Situation: eine Handvoll normaler Menschen – die sogenannten „Dissidenten" –, die vom zahlenmäßig weit überlegenen Rest umgeben sind, der sich noch immer nicht von einer gegen die menschliche Kondition gerichteten Lebensweise losreißen konnte. Später, im Jahre 1980, geschah etwas ganz Untypisches. Die Entstehung des zehn Millionen starken Phänomens namens „Solidarność" – bedeutete praktisch, dass der Begriff „Dissident" aufhörte, einen Sinn zu haben. Was im August geschah, war eine Massenumkehr der Gesellschaft zum Status der Normalität. (3)

Günter Sieber, DDR-Botschafter in Polen:

Mit diesen Gewerkschaften werden in der VRP eine starke Grundlage und legale konterrevolutionäre Basis entstehen, die den Beginn einer allmählichen Aufweichung einläuten dürften. Anfangs dürfte sich dieser Prozess als Pluralismus in sämtlichen wichtigen gesellschaftlichen Lebensbereichen äußern.

Damit haben die Polnische Vereinigte Arbeiterpartei [PVAP] und ihre Verbündeten im Lande eine sehr schwere Niederlage einstecken müssen. In der VRP ist mit der bislang größten Abweichung von der sozialistischen Ordnung zu rechnen. Die politischen Auswirkungen der Zugeständnisse werden momentan als weit wichtiger eingeschätzt, als dies 1956 der Fall war. (2)

Botschaft an die Arbeiter Osteuropas:

Die in Gdańsk zum ersten Kongress der unabhängigen, selbstverwalteten Gewerkschaft „Solidarność" versammelten Delegierten senden den Arbeitern Albaniens, Bulgariens, der Tschechoslowakei, der DDR, Rumäniens, Ungarns und allen Völkern der Sowjetunion ihre Grüße und versichern sie ihrer Unterstützung.

Als erste unabhängige Gewerkschaft unserer Nachkriegsgeschichte fühlen wir tief unser gemeinsames Schicksal. Wir versichern euch, dass wir trotz der Lügen, die in euren Ländern verbreitet werden, eine authentische Organisation der Werktätigen sind, die zehn Millionen Anhänger umfasst und durch Arbeiterstreiks entstanden ist. Unser Ziel ist der Kampf um die Verbesserung der Lebensbedingungen aller Werktätigen. Wir unterstützen diejenigen unter euch, die sich entschlossen haben, den schweren Weg des Kampfes für eine freie Gewerkschaftsbewegung zu gehen. Wir glauben, dass sich unsere Vertreter schon bald werden treffen können, um gewerkschaftliche Erfahrungen auszutauschen.

Erster Kongress der unabhängigen,
selbstverwalteten Gewerkschaft „Solidarność"
Danzig, 5. September 1981 (4)

Lech Wałęsa auf dem Tor der Danziger Werft, 31. August 1980
Foto Witold Górka/OK

Priester Prof. Józef Tischner (1931–2000), ein bedeutender christlicher Philosoph, erarbeitete für die „Solidarność"-Bewegung eine Ethik der Solidarität. Seine Predigten auf dem „Solidarność"-Kongress in Danzig 1981 übten auf das Ethos dieser zehn Millionen Mitglieder starken Organisation nachhaltigen Einfluss aus.

Józef Tischner:

Das Wort „Solidarität". vereinigt in sich unsere unruhigen Hoffnungen, es gibt Anstoß zu Mut und zum Denken und verbindet

Menschen miteinander, die gestern noch einander fern gestanden sind. Die Geschichte bringt Ideen hervor, damit hernach diese Ideen die Geschichte gestalten können. Das Wort „Solidarität" hat sich heute mit anderen, durchaus polnischen Worten verbunden, um unseren Tagen eine neue Gestalt zu geben. Es gibt einige solcher Worte: „Freiheit", „Unabhängigkeit", „Menschenwürde" – und heute „Solidarität". Jeder von uns spürt die ungeheure Last, die in der Bedeutung dieses Wortes liegt. [...]

Was bedeutet dieses alte und zugleich neue Wort „Solidarität"? Wozu ruft es auf? Welche Erinnerungen weckt es in uns? Will man die genauere Bedeutung dieses Wortes erfassen, so muss man wohl zum Evangelium greifen und dort nach seiner Herkunft suchen. Den Sinn dieses Wortes erfasst Christus: „Einer trage des anderen Last; so erfüllt ihr das Gesetz Gottes." Was bedeutet solidarisch sein? Es heißt: die Last eines anderen Menschen tragen. Niemand ist eine einsame Insel. Wir sind miteinander verbunden, auch dann, wenn wir nichts davon wissen. Uns verbindet die Landschaft miteinander, uns verbinden Fleisch und Blut, uns verbinden Arbeit und Sprache. Aber nicht immer werden wir unseres Verbundenseins gewahr. Wo aber Solidarität aufkommt, da erwacht das Bewusstsein – und dann sind auf einmal Worte und Sprache da, dann tritt auch das, was zuvor verborgen war, ans Licht. Unsere Verbundenheit untereinander wird allen sichtbar; dann trägt der Mensch auf seiner Schulter die Last des Mitmenschen. [...]

Solidarität, erwachsen aus den Gesetzen und dem Geist des Evangeliums, benötigt keinen Feind oder Gegner, um sich zu festigen und zu entwickeln. Sie ist an alle und nicht gegen irgendjemanden gerichtet. Die Dinge, auf die es jedem im Leben wirklich ankommt, sind Fundament und Quelle der Solidarität. Wenn es Frühling wird, kommt es darauf an, rechtzeitig zu sähen und zu pflügen. Kommt der Herbst, dann geht es darum, rechtzeitig zu ernten. Brennt das Haus, dann geht es darum, das Feuer zu löschen. Für den Lehrer ist es entscheidend, dass die Schule tatsächlich eine Schule ist, dass die Universität eine Universität ist und das Buch ein Buch. Uns allen kommt es darauf an, dass Wahrheit stets Wahrheit und Gerechtigkeit immer Gerechtigkeit bedeutet. Man muss in seinem Hause Ordnung schaffen. Eben die Dinge, die man tun muss, schweißen zusammen und ermutigen zur Tat. Sie schweißen gründlicher und dauerhafter zusammen, als die Angst vor Feinden. Wir wollen eine zusammengeschweißte Nation sein, aber nicht aus Angst. Wir wollen, dass uns die einfachste menschliche Pflicht miteinander vereint. [...]

Die Solidarität hat noch eine andere Seite. Man muss den Menschen die Solidarität nicht von außen, gar durch Anwendung von Gewalt, anlasten, diese Tugend entsteht von selbst, spontan, aus dem Herzen.

Predigt auf dem Wawel, 19. Oktober 1980 (5)

■ Am 13. Dezember 1981 verhängte Polens Staats- und Parteichef General Wojciech Jaruzelski über die Volksrepublik Polen [VRP] das Kriegsrecht. Dadurch wurde dem „Festival der Solidarność" brutal ein Ende gesetzt. Die Strukturen des Staates wurden militarisiert, die Arbeit mehrerer Organisationen, Vereine und Gewerkschaften wurde ausgesetzt, die Telefonverbindungen wurden unterbrochen, eine Sperrstunde wurde eingeführt, in den Gerichten wurde das Eilverfahren angeordnet, die meisten „Solidarność"-Führer sowie

Unabhängige Demonstration der „Solidarność" in Warschau, 1. Mai 1985 Foto OK

Tadeusz Mazowiecki im Sejm nach der Wahl zum Premierminister, Warschau, 24. August 1989 Foto Tomasz Wierzejski/FOTONOVA

Vertreter verschiedener Oppositionsgruppen wurden interniert, die streikenden Betriebe wurden geschlossen.

Es begann eine mehrjährige konspirative Arbeit – die „Solidarność" ging in den Untergrund. Es schien, als ob die Gesellschaft mit der Zeit in Stagnation verfallen wäre, aber im Frühjahr und Sommer 1988 brach in Polen erneut eine Streikwelle aus. Die Regierung der Volksrepublik, die sich in einer schweren wirtschaftlichen Krise befand, entschied sich für Verhandlungen mit der Opposition. So begannen die Gespräche am Runden Tisch, die zur Legalisierung der „Solidarność" und zu den Wahlen am 4. Juni 1989 führten (der Opposition und der „Solidarność" wurden dabei 35 Prozent der Sitze im Sejm und freie Wahlen zum Senat garantiert). Diesmal führte der Triumph der „Solidarność" zum Zusammenbruch des Kommunismus in Polen und leitete den Transformationsprozess in Mittel- und Osteuropa ein.

Mit Massendemonstrationen in Litauen, Lettland und Estland sowie in der Ukraine fing der Zerfallsprozess der UdSSR an.

Das kommunistische System war von einer tiefen Wirtschaftskrise erschüttert und konnte sich politisch nicht mehr erlauben, mit Gewalt zu reagieren. Die Menschen schüttelten die Angst ab. Der Kommunismus brach zusammen – nach einem ähnlichen Szenario in Polen, in Ungarn, in der DDR und in der Tschechoslowakei. So wurde das Jahr 1989 das Jahr des „Völkerherbstes".

Die Grenzen wurden geöffnet, in Berlin fiel die Mauer. Die Teilung Europas ging zu Ende. ■

Quellen:

(1) Jacek Kuroń, *Sternzeit*, London 1991.
(2) Katarzyna Madoń-Mitzner (Hg.), *Tage der Solidarität*, Warschau 2005.
(3) Stanisław Barańczak, *Kto jest dysydentem*, in: Kultura Nr. 6, 1982.
(4) Barbara Büscher/ Ruth-Ursel Henning/ Gerd Koenen/ Dorota Leszczyńska/ Christian Semler/ Reinhold Vetter (Hg.), *„Solidarność". Die polnische Gewerkschaft „Solidarität" in Dokumenten, Diskussionen und Beiträgen 1980 bis 1982*, Köln 1983.
(5) Józef Tischner, *Ethik der Solidarität. Prinzipien einer Hoffnung*, Graz 1982.

ZUR ENTSTEHUNGSGESCHICHTE DIESES BUCHES

Annemarie Franke
Katarzyna Madoń-Mitzner

Das Nachwort hat die Form eines Gesprächs, um zu erzählen, wie dieses Buch entstanden ist und dabei von unseren persönlichen Erfahrungen zu berichten.

Das Buch unseres Freundes Ludwig Mehlhorn erscheint mehr als ein Jahr nach seinem Tod am 3. Mai 2011. Er selbst konnte es nicht mehr fertigstellen. Für seine Frau und seine engen Freunde war selbstverständlich, dass dieses Buch, ein seit langem geplantes Begleitbuch zur Ausstellung im Kreisauer Schloss, nicht in der Schublade beziehungsweise in den Datenordnern seines Computers zurück bleiben darf. Er hatte uns das Manuskript des ersten Teils zu den Personen des Kreisauer Kreises hinterlassen, sowie die Entwürfe zu Personen und Gruppen der mittel- und osteuropäischen Opposition. Das Inhaltsverzeichnis mit seinen Anmerkungen erleichterte uns, seine Vorstellungen für das gesamte Buch nachzuvollziehen. Das wichtigste Dokument war allerdings der Essay von Ludwig Mehlhorn, den er als Einleitung zum Buch verfasst hatte und der seinen besonderen Zugang zum Thema erläutert. Dennoch waren wir bei unserer Redaktionsarbeit immer wieder im Zweifel, ob wir seinen Intentionen genau folgen, und das war unser großes Anliegen.

Botschafter Marek Prawda hat es in seiner Ansprache auf der Beerdigung Ludwig Mehlhorns am 10. Mai 2011 in Berlin treffend formuliert: „Aus unseren gemeinsamen Plänen werden einseitige Verpflichtungen." Genau so ist es mit diesem Buch.

Katarzyna Madoń-Mitzner (K.M.-M.): Der Tod von Ludwig hatte meine Einstellung zu diesem Buch völlig verändert. Ich war von dem Buch nie ganz überzeugt und ich sah es als ein Projekt an, das gescheitert war, da es zu breit angelegt war. Ich dachte auch, es sei schon zu spät, um darauf zurückzukommen. Ludwig hingegen hat bis in die letzten Stunden seines Lebens an das Buch gedacht und daran geglaubt, er würde noch die Kraft haben, es zu beenden. Während ich ihn bei den letzten Begegnungen zu überreden versuchte, eine kleine Publikation über den Kreisauer Kreis vorzubereiten, der nach wie vor in Polen praktisch unbekannt ist, antwortete er mir, er müsse erst den Katalog abschließen, das sei eine Verpflichtung.

Zu seinen Lebzeiten habe ich ihm nicht versprochen, mich darum zu kümmern. Als er starb, wurde mir sofort klar, dass ich die Arbeit zu Ende führen muss, und dass es keine bessere Form gibt, seiner zu gedenken und ihm meine persönliche Dankbarkeit zu erweisen. Das wäre aber niemals gelungen, ohne die Entschlossenheit von Annemarie Franke, die nach dem Tod von Ludwig genau dasselbe Gefühl hatte – dieses Buch muss fertiggestellt werden.

Annemarie Franke (A.F.): In der Tat mussten wir darüber nicht lange reden. Gemeinsam mit der Dritten im Bunde, der Grafikerin Danuta Błahut-Biegańska, fuhr ich nach der Beerdigung zurück nach Breslau.

Sie hatte mit Ludwig in der Arbeitsphase 2006/07 Entwürfe für den Satz des Buches erarbeitet und ein Projekt entwickelt, das ihm zugesagt hatte. Zwei Kapitel waren fertiggesetzt. In Gedanken kehrten wir – während unserer Fahrt genau entlang jener Strecke, die Ludwig unzählbare Male gefahren war, um in Kreisau an der Ausstellung zu arbeiten – zurück zu den Anfängen unserer Zusammenarbeit mit Ludwig. Der Beginn meiner Tätigkeit in Kreisau im Frühjahr 2001 war eng verbunden mit dem Ausstellungsprojekt. Die Multimedia-Version war in der Endphase begriffen und ich sollte vor Ort für Ludwig verschiedene Dinge koordinieren – Aufnahmen im Tonstudio, Kontrolle der deutschen Sprachversionen der Kurzfilme zu den Personen und Themen der Ausstellung. Damals lernte ich auch Katarzyna Madoń-Mitzner kennen, die zu Arbeitssitzungen nach Kreisau angereist kam.

K.M.-M.: Als wir uns darauf vorbereiteten, das Buch fertigzustellen, stand es für uns fest, dass wir für den Teil zum Kreisauer Kreis auf das Wissen und die Zusammenarbeit mit Fritz Delp zurückgreifen wollen, der schon in den 1990er Jahren Ludwig bei diesem Teil der Ausstellung geholfen hatte.

Die grafische Gestaltung des Buches übernahm Danuta Błahut-Biegańska, die von Anfang an zum Ausstellungsteam gehörte, sowohl für die Tafel- wie für die multimediale Version. Sie hatte immer auch eine gewichtige Stimme in den inhaltlichen Diskussionen. Zu unserem Team gehörte außerdem Paulina Maloy, die sich um die Koordination aller Arbeiten gekümmert hat. Wir sind dankbar für ihr starkes Engagement, denn sie hatte nicht den persönlichen Bezug zu Ludwig, der uns anderen die Kraft gab.

Im Laufe unserer gemeinsamen Arbeit wurde uns bewusst, wie unrealistisch Ludwigs Annahme gewesen war, er könnte alleine ein solches Projekt „stemmen". Eine Vielzahl von unterschiedlichen Personen und Gruppen aus verschiedenen Ländern, hunderte von Fotografien, zwei Sprachversionen ... Rückkehr zu Materialien, an denen wir vor über zehn Jahren gearbeitet hatten und eine erneute Bildrecherche. All das konnten wir bewältigen, weil wir gemeinsam daran gearbeitet haben. Aber auch dank der vielen hilfreichen Geister, all jener, die auf den Namen „Ludwig Mehlhorn" mit Hilfsbereitschaft und Freundlichkeit reagiert haben.

A.F.: Ich habe Ludwig erst im Jahr 2001 durch meine neue Aufgabe in Kreisau kennengelernt, obwohl ich viele Jahre in Berlin gelebt hatte und ihn hätte treffen können. In Kreisau merkte ich schnell, dass Ludwig eine von allen geschätzte Person war, vor allem, da er als einer der wenigen Deutschen, die ehrenamtlich in Kreisau engagiert waren, mit allen polnisch sprach. Dadurch hatte er zu allen pädagogischen Mitarbeiter/innen ein sehr persönliches Verhältnis.

Er verhielt sich nie wie ein Ausländer und wurde auch nicht als solcher behandelt. Leider gab es auch Konflikte in Kreisau rund um das Ausstellungsprojekt und die bekam ich schnell zu spüren. Letztlich ging es um abweichende Vorstellungen, was für diesen Ort wichtig ist und wie bestimmte Aufgaben angegangen werden sollten.

Für mich war die Ausstellung ein Arbeitsmittel für die pädagogische Arbeit und ich habe sie als gegeben angenommen. Die Fülle des Materials und das Spektrum der Personen und Gruppen haben mich von Anfang an sehr gefordert und es gefiel mir, dass es in Kreisau nicht nur um den Kreisauer Kreis geht, sondern auch um Widerstandserfahrungen in Mittel- und Osteuropa. Ich selbst hörte von vielen der Protagonisten der Ausstellung in Kreisau zum ersten Mal. Wenn Ludwig von diesen Leuten sprach, spürte ich immer ein „sacrum", er war mit jedem von ihnen geistig tief verbunden.

K.M.-M.: Wir haben uns auf einer Tagung unter dem Titel „Die Zeit der Dissidenten" kennengelernt, die vom Zentrum KARTA im November 1996 organisiert wurde. Ludwig reiste zusammen mit Wolfgang Templin als Vertreter der DDR-Opposition an. Beide sprachen sehr gut polnisch und kannten sich bestens in polnischen Fragen aus, womit sie uns sehr imponierten. Ich habe schnell begriffen, dass im Falle von Ludwig es um mehr geht – dass Polen für ihn wirklich wichtig ist, angefangen vom Jahr 1970, als er als 20-jähriger Student über die Aktion Sühnezeichen zum ersten Mal hierher kam. In seiner ganzen Biografie verbanden sich die oppositionelle Haltung und der deutsch-polnische Dialog, sie trieben sich förmlich gegenseitig an.

Er lehnte das System, in dem er leben musste, konsequent ab und ging seinen eigenen Weg. Die polnische Opposition, Kultur, Literatur waren für ihn Inspiration und eine Stärkung in seinen eigenen Entscheidungen und Intuitionen. In den 1970er Jahren hatte er intensive Kontakte zum Milieu der Klubs der Katholischen Intelligenz (KIK), später zum KOR: Als Erster übersetzte und veröffentlichte er im Zweiten Umlauf Texte von Jacek Kuroń, Adam Michnik, Jan Józef Lipski... Er übertrug die polnischen politischen Ideen auf die Wirklichkeit der Opposition in der DDR.

Nach 1989 fokussierte sich seine Begeisterung für Polen auf Kreisau, den Ort, den er damals entdeckte. Hier fand im November 1989 die historische Versöhnungsmesse unter Beteiligung von Premierminister Tadeusz Mazowiecki und Bundeskanzler Helmut Kohl statt. Mazowiecki kannte Ludwig dank seiner Beziehungen zur demokratischen Opposition. In dieser Situation war es nur natürlich, dass die erste Idee, mit der Ludwig zu uns ins Zentrum KARTA kam, die Gestaltung einer ständigen Ausstellung in Kreisau war, die einerseits den Kreisauer Kreis vor dem Hintergrund des Widerstandes gegen den Nationalsozialismus zeigen sollte und andererseits die demokratische Opposition im Nachkriegspolen. Er wollte sich auf den zivilen Widerstand konzentrieren, von Gruppen, die sich gegen die totalitäre Herrschaft in ihrem jeweiligen Staat richteten, und nicht gegen eine Besatzungsmacht, so wie im Falle des bewaffneten Kampfes des polnischen Widerstandes gegen die deutsche Besatzung 1939–45.

Diese Gegenüberstellung erschien uns kontrovers, wir wollten das NS-System nicht mit der Volksrepublik Polen (PRL) vergleichen – obwohl nicht die Systeme das Hauptthema der Ausstellung werden sollten, sondern die Menschen, die den Mut hatten, sich zu widersetzen. Während unserer Diskussion schlug Zbigniew Gluza, Chef des KARTA-Zentrums vor, den polnischen Teil der Ausstellung auf den ganzen sowjetischen Block zu erweitern und neben den Gegnern des Nationalsozialismus die Dissidenten und Menschenrechtsverteidiger in der UdSSR, Polen, der Tschechoslowakei und der DDR zu zeigen.

A.F.: In den 1990er Jahren wurde das Konzept einer Dauerausstellung am symbolischen Geschichtsort Kreisau heiß diskutiert. Die beteiligten Personen aus Westdeutschland, der DDR, Polen und den Niederlanden hatten jeweils ihre eigenen Erfahrungen, aber auch Visionen, was an diesem Ort entstehen sollte. Für viele waren diese Gespräche eine Möglichkeit, die polnische Nachkriegsgeschichte aus erster Hand kennen zu lernen. Im Selbstverständnis der Kreisauer Gedenkstätte sollte die Geschichte des Ortes und des Widerstandes des Kreisauer Kreises nicht losgelöst von den polnischen Widerstandserfahrungen im 20. Jahrhundert dargestellt werden – im polnischen Fall ging es um eine doppelte Widerstandserfahrung: gegen die deutsche Besatzung während des Zweiten Weltkrieges und später gegen die Teilung Europas und die zwangsweise Zugehörigkeit zum kommunistischen Block. Von dieser Erfahrung persönlich geprägt waren jene Menschen, die Ende der 1980er Jahre den Mut und die Vision hatten, die verfallene LPG (PGR) auf dem Gelände des früheren Gutshofes der Familie von Moltke zu restaurieren und in eine internationale Jugendbegegnungsstätte umzuwandeln. Ludwig Mehlhorn gehörte zu dieser Gruppe und nahm an dem ersten internationalen Treffen im Juni 1989 in Breslau teil, als die Gruppe gemeinsam Kreisau besichtigte. Nach Gründung der Stiftung Kreisau war er Mitglied der sogenannten Gedenkstättenkommission des Stiftungsrates und in diesem Gremium wurden die Planungen für eine ständige Ausstellung beraten.

Als ich nach Kreisau kam, überreichte mir der Vorsitzende der Gedenkstättenkommission, Mark Huessy, ein Dokument, in dem das Ergebnis des Beratungsprozesses sehr gut beschrieben war. Ich möchte deshalb kurz aus der Konzeption der Gedenkstätte Kreisau zitieren:

„Die Gedenkstätte in Kreisau macht es sich zur Aufgabe, den Widerstand gegen den Nationalsozialismus und die Opposition gegen den Kommunismus in Mittel- und Osteuropa als zwei Manifestationen einer europäischen Widerstandstradition aufeinander zu beziehen und die bleibende Bedeutung dieser Tradition für die politische und gesellschaftliche Zukunftsgestaltung herauszuarbeiten. Die Verbindung beider Traditionen im Kreisauer Projekt entspringt nicht irgendeiner vorausgesetzten geschichtsphilosphischen Konstruktion wie der Totalitarismustheorie, sondern ist zunächst selbst ein historisches Faktum. 1988 fanden Oppositionelle aus Polen und der früheren DDR im Kreisauer Kreis einen Punkt, auf den sie sich gemeinsam beziehen konnten. Dabei waren die Beweggründe im Einzelnen unterschiedlich. Für Polen stand die Beschäftigung mit Kreisau im Zusammenhang mit der Entdeckung und Aneignung der lange verschwiegenen deutschen Vergangenheit Schlesiens und anderer ehemals deutscher Gebiete. Im Kreisauer Denken entdeckte man darüber hinaus Parallelen zum 'Ethos der Solidarität'. In der DDR war die oppositionelle Anknüpfung an den Widerstand ein Angriff auf den Ursprungsmythos der DDR als Erbe des 'besseren Deutschland'."

K.M.-M.: Die Ausstellung, die wir gemeinsam mit Ludwig geschaffen haben, ist eine praktische Weiterentwicklung der allgemeinen Konzeption, ihre Übertragung auf konkrete Schicksale, Haltungen, Erfahrungen.

Die Ausstellung wird im Kreisauer Schloss in zwei Räumen und Teilen dargeboten. Der erste Teil ist auf die mit dem Ort verbundene Geschichte begrenzt und erzählt vom Kreisauer Kreis und seinen wichtigsten Vertreter/innen, allen voran Freya und Helmuth James von Moltke. Der zweite Teil hingegen zeigt ein breites Spektrum an Dissidenten und Oppositionellen – durch die exemplarische Präsentation einzelner Personen und Gruppen. Diese scheinbar fernliegende Zusammenstellung zeigt viele unerwartete Gemeinsamkeiten. Als wir uns in die Biografien solcher Persönlichkeiten wie Jacek und Gaja Kuroń, Priester Jan Zieja, des ukrainischen Poeten und Dissidenten Wassyl Stus' oder Václav Havels vertieften und gleichzeitig mit Helmuth James und Freya von Moltke, dem Jesuiten Alfred Delp oder dem Pädagogen und Sozialdemokraten Adolf Reichwein aus dem Kreisauer Kreis beschäftigten, überraschte uns die geistige Verwandtschaft dieser Menschen, die unter völlig anderen Bedingungen lebten und völlig unterschiedliche Lebenswege gewählt hatten, aber auch abweichende politische Überzeugungen hatten. Das war für uns so faszinierend an dieser Arbeit – das psychologische Portrait von Menschen zu zeichnen, die den Mut hatten, ein Leben in einem auf der Lüge aufbauenden System abzulehnen und ihren eigenen, schweren Weg zu gehen, auf dem sie manchmal andere Menschen trafen, die ähnlich dachten und dann gemeinsam Inseln der Freiheit schufen. Für Ludwig war ein gemeinsamer Nenner das allen Personen gemeinsame Streben nach einem Leben in der Wahrheit. Er schreibt darüber in seinem Essay und erklärt, was für ihn einen Helmuth James von Moltke mit dem sowjetischen General Grigorenko verbindet oder einen Jan Józef Lipski mit Peter Yorck von Wartenburg.

Während unserer Arbeit an der Ausstellung in Kreisau begleitete uns die Musik des von Ludwig hoch geschätzten Komponisten Jan Sebastian Bach, insbesondere seine Cello-Suiten in der Interpretation von Mstislaw Rostropowitsch.

Ludwig schlug vor, jeden Kurzfilm in der multimedialen Version der Ausstellung mit einem Motiv aus den Suiten von Bach ausklingen zu lassen. Er selbst nahm die Auswahl vor, welche Takte zu welcher Person passten. Die Suiten von Bach verliehen diesem historischen Projekt eine metaphysische, auch eine sehr persönliche Dimension. Für Ludwig war diese Musik doppelt wichtig. Als in Berlin die Mauer fiel, reiste Rostropowitsch – ein herausragender russischer Musiker, als Menschenrechtler durch die sowjetischen Machthaber zur Emigration gezwungen – extra an und spielte vor der Mauer für die Berliner Bevölkerung aus den Bach-Suiten. Dieses Beispiel zeigt, wie Ludwig die Themen der Ausstellung und des Buches fühlte, die so stark mit seinen eigenen Erfahrungen und Faszinationen verbunden waren, eben mit seiner Persönlichkeit.

Zur Eröffnung der Ausstellung im Juni 1998 konnten wir einige der Protagonisten einladen und so trafen sich in Kreisau u.a. Freya von Moltke, Nijolė Sadūnaitė, Tatjana Welikanowa und Jacek Kuroń und erzählten von ihren Erfahrungen den Jüngeren. Ich denke, an diesem Tag war Ludwig wirklich glücklich.

A.F.: Die Ausstellung besucht jeder, der das Kreisauer Schloss besichtigt. Sie ist als ein Informations- und Bildungsangebot für Besuchergruppen und Jugendliche konzipiert, die in Kreisau an internationalen Seminaren teilnehmen. Seit der Eröffnung der Ausstellung im Juni 1998 bewährt sie sich als Einstieg in das Thema Widerstand und Opposition und als Anstoß für Diskussionen zu unterschiedlichen nationalen Widerstandserfahrungen und politisch-ethischen Wertvorstellungen.

Die Schwierigkeit liegt darin, dass die Ausstellung sich an ein deutsch-polnisches und internationales Publikum richtet. Während für den polnischen Besucher viele der Namen und Ereignisse aus dem zweiten Teil der Ausstellung bekannt sind, liest er häufig zum ersten Mal von einem Pater Delp oder einem Adam von Trott zu Solz. Umgekehrt stellt der deutsche Besucher überrascht fest, dass ein Jacek Kuroń oder eine Nijolė Sadūnaitė ähnliche Standpunkte vertreten haben wie die Protagonisten aus dem ersten Teil der Ausstellung. Daraus entsteht schnell das Bedürfnis, mehr erfahren zu müssen, der Wunsch, zu Hause weiter zu lesen, denn auf den Tafeln der Ausstellung findet der Besucher immer nur kurze Zitate und Ausschnitte aus den Biografien. Wie oft habe ich über die Jahre die Frage nach einem Katalog gehört, wie oft musste ich erklären, warum es diesen Katalog leider nicht gibt. Das heißt, eigentlich gab es keine Erklärung, nur Ausflüchte und Vertröstungen auf ein „später".

Wichtig war für die Bildungsarbeit das vorhandene Material im Multimediaarchiv der Ausstellung. Ergänzend zu der Tafelausstellung wurde von den Autoren umfangreiches Quellen-, Bild- und Filmmaterial zusammengestellt und ins Deutsche bzw. Polnische übersetzt, nicht nur aus den beiden Sprachen, sondern auch aus dem Tschechischen, dem Russischen und dem Ukrainischen oder Litauischen. Diese Sammlung an Dokumenten und Zeugnissen ist eine wahre Fundgrube und wurde jetzt zur Grundlage für das Begleitbuch zur Ausstellung. Die damals erarbeiteten Sprechertexte für die multimedialen Präsentationen über Personen und Gruppen dienen im Buch als dramaturgisches „Bindeglied" der einzelnen Kapitel, als Kommentar zu den ausgewählten Textdokumenten.

K.M.-M.: Als wir in den Jahren 1997/98 an der Ausstellung arbeiteten, hatten wir natürlich vor, einen Katalog herauszugeben. Ludwig schwebte von Anfang an ein großes Begleitbuch zur Ausstellung vor, erweitert um andere Personen und Gruppen der Opposition, aber dieser Plan überstieg unsere Kräfte. Neben der Tafelausstellung im Schloss arbeiteten wir damals an der von Annemarie erwähnten multimedialen Version, in Zeiten, als ein solches Vorhaben noch Pionierleistung war und für uns viele Schwierigkeiten bereithielt. Die Ausstellung wurde ohne einen Katalog eröffnet und seitdem kehrte dieses Thema in unseren Gesprächen immer wieder zurück.

Ich persönlich konnte mir schwer vorstellen, in einem Buch den Kreisauer Kreis und ein Panorama der demokratischen Opposition in Mittel- und Osteuropa zusammenzubringen, in einer Form, die für den Leser, zugleich einen polnischen und einen deutschen Leser, verständlich sein könnte. Unsere Diskussionen blieben oft stecken bei der Überlegung, wer in einem solchen Buch vertreten sein müsste, denn es war offensichtlich, das ein Buch anders aufgenommen würde als die Ausstellung vor Ort in Kreisau.

Im Ergebnis blieb Ludwig allein mit seiner Idee von diesem Buch und ich stieg in neue Projekte ein. Ludwig gab seinen Plan nie auf. Minimalistische Lösungen interessierten ihn nicht, etwa ein kleiner Katalog, der wenigstens die Tafeln der Ausstellung abbilden würde. Für ihn war das Buchprojekt ein wichtiger Abschluss dieser Etappe seines Lebens und seiner Arbeit, das er mit dem ihm eigenen Perfektionismus betrieb. Zuletzt bemühte er sich, zum 100. Geburtstag von Helmuth James von Moltke 2007 das Buch fertigzustellen. Er wollte es Freya von Moltke widmen, wobei zunächst nur die deutsche Fassung veröffentlicht werden sollte. Das ist damals nicht gelungen.

A.F.: Nach Ludwigs Tod erschlossen wir uns über die Dateien auf seinem Computer, wie weit seine Vorbereitungen fortgeschritten waren. Auf den ersten Blick schienen das Konzept und die einzelnen Kapitel einschließlich Bildauswahl sehr weit ausgearbeitet. Besonders wichtig war für uns sein Essay, denn hier hatte er genau formuliert, worauf es ihm ankommt und so waren wir ermutigt, in seinem Sinne das Buch zu beenden.

Das Buch entspricht dem Aufbau nach der Ausstellung und der in den 1990er Jahren getroffenen Auswahl an Personen und Gruppen, mit kleinen Ausnahmen. In der Tafel-Ausstellung gibt es keine Einführungen in die beiden totalitären Systeme und Länder der behandelten Oppositionsgruppen. Für die Multimedia-Version, die gerade auch zur Didaktisierung der Ausstellung beitragen sollte, entstanden Kurzfilme über Nationalsozialismus und Kommunismus als Systeme, sowie Einführungen zu Widerstand und Opposition in Deutschland und Polen. Für das Buch haben wir als Einführung zu den beiden Teilen jeweils die Texte der Kurzfilme zu Nationalsozialismus und Kommunismus übernommen, die einen Versuch bilden, das Phänomen der totalitären Systeme zu erfassen.

Im ersten Teil zum Kreisauer Kreis werden acht Personen vorgestellt und die Kreisauer als Gruppe unter Berücksichtigung ihrer Entstehungsgeschichte und des politischen Programms dargestellt. Die Reihenfolge der Personenportraits ist nicht zufällig – Moltke und Yorck stehen am Anfang als die Freunde, die die Gruppe aufbauten und gemeinsam mit ihren Frauen für die Gruppe standen. Weiter werden vier Vertreter der „älteren Generation" vorgestellt, die stark geprägt durch die Erfahrung des Ersten Weltkrieges waren und während der Weimarer Zeit bereits politisch aktiv gewesen waren. Sie zählten zu den ersten Opfern des NS-Regimes, wurden in die Konzentrationslager eingewiesen bzw. verloren ihre Stellungen in Politik oder Hochschule: die Sozialdemkoraten Theo Haubach und Carlo Mierendorff, der Pädagoge und Erwachsenenbildner Adolf Reichwein und der Verwaltungsmann und Kommunalpolitiker Theodor Steltzer. Als nächstes werden Adam von Trott und Alfred Delp vorgestellt, zwei Vertreter der jüngeren Generation, die unter den Bedingungen des nationalsozialistischen Deutschlands versuchten, ihren beruflichen und persönlichen Berufungen zu folgen. Beide waren ganz zentral für das politisch-soziale Programm der Kreisauer. Harald Poelchau als Klammer für alle Freunde und als Seelsorger steht am Ende. Sechs der acht Freunde verloren infolge der Justizmorde nach dem 20. Juli 1944 ihr Leben, Theodor Steltzer hatte dank der Hilfe von Freunden überlebt, Carlo Mierendorff wurde während eines Bombenangriffs auf Leipzig schon 1943 getötet, Harald Poelchau konnte bis zuletzt den Freunden beistehen, seine Verbindung zum Widerstand wurde nicht aufgedeckt.

Jeder dieser Lebenswege ist bereits in umfassenden Biografien und wissenschaftlichen Arbeiten beschrieben worden. Die Kapitel in diesem Buch haben einen anderen Charakter: Wir lesen Zeugnisse von und über sie, eine Auswahl an Texten, die darauf verweist, was alle Personen in dem Buch verbindet. Genau diese Auswahl hat Ludwig Mehlhorn getroffen und dabei auch sehr viel von seinen persönlichen Prägungen offengelegt.

Die Darstellung erhebt nicht den Anspruch einer wissenschaftlichen Publikation, bewusst wurde auf einen Fußnotenapparat verzichtet. Die Quellen der Textausschnitte sind angegeben und im Anhang werden die erwähnten Personen noch einmal durch Kurzbiografien vorgestellt.

K.M.-M.: Zu jedem der Mitglieder des Kreisauer Kreises gibt es in Deutschland umfassende biografische und wissenschaftliche Literatur. In Polen ist das Thema eigentlich kaum bekannt oder wird mit Distanz behandelt, in dem Misstrauen, es diente nur zum Reinwaschen deutscher Schuld.

Der Mangel an Literatur zum Thema betrifft aber auch die Opposition in Mittel- und Osteuropa, sogar in Polen. Erst in den letzten Jahren sind Publikationen zur demokratischen Opposition erschienen – Textsammlungen, Biografien, Monografien. Wir haben weitestgehend mit den Texten gearbeitet, die für die Ausstellung und das Multimedia-Archiv ausgewählt worden waren und nur in wenigen Ausnahmen haben wir es um neue Materialien erweitert, denn dieses Buch soll ein Katalog bzw. Begleitbuch zur Ausstellung sein und keine neue Bearbeitung des Themas. Als wir damals an der Ausstellung arbeiteten, nutzten wir vor allem die Materialien des Zentrums KARTA, Literatur des Samisdat und in der Emigration erschienene Schriften.

Die Auswahl der Personen, die wir im zweiten Teil des Buches darlegen (etwas erweitert im Vergleich zur Ausstellung), ist sehr subjektiv und ergibt sich aus unseren persönlichen Erfahrungen und Faszinationen. Ein Kriterium der Auswahl war es, eine bestimmte „Symetrie" zu den Personen im Kreisauer Kreis herzustellen.

Am Anfang stellen wir eine Persönlichkeit vor, die für Ludwig besonders wichtig war: Władysław Bartoszewski, der in seiner Lebenserfahrung die beiden totalitären Regime Nationalsozialismus und Stalinismus verbindet. Und zugleich – was für Ludwig sehr wichtig war – eine Person, die konsequent für die deutsch-polnische Verständigung eintritt.

Die zweite Person, in dessen Leben sich praktisch das gesamte 20. Jahrhundert spiegelt, ist Priester Jan Zieja, ein charismatischer und kompromissloser Geistlicher, der als junger Mann den polnisch-sowjetischen Krieg 1920 erlebte und am Ende seines Lebens Mitglied des oppositionellen KOR war. Es ist kein Zufall, dass Bartoszewski und Zieja nebeneinander stehen – Bartoszewski legte seine erste Beichte nach der Befreiung aus dem Konzentrationslager Auschwitz bei Zieja ab und der sagte ihm, er habe überlebt, um fortan ein Zeuge für die Wahrheit zu sein und sich um die Schwächsten zu kümmern – und dies seien in Warschau während der Jahre 1941/42 unzweifelhaft die Juden im Ghetto.

Die zwei Biografien sind eine Art Einführung in diesen Teil des Buches. Als Einstieg in die vorgestellten oppositionellen Gruppen wird das Milieu um die Wochenzeitung „Tygodnik Powszechny" präsentiert, eine Zeitung, die Ludwig sehr viel bedeutete (er las genau diese Zeitung, um polnisch zu lernen und lernte zugleich die polnische Kultur kennen). Die „Tygodnik Powszechny" erschien offiziell und wurde herausgegeben von fortschrittlichen Katholiken – insofern lässt sie sich nicht unbedingt als oppositionell ansehen. Aber Ludwig faszinierte der Moment, als die Redaktion der Zeitung unter Leitung von Jerzy Turowicz im Juni 1953, nach dem Tod Stalins, es ablehnte, einen Nachruf auf den Generalissimus zu veröffentlichen und daraufhin für drei Jahre nicht erscheinen durfte. Die Gruppe war der Meinung, hier sei der Punkt erreicht, wo sie keine Rücksicht mehr auf die kommunistischen Machthaber nehmen können.

Nachfolgend werden Personen und Gruppen der Opposition aus den 1970er und 1980er Jahren – in Polen, der UdSSR (Russland, Ukraine, Litauen), Tschechoslowakei und der DDR – präsentiert. Im Falle der Gruppen faszinierte uns besonders die Begegnung und solidarische Zusammenarbeit von Menschen ganz unterschiedlicher politischer Ansichten (Kreisauer Kreis, KOR, Charta 77, Helsinki-Gruppen, Jenaer Friedensgemeinschaft).

Den Abschluss bildet ein Kapitel über die Entstehung der „Solidarność", als die oppositionellen Aktivitäten dazu beitrugen, eine gesellschaftliche Massenbewegung zu bilden, was im Endeffekt zum Fall des Kommunismus in Polen und Mittel- und Osteuropa führte.

Die Komposition des Buches ermöglicht es dem Leser, einzelne Personen oder Gruppen auszuwählen, jedes Kapitel steht für sich, allerdings erschließt sich erst bei der Lektüre des gesamten Panoramas der besondere Zugang Ludwig Mehlhorns zum Thema. Intellektuell interessierte ihn stärker die phänomenologische als die historische Darstellung, was nicht bedeutet, dass er den historischen Kontext nicht berücksichtigt, aber ihm lag an der Hervorhebung des universellen Ausmaßes dieser Lebenshaltungen. Es interessierten ihn der Prozess, wie Menschen von der Entlarvung der sie umgebenden Lüge, der Ablehnung der Lüge über weitere mühsame konkrete Schritte auf den Weg zum „Leben in der Wahrheit" (Václav Havel) gelangen, mit allen praktischen Konsequenzen; es ging ihm um das Konkrete im Denken und im Handeln.

Die Texte von Havel, allen voran sein Essay „Versuch, in der Wahrheit zu leben", waren für Ludwig ungemein wichtig bei der Arbeit an der Konzeption der Ausstellung. Deshalb haben wir uns entschieden, die Person Havels in das Buch mit aufzunehmen, auch wenn er in der Ausstellung nur über die Charta 77 präsent ist.

Ludwig hat hingegen die Entscheidung getroffen, im Buch kein Kapitel der tragischen Gestalt von Ryszard Siwiec zu widmen (der sowohl in der Tafel-Ausstellung, als auch in der multimedialen Version breit gezeigt wird), der einsam gegen den Einmarsch der Warschauer-Pakt-Staaten in die Tschechoslowakei protestiert hatte, indem er sich am 8. September 1968 im Warschauer Stadion in Gegenwart der höchsten Parteifunktionäre und Tausender Besucher verbrannte.

Die Wahl dieser Person, und was wichtiger ist, dieser Haltung, weckte bei Ludwig von Anfang an Zweifel, denn diesen hoffnungslosen Protest betrachtete er als „individuelle" Handlung, die sich nicht in das Denken und Handeln der Opposition einfügen ließe, die nicht nur aus Protest agierte, sondern an einem konkreten Programm arbeitete.

Jedes Kapitel hat eine andere Dramaturgie und es geht nie um eine Gesamtdarstellung der betreffenden Person oder Gruppe, eher um die Beleuchtung eines bestimmten Aspekts dessen, was für die jeweilige Person charakteristisch ist.

Die Quellentexte werden ergänzt um eine Auswahl an historischen Fotos. In Ludwigs Vorstellung sollte das Buch noch mehr den Charakter eines Bildbandes haben und in die Realien der Zeit durch kontextuelle Bilder einführen – wir mussten darauf verzichten und uns auf die Bilder beschränken, die direkt mit den vorgestellten Personen oder Gruppen verbunden sind.

A.F.: Gemeinsam hatten wir eine spannende Redaktionssitzung in Berlin. Der besondere Ort hat sicher unsere Arbeit gefördert: Dank der Gastfreundschaft von Heimgard Mehlhorn durften wir im Arbeitszimmer von Ludwig tagen. Dieses Privileg haben wir zwei Mal genossen, verbunden mit der Chance, in Ludwigs Büchern bestimmte Fragen zu prüfen und auf sein umfangreiches Material zur Ausstellung zurückgreifen zu können.

Bei jener Sitzung im März waren die Texte zu den Personen des Kreisauer Kreises auf der Grundlage von Ludwig Mehlhorns Manuskripten von Fritz Delp überarbeitet und ins Polnische übertragen worden. Kasia [K.M.-M.] hatte alles gelesen und an vielen Punkten Fragen gestellt. Ihre Fragen waren für Fritz und mich oft überraschend, denn alles schien klar zu sein. Schnell kamen wir in Diskussionen über die geistigen und politischen Prägungen der späteren Kreisauer in der Zeit vor und nach dem Ersten Weltkrieg. Nach der Lektüre des gesamten Teils zum Kreisauer Kreis entstand bei Kasia vor allem die Frage, was für ein Verhältnis diese Männer und Frauen zu Polen hatten? Warum schreiben sie nichts über den 1. September 1939, warum wird dieses Datum, das im polnischen Bewusstsein zentral ist als Beginn des Zweiten Weltkrieges, in den Briefen und Dokumenten der Kreisauer nicht gesondert erwähnt? Warum gibt es keine expliziten Äußerungen zu den Verbrechen im besetzten Polen, zum Völkermord an den Juden? Gibt es sie tatsächlich nicht? Wie soll ein polnischer Leser Empathie für den Widerstand dieser Deutschen entwickeln, die zwar das NS-Regime in ihrem Land verurteilten, sich aber in ihren Texten nicht über die Verbrechen von SS, Wehrmacht und Polizei äußern, sondern über eine staatliche und gesellschaftliche Ordnung Deutschlands nach Ende des NS-Regimes. Wir haben zwar viel erklärt, konnten Kasia aber keine wirklich befriedigenden Antworten geben.

Das ist wohl eine neue Qualität in den deutsch-polnischen Gesprächen. Wir können uns darauf einlassen, dass wir nicht alles verstehen und erkennen trotzdem an, welch eine besondere Bedeutung die jeweilige Erfahrung für die andere Gesellschaft hat.

K.M.-M.: Erst jetzt, in der Zusammenarbeit mit Annemarie und Fritz, konnten wir völlig offen und ruhig über genau diese Themen diskutieren, die in Gesprächen mit Ludwig immer zu Spannungen führten, als würde man ein Tabu brechen. Ich habe den Eindruck, als ob Ludwig die Personen im Kreisauer Kreis idealisierte, ja fast sakralisierte, und ihm sehr daran lag, ihre geistige Schönheit in einem polnischen Kontext zu zeigen und zu vermitteln.

Warum ist das so schwer? Ich denke, nicht nur deshalb, weil in den Texten das polnische Thema überhaupt nicht vorkommt, was wir schwer verstehen können, sondern auch deshalb, weil die Aktivitäten des Kreises einen sehr elitären und theoretischen Charakter hatten und sich auf die Zukunft Deutschlands richteten (Obwohl es mir bewusst ist, dass praktisch jeder von ihnen im Rahmen seiner Möglichkeiten versucht hat, die verbrecherischen Folgen des Regimes zu lindern). Der polnische Leser muss mentale Hürden überwinden, um sich emotional mit diesen Menschen zu identifizieren, sogar dann, wenn er sie schätzt und bewundert. Sie werden uns erst nah und berühren uns in dem Moment, wenn sie ins Gefängnis kommen, vor dem nationalsozialistischen Richter stehen, auf ihr Todesurteil warten und sich von ihren Liebsten verabschieden.

A.F.: Wir haben dieses Problem umgekehrt nicht, da wir uns voll und ganz mit der Opposition gegen die totalitäre Herrschaft der kommunistischen und realsozialistischen Staaten identifizieren. Oft wissen wir aber viel zu wenig über die Vielfalt der Gruppen, persönliche Schicksale, das Ausmaß der Repressionen und die Auswirkungen der Erfahrungen weit über das Jahr 1989 hinaus. Mir ging es jetzt, bei der erneuten Beschäftigung mit dem Thema so, als ob ich scheinbar bekannte Geschichte(n) ganz neu durchleben würde und ich konnte oft kaum glauben, was für politische Repressionen noch in den 1980er Jahren möglich waren. Zeitgleich begeisterten wir uns im Westen Deutschlands für Gorbatschows Perestroika und Glasnost. Kasia und Fritz haben in den 1990er Jahren gemeinsam mit Ludwig die Ausstellung geschaffen, ich habe die letzten zehn Jahre intensiv mit dem Material gearbeitet und jetzt schließt sich ein Kreis für mich, da ich noch einmal auf eine ganz andere Art und in einer anderen Intensität über die Themen mit den beiden diskutieren und nachdenken konnte. Wir haben diese „einseitige Verpflichtung", die Ludwig uns hinterlassen hat, als großes Geschenk wahrgenommen. Durch die Arbeit an „seinem" Buch war er eigentlich ständig präsent und in Gedanken in unsere Diskussionen einbezogen.

K.M.-M.: Die Entscheidung, das Buch zu Ende zu machen, haben wir im Sommer 2011 getroffen, aber die intensive Arbeit an den Texten nahmen wir Anfang 2012 auf. Da jeder von uns woanders wohnt und arbeitet – Fritz Delp in Worms, Annemarie in Kreisau, ich in Warschau, Danuta und Paulina in Breslau – trafen wir uns zu Arbeitstreffen, meistens in Kreisau. Dort fuhr ich also in den letzten Monaten regelmäßig hin, genauso wie früher, als wir mit Ludwig an der Ausstellung arbeiteten. An diesem Ort, und insbesondere im Berghaus, fällt die Konzentration leichter und der *genius loci*, der für Ludwig so wichtig war, trägt das seine bei.

Dieses Haus war das „Herz" des Kreisauer Kreises – hier fanden ihre geheimen Beratungen statt und Freya von Moltke verlebte hier ihre glücklichsten Jahre mit ihrem Mann.

Eines unserer Redaktionstreffen fiel auf den ersten Todestag von Ludwig am 3. Mai 2012. Während der Arbeit an seinem Buch hatte ich die ganze Zeit das Gefühl, mehr zu bekommen als ich gebe. Ich konnte nach Kreisau zurück kehren, zu allen diesen ungewöhnlichen, manchmal etwas vergessenen Menschen und ihren Texten, die immer noch eine starke Ausstrahlungskraft haben. Unsere Zusammenarbeit war äußerst harmonisch, was wir sicherlich auch Ludwig zu verdanken haben. Vor allem aber verwandelte sich die Zeit der Trauer um den Freund in eine Zeit der gemeinsamen Fortsetzung seines Werkes.

K.M.-M., A.F.: Wir übergeben dem Leser ein Buch, das nicht nur Frucht der Erfahrungen, Faszinationen und Gedanken von Ludwig ist, sondern auch das Vermächtnis seines ganzen Lebensweges.

In seiner Dankesrede während der Verleihung des DIALOG-Preises der Deutsch-Polnischen Gesellschaften, den er zusammen mit Wolfgang Templin 2009 erhielt, fand er selbst die besten Worte dafür. Er sprach von zwei ungewöhnlich wichtigen Personen der älteren Generation – Freya von Moltke und Władysław Bartoszewski – und verwies darauf, was sie für ihn miteinander verbindet. Es zähle die Haltung des Menschen, die sich auf zwei Aussagen der beiden zurückführen lasse: *Es lohnt sich, anständig zu sein.* (Bartoszewski) und *Es ist das bessere Leben.* (Freya von Moltke): „Inzwischen sind wir, Wolfgang Templin und ich, alt genug, um diese beiden Sätze nicht nur als eine Maxime oder ein Motto für uns gelten zu lassen. Sie werden vielmehr von unserer eigenen Erfahrung bestätigt – auch wenn wir nicht mehr diese hohen Preise zahlen mussten wie Freya von Moltke oder Władysław Bartoszewski. Es bleibt für uns die Aufgabe, diese Erfahrung so zu formulieren, dass sie von der nächsten Generation aus freien Stücken angenommen und in ihre eigene Verantwortlichkeit eingebaut werden kann – und sei es probehalber. Sollte uns das gelingen, wäre es nicht genug?"

Wir sind überzeugt, dass es dank dieses Buches gelingen kann.

Wir danken allen unseren Mitarbeiter/innen, ohne die dieses Buch nicht hätte entstehen können. Einen besonderen Dank richten wir an:

– Heimgard Mehlhorn für die Ermutigung und Unterstützung unserer Arbeit;

– Stephan Bickhardt, Katarzyna Boruń-Jagodzińska, Hałyna Dubyk, Renate Ellmenreich, Piotr Mitzner und Ilko-Sascha Kowalczuk für die inhaltliche Beratung;

–Agata Witerska vom Bildarchiv des Zentrums KARTA sowie Sandra Hackert und Meike Völker von der Kreisau Initiative für ihre hilfreiche Unterstützung;

– Piotr Jakubowski, Direktor des Hauses der Begegnung mit der Geschichte, der uns ermöglicht hat, intensiv gemeinsam an dem Buch zu arbeiten;

– Krzysztof Wójcik und Tomasz Gleb von der Polnischen Agentur für Fotografie FORUM für die Zusammenarbeit bei der Bildrecherche;

Wir danken allen, die uns geholfen haben, Fotos zu finden und sie uns kostenfrei zur Nutzung bereitgestellt haben:

– Susanne Brömel und der Gedenkstätte Deutscher Widerstand in Berlin, Birute Burauskaite und dem Litauischen Zentrum zur Erforschung des Genozids, Jiři Gruntorad und Libri Prohibiti, Milan Jankovič, Tereza Johanidesova und der Bibliothek von Václav Havel, Tomasz Kizny, Bartosz Pietrzak, Saskia Steltzer und dem Landesarchiv Schleswig-Holstein, Michał Smoczyński vom Archiv Jerzy Turowicz, Dymitri Stus, Dr. Bettina Reimers und dem Adolf-Reichwein-Verein, Tomasz Wierzejski, Lena Zhemkowa und der Moskauer Gesellschaft „Memorial";

Wir danken den Familien Helmuth James von Moltke, Harald Poelchau, Adolf Reichwein, Adam von Trott zu Solz für den Zugang zu ihren privaten Archiven.

Annemarie Franke (1971) – Studium der Osteuropäischen Geschichte und Slavistik an der Humboldt-Universität zu Berlin; seit 2001 Lebensmittelpunkt in Kreisau/Polen, Leiterin der Gedenkstätte Kreisau und seit 2003 Mitglied des Vorstands der Stiftung Kreisau für Europäische Verständigung.

Katarzyna Madoń-Mitzner (1957) – Studium der Theaterwissenschaften, beruflich als Redakteurin und Ausstellungskuratorin tätig. In den Jahren 1982-2006 eine der Gründerinnen und Mitarbeiterinnen des Zentrum „Karta" - zunächst als Zeitschrift im Untergrund. Nach 1989 stellvertretende Chefredakteurin der Vierteljahresschrift „Karta". Seit 2006 stellvertretende Direktorin des „Hauses der Begegnung mit der Geschichte" in Warschau, verantwortlich für die Programme und das Oral History-Archiv.

Kurzbiografien

WIDERSTAND IM NATIONALSOZIALISMUS: KREISAUER KREIS

Alma de l'Aigle (1889–1959), Deutschland
Reformpädagogin; zusammen mit Theo Haubach und Gustav Dahrendorf beteiligte sie sich in den 1920er Jahren an der Arbeit des Hofgeismarer Kreises der Jungsozialisten. Im Krieg unterstützte sie den Widerstand gegen Hitler und stand in engem Briefwechsel mit Theo Haubach.

Andreas-Friedrich, Ruth
(1901–1977), Deutschland
Journalistin, nach dem Machtantritt der Nationalsozialisten gründete sie mit ihrem Freundeskreis die Widerstandsgruppe „Onkel Emil", die Verfolgten des Naziregimes half, indem sie sie versteckte, mit Nahrung versorgte und ihnen falsche Papiere besorgte. Dabei arbeitete sie mit Harald Poelchau zusammen. Nach dem Krieg veröffentlichte sie ihre Tagebuchaufzeichnungen unter dem Titel „Der Schattenmann. Tagebuchaufzeichnungen von Ruth Andreas-Friedrich 1938–1948". Sie wurde 2002 von der Gedenkstätte Yad Vashem als Gerechte unter den Völkern geehrt.

Astor, David (1912–2001), Großbritannien
Studienfreund von Adam von Trott am Balliol-College in Oxford, Journalist und Herausgeber der einflussreichen Zeitung „The Oberserver", die er von seinem Vater übernommen hatte. George Orwell war Freund und Mitarbeiter von Astor.

Bausch, Viktor (1898–1983), Deutschland
Unternehmer in der Papierherstellung; Studienfreund Theo Haubachs in der Darmstädter Zeit, 1938 ermöglichte er Theo Haubach nach dessen Haftentlassung eine Anstellung in der Geschäftszentrale seines Unternehmens in Berlin.

Beck, Ludwig (1880–1944), Deutschland
Generaloberst; 1935–1938 Chef des Generalstabs, aus Protest gegen Hitlers Plan, militärisch gegen die Tschechoslowakei vorzugehen, nahm er seinen Abschied. Er bemühte sich vergeblich, die Generalität zu einem gemeinsamen Schritt gegen Hitler zu bewegen. Trotzdem blieb er der führende Mann in der militärischen Opposition. Er galt als künftiger Staatspräsident und geistiges Oberhaupt der Verschwörung. Nach gescheitertem Selbstmordversuch wurde er am 20.7.1944 im Bendlerblock erschossen.

Becker, Hellmut (1913–1993), Deutschland
Jurist; Sohn des preußischen Kulturministers Carl-Heinrich Becker, befreundet mit Adolf Reichwein. Nach dem Krieg Präsident des deutschen Volkshochschulverbandes, Gründer des Max-Planck-Instituts für Bildungsforschung.

Berggrav, Eivind Josef (1884–1959), Norwegen
Lutheranischer Bischof der Kirche von Norwegen; als Kirchenoberhaupt engagierte er sich im Widerstand gegen die deutsche Okkupation. 1942 wurde Berggrav verhaftet, zuerst war er Gefangener im Konzentrationslager, dann in streng bewachter Einzelhaft nördlich von Oslo. Helmuth James von Moltke besprach mit dem Bischof in zwei geheimen Gesprächen seine Zweifel und Gewissensnöte hinsichtlich eines Attentats auf Hitler.

Bielenberg, Peter (1911–2001), Deutschland
Rechtsanwalt und Notar; Studienfreund von Adam von Trott. Er wurde in die Umsturzpläne eingeweiht. Nach dem 20. Juli 1944 wurde Bielenberg in das Konzentrationslager Ravensbrück gebracht und im Januar 1945 entlassen.

Bielenberg, Christabel
(1909–2003), Großbritannien
Ehefrau von Peter Bielenberg; besuchte Adam von Trott Anfang 1944 in Berlin. Nach dem Krieg gründeten die Bielenbergs mit Hilfe von Marion Gräfin Dönhoff eine englische Stiftungsinitiative für die Hinterbliebenen des deutschen Widerstandes.

Bohnenkamp, Hans (1893–1977), Deutschland
Professor für Philosophie und Pädagogik; Freund Adolf Reichweins aus der Studienzeit in Marburg. Nach dem Tod Reichweins trug er zur Erforschung und Popularisierung von Leben und Werk des Freundes bei. Bohnenkamp war Verwalter des Reichwein-Archivs von 1946 bis 1972.

Bonhoeffer, Dietrich (1906–1945), Deutschland
Evangelischer Theologe, Studentenpfarrer in Berlin; 1936 wurde ihm die Lehrbefugnis entzogen. 1940 wurde er zum Amt Ausland/ Abwehr im OKW (Oberkommando der Wehrmacht) eingezogen. Bonhoeffer versuchte, über die Ökumene Verbindungen zu den Alliierten zu finden. Am 06.04.1943 wurde er gemeinsam mit seinem Schwager Hans von Dohnanyi verhaftet und zunächst zwei Jahre im Gefängnis in Tegel gefangen gehalten. Nach dem 20.07.1944 wurde er in das Gestapo-Gefängnis in Berlin verlegt. Von dort wurde Bonhoeffer über die Konzentrationslager Buchenwald und Schönberg schließlich nach Flossenbürg gebracht, wo er am 09.04.1945 von der SS umgebracht wurde.

Bosch, Robert (1861–1942), Deutschland
Gründer der Robert Bosch GmbH in Stuttgart, Unternehmer und Philanthrop; der Erste Weltkrieg und die damit verbundene Nachkriegsordnung ließen ihn zu einem überzeugten Anhänger und Förderer der Weimarer Republik werden. So unterstützte er die Deutsche Liga für den Völkerbund und die Gründung der Deutschen Hochschule für Politik in Berlin. Dem Nationalsozialismus stand er ablehnend gegenüber und unterstützte im sogenannten „Bosch-Kreis" Widerstandsaktivitäten, insbesondere förderte er Carl Goerdeler ideell und materiell.

Boveri, Margret (1900–1975), Deutschland
Journalistin; sie schrieb für das „Berliner Tageblatt" und die „Frankfurter Zeitung". 1939–1943 war sie Auslandskorrespondentin in Stockholm und den USA. Sie erlebte das Kriegsende in Deutschland und verfasste in den 1950er Jahren ihr Buch „Der Verrat im 20. Jahrhundert".

Brodersen, Arvid (1904–1996), Norwegen
Soziologieprofessor; während der deutschen Besatzung war er im norwegischen Widerstand aktiv, er stand mit Theodor Steltzer in ständiger Verbindung. Später Professor an der New School of Social Research in New York. In seinen Erinnerungen unter dem Titel „ Mellom Frontene" (Zwischen den Fronten) beschrieb er seine Erfahrungen im Widerstand.

Brundert, Willy (1912–1970), Deutschland
Jurist und Politiker; er war befreundet mit Adolf Reichwein, Carlo Mierendorff und Theo Haubach. 1949–1957 wurde er als Sozialdemokrat in der DDR inhaftiert. Sein Buch „Es begann im Theater: Volksjustiz hinter dem Eisernen Vorhang" (1958) widmete er wie folgt: „Meinen toten Freunden Carlo Mierendorff, Theo Haubach, Adolf Reichwein zum Gedenken."

Canaris, Wilhelm (1887–1945), Deutschland
Admiral; seit 1938 Chef des Amtes Ausland/ Abwehr des OKW (Oberkommando der Wehrmacht). Er unterstützte mit den Möglichkeiten seines Amtes die Bestrebungen des Widerstandes und schützte gleichzeitig Gefährdete und Verfolgte. Im Februar 1944 wurde er aus seinem Amt entlassen und nach dem 20.07.1944 verhaftet. Am 09.04.1944 wurde er im Konzentrationslager Flossenbürg von der SS ermordet.

Curtis, Lionel (1872–1955), Großbritannien
Freund der Familie Rose Innes, der Großeltern von Helmuth James von Moltke. Er lernte Moltke im Jahr 1934 in London kennen und wurde zu seinem väterlichen Freund. Curtis war Mitbegründer des Royal Institute of International Affairs (Chatham House) und Herausgeber der politisch einflußreichen Zeitschrift „The Round Table".

Dahrendorf, Gustav (1901–1954), Deutschland
Journalist, Politiker der SPD; beteiligte sich an der Umsturzplanung der Gruppe um Ludwig Beck und Carl Goerdeler. Er wurde nach dem 20.7.1944 verhaftet und am 20. Oktober 1944 durch den Volksgerichtshof unter Roland Freisler zu sieben Jahren Zuchthaus

verurteilt. Im April 1945 wurde er durch die sowjetischen Truppen aus dem Zuchthaus Brandenburg-Görden befreit. Nach dem Krieg widersetzte er sich in der sowjetischen Besatzungszone der Zwangsvereinigung von KPD und SPD zur SED und floh nach Hamburg.

Dönhoff, Marion Gräfin
(1909–2002), Deutschland
Journalistin; befreundet mit Marion und Peter Yorck, sie war dem Widerstand eng verbunden. Am Kriegsende flüchtete sie aus Ostpreußen und war später Chefredakteurin und Mitherausgeberin der Wochenzeitung „Die Zeit". 1994 erhielt sie zusammen mit Jerzy Turowicz den Deutsch-Polnischen Preis.

Dohnanyi, Hans von
(1902–1945), Deutschland
Jurist; er sammelte gezielt Material über Verbrechen des Regimes. Als Mitarbeiter im Amt Ausland/Abwehr des Oberkommandos der Wehrmacht verhalf er Juden zur Ausreise. Im April 1943 wurde er zusammen mit seinem Schwager Dietrich Bonhoeffer verhaftet und am 8. April 1945 im KZ Sachsenhausen ermordet.

Duff, Shiela Grant (1913–2004), Großbritannien
Studienfreundin von Adam von Trott aus der Zeit in Oxford, Journalistin; seit 1936 Korrespondentin des „The Oberserver" in Prag. Sie erwiderte Adam von Trotts Heiratswünsche nicht, da sie dessen Entscheidung, sich trotz Nazi-Herrschaft in Deutschland politisch zu engagieren nicht nach voll ziehen konnte. Nach dem Krieg gab sie ihre umfangreiche Korrespondenz mit von Trott als Buch heraus.

Ecke, Gustav (1896–1971), Deutschland, China
Romanist und Kunsthistoriker; Gastgeber von Adam von Trott zu Solz in Peking. Adam von Trott hatte er in den 1920er Jahren über die Nibelungen, den „Bund für Jugendwandern" (Abspaltung vom Jungwandervogel), kennengelernt. Ecke ging 1923 als Lektor nach China.

Einsiedel, Horst von
(1905–1947), Deutschland
Jurist und Volkswirt; ab 1940 war er an den Beratungen des Kreisauer Kreises als Wirtschaftsfachmann beteiligt. Daneben stellte er wichtige Kontakte für die Kreisauer her, die in verschiedene Wirtschaftszweige, Gewerkschaftskreise und zu christlich-ökumenischen Gruppen im Ausland reichten. Er überlebte die Verfolgung nach dem 20.07.1944, wurde nach Kriegsende von den Sowjets wegen angeblicher Agententätigkeit verhaftet und starb 1947 unter ungeklärten Umständen im Speziallager Sachsenhausen.

Faulhaber, Michael von
(1869–1952), Deutschland
Katholischer Geistlicher, seit 1917 Erzbischof von München und Freysing, seit 1921 Kardinal. Er bekämpfte als führende Gestalt des deutschen Episkopats in Wort und Schrift den von den Nationalsozialisten propagierten Rassenhass.

Gablentz, Otto Heinrich von der
(1898–1972), Deutschland
Politologe; er stand dem religiösen Sozialismus nahe. Im kirchlichen Bereich schloss er sich der Evangelischen Michaelsbruderschaft an, durch die er Theodor Steltzer kennenlernte. Auf Betreiben der NSDAP wurde er nach der Machtergreifung der Nazis von seiner Position im Reichswirtschaftsministerium entfernt und war ab 1935 – gemeinsam mit Horst von Einsiedel – in der Reichsstelle Chemie tätig. Nachdem Gablentz durch die Vermittlung Einsiedels Helmuth James von Moltke näher kennenlernte, arbeitete er seit 1940 im engeren Kreisauer Kreis mit. Er nahm an den Anfangsgesprächen des Kreises über allgemeine Fragen der Staatslehre, insbesondere der Wirtschafts- und Verfassungsfragen, teil. Nach dem 20. Juli 1944 konnte Gablentz einer Verfolgung durch die NS-Behörden entgehen. Nach dem Krieg war er von 1959 bis 1966 Professor für Politische Wissenschaft an der Freien Universität Berlin.

Gardiner, Rolf Henry (1902–1971), Großbritannien
Organischer Landwirt; stand der deutschen Jugendbewegung in den 1920er Jahren nahe, darüber lernte er Adolf Reichwein kennen, der später zu seinem Freund wurde.

Gerstenmaier, Eugen (1906–1986), Deutschland
Oberkonsistorialrat; seit 1936 Mitarbeiter im kirchlichen Außenamt; über Adam von Trott und Hans-Bernd von Haeften kam er 1942 mit Helmuth James von Moltke in Verbindung. Gerstenmaier nahm an der zweiten und dritten Kreisauer Tagung teil

und beteiligte sich an den verfassungs- und außenpolitischen Planungen des Kreises. Er war am Attentat vom 20. Juli 1944 beteiligt. Vom Volksgerichtshof wurde er zu sieben Jahren Zuchthaus verurteilt. Nach dem Krieg gründete er das Hilfswerk der Evangelischen Kirche. Von 1954–1969 war er Präsident des Deutschen Bundestages.

Goerdeler, Carl Friedrich
(1884–1945), Deutschland
Jurist; nach seinem Rücktritt als Oberbürgermeister von Leipzig im April 1937 wurde Goerdeler als Berater der Robert Bosch GmbH tätig und konnte dank dieser Funktion geschützt in Deutschland und ins Ausland reisen. Dabei warb er für die Ziele seiner Politik, die sich gegen die Nationalsozialisten richtete. Er bemühte sich um die Zentralisierung des deutschen Widerstandes und wurde zum führenden Kopf der konservativen Widerstandsgruppe. Für die erste Regierung nach dem Sturz Hitlers war er als Kanzler vorgesehen. Nach dem 20. Juli 1944 konnte er zunächst flüchten, wurde aber denunziert und am 12.08.1944 verhaftet. Am 08.09.1944 wurde er vor dem Volksgerichtshof zum Tode verurteilt und am 02.02.1945 in Berlin-Plötzensee ermordet.

Haeften, Hans Bernd von
(1905–1944), Deutschland
Diplomat; er lehnte als überzeugter evangelischer Christ das NS-Regime von Anbeginn ab. Durch Adam von Trott und Adolf Reichwein fand er als Fachmann für außenpolitische Fragen zur Mitarbeit im Kreisauer Kreis. Er arbeitete an der Planung zur Neuordnung des Auswärtigen Amtes und der Außenpolitik sowie an den Fragen der Verfassungs- und Sozialordnung. Trotz starker Vorbehalte gegen den Tyrannenmord nahm er gemeinsam mit seinem Bruder Werner, der im Zentrum der Militäropposition stand, an den Vorbereitungen zum Staatsstreich von 1944 teil. Nach dem 20.07.1944 wurde er verhaftet, am 15.08.1944 zum Tode verurteilt und am gleichen Tag ermordet.

Haeften, Werner von (1908–1944), Deutschland
Jurist, Offizier, Bruder von Hans Bernd; er war Adjutant von Claus Graf von Stauffenberg und unterstützte ihn beim Attentat auf Hitler. In der Nacht zum 21. Juli 1944 wurde er im Hof des Bendlerblocks erschossen.

Hassel, Ulrich von (1881–1944), Deutschland
Jurist, Diplomat; Gegner der Außenpolitik Hitlers, seit 1938 im Wartestand ohne Funktion. Nach einem gelungenen Umsturz sollte er Außenminister werden. Am 28. Juli 1944 nahm ihn die Gestapo fest. Nach zweitägiger Verhandlung vor dem Volksgerichtshof wird er am 8. September 1944 zum Tode verurteilt und am selben Tage in Berlin-Plötzensee ermordet.

Hofacker, Cäsar von (1896–1944), Deutschland
Jurist, Vetter Claus von Stauffenbergs und Verbindungsmann zwischen den Gruppen der Militäropposition in Berlin und Paris; Hofacker hatte Kontakte zur Résistance, organisierte gemeinsam mit Carl-Heinrich von Stülpnagel in Paris den Umsturz des 20. Juli 1944. Nach dem Scheitern wurde er verhaftet, am 30. August 1944 vom Volksgerichtshof zum Tode verurteilt und am 20. Dezember 1944 in Berlin-Plötzensee ermordet.

Husen, Paulus van (1891–1971), Deutschland
Jurist; er war als Richter am Preußischen Oberverwaltungsgericht in Berlin tätig, bis er 1940 in den Führungsstab des Oberkommandos der Wehrmacht einberufen wurde. Dienstlich traf van Husen häufig mit Helmuth James von Moltke zusammen und stellte sich auf dessen Bitte für die Arbeit im Kreisauer Kreis zur Verfügung. Einer seiner wichtigsten Beiträge war der Entwurf zur „Bestrafung der Rechtsschänder", den er auf der dritten Kreisauer Tagung vorlegte. Im August 1944 wurde er von der Gestapo verhaftet und am 19. April 1945, in der letzten Sitzung des Volksgerichtshofs, zu drei Jahren Zuchthaus verurteilt. Nach der Eroberung Berlins durch die sowjetische Armee kam er am 25. April 1945 aus dem Zuchthaus Berlin-Plötzensee frei. Im selben Jahr gehörte Paulus van Husen zu den Mitbegründern der CDU in Berlin und war zwischen 1949 und 1959 Präsident des Oberverwaltungsgerichtes und des Verfassungsgerichtshofes von Nordrhein-Westfalen.

Kardorff, Ursula von (1911–1988), Deutschland
Journalistin, Feuilleton-Redakteurin der „Deutschen Allgemeinen Zeitung" in den Jahren 1939–1945; sie war befreundet mit Werner von Haeften, Fritz-Dietlof von der Schulenburg und Annedore Leber (Ehefrau von Julius Leber). Ursula von Kardorff stand

dem Widerstand nahe. In ihrem Tagebüchern („Berliner Aufzeichnungen 1942 bis 1945") berichtete sie über ihr Leben zwischen Anpassung und Widerstand und gab ein Bild Berlins in den Kriegsjahren wieder.

König, Lothar (1906–1946), Deutschland
Jesuitenpater; König wird ein wichtiger Kurier und Verbindungsmann bei der Abwehr von nationalsozialistischen Übergriffen gegen Einrichtungen der Kirche und ihrer Orden. Seit 1942 beteiligte er sich auch aktiv an den Beratungen des Kreisauer Kreises und versuchte, die Bischöfe von Freiburg und Berlin über die Ziele dieses Freundeskreises zu informieren. Er wurde nach dem Attentat vom 20.07.1944 von der Gestapo mit Steckbrief gesucht. Er versteckte sich im Kohlenkeller des Berchmanskollegs der Jesuiten in Pullach bei München. König starb nach einer schweren Krankheit am 05.05.1946.

Krimm, Herbert (1905–2002), Deutschland
Evangelischer Theologe; Promotion in Wien, während des Krieges wurde er in Norwegen beim Heerestransportwesen eingesetzt, dadurch konnte er Kontakte mit Theodor Steltzer knüpfen. Krimm gehörte wie Steltzer und Bernd von Haeften zur Michaelsbruderschaft, einer evangelischen Erneuerungsbewegung. Nach dem Krieg arbeitete Krimm für das von Eugen Gerstenmaier 1946 gegründete Evangelische Hilfswerk der EKD.

Leber, Julius (1891–1945), Deutschland
Politiker, Sozialdemokrat; er war bis 1937 in den Konzentrationslagern Esterwegen und Sachsenhausen inhaftiert. Über Carlo Mierendorff kam Leber 1943 zu den Kreisauern und wurde der Verbindungsmann zur SPD. Nach Mierendorffs Tod rückte er in eine zentrale Position der Kreisauer. Die Freundschaft mit Adam von Trott und Claus von Stauffenberg ließen ihn aktiv an den Vorbereitungen für den Staatsstreich teilhaben. Nach dem gelungenen Umsturz sollte Leber Innenminister oder Reichskanzler werden. Er wurde am 05.07.1944 verhaftet, was zu dem Entschluss Stauffenbergs beitrug, das Attentat auf Hitler so schnell wie möglich auszuführen. Am 20.10.1944 wurde Leber zum Tode verurteilt und am 05.01.1945 in Berlin-Plötzensee ermordet.

Leuschner, Wilhelm (1890–1944), Deutschland
Gewerkschaftsführer und Sozialdemokrat; er war von 1928–1933 hessischer Innenminister. Nach der Machtübernahme Hitlers trat er als Minister zurück. Zu seinen engen Mitarbeitern zählten Carlo Mierendorff und Ludwig Schwamb. Als entschiedener Gegner des nationalsozialistischen Regimes wurde Leuschner mehrmals in den Konzentrationslagern inhaftiert. In der Übergangsregierung nach dem Umsturz vom 20.07.1944 sollte Leuschner Vizekanzler werden. Am 08.09.1944 wurde er durch den Volksgerichtshof zum Tode verurteilt und am 29.9.1944 ermordet.

Lukaschek, Hans (1885–1960), Deutschland
Jurist, Mitglied der Zentrumspartei; er war an den Beratungen des Kreisauer Kreises über die Fragen der territorialen und verfassungsmäßigen Neuordnung Deutschlands beteiligt. Lukaschek nahm an der ersten großen Tagung in Kreisau teil und hielt Verbindung zu leitenden katholischen Stellen. Nach dem Umsturz sollte er sich als politischer Beauftragter für Schlesien zur Verfügung halten. Nach dem 20. Juli 1944 wurde er im KZ Ravensbrück inhaftiert. Gemeinsam mit Theodor Steltzer, Otto von der Gablentz, Paulus van Husen und anderen gründete er nach dem Krieg die CDU in Berlin. Von 1949 bis 1953 war er Bundesminister für Vertriebene im ersten Kabinett Konrad Adenauers in Bonn. In diesem Amt setzte er die grundlegenden Gesetze zur Integration der etwa zehn Millionen Vertriebenen und Flüchtlinge durch.

Maaß, Hermann (1897–1944), Deutschland
Publizist und Gewerkschaftsführer; seit 1924 war er Geschäftsführer des Reichsausschusses der deutschen Jugendverbände. 1933 verliert er dieses Amt im Zuge der „Gleichschaltung" der Jugendorganisationen durch die Nationalsozialisten. Später war er als Mitarbeiter von Wilhelm Leuschner Kontaktpartner des Kreisauer Kreises zur Frage der Gewerkschaftsorganisation. Maaß nahm an den Besprechungen der zweiten Kreisauer Tagung im Oktober 1942 teil. Am 20. Oktober 1944 wurde er zum Tode verurteilt und hingerichtet.

Quirnheim, Albrecht Ritter Mertz von (1905–1944), Deutschland
Berufsoffizier; er gehörte der Militäroppositi-

on und dem engsten Kreis um Claus Graf von Stauffenberg an. Er war intensiv an der Vorbereitung und Durchführung des Umsturzversuches vom 20.07.1944 beteiligt. In der Nacht zum 21. Juli 1944 wurde Mertz im Hof des Berliner Bendlerblocks erschossen.

Olbricht, Friedrich (1888–1944), Deutschland
General; er beteiligte sich in Verbindung mit den Widerstandskreisen um Generaloberst Ludwig Beck, Carl Goerdeler und Generalmajor Henning von Tresckow an den Planungen zum Attentat auf Adolf Hitler. Er organisierte die Ausarbeitung der Umsturzpläne unter dem Codewort „Walküre" und löste am 20. Juli 1944 den Alarm aus. In der darauffolgenden Nacht wurde er im Hof des Bendlerblocks erschossen.

Ossietzky, Carl von (1889–1938), Deutschland
Journalist und Pazifist, Herausgeber der Zeitschrift „Die Weltbühne", Friedensnobelpreisträger. Am 28. Februar 1933 wurde er verhaftet und im Konzentrationslager Esterwegen inhaftiert. 1936 wurde er schwerkrank aus dem KZ entlassen und starb am 4. Mai 1938.

Peters, Hans (1896–1966), Deutschland
Rechtswissenschaftler, Mitglied der Zentrumspartei; er übernahm die Ausarbeitung des kulturpolitischen Programms und wirkte bei den staatsrechtlichen Entwürfen der Kreisauer mit. Ferner brachte er den katholischen Bischof von Berlin, Konrad Graf von Preysing, mit Helmuth James von Moltke und anderen Mitgliedern des Kreises in Verbindung. An zwei der drei Haupttagungen in Kreisau nahm Peters teil. Er stand in enger Verbindung zur Berliner Widerstandsgruppe „Onkel Emil" (Hilfe für rassisch Verfolgte) sowie zu katholischen Arbeiterführern. Nach dem gescheiterten Umsturzversuch vom 20. Juli 1944 blieben seine Verbindungen zum Kreisauer Kreis von der Gestapo unentdeckt. Peters überlebte das Kriegsende und gehörte zu den Mitbegründern der CDU.

Popitz, Johannes (1884–1945), Deutschland
Jurist, preußischer Finanzminister; seit 1938 arbeitete er mit Hans Oster vom Amt Ausland/Abwehr zusammen. Er konnte vielfältige Kontakte zu Kreisen der Militäropposition herstellen. Er war unter den Verschwörern der einzige amtierende Minister. Es war vorgesehen, ihn nach einem gelungenen Umsturz zum Kultusminister zu ernennen. Nach dem 20. Juli 1944 wurde er verhaftet und am 3. Oktober vom Volksgerichtshof zum Tode verurteilt. Am 2. Februar 1945 wurde er in Berlin-Plötzensee erhängt.

Preysing, Konrad Graf von
(1880–1950), Deutschland
Katholischer Geistlicher; seit 1935 war er römisch-katholischer Bischof von Berlin. Schon 1933 wandte sich von Preysing gegen den Vertrauensvorschuss etlicher katholischer Bischöfe, Geistlicher und Gläubigen gegenüber dem NS-Regime. Er war häufiger Gesprächspartner von Helmuth James von Moltke. 1946 zum Kardinal ernannt.

Rabenau, Friedrich von
(1884–1945), Deutschland
Offizier und Theologe, aktives Mitglied der Bekennenden Kirche, Verbindungsmann zwischen Ludwig Beck und Carl Goerdeler. Er war Gast in Kreisau in den 1940er Jahren. Nach dem 20. Juli 1944 wurde er verhaftet und am 15. April 1945 im KZ Flossenbürg ermordet.

Rösch, Augustinus (1893–1961), Deutschland
Jesuitenpater; er war Provinzial der Oberdeutschen Provinz der Jesuiten. Durch Baron Guttenberg lernte Rösch im Oktober 1941 Helmuth James von Moltke kennen. Er arbeitete fortan im engeren Kreisauer Kreis mit und nahm an der ersten Tagung in Kreisau teil. In der NS-Zeit kämpfte er unbeirrbar für die Freiheit der katholischen Kirche. Am 11. Januar 1945 wurde er von der Gestapo verhaftet. Bei Verhören wurde er schwer misshandelt und zuerst ins Konzentrationslager Dachau, dann ins Berliner Gefängnis Moabit eingeliefert. Nach mehreren Monaten Haft wurde er, kurz vor dem Einmarsch der sowjetischen Armee, am 25.04.1945 freigelassen.

Rosenstock-Huessy, Eugen
(1888–1973), Deutschland, USA
Professor für Soziologie und Rechtsgeschichte an der Universität Breslau. In mehreren Publikationen behandelte er die Rechtsfragen in allen Lebensbereichen infolge der Industrialisierung. Als Mitbegründer der Löwenberger Arbeitsgemeinschaft übte

er auf viele Kreisauer in ihrer Jugend einen prägenden Einfluss aus. 1933 emigrierte er in die USA und lehrte zunächst in Harvard, später am Dartmouth College in Hanover, New Hampshire. Nach dem Krieg kehrte er zu Vorträgen nach Deutschland zurück. Nach dem Tod seiner Frau wurde Freya von Moltke seine Lebensgefährtin. Von 1965 bis zu seinem Tod lebten beide in seinem Haus in Vermont/USA.

Schellhase, Anneliese (1924–2008), Deutschland
Sängerin; sie lernte Theo Haubach kurz vor dessen Verhaftung kennen. Aus dem Gefängnis schrieb Theo Haubach Briefe an Anneliese Schellhase, das Paar hatte sich verlobt. Nach der Verlobung war es ihr gestattet, ihn regelmäßig zu besuchen und ihm die nötigsten Dinge für den täglichen Bedarf zu besorgen. In dieser Zeit entstand eine enge Verbindung zu Freya von Moltke.

Schmölders, Günter (1903–1991), Deutschland
Wirtschaftswissenschaftler; er wurde als Sachverständiger in Wirtschaftsfragen sowohl vom Kreisauer Kreis als auch von Carl Goerdeler konsultiert. Er nahm an verschiedenen Besprechungen des Kreisauer Kreises teil, unter anderem verfasste er die Denkschrift „Wirtschaft und Wirtschaftsführung in einem Europa-Block nach dem Kriege". Darüber hinaus arbeitete er eng mit dem Freiburger Kreis zusammen. Nach dem 20.07.1944 blieb seine Mitarbeit in den verschiedenen Widerstandsgruppen unentdeckt. Von 1950 bis 1975 war er Mitglied des wissenschaftlichen Beirats des Bundesministeriums für Finanzen, und von 1965 bis 1966 Rektor der Universität Köln.

Schulenburg, Fritz-Dietlof Graf von der
(1902–1944), Deutschland
Oberstleutnant der Reserve; er trat im Frühjahr 1932 der NSDAP bei. 1937 wurde er stellvertretender Polizeipräsident von Berlin, zwei Jahre später Vizepräsident im Oberpräsidium Breslau. Schulenburg distanzierte sich zunehmend vom Nationalsozialismus, 1940 trat er aus der Partei aus. Nach Beginn des Zweiten Weltkrieges kam er mit dem Kreisauer Kreis sowie der militärischen Opposition in Verbindung und löste sich gänzlich vom Nationalsozialismus. Nach dem gescheiterten Attentat vom 20.7.1944 wurde er im Bendlerblock verhaftet, am 10.08.1944 vom Volksgerichtshof zum Tode verurteilt und noch am selben Tage in Berlin-Plötzensee ermordet.

Schwamb, Ludwig (1890–1945), Deutschland
Jurist, sozialdemokratischer Politiker, enger Mitarbeiter von Wilhelm Leuschner. Schwamb kämpfte als christlich motiviertes Mitglied des Kreisauer Kreises gegen die nationalsozialistische Diktatur und war am fehlgeschlagenen Umsturzversuch vom 20. Juli 1944 beteiligt. Ludwig Schwamb wurde drei Tage nach dem gescheiterten Attentat in Frankfurt am Main festgenommen. Nach Monaten der Haft im Zellengefängnis Lehrter Straße wurde er vom Volksgerichtshof am 13. Januar 1945 zum Tode verurteilt und zusammen mit neun weiteren Beteiligten am 23. Januar 1945 in Berlin-Plötzensee erhängt.

Schwanenfeld, Ulrich Graf Schwerin von
(1902–1944), Deutschland
Gutsbesitzer; er war seit 1938 aktiv an Umsturzvorbereitungen beteiligt. Wegen seiner freundschaftlichen Verbindungen zum späteren Kreisauer Kreis und den engen Kontakten zu den Oppositionellen im Amt Ausland/Abwehr des OKW wurde er führendes Verbindungsglied zwischen zivilem und militärischem Widerstand. Am 20.07.1944 wurde er im Bendlerblock festgenommen, am 08.09.1944 zum Tode verurteilt und noch am gleichen Tag in Berlin-Plötzensee ermordet.

Sperr, Franz (1878–1945), Deutschland
Berufsoffizier, Jurist, bayerischer Gesandter in Berlin bis 1934, dann Widerstandskämpfer. Über die Jesuiten Alfred Delp und Augustin Rösch knüpfte er im Winter 1942 Kontakte zum Kreisauer Kreis und wurde unter anderem Helmuth James von Moltke vorgestellt. Er wurde im Prozess vom 10./11. Januar 1945 zusammen mit Moltke und Delp zum Tode verurteilt und am 23. Januar 1945 in Plötzensee ermordet.

Stauffenberg, Berthold Schenk Graf von
(1905–1944), Deutschland
Jurist, Völkerrechtler; Berthold hatte früher als sein Bruder Claus Kontakt zur militärischen Opposition. Am 20.07.1944 war er im Bendlerblock für die Verbindung zur Marine zuständig. Er wurde noch am selben Tag verhaftet,

am 10.08.1944 vom Volksgerichtshof zum Tode verurteilt und am gleichen Tag in Berlin-Plötzensee ermordet.

Stauffenberg, Claus Schenk Graf von
(1907–1944), Deutschland
Berufsoffizier; er war zunächst positiv zum Nationalsozialismus eingestellt, jedoch seit der Reichskristallnacht ging er auf Distanz zum System. Nach einer schweren Verwundung im April 1943 wurde Stauffenberg zu einer entscheidenden Kraft im Kampf gegen Hitler. Er stellte wichtige Verbindungen zu zivilen Widerstandskreisen her und koordinierte seine Attentatspläne mit Karl Goerdeler und Ludwig Beck sowie mit Sozialdemokraten, Mitgliedern des Kreisauer Kreises und Vertretern der Gewerkschaftsbewegung. Er versuchte, die verschiedenen Kreise und Gruppen auf ein gemeinsames Programm zu einigen. Im Sommer 1944 entschloss sich Stauffenberg, das Attentat selbst auszuführen, am 20.07.1944 konnte er den Anschlag in Hitlers Hauptquartier „Wolfschanze" bei Rastenburg in Ostpreußen ausführen. Nach dem Scheitern des Umsturzes wurde Stauffenberg noch in der gleichen Nacht zusammen mit seinen Mitverschworenen Friedrich Olbricht, Mertz von Quirnheim und Werner von Haeften im Hof des Bendlerblocks erschossen.

Stülpnagel, Carl-Heinrich von
(1886–1944), Deutschland
General. Gemeinsam mit seinem Adjutanten Cäsar von Hofacker führte er in Frankreich die Umsturzpläne des 20.07.1944 durch. Es gelang ihm, in Paris die wichtigsten Funktionäre und Führer der SS, des SD und der Gestapo festnehmen zu lassen. Als das Scheitern des Attentats offensichtlich war, unternahm er einen Selbstmordversuch. Anschließend wurde er von der Gestapo verhaftet, nach Berlin gebracht, am 30.08.1944 durch den Volksgerichtshof zum Tode verurteilt und noch am gleichen Tag ermordet.

Tillich, Paul (1886–1965), Deutschland
Evangelischer Theologe und Religionsphilosoph, einer der Vertreter des religiösen Sozialismus. 1910 promovierte Tillich an der Universität Breslau. 1933 veröffentlichte er die Schrift „Die sozialistische Entscheidung". Daraufhin wurde er aus dem Staatsdienst entlassen. Er verließ Deutschland und emigrierte in die USA, wo er bis zu seinem Tod lebte. Zu seinen Schülern zählten die Kreisauer Harald Poelchau und Heinrich von der Gablentz.

Tresckow, Henning von
(1901–1944), Deutschland
Generalmajor; er begrüßte anfänglich die von Hitler verkündete „Nationale Erhebung", doch bald wurde er zu einem der aktivsten des Offizierskorps im Widerstand gegen Hitler. Er versuchte mehrmals, Anschläge auf Hitler zu organisieren und arbeitete mit Claus von Stauffenberg die „Walküre-Pläne" für innere Unruhen in einen Staatsstreichplan um. Er hielt engen Kontakt zu den Verschwörern in Berlin. Einen Tag nach dem Scheitern des Attentats vom 20.07.1944 suchte er an der Ostfront selbst den Tod.

Trotha, Carl Dietrich von
(1907–1952), Deutschland
Jurist, Volkswirtschaftler, Vetter und Jugendgefährte Helmuth James von Moltkes. Gemeinsam mit Horst von Einsiedel, Moltke und Hans Peters bereitete er die ersten freien Arbeitslager für Arbeiter, Bauern und Studenten in Löwenberg/Schlesien vor. Seit 1938 arbeitete Trotha mit Moltke zusammen und trug gemeinsam mit seiner Frau Margarete Maßgebliches zur wirtschaftspolitischen Diskussion des Kreisauer Kreises bei. Viele Treffen der Kreisauer Wirtschaftsfachleute fanden in der Wohnung der Trothas statt. Gemeinsam mit Haubach und Mierendorff wurden die Kreisauer Wirtschaftspläne mit den Vertretern der illegalen Gewerkschaftsführung um Wilhelm Leuschner und Hermann Maaß beraten und abgestimmt. Besonders eng war auch hier Einsiedel eingebunden. Nach dem 20. Juli 1944 blieb Trotha unentdeckt und entging einer Verfolgung. Bis zu seinem Unfalltod in den USA im Jahre 1952 lehrte er an der Deutschen Hochschule für Politik in Berlin.

Wurm, Theophil (1868–1953), Deutschland
Evangelischer Pfarrer, seit 1929 Landesbischof der evangelischen Kirche in Württemberg. Wurm begrüßt zunächst Hitlers Regierungsübernahme, die nationalsozialistische Kirchenpolitik lässt ihn jedoch zum Gegner des NS-Regimes werden. Er trat öffentlich gegen Euthanasie und Judenverfolgung auf und gehörte zu den Gesprächspartnern des Kreisauer Kreises. 1944 wurde er aufgrund sei-

ner Proteste mit einem Schreib- und Redeverbot belegt. Theophil Wurm wurde 1945 zum ersten Vorsitzenden des Rates der Evangelischen Kirche in Deutschland (EKD) gewählt. Er gehörte zu den Mitverfassern des Stuttgarter Schuldbekenntnisses der evangelischen Kirche vom 19. Oktober 1945.

Zuckmayer, Carl (1896–1977), Deutschland
Schriftsteller; Freund von Carlo Mierendorff und Theo Haubach aus Studienzeiten. Erfolgsdramatiker der 1920er Jahre. 1930 Uraufführung seines antimilitaristischen Stückes „Der Hauptmann von Köpenick". Seine Werke waren schon seit 1933 in Deutschland verboten. 1938 flüchtete Zuckmayer in die Schweiz und 1939 siedelte er in die USA über. In Hollywood arbeitete er als Drehbuchautor, später als Farmer in Vermont, wo sein Stück „Des Teufels General" entstand. Während seiner Emigrationsjahre arbeitete Zuckmayer 1943/44 für den amerikanischen Geheimdienst Office of Strategic Services (OSS). Ein von ihm - 2002 als Buch veröffentlichter - Geheimreport enthält Dossiers über rund 150 namhafte Schriftsteller, Publizisten, Verleger, Schauspieler, Regisseure und Musiker, die Zuckmayer meist persönlich bekannt und während der NS-Zeit im Deutschen Reich geblieben waren.

DEMOKRATISCHE OPPOSITION IN MITTEL- UND OSTEUROPA 1945-1989

Alexejewa, Ljudmila (1927), Russland
Historikerin, Menschenrechts-Aktivistin. Sie war 1976 Gründungsmitglied der Moskauer Helsinki-Gruppe, später Archivarin der Gruppe. Ihre Wohnung war lange Zeit das inoffizielle Büro der Moskauer Helsinki-Gruppe. Im Februar 1977 wurde Ljudmila Alexejewa unter Androhung einer Festnahme gezwungen, die Sowjetunion zu verlassen. Sie zog in die Vereinigten Staaten. Nach dem Zusammenbruch der Sowjetunion kehrte sie 1993 nach Russland zurück und wurde 1996 zur Vorsitzenden der Moskauer Helsinki-Gruppe gewählt.

Auerbach, Thomas (1947), Deutschland
Diakon, Religions- und Sozialpädagoge. Bis 1967 Lehre als Elektromonteur bei der Deutschen Reichsbahn in Gera; 1967-1970 Ausbildung zum Diakon, ab Anfang 1971 Leiter der Offenen Jugendarbeit in der Jungen Gemeinde Jena – Stadtmitte. November 1976 in Folge des Protestes gegen die Biermann-Ausbürgerung Verhaftung, September 1977 Zwangsausbürgerung nach Westberlin. Unterstützende Aktivitäten mit Roland Jahn und Jürgen Fuchs für u.a die Friedensgemeinschaft Jena, damit verbunden weitere Bearbeitung durch die Staatssicherheit. Im Dezember 1989 beteiligt an den ersten Verhandlungen um die Besetzung der MfS-Bezirksverwaltung und Stasi-U-Haftanstalt in Gera, von 1993 bis 2009 Mitarbeiter in der BStU, Abteilung Bildung und Forschung.

Barańczak, Stanisław (1946), Polen
Lyriker, Übersetzer, Hochschullehrer; seit 1976 Mitglied des KOR und später des Komitees zur gesellschaftlichen Selbstverteidigung KSS „KOR". Redaktionsmitglied vieler unabhängiger Zeitschriften, Mittelpunkt der Oppositionskreise in Poznań/ Posen. Im Mai 1977 nahm er an dem Hungerstreik für die Befreiung der inhaftierten Arbeiter aus Radom und Ursus in der St. Martins-Kriche in Warschau teil. Berufsverbot, Publikationsverbot, er veröffentlichte im Zweiten Umlauf, Mitbegründer der literarischen Vierteljahresschrift „Zapis". 1981 emigrierte er in die USA.

Bělohradský, Václav (1944), Tschechoslowakei
Philosoph, Soziologe und Politologe. Lehrtätigkeit an der Karls-Universität in Prag, nach der Emigration nach Italien 1970 an der Hochschule in Genua. In seinen Forschungen beschäftigte er sich mit der Beziehung zwischen Legitimität und Legalität. Bělohradský übte mit seiner Lehre großen Einfluss auf Václav Havel aus.

Bieliński, Konrad (1949), Polen
Mathematiker, aktives Mitglied im Komitee zur gesellschaftlichen Selbstverteidigung (KSS) „KOR" und Redakteur der unabhängigen Zeitschrift „Krytyka", Mitglied im Leitungsgremium des unabhängigen Verlags NOWa. Er nahm 1979 an dem Hungerstreik in der Hl. Kreuz-Kirche in Warschau für die in der Tschechoslowakei inhaftierten Aktivisten der Charta 77 teil. In der Zeit

der „Solidarność" wirkte er in den Gremien der Region Masowien, später in den Untergrundstrukturen der „Solidarność"; Redakteur der unabhängigen Zeitschrift „Niezależność" (Unabhängigkeit). Nach 1989 arbeitete er als Autor von Computerprogrammen.

Biermann, Wolf (1936), Deutschland
Liedermacher. Geboren in Hamburg als Sohn einer Arbeiterfamilie. Sein Vater wurde 1943 als Kommunist im Konzentrationslager Auschwitz ermordet. Nach Übersiedlung in die DDR 1953 Studium der Politischen Ökonomie von 1955-1957 und der Philosophie und Mathematik von 1959-1963 an der Humboldt-Universität Berlin. 1960 begann Biermann, Gedichte zu schreiben und Lieder zu komponieren. Nachdem 1965 in der Bundesrepublik sein Gedichtband „Die Drahtharfe" und seine erste Langspielplatte erschienen war, erhielt er Auftritts- und Publikationsverbot durch die DDR-Behörden, die ihm „Klassenverrat" und „Obszönität" vorwarfen. Während seiner Tournee durch die Bundesrepublik 1976 beschloß das DDR-Politbüro am 16. November 1976 seine Ausbürgerung aus der DDR. 13 führende Intellektuelle der DDR protestierten dagegen in einer Petition. Auf Tourneen durch Westeuropa rechnete Biermann in seinen Liedern mit der DDR ab, bekundete aber immer wieder seine sozialistische Einstellung. Im Dezember 1989 durfte er erstmals wieder in der DDR auftreten.

Bogoras-Bruchman, Larisa
(1929–2004), Russland
Philologin, Aktivistin der Menschenrechtsbewegung, Ehefrau des Schriftstellers Julij Daniel, später des Dissidenten Anatolij Martschenko; im Januar 1968 Co-Autorin des historischen „Appells an die internationale Gesellschaft"; Teilnehmerin der berühmten „Demonstration der Sieben" (gegen die Invasion in der Tschechoslowakei) am 25. August 1968 auf dem Moskauer Roten Platz. Sie wurde zu vier Jahren Zwangsarbeit in Sibirien verurteilt. Nach ihrer Rückkehr nach Moskau wurde sie Mitglied der Helsinki-Gruppe. Nach dem Zusammenbruch der UdSSR engagierte sie sich weiterhin in der Menschenrechtsbewegung, leitete u.a. die Moskauer Gruppe des Helsinki-Komitees.

Böll, Heinrich (1917–1985), Deutschland
Schriftsteller und Übersetzer. Einer der wichtigsten Vertreter der deutschen Nachkriegsliteratur, 1970-74 Vorsitzender des deutschen, später internationalen PEN-Klubs, 1972 Auszeichnung mit dem Literaturnobelpreis. Seit den 70er Jahren engagierte er sich politisch, sowohl in der Bundesrepublik, als auch für Dissidenten in Polen und der Sowjetunion. Er unterstützte u.a. Aleksander Solschenizyn und Lew Kopelew.

Bonner, Jelena (1923–2011), Russland
Ärztin, Aktivistin der Menschenrechts-Bewegung, Publizistin. Während des 2. Weltkrieges Krankenschwester, nach dem Krieg Fortsetzung des Medizinstudiums. Sie arbeitete als Kinderärztin. 1972 Heirat mit Andrej Sacharow, den sie während des Prozesses gegen Menschenrechtsverteidiger in Kaluga kennen gelernt hatte. Sie unterzeichnete viele Protesteingaben zur Verteidigung von politisch Verfolgten und gründete den Hilfsfond für Kinder von politischen Häftlingen. 1975 wurde ihr gestattet, in den Westen zu fahren, um sich medizinisch behandeln zu lassen. Deshalb konnte sie für ihren Mann den Friedensnobelpreis entgegen nehmen. Seit Mai 1976 gehörte sie zur Moskauer Helsinki-Gruppe. 1980 folgte sie ihrem Mann in die Verbannung nach Gorki und blieb seine Kontaktperson nach Moskau. 1984 wurde sie selbst zu fünf Jahren Verbannung in Gorki verurteilt. Nach dem Zusammenbruch der Sowjetunion engagierte sie sich weiterhin für den Schutz der Menschenrechte; sie gründete die Sacharow-Stiftung, das Sacharow-Archiv und Museum.

Borusewicz, Bogdan (1949), Polen
Historiker, Mitglied des Komitees zur Gesellschaftlichen Selbstverteidigung (KSS) „KOR" und Gründer der Freien Gewerkschaften in den Küstenstädten. Einer der Hauptorganisatoren des Streiks auf der Danziger Werft im August 1980. Nach Einführung des Kriegsrechts 1981 organisierte er die konspirative „Solidarność", u.a. Mitherausgeber des Bulletins „Solidarność" für Danzig und die Küste, Vertreter dieser Region in den Untergrundstrukturen der Gewerkschaft. 1986 verhaftet und inhaftiert. Nach 1989 Abgeordneter im Sejm in der ersten, zweiten und dritten Kadenz, seit 2005 Marschall (Vorsitzender) des polnischen Senats.

Boruta, Jonas (1944), Litauen
Physiker, Jesuit, Dozent im theologischen Seminar im Untergrund, letzter Redakteur der „Chronik der Katholischen Kirche Litauens" (1983-89). Als Student des theologischen Seminars im Untergrund engagierte er sich in der Opposition. Er schrieb für die „Chronik der Katholischen Kirche" und übersetzte Informationen über die Ereignisse in Russland und der Ukraine ins Litauische. Er nahm an den Sitzungen des „Katholischen Komitees zur Verteidigung der Rechte der Gläubigen" teil. In seinen Predigten kritisierte er die Politik der Regierung gegenüber der Religion. Heute ist er Bischof einer der litauischen Diözesen.

Brandys, Marian (1912–1998), Polen
Schriftsteller und Reporter. Als Soldat erlebte er den Kriegsausbruch 1939 und wurde in deutsche Gefangenschaft genommen. Nach dem Krieg arbeitete er als Journalist. Verheiratet mit der oppositionellen Schauspielerin Halina Mikołajska, nahm er über sie in den 70er Jahren Kontakt zum KOR auf. 1976 unterzeichnete er den Protestbrief gegen die geplanten Veränderungen in der Verfassung der Volksrepublik Polen.

Bukowski, Wladimir (1942), Russland
Publizist, Schriftsteller und Menschenrechtsaktivist. Wurde wegen der Verbreitung einer eigenen Zeitschrift der Schule verwiesen. In den Jahren 1960-61 organisierte er unabhängige Versammlungen auf dem Majakowskiplatz im Zentrum Moskaus, wo regimekritische Gedichte rezitiert wurden. Der KGB wies ihn in eine psychiatrische Anstalt zur Zwangsbehandlung in Leningrad ein. Nach kurzer Freilassung wurde er 1965 erneut zur Behandlung zwangseingewiesen, nachdem er eine Kundgebung für Inhaftierte organisiert hatte. Danach mehrmals zu Lagerhaft verurteilt, insgesamt verbrachte er 12 Jahre in sowjetischen Gefängnissen, Straflagern und psychiatrischen Anstalten. Er versuchte, den Missbrauch der Psychiatrie in der Sowjetunion als Mittel der Unterdrückung öffentlich zu machen. Mit seinem Mithäftling, der Psychiater Semjon Glusman, schrieb Bukowski ein „Handbuch der Psychiatrie für Dissidenten". 1976 in den Westen ausgewiesen im Austausch gegen den Generalsekretär der Kommunistischen Partei Chiles Luisa Corvalána, lebte er fortan in England, wo er weiterhin gegen das sowjetische System kämpfte und sich bis heute politisch engagiert.

Chodorowitsch, Tatjana (1921), Russland
Sprachwissenschaftlerin, Gründungsmitglied der Initiativgruppe für die Verteidigung der Menschenrechte in der UdSSR im Mai 1969. Sie unterzeichnete zahlreiche Briefe, Appelle und Eingaben zur Verteidigung politisch Verfolgter. Sie war verantwortlich für den Hilfsfonds für politische Häftlinge und ihre Familien. Ständige Schikanen – Haussuchungen, Verhöre, Festnahmen – begleiteten sie. 1977 entschied sie sich zur Emigration. Sie lebte in Frankreich, wo sie in Emigrationszeitschriften publizierte.

Chojecki, Mirosław (1949), Polen
Chemiker, Herausgeber. 1976 wesentlich an den Hilfsorganisationen für die unterdrückten Arbeiter beteiligt; Mitglied des „KOR" und des Komitees zur Gesellschaftlichen Selbstverteidigung KSS „KOR"; mehrfach verhaftet. 1977 Gründer des Unabhängigen Verlagshauses NOWa. In der Zeit der „Solidarność" war er Chef der Verlagseinheit in der Region Masowien. In den Jahren 1981-1990 lebte er im Westen, zuerst in den USA, später in Frankreich, wo er die Monatsschrift „Kontakt" herausgab und das Filmstudio „Video-Kontakt" leitete. Er half polnischen Untergrundverlagen bei der Beschaffung von Geld und Produktionsmitteln. Nach seiner Rückkehr nach Polen gründete er die erste private Fernsehanstalt. Er war Berater des Kulturministers.

Chramostová, Vlasta (1926), Tschechoslowakei
Theater- und Filmschauspielerin. Nach Unterzeichnung der Charta 77 erhielt sie Auftrittsverbot auf den offiziellen Bühnen und spielte im Haus-Theater, das in privaten Wohnungen auftrat. Sie engagierte sich für Demokratie und Menschenrechte. Nach November 1989 kehrte sie als Schauspielerin auf die Bühne zurück.

Cohn, Ludwik (1902–1981), Polen
Rechtsanwalt, Strafverteidiger in vielen politischen Prozessen. Den Kriegsausbruch erlebte er 1939 als Soldat und kam in deutsche Gefangenschaft. Nach dem Krieg war er in der verbotenen Polnischen Sozialistische Partei (PPS) engagiert, später verbunden mit der

demokratischen Opposition und Mitglied des „Klubs des Krummen Rades", Unterzeichner des „Briefes 59" aus dem Jahr 1975, Mitglied des KOR und des Komitees zur Gesellschaftlichen Selbstverteidigung KSS „KOR". 1980 Mitbegründer der Helsinki-Kommission.

Czuma, Andrzej (1938), Polen
Studium der Geschichte und des Rechts. Aktiv in der geheimen antikommunistischen Organisation „Ruch" (Bewegung). 1970 verhaftet und zu 7 Jahren Gefängnis verurteilt. Nach der Freilassung war er einer der Sprecher der Bewegung zur Verteidigung der Menschen- und Bürgerrechte (ROPCiO). Er nahm an dem Hungerstreik in der Hl. Kreuz-Kirche in Warschau zur Verteidigung der Inhaftierten aus der Charta 77 teil. Im März 1980 wurde er verhaftet für die Organisation von Festlichkeiten zum Tag der Unabhängigkeit. Er war Berater des ÜKS der unabhängigen Gewerkschaft „Solidarność" in Katowice. Während des Kriegsrechts inhaftiert; 1985 emigrierte er in die USA und war aktiv in den Strukturen der Polonia. Seit 2006 Abgeordneter im polnischen Sejm (Parlament).

Daniel, Juli (1925–1988), Russland
Schriftsteller und Übersetzer. Er verfasste seit Anfang der 1960er Jahre kritische Prosatexte gegenüber dem Sowjetregime, die im Westen veröffentlicht wurden. Unter anderem deshalb wurde er 1966 gemeinsam mit seinem Freund Andrei Sinjawski zu fünf Jahren verschärfter Lagerhaft verurteilt. Nach vielen Protesten wurde er frei gelassen und lebte danach in Kaluga, da er sich in Moskau nicht ansiedeln durfte.

Dienstbier, Jiří (1937–2011), Tschechoslowakei
Journalist, Politiker. Einer der Gründer der Charta 77, zu drei Jahren Gefängnis verurteilt. Nach seinem Austritt aus der Kommunistischen Partei der Tschechoslowakei wurde ihm verboten, als Journalist zu arbeiten. Er war aktiv beteiligt an dem Prozess der Demokratisierung seines Landes, Vorsitzender des Bürgerforums, 1989–1992 Außenminister der Tschechoslowakei.

Domaschk, Matthias (1957–1981), Deutschland
Er gehörte zur Jenaer Alternativszene in den 70er Jahren und zum Umfeld der „Jungen Gemeinde Jena-Stadtmitte". Nach dem Protest gegen die Ausweisung von Wolf Biermann wurde er verhaftet. Vier Wochen vor den mündlichen Prüfungen der Abiturklasse verwiesen, Oktober 1977 Einberufung in die Armee. 1980 Wiedersehen mit ausgebürgerten Freunden aus der Jenaer Szene in Polen. Gemeinsam mit seinem Freund Peter Rösch erlebte er die Streiks auf der Danziger Werft. 1981 wurde er auf dem Weg zu einer Geburtstagsfeier nach Berlin in Vorbeugehaft genommen. Zwei Tage später, am 12. April 1981 kam Matthias Domaschk unter ungeklärten Umständen im Untersuchungsgefängnis der Staatssicherheit in Gera ums Leben. Die Behörden verbreiteten die Nachricht, Domaschk habe sich in seiner Zelle erhängt. Tatsächlich sind die näheren Umstände seines Todes bis heute ungeklärt.

Ellmenreich, Renate (1950), Deutschland
Pfarrerin. Studium der Theologie an der Humboldt-Universität zu Berlin 1968-1973, danach Katechetin in Jena-Neulobeda. Hier lernte sie, damals noch Renate Groß, in der „Jungen Gemeinde" Matthias Domaschk kennen. Im Dezember 1976 kommt ihre gemeinsame Tochter Julia zur Welt. Im Zusammenhang mit dem Protest gegen die Ausweisung von Wolfgang Biermann Verhaftung. Pflegte Beziehungen zur Charta 77 in Prag. 1978-1980 Pastorin in Nöbdenitz/Thüringen, Opfer von Zersetzungsmaßnahmen der Staatssicherheit. 1980 im Rahmen der Familienzusammenführung Ausreise in die Bundesrepublik. 1981-1983 Pfarrerin im Frankfurter Frauengefängnis und einer Frankfurter Gemeinde. In den 90er Jahren Bemühungen um die Aufklärung des Todes von Matthias Domaschk und Forschungen zur SED-Diktatur.

Fialková, Markéta
(1956–2011), Tschechoslowakei
Unterzeichnerin der Charta 77 und Mitglied der Polnisch-Tschechoslowakischen Solidarität. Sie wirkte im „Komitee zur Verteidigung zu Unrecht Verfolgter" (VONS) mit. Tochter von Dana und Jiří Němec. Sie musste ihr Studium aufgeben, arbeitete in verschiedenen Berufen; wurde mehrfach festgenommen und verhört. Seit 1990 Diplomatin, u.a. Botschafterin der Republik Tschechien in Polen, Mitarbeiterin im Büro von Václav Havel.

Ficowski, Jerzy (1924–2006), Polen
Schriftsteller, Übersetzer und Ethnograph. Während des 2. Weltkrieges diente er in der Heimatarmee (polnische Untergrundarmee), wurde verhaftet und im Gefängnis Pawiak inhaftiert. Er nahm am Warschauer Aufstand teil. Herausragender Kenner der Kultur der Roma und der jüdischen Kultur. Gründungsmitglied des KOR und des Komitees zur Gesellschaftlichen Selbstverteidigung KSS „KOR". Im Jahr 1975 unterschrieb er den Protestbrief 59. Danach wurde er mit Publikationsverbot belegt, er veröffentlichte seine Werke im Zweiten Umlauf.

Fuchs, Jürgen (1950–1999), Deutschland
Schriftsteller. 1971 Studium der Sozialpsychologie in Jena, 1973 Eintritt in die SED, Ausschluss 1975 wegen „Angriffen auf die sozialistische Gesellschaft". 1974 erste Gedichte und Prosa. 1975 Exmatrikulation, Unterkunft bei Robert Havemann in Berlin-Grünheide. Wegen seines öffentlichen Protests gegen die Ausbürgerung Wolf Biermanns saß er neun Monate in Untersuchungshaft. August 1977 Ausbürgerung, seitdem freier Autor in Berlin (West). 1990 Mitarbeit in verschiedenen Bürgerkomitees zur Auflösung des MfS, 1996 Gründungsmitglied des Bürgerbüros zur Aufarbeitung von SED-Folgeschäden.

Geremek, Bronisław (1932–2008), Polen
Historiker. Studium in Warschau und Paris, dort Beginn seiner wissenschaftlichen Karriere, lehrte an vielen Universitäten. Unterzeichner des „Briefes 7" von 1975, in dem Reformen des politischen Systems gefordert wurden. Co-Gründer der Gesellschaft Wissenschaftlicher Kurse (TKN). Er veröffentlichte in der Untergrundpresse. Mitglied der Expertenkommission beim überbetrieblichen Streikkomitee in Danzig und Teilnehmer der Gespräche in Magdalenka bei Warschau zur Vorbereitung des „Runden Tisches". Nach 1989 Außenminister, mehrfach Abgeordneter des polnischen Sejm und des Europaparlamentes.

Giedroyć, Jerzy (1906–2000), Polen
Publizist, Politiker in der Emigration. Nach Kriegsausbruch 1939 flüchtete er mit der polnischen Regierung nach Rumänien. 1940 kam er über die Türkei nach Palästina, wo er als Soldat zur polnischen Exilarmee einberufen wurde. 1945 leitete er die Abteilung Europa des Informationsministeriums der polnischen Exilregierung in London. Er gründete 1946 das Polnische Literaturinstitut in Rom, das 1947 nach Maisons-Laffitte bei Paris verlegt wurde. Herausgeber der Monatszeitschrift „Kultura", die bis ins Jahr 2000 als wichtigste polnische Exilzeitschrift erschien mit großer Wirkung sowohl auf die Emigration, wie auf die antikommunistische Opposition im Land. Herausgeber vieler wichtiger Schriftsteller und Lyriker aus Osteuropa. Unterstützte persönlich viele Intellektuelle, die zur Emigration gezwungen waren.

Ginsburg, Alexander (1936–2002), Russland
Journalist, Menschenrechtsaktivist. Sein Almanach „Sintaksis" (1959/60) bildete den Auftakt der literarischen Samisdat-Bewegung. Im Juli 1960 wurde er verhaftet und zu zwei Jahren Gefängnis verurteilt. Herausgeber der ersten Dokumentensammlung über den politischen Prozess gegen die Schriftsteller Daniel und Siniawski (1966). Hauptangeklagter im „Prozess der Vier" (1967), er wurde für die Herstellung und Verbreitung von antisowjetischer Literatur zu fünf Jahren Lager verurteilt. 1974 erster leitender Mitarbeiter des von Alexander Solschenizyn gegründeten Hilfsfonds für politische Häftlinge und deren Familien. Mitglied der Moskauer Helsinki-Gruppe. April 1979 zwangsausgebürgert in die USA, ein Jahr später Emigration nach Paris.

Gorbanewskaja, Natalja
(1936), Russland, und Polen
Dichterin, Übersetzerin, Gründerin und erste Redakteurin der „Chronik der laufenden Ereignisse". Teilnehmerin der „Demonstration der Sieben" in Moskau am 28. August 1968 gegen die Niederschlagung des „Prager Frühlings". Mitglied der Initiativgruppe zum Schutz der Menschenrechte in der Sowjetunion. Opfer politischer Repression in einer psychiatrischen Anstalt (1969-72). 1975 verließ sie die Sowjetunion und siedelte nach Paris über. Redaktionsmitglied der Emigrantenzeitschrift „Kontinent". 2005 wählte sie die polnische Staatsbürgerschaft.

Gwiazda, Andrzej (1935), Polen
Elektroingenieur, Hochschuldozent, unabhängiger Publizist. Gemeinsam mit seiner

Frau Joanna Duda-Gwiazda richtete er 1976 einen Brief an den Sejm zur Unterstützung der Ziele des KOR und arbeitete mit dem Interventionsbüro des KOR zusammen. Er war einer der Gründer der Freien Gewerkschaften an der Küste und Redakteur der Zeitung „Robotnik Wybrzeża" (Arbeiter an der Küste). 1980 wurde er Mitglied des überbetrieblichen Streikkomitees der Danziger Werft und später einer der Gründer der unabhänigen Gewerkschaft „Solidarność". Während des Kriegsrechts war er interniert und danach mehrmals inhaftiert. 1989 protestierte er gegen die Vereinbarung des „Runden Tischs".

Hájek, Jiří (1913–1993), Tschechoslowakei
Diplomat, Politiker, Außenminister zur Zeit des „Prager Frühlings". Offener Kritiker des Einmarschs der Warschauer Pakt-Staaten in die Tschechoslowakei 1968. Einer der ersten Sprecher der Charta 77. Er gründete 1988 das tschechoslowakische Helsinki-Komitee und wurde Vorsitzender. Nominiert für den Friedensnobelpreis.

Hájek, Miloš (1921), Tschechoslowakei
Historiker. Mitglied der Kommunistischen Partei der Tschechoslowakei (KPCz) bis 1979, Unterzeichner der Charta 77, seit 1988 deren Sprecher. Nach 1989 Mitglied der Sozialdemokratischen Partei der Tschechoslowakei.

Havemann, Robert (1910–1982), Deutschland
Physikochemiker.Schloß sich 1933 dem Widerstand gegen den Nationalsozialismus an. Als Mitbegründer der Gruppe „Europäische Union" wurde er 1943 zum Tode verurteilt. Befreundete Wissenschaftler erreichten wiederholt den Aufschub der Hinrichtung, bis die Rote Armee im April 1945 das Zuchthaus befreite. In den Nachkriegsjahren engagierte er sich vorbehaltlos für den Aufbau der DDR als kommunistische Alternative. Die Enthüllungen über stalinistische Verbrechen im Jahre 1956 erschütterten ihn tief und bewirkten seinen Wandel. Seit den 60er Jahren gehörte er zu den bekanntesten Kritikern des SED-Regimes. Er stritt für Freiheit, Menschenrechte und eine legale Opposition im Sozialismus und thematisierte die deutsche Teilung. Nach seiner Aufsehen erregenden Vorlesungsreihe an der Berliner Humboldt-Universität 1963-64 erhielt er Berufsverbot. Bis zu seinem Lebensende war er ständiger Überwachung und Verfolgung ausgesetzt. Mit seiner mutigen Haltung, seinem Freiheitsbegriff und seiner politischen Lebenserfahrung wurde er zu einer Symbolfigur der DDR-Opposition.

Havlová, Olga (1933–1996), Tschechoslowakei
Sie lernte ihren späteren Mann Václav Havel über ihre Arbeit an der Kasse des Prager „Theaters auf der Balustrade" Mitte der 50er Jahre kennen. Sie war Mitbegründerin des „Komitees zur Verteidigung der zu Unrecht Verfolgten" (VONS). In den Jahren 1987–90 koordinierte sie das Untergrundprogramm „Originální videojournal" – eine unabhängige Gruppe, die auf Videokassetten unzensierte Nachrichten und Materialien verbreitete.

Hejdánek, Ladislav (1927), Tschechoslowakei
Christlicher Philosoph. 1971 entlassen aus dem Institut für Philosophie der Akademie der Wissenschaften. Ein Jahr später verhaftet für antistaatliches Wirken und zu neun Monaten Haft verurteilt. Sprecher der Charta 77 in den Jahren 1977/78 und 1979/80, Gründer der geheimen Patočka-Universität in Prag. Ein großer Teil seiner Arbeiten erschien nur im Samisdat. Nach 1989 kehrte er zur akademischen Arbeit an die Evangelische Theologischen Fakultät zurück.

Hennelowa, Józefa (1925), Polen
Journalistin und Publizistin. Seit Mai 1948 - mit Unterbrechung in den Jahren 1953–1956 - arbeitete sie in der Redaktion der Wochenzeitung „Tygodnik Powszechny", u.a. als Sekretärin der Redaktion, später stellvertretende Chefredakteurin (bis 2008). Seit 1956 gehörte sie zum Klub der Katholischen Intelligenz, sie arbeitete mit der oppositionellen Gruppe „Polnische Verständigung für Unabhängigkeit"(PPN) zusammen. In den Jahren 1989-91 war sie Abgeordnete des Sejm.

Herbert, Zbigniew (1924–1998), Polen
Lyriker und Essayist. Sein Debüt hatte er 1947 mit Erzählungen im „Tygodnik Powszechny", als Lyriker mit Veröffentlichungen drei Jahre später. Sein erster Gedichtband erschien 1956. Autor des berühmten Zyklus Pan Cogito (1974), aus dem der Vers „Das Vermächtnis des Herrn Cogito" stammt, der zum poetischen Manifest der Opposition wurde. Her-

bert engagierte sich für politische Häftlinge, unterschrieb Protestbriefe und erhielt dafür 1975 Publikationsverbot. 1983 gab er in Paris den Band „Bericht aus einer belagerten Stadt" heraus, nachgedruckt von Untergrundverlagen in Polen. Ab 1986 lebte er in Paris, nach Polen kam er 1992 zurück. Er wurde zum Symbol eines Menschen und Künstlers, der niemals mit dem System kooperiert hatte.

Jahn, Roland (1953), Deutschland
Journalist. Seit 1974 Mitarbeit in verschiedenen Oppositionsgruppen in Jena, erste publizistische Beiträge für westliche Medien. 1975 Beginn eines Studiums der Wirtschaftswissenschaften in Jena, 1977 nach Protest gegen die Ausbürgerung Wolf Biermanns wieder exmatrikuliert. Ab 1980 öffentliche Unterstützung für die polnische Gewerkschaft „Solidarność". Nach Protesten gegen das Kriegsrecht in Polen und gegen die Militärparade der DDR zum 1. Mai 1982 mehrfach festgenommen, saß fünf Monate in Untersuchungshaft. Im Januar 1983 zu 22 Monaten Haft verurteilt, nach internationalen Protesten im Februar 1983 wieder freigelassen. Im März 1983 Mitbegründer der Friedensgemeinschaft Jena. Nach Teilnahme an der Pfingstdemonstration im Mai 1983 wurde er gewaltsam in die Bundesrepublik abgeschoben. Über gezielte Öffentlichkeitsarbeit im Westen unterstützte er oppositionelle Gruppen in der DDR. Freier Journalist und seit 1991 u.a. Redakteur beim SFB-Magazin „Kontraste". Seit 2011 Bundesbeauftragter für die Unterlagen der Staatssicherheit der ehemaligen Deutschen Demokratischen Republik (BStU).

Jakunin, Gleb (1934), Russland
1962 wurde er zum Priester geweiht. In den Folgejahren stand er mit Moskauer Menschenrechtsaktivisten in Verbindung. Ende Dezember 1976 schuf er in Moskau das Christliche Komitee zum Schutz der Rechte der Gläubigen in der Sowjetunion, das sich zur Aufgabe machte, Informationen über die Situation der Gläubigen verschiedener Konfessionen zu sammeln und zu veröffentlichen. Er arbeitete mit der Moskauer Helsinki-Gruppe zusammen. Im November 1979 Verhaftung und Verurteilung zu fünf Jahren Strafkolonie unter verschärften Haftbedingungen sowie zu fünf Jahren Verbannung. Die Strafe saß er in Permer Lagern ab. Nach 1990 war er Abgeordneter der Duma und setzte sich für die Aufdeckung der Kollaboration zwischen Kirche und Sowjetmacht ein.

Jasienica, Paweł (1909–1970), Polen
Historiker, Schriftsteller, Soldat der Heimatarmee, Publizist, langjähriger Mitarbeiter der Zeitschrift „Tygodnik Powszechny". Gründer und Mitglied des „Klubs des Krummen Rades" (1955-62) und dessen letzter Vorsitzender (1961-62). Unterzeichner des „Protestbriefes 34" von 1964. Initiierte das Treffen der Warschauer Literaten vom 29. Februar 1968 zum Schutz der bedrohten nationalen Kultur. Opfer einer Pressekampagne gegen seine Person im März 1968.

Jirous, Ivan Martin
(1944–2011), Tschechoslowakei
Lyriker und Publizist, bekannte Persönlichkeit des tschechischen Kulturlebens. Mitarbeiter und Manager der Rockmusik-Gruppe The Plastic People of the Universe. Er gehörte zu den Unterzeichnern der Charta 77. Aufgrund seiner künstlerischen und politischen Aktivitäten zu insgesamt neun Jahren Haft verurteilt. Nach 1989 war er Mitglied des tschechischen PEN Klubs. Veranstalter verschiedener Musik-Festivals.

Kallistratowa, Sofia (1907–1989), Russland
Anwältin, Aktivistin der Menschenrechtsbewegung in der UdSSR, Mitglied der Moskauer Helsinki-Gruppe. Sie schrieb für die „Chronik der laufenden Ereignisse", war Rechtsberaterin der Arbeitsgruppe zur Erforschung des Missbrauchs der Psychiatrie für politische Zwecke, verteidigte seit Beginn der 60er Jahre politische Häftlinge. 1981 wurde gegen sie Anklage erhoben. 1982 unterbrach die Moskauer Helsinki-Gruppe wegen des Prozesse gegen sie ihre Aktivitäten. Im Januar 1989 nahm sie an der Gründungskonferenz der Gesellschaft „Memorial" teil.

Kantůrková, Eva (1930), Tschechoslowakei
Schriftstellerin, Drehbuchautorin. Engagiert im „Prager Frühling", seit 1970 mit Publikationsverbot versehen, ihre Werke erschienen im Zweiten Umlauf und in Emigrationszeitschriften. Unterzeichnerin der Charta 77 und ihre Sprecherin, wofür sie verhaftet wurde. Nach 1989 u.a. Vorsitzende des Vereins der Schriftsteller und Präsidentin der Tschechischen Literatur-Akademie.

Kim, Julij (1936), Russland

Lyriker und Dramatiker, einer der Klassiker unter den oppositionellen Liedermachern. Er war Co-Autor des Appells gegen politische Verfolgungen, gerichtet an die Mitarbeiter aus Wissenschaft, Kultur und Kunst im Jahr 1968. Zur gleichen Zeit schaffte er Lieder zur Dissidenten-Thematik. 1970-71 war er beteiligt an der Herausgabe der „Chronik der laufenden Ereignisse".

Kohout, Pavel

(1928), Tschechoslowakei, Österreich

Schrifsteller, Dramatiker, Lyriker. Engagiert im „Prager Frühling" und der Dissidentenbewegung der 70er Jahre. Gemeinsam mit anderen Schauspielern wurde er aus den offiziellen Theatern verwiesen und gründete darauf hin das Haus-Theater, das Stücke in privaten Wohnungen aufführte. Einer der Gründungsmitglieder der Charta 77. Nach der Ausreise nach Österreich wurde ihm die tschechoslowakische Staatsbürgerschaft aberkannt.

Kisielewski, Stefan (1911–1991), Polen

Schriftsteller, Publizist, Komponist und Musikkritiker. Den Kriegsausbruch 1939 erlebte er als Soldat, die Zeit der Besatzung verbrachte er in Warschau, wo er Mitarbeiter der Delegatur der Exilregierung im Land war. 1945-1989 schrieb er für den „Tygodnik Powszechny" Feuilletons. In den Jahren 1957-1965 war er gemeinsam mit Tadeusz Mazowiecki im Rahmen der Gruppe Znak Abgeordneter des Sejm. 1968 wurde ihm aufgrund seiner Kritik an der Zensur drei Jahre lang Publikationsverbot verliehen. Während des Kriegsrechts 1981-83 erhielt er erneut Publikationsverbot. Er war einer der Gründer der politischen Partei „Union Realpolitik" im Jahr 1989.

Kopelew, Lew (1912–1997), Russland

Philologe der deutschen Sprache, Literaturkritiker und Dissident. Als Offizier der Roten Armee kämpfte er im „Großen Vaterländischen Krieg". Kurz vor Kriegsende wurde er von der Spionageabwehr wegen der „Propagierung von bourgeoisem Humanismus" verhaftet und zu 10 Jahren Freiheitsstrafe verurteilt. Im Gefängnis machte er die Bekanntschaft Alexander Solschenizyns. 1954 wurde er vorzeitig freigelassen und rehabilitiert. Er stand im Kontakt mit Dissidenten und beteiligte sich an vielen Protestaktionen zur Verteidigung politischer Häftlinge. Auf Einladung von Heinrich Böll reiste er im Dezember 1980 in die Bundesrepublik Deutschland, woraufhin ihm und seiner Ehefrau die sowjetische Staatsbürgerschaft aberkannt wurde. Er ließ sich in Köln nieder. Er sprach gut Polnisch und hatte ein offenes Haus für Emigranten, die nach der Einführung des Kriegsrechts Polen verließen. Er engagierte sich für die deutsch-russische Verständigung als Wissenschaftler und als Autor. 1981 erhielt er den Friedenspreis des Deutschen Buchhandels.

Kowalska, Anna (1932–2008), Polen

Lyrikerin und Schriftstellerin, Journalistin, verbunden mit der demokratischen Opposition. Seit 1976 gehörte sie zum KOR und führte u.a. eine Datenbank mit Informationen zu politischen Repressionen. Sie war aktiv in der „Solidarność" und nach Einführung des Kriegsrechts vom 13. Dezember 1981 bis zum 1. Juni 1982 interniert. Sie schrieb für Zeitschriften des Zweiten Umlaufs, u.a. „Puls", „Zapis" (Notiz), „Biuletyn Informacyjny KOR" (Informationsbulletin des KOR), „Kultura Niezależna" (Unabhängige Kultur), „Krytyka" (Kritik) sowie für die Pariser „Kultura" und die „Zeszyty Historyczne" (Historische Hefte).

Kowaljow, Sergej (1930), Russland

Biophysiker, Menschenrechts-Aktivist. 1969 gründete er die in der UdSSR erste Organisation zur Verteidigung der Menschenrechte, die „Initiativgruppe zur Verteidigung der Menschenrechte in der UdSSR". Er veröffentlichte sehr regelmäßig in der „Chronik der laufenden Ereignisse" sowie der „Chronik der Katholischen Kirche in Litauen" . 1975 wurde er zu sieben Jahren strenger Lagerhaft und drei Jahren Verbannung verurteilt, die er im Arbeitslager auf der Kolyma-Halbinsel verbrachte. 1987 kehrte er nach Moskau zurück und engagierte sich sofort in der Demokratie-Bewegung. 1989 wurde er in die Gremien der Gesellschaft „Memorial" gewählt. Nach dem Zerfall der UdSSR war er u.a. Abgeordneter der Duma, Vorsitzender des Komitees für Menschenrechte des Obersten Rates der Russischen Förderation, Berater von Präsident Boris Jelzin. Er protestierte gegen den Krieg in Tschetschenien. Er wurde dreimal für den Friedensnobelpreis nominiert.

Kozłowski, Krzysztof (1931), Polen
Philosoph und Journalist.1965 bis 2007 stellvertretender Chefredakteur der Zeitung „Tygodnik Powszechny", als Experte unterstützte er die „Solidarność". Er nahm an den Verhandlungen des „Runden Tischs" teil, vertreten in der Gruppe für politische Reformen und der Untergruppe für Massenmedien. In der Regierung Mazowiecki wurde er 1990 Unterstaatssekretär, später Innenminister.

Kubišová, Marta (1942), Tschechoslowakei
Sängerin. Ihr Lied „Gebet für Marta", das sie Ende 1968 sang, wurde zur inoffiziellen Hymne des gescheiterten „Prager Frühlings". Im Gegenzug wurden ihre Auftritte verboten, sie wurde Opfer einer Verleumdungskampagne durch den Sicherheitsdienst, seit 1970 hatte sie Auftritts- und Aufnahmeverbot. Unterzeichnerin und Sprecherin der Charta 77. Nach der „Samtenen Revolution" 1989 kehrte sie zur künstlerischen Arbeit zurück.

Kundera, Milan
(1929), Tschechoslowakei, Frankreich
Schriftsteller, Essayist. Er wurde zweimal aus der Kommunistischen Partei (KPCz) ausgeschlossen. Gemeinsam mit anderen Intellektuellen war er im „Prager Frühling" engagiert. Nach 1968 wurden seine Bücher auf die schwarze Liste gesetzt und verboten. 1975 emigrierte er nach Frankreich, wo u.a. seine bekannteste Erzählung „Die unerträgliche Leichtigkeit des Seins" entstand.

Landa, Malwa (1918), Russland
Geologin, Aktivistin der Menschenrechtsbewegung, unabhängige Publizistin. Seit 1969 engagiert in der Samisdat-Bewegung. In den Jahren 1972-80 unterzeichnete sie Eingaben zur Verteidigung verfolgter Dissidenten, schrieb Artikel und Informationen über politische Häftlinge, u.a. für die „Chronik der laufenden Ereignisse". Im Mai 1976 wurde sie Mitglied der Moskauer Helsinki-Gruppe und war u.a. verantwortlich für den Fonds zur Hilfe Politischer Häftlinge und deren Familien. 1977 wurde sie zu zwei Jahren Verbannung verurteilt und 1980 erneut inhaftiert und zu fünf Jahren Verbannung verurteilt. Nach dem Zusammenbruch der UdSSR setzte sie sich weiterhin für die Einhaltung der Menschenrechte ein.

Landovsky, Pavel (1936), Tschechoslowakei
Theater- und Filmschauspieler, Autor von Theaterstücken und Hörspielen. Nach Unterzeichnung der Charta 77 wurde er zur Emigration gezwungen, und ging 1978 nach Österreich, wo er in Filmen und im Wiener Burgtheater spielte. Nach 1989 kehrte er in die tschechische Film- und Theaterszene zurück.

Lipiński, Edward (1888–1986), Polen
Wirtschaftswissenschaftler, Sozialist (Mitglied der Polnischen Sozialistischen Partei (PPS)) Politiker. Teilnehmer der Versammlungen des „Klubs des Krummen Rades". 1976-81 Gründungsmitglied des KOR und des späteren Komitees zur Gesellschaftlichen Selbstverteidigung KSS „KOR". Seit 1978 Mitglied in der Gesellschaft für Wissenschaftliche Kurse (TKN). Unterzeichner zahlreicher Protestbriefe der demokratischen Opposition.

Lityński, Jan (1946), Polen
Mathematiker, Publizist. Aktiv an den Protesten im März 1968 beteiligt. Redaktionsmitglied der unabhängigen Blätter „Biuletin Informacyjny" (Informationsbulletin), „Robotnik" und „Krytyka". 1977–81 Mitglied im Komitee zur Gesellschaftlichen Selbstverteidigung KSS „KOR". Berater von „Solidarność". Er war mehrfach in Haft (1968–69, 1977, 1981–83). Seit 1989 Parlamentsabgeordneter, Mitarbeiter der politischen Partei „Freiheitsunion".

Lukanienko, Lewko (1928), Ukraine
Jurist. Mitbegründer und Vorsitzender des Ukrainischen Arbeiter- und Bauernverbands (1959-61), wofür er fest genommen und 1961 zum Tode durch Erschießung verurteilt wurde. Das Urteil wurde in 15 Jahre Gefängnis umgewandelt. Nach der Befreiung 1976 trat er der Ukrainischen Helsinki-Gruppe bei und unterschrieb alle ihre Dokumente. 1977 erneut verhaftet und zu 10 Jahren verschärfter Lagerhaft und 5 Jahre Verbannung verurteilt. 1988 lehnte er das Angebot der Emigration ab. Auf der Gründungsversammlung der Ukrainischen Republikanischen Partei 1990 wurde er zum Vorsitzenden gewählt, 1992 wurde er zum Ehrenvorsitzenden der Partei.

Lytwyn, Jurij (1934–1984), Ukraine
Arbeiter-Dissident, Lyriker, unabhängiger Publizist. 1955 verhaftet unter dem Vorwurf, eine antisowjetische nationalistische Gruppe

„Bruderschaft der freien Ukraine" gebildet zu haben. Zu 10 Jahren Lager und drei Jahren Verbannung verurteilt. 1974 wurde er erneut verhaftet und zu drei Jahren Lager für die Verbreitung antisowjetischer literarischer und publizistischer Texte verurteilt. 1978 trat er der Ukrainischen Helsinki-Gruppe bei. Im Dezember 1979 wurde er zu drei Jahren Lager verurteilt, kurz vor Ablauf der Strafe wurde er als besonders gefährlicher „Wiederholungstäter" erneut zu 10 Jahren verschärfter Lagerhaft und fünf Jahren Verbannung verurteilt. Im Herbst 1982, schwer krank, wurde er in das Lager in Kutschino bei Perm transportiert, wo man ihn am 23. Dezember 1984 tot auffand. Von den 49 Jahren seines Lebens verbrachte er 20 Jahre in Lagern.

Macierewicz, Antoni (1948), Polen
Historiker, Hochschullehrer, Publizist. 1967 gründete er eine geheime Studentenorganisation unter dem Namen „Liga der Unabhängigkeit". Er nahm an den studentischen Streiks des März 1968 teil und wurde dafür mehrere Monate fest genommen. Er unterschrieb Protestbriefe gegen die Veränderungen in der Verfassung. Mitbegründer des Komitees zur Verteidigung der Arbeiter (KOR), Co-Autor des ersten Appells des KOR, Herausgeber von „Kommunique des KOR", und ab 1977 der Zeitschrift „Głos" (Stimme). Mehrfach verhaftet, während des Kriegsrechts interniert. Nach 1989 Abgeordneter des Sejm in mehreren Kadenzen, Innenminister, stellvertretender Verteidigungsminister.

Malý, Václav (1950), Tschechoslowakei
Katholischer Geistlicher. Unterzeichner und Sprecher der Charta 77, Mitglied der Polnisch-Tschechoslowakischen Solidarität, des „Komitees zur Verteidigung der zu Unrecht Verfolgten" (VONS), des Helsinki-Komitees. Für seine Tätigkeit in der Charta wurde ihm verboten, sein Priesteramt aus zu üben und er verbrachte 7 Monate im Gefängnis. 1980-89 arbeitete er als Schweißer und führte sein Priesteramt im Untergrund fort. 1989 spielte er eine wichtige Rolle in der „Samtenen Revolution" und zählte zu den Gründern des Bürgerforums. Seit 1997 Prager Weihbischof.

Martschenko, Anatolij (1938–1986), Russland
Arbeiter, Aktivist in der Menschenrechtsbewegung, Schriftsteller und Publizist im Samisdat. Für seine Versuche, aus dem Land zu flüchten, wurde er 1960 zu sechs Jahren Freiheitsentzug verurteilt. Die Strafe verbrachte er in den Mordwinischen Lagern, wo er inhaftierte politische Dissidenten kennen lernte. Nach seiner Freilassung gab er im Samisdat seinen Bericht „Meine Aussagen" heraus, einen der ersten Berichte über die Lagerhaft in der Zeit nach Stalin.1968 wurde er erneut verhaftet und zu zwei Jahren Lager verurteilt für seinen offenen Brief zum „Prager Frühling". Gezwungen zur Emigration, was er ablehnte, wurde er 1975 zu vier Jahren Verbannung verurteilt. Er war einer der Gründer der Moskauer Helsinki-Gruppe im Jahr 1976. Die ganze Zeit über war er aktiv als unabhängiger Publizist. 1981 wurde er verhaftet und für „antisowjetische Propaganda und Agitation" zu 10 Jahren verschärfter Lagerhaft und fünf Jahren Verbannung verurteilt. In den Permer Lagern wurde er ununterbrochen schikaniert und verfolgt, wogegen er mit einem Hungerstreik protestierte. Der letzte Hungerstreik dauerte 117 Tage – einige Tage nach der Unterbrechung des Streiks verstarb er im Krankenhaus.

Martschenko, Walerij (1947–1984), Ukraine
Literaturwissenschaftler, Übersetzer, Journalist. Menschenrechtsaktivist, Mitglied der Ukrainischen Helsinki-Gruppe. 1973 wurde er verhaftet und für „antisowjetische" Artikel und „mündliche und schriftliche Agitation" zu sechs Jahren Lager und zwei Jahren Verbannung verurteilt. Im Lager erfüllte er die Aufgabe des Chronisten, sammelte Material über die Situation der politischen Häftlinge in den Permer Lagern und schickte es in die Freiheit. Befreit von der Verbannung, schwer nervenkrank, schrieb er weiterhin kritische Artikel. Für seinen Mut und seine aufrichtige journalistische Haltung wurde er in den europäischen PEN-Club aufgenommen. 1983 wurde er erneut festgenommen und zu 10 Jahren verschärfter Lagerhaft und fünf Jahren Verbannung verurteilt. Am 2. April 1984 begann der 55 Tage währende Transport zum Lager in Kutschino, wo er nach drei Monaten ins Krankenhaus kam und am 27. Oktober 1984 verstarb.

Markowsky, Bernd (1951), Deutschland
Fotograf, 1967-1973 Buchdrucker, Schlosser, Buchverkäufer, 1973-1976 in Jena Wäschereiarbeiter in der Universitätsklinik, Fräser im VEB Carl Zeiss Jena. Mitbegründer des

„Arbeitskreises Literatur" und anderer Initiativen der alternativen Kultur. Nach den Protesten gegen die Biermann-Ausbürgerung 1976 Inhaftierung, neun Monate Untersuchungshaft wegen „staatsfeindlicher Hetze und staatsfeindlicher Gruppenbildung im schweren Fall", September 1977 Ausbürgerung nach West-Berlin. Mitautor des Sammelbandes „DDR-konkret. Geschichten und Bericht aus einem real existierenden Land" (1978). Seitdem fotografische Arbeiten, politische Reportagen, Reisen nach Polen, Tschechoslowakei, Rumänien, später nach Somalia, Indien, Bangladesch.

Marynowitsch, Myroslaw (1959), Ukraine
Publizist, Menschenrechtsaktivist. Gründungsmitglied der Ukrainischen Helsinki-Gruppe, unterzeichnete alle von ihr veröffentlichten Dokumente. Im März 1977 gingen er und Mikolaj Matusewitsch während eines Abends für Taras Schewtschenko in der Philharmonie in Kiew auf die Bühne und gaben eine unabhängige Erklärung ab. Beide wurden verhaftet und unter dem Vorwurf antisowjetischer Agitation zu sieben Jahren Lager und fünf Jahren Verbannung verurteilt. Nach der Rückkehr aus der Verbannung arbeitete er in den Raffinerie-Werken in Drohobytsch. 1991 war er Gründer der Ukrainischen Sektion von Amnesty International. Zur Zeit ist er Rektor der Ukrainischen Katholischen Universität in Lemberg/ Lviv.

Mazowiecki, Tadeusz (1927), Polen
Publizist. Verbunden mit dem „Klub der Katholischen Intelligenz" in Warschau, langjähriger Redakteur der Monatszeitschrift „Więź" („Verbund"). 1961 kam er in den Sejm (Parlament) als einer von fünf Abgeordneten der Gruppe „Znak". In der 2. Hälfte der 70er Jahre engagierte er sich in der Oppositionsbewegung „Polnischen Verständigung für Unabhängigkeit" (PPN). Im Mai 1977 nahm er an dem Hungerstreik in der Warschauer St. Martins Kirche zur Verteidigung der Arbeiter in Radom und Ursus teil. Im August 1980 unterstützte er an der Spitze einer Expertenkommission die streikenden Arbeiter in der Danziger Werft, denen er bei den Verhandlungen mit der Regierung zur Seite stand. Von 1981 bis 1989 war er Redakteur der Wochenzeitung „Tyogodnik Solidarność". Nach der Einführung des Kriegsrechts wurde er interniert. Er gehörte zum engen Kreis der Führung der „Solidarność", der die Verhandlungen am „Runden Tisch" vorbereitete. Nach dem Wahlsieg der Opposition 1989 bildete er die erste demokratisch gewählte Regierung in Polen nach dem Krieg. Am 12. September 1989 stand Mazowiecki als Ministerpräsident an der Spitze des ersten nicht kommunistischen Regierungskabinetts im Ostblock. Er gründete die Partei „Freiheitsunion" und war ihr Vorsitzender.

Michnik, Adam (1946), Polen
Historiker, Publizist und Redakteur der unabhängigen Presse. 1957 trat er der Walterianer genannten Gruppe des Pfadfinderverbandes bei, die von Jacek Kuroń geführt wurde. 1962 gründete er mit Freunden in seiner Schule einen „Club der Suche nach Gegensätzen". In den 60er Jahren war er einer der Hauptakteure der studentischen Opposition an der Warschauer Universität, der sog. „Komandosi" und eine der wichtigen Figuren bei der Studentenrebellion vom März 1968, wofür er exmatrikuliert und 1969 für „antistaatliche Tätigkeit" zu drei Jahren Gefängnis verurteilt wurde. 1977-81 war er Mitglied im KOR und in dessen Nachfolgeorganisation, dem Komitee zur Gesellschaftlichen Selbstverteidigung KSS „KOR". Aktiv im unabhängigen Verlagswesen, u.a. in der Redaktion der Zeitschriften „Zapis" und „Krytyka". Er hielt Vorlesungen über die Geschichte Polens in der Gesellschaft der wissenschaftlichen Kurse (TKN). 1980-81 war er Berater von „Solidarność" und Lech Wałęsa. Während des Kriegsrechts wurde er interniert und später bis zur Amnestie von 1984 inhaftiert. Er wirkte in den Untergrundstrukturen der „Solidarność", wofür er 1985 erneut ins Gefängnis kam. Er war einer der Initiatoren des „Runden Tisches". 1989-91 Abgeordneter des Sejm, seit 1989 Chefredakteur der Tageszeitung „Gazeta Wyborcza".

Mikołajska, Halina (1925–1989), Polen
Schauspielerin. 1976-81 Mitglied im KOR und dessen Nachfolgeorganisation Komitee zur Gesellschaftlichen Selbstverteidigung KSS „KOR". Unterzeichnerin von Protestbriefen der Opposition. Mitarbeit in der Gesellschaft für Wissenschaftliche Kurse (TKN). Mitglied der Unabhängigen Gewerkschaft „Solidarność". 1981 interniert. In den achtziger Jahren trat sie mit poetischen Lesungen in oppositionellen Kreisen auf.

Modzelewski, Karol (1937), Polen
Historiker; gemeinsam mit Jacek Kuroń verfasste er 1964 den „Offenen Brief an die Partei", der die politische Linie der PVAP (Polnische Vereinigte Arbeiterpartei) kritisierte. Darauf hin wurde er der Universität verwiesen, aus der Partei, zu der er seit 1957 gehörte, ausgeschlossen und 1965 zu dreieinhalb Jahren Freiheitsentzug verurteilt. Nach Ende der Haftzeit engagierte er sich in der studentischen Protestbewegung. Im März 1968 wurde er erneut verhaftet und im Januar 1969 zu dreieinhalb Jahren Haft verurteilt. Später aktiv in der „Solidarność". Nach Einführung des Kriegsrechts wurde er interniert und inhaftiert, befreit im Zuge der Amnestie von 1984. Langjähriger Mitarbeiter, später Vizevorsitzender der Polnischen Akademie der Wissenschaften.

Morawska, Anna (1922–1972), Polen
Katholische Publizistin, Übersetzerin. Erste Veröffentlichungen im „Tygodnik Powszechny" 1954. Von 1958 an bis zu ihrem Tod eine der wichtigsten Autorinnen der Zeitschrift „Więz" (Verbund), veröffentlichte auch in der Zeitschrift „Znak". Sie war engagiert im ökumenischen und deutsch-polnischen Dialog. 1970 gab sie im Verlag „Znak" die erste polnische Biografie von Dietrich Bonhoeffer unter dem Titel „Christ in der Gesellschaft" heraus, sie veröffentlichte auch ausgewählte Werke von Bonhoeffer.

Moskwa, Jacek (1948), Polen
Print- und Fernsehjournalist, langjähriger Korrespondent im Vatikan. Verbunden mit katholischen Medien, veröffentlichte in den 80er Jahren in Publikationen des Zweiten Umlaufs. Autor einer Biographie von Johannes Paul II. und seiner Interviews mit Jan Zieja (Leben im Evangelium).

Najder, Zdzisław (1930), Polen
Literaturhistoriker, Hochschullehrer. Ende 1975/1976 gründete er die Bewegung „Polnische Verständigung für Unabhängigkeit" (PPN), deren Ziel die Souveränität Polens war, die Unabhängigkeit von der UdSSR und die Aufnahme in die Europäischen Gemeinschaften. Als das Kriegsrecht eingeführt wurde, war er in Oxford. 1982-87 war er Direktor des Radio Free Europe Polen. Nach 1989 kehrte er nach Polen zurück und war Berater von Lech Wałęsa.

Němcová, Dana (1934), Tschechoslowakei
Psychologin. Eine der ersten Unterzeichnerinnen der Charta 77 und deren Sprecherin, ebenso Mitbegründerin des „Komitees zur Verteidigung der zu Unrecht Verfolgten" (VONS). „Betreuerin" des tschechischen künstlerischen Undergrounds. Inhaftiert und aus der Arbeit entlassen. Während des Umbruchs 1989 war sie aktiv im Bürgerforum, später im Helsinki-Komitee. Sie war Abgeordnete im Föderalen Parlament der Tschechoslowakei, später gründete sie eine Flüchtlingsberatungsstelle beim Helsinki-Komitee.

Němec, Jiří (1932–2001), Tschechoslowakei
Psychologe, Philosoph, Übersetzer und Publizist. Einer der Initiatoren der Charta 77. Er übersetzte christliche Autoren, die eine große Bedeutung für die geistige Erneuerung der Tschechoslowakei hatten. Aufgrund seiner Zusammenarbeit mit der Charta 77 wurde er aus der Universität entlassen und arbeitete als Nachtwächter. 1978 wurde er einer der ersten Mitglieder des „Komitees zur Verteidigung der zu Unrecht Verfolgten" (VONS). Verhaftet und inhaftiert. 1983–90 lebte er in Wien, wo er in Emigrationszeitschriften publizierte.

Onyszkiewicz, Wojciech (1948), Polen
Historiker, seit 1976 organisierte er die Hilfe für in Folge der Ereignisse in Ursus Verfolgte. Aus konspirativen Gründen wurde er formales Mitglied des KOR erst im Januar 1977. Er war Leiter der sog. Ursus-Gruppe, später Mitglied des Komitees gesellschaftlicher Selbstorganisation KSS „KOR". Seit September 1977 gehörte er zur Redaktion der Zeitung „Robotnik". Im Juli 1980 unterstützte er die Streiks in Lublin, indem er eine Informationskampagne organisierte. Er wirkte in der Historischen Kommission der „Solidarność" in der Region Masowien, nach Einführung des Kriegsrechts ging er in den Untergrund. 1989-90 war er Chef des Bürgerkomitees, das Lech Wałesa in den Präsidentschaftswahlen unterstützte.

Orlow, Jurij (1924), Russland
Physiker, Wissenschaftler. Verteidiger der Menschenrechte. 1956 verlor er wegen einer kritischen Rede während einer Parteiversammlung seine Arbeitsstelle und wurde aus der KPdSU ausgeschlossen. Die nächs-

ten Jahrzehnte wohnte und arbeitete er als Wissenschaftler in Jerivan. 1973 richtete er einen kritischen offenen Brief an den Ersten Sekretär der KPdSU, bekannt unter „13 Fragen an Breschnew", in dem er die Demokratisierung des politischen Lebens forderte. Er schrieb für den Samisdat, engagierte sich für die Verteidigung politischer Häftlinge und war einer der Gründer der sowjetischen Sektion von Amnesty International (1973). Im Mai 1976 wurde er der erste Vorsitzende der Moskauer Helsinki Gruppe. 1977 wurde er verhaftet und zu sieben Jahren verschärfter Lagerhaft und fünf Jahren Verbannung verurteilt. In der Perestroika-Zeit Aberkennung der sowjetischen Staatsbürgerschaft und Zwangsaussiedlung in die USA. Seit 1989 kehrt er regelmäßig nach Russland zurück und ist aktiv in der wieder gegründeten Moskauer Helsinki-Gruppe.

Pajdak, Antoni (1894–1988), Polen
Rechtsanwalt. aktiv in der Polnischen Sozialistischen Partei (PPS), Soldat in den polnischen Legionen während des 1. Weltkrieges, während des 2. Weltkrieges Mitglied der konspirativen PPS im Untergrund, seit 1943 Stellvertreter der Delegatur der polnischen Exilregierung im Land, ab 1944 Mitglied des Ministerrates im Land. Am 27. März 1945 zusammen mit anderen Führern des polnischen Untergrundstaates vom NKWD verhaftet, nach Moskau verschleppt und im sog. „Prozess der 16" zu fünf Jahren Gefängnis verurteilt. Er verbrachte 10 Jahre in Lagern und Verbannung in der UdSSR. In den 70er Jahren Unterzeichner der verschiedenen Protestbriefe, Gründungsmitglied des KOR und der Bewegung zur Verteidigung der Menschen- und Bürgerrechte (ROPCiO).

Petkus, Viktoras (1928), Litauen
Litauischer Widerstandskämpfer, Menschenrechtsverteidiger. 1947 zum ersten Mal verhaftet und zu fünf Jahren Gefängnis verurteilt; 1949 floh er aus dem Lager, wurde aber gefangen und zu weiteren 10 Jahren verurteilt. Nach dem Tod Stalins 1953 aus der Haft entlassen. 1957 wurde er erneut verhaftet und im Prozess gegen die „Nationale Front im Untergrund" zu acht Jahren Lagerhaft verurteilt. In den 70er Jahren engagierte er sich in der Menschenrechtsbewegung. Am 25. November 1975 entstand auf seine Initiative hin die Litauische Helsinki-Gruppe. Im August 1977 wurden die meisten Mitglieder des neu gegründeten Hauptkomitees der nationalen Bewegungen verhaftet, darunter auch Petkus. Als „besonders gefährlicher Wiederholungstäter" wurde er zu drei Jahren Gefängnis, sieben Jahren verschärfter Lagerhaft und fünf Jahren Verbannung verurteilt. In Westdeutschland entstand ein Internationales Komitee zu seiner Verteidigung. Er war einer der letzten litauischen politischen Gefangenen, vor Ablauf seiner Haftzeit wurde er im Herbst 1988 befreit.

Patočka, Jan (1907–1977), Tschechslowakei
Bedeutender tschechischer Philosoph; in kommunistischer Zeit wurde ihm die Ausübung seiner wissenschaftlichen Tätigkeit jahrelang verboten. Große Bedeutung hatten für die Opposition in der Tschechoslowakei insbesondere seine 1975 im Untergrundverlag „Petlice" herausgegebenen „Ketzerische Essais zur Philosophie der Geschichte". Unterzeichner und einer der ersten Sprecher der Charta 77, Autor vieler Programmschriften. Mehrfach wurde er von der Staatssicherheit verhört. Seinem Tod gingen mehrtägige, erschöpfende Verhöre voran, er starb an einem Gehirnschlag nach einem 11-stündigen Verhör.

Pieńkowska, Alina (1952–2002), Polen
Krankenschwester. Aktives Mitglied der „Solidarność"; 1978 trat sie in das „Gründungskomitee für freie Gewerkschaften an der Küste" ein und arbeitete in der Redaktion der Zeitung „Robotnik Wybrzeża" (Arbeiter der Küste). Im August 1980 war sie Mitglied des überbetrieblichen Streikkomitees (ÜSK) auf der Danziger Werft und wurde in das Präsidium gewählt. Sie unterzeichnete die „Danziger Vereinbarungen". Sie wirkte in den Gremien „Solidarność" in der Region Danzig. Am 13. Dezember 1981 wurde sie interniert. Im Juli 1982 frei gelassen, nahm sie ihre Tätigkeit in der „Solidarność" im Untergrund auf. Seit 1984 Ehefrau von Bogdan Borusewicz.

Podrabinek, Alexander (1953), Russland
Arzthelfer, unabhängiger Journalist. In den Jahren 1974-77 arbeitete er an dem Buch „Strafmedizin" - die erste Darstellung der Zwangspsychiatrie in der Sowjetunion. 1977 Gründungsmitglied der Arbeitskommission zur Untersuchung des Missbrauchs der Psy-

chiatrie für politische Zwecke. Im Dezember 1977 versuchte der KGB ihn zur Emigration zu nötigen, aber er lehnte es ab und begründete seine Haltung im Samisdat. 1978 wurde er verhaftet und zu fünf Jahren Verbannung verurteilt. 1980 wurde er in der Verbannung verhaftet und zu dreieinhalb Jahren Gefängnis verurteilt. 1987-2001 Chefredakteur der unabhängigen Zeitung „Exprjess-Chronika", die über das Schicksal politischer Häftlinge berichtete, Chefredakteur der Informationsagentur „Prima" über Menschenrechtsverletzungen.

Popiełuszko, Jerzy (1947–1984), Polen
Katholischer Geistlicher. Seelsorger der „Solidarność" im Untergrund. Schon während seines Wehrdienstes wurde er schikaniert für seine ungebeugte Haltung. Ab Juni 1980 war er Pfarrer der Hl. Stanislaus-Kostka-Kirche im Warschauer Stadtteil Żoliborz. Er wurde der Seelsorger der Bergarbeiter der Hütte „Warschau". Während des Kriegsrechts stand er den Arbeitern bei, die für die Organisation von Streiks vor Gericht standen. Er war Organisator der Messen für das Vaterland während des Kriegszustands und ein herausragender Prediger. Der Sicherheitsdienst bearbeitete und schikanierte ihn und führte in den Medien eine Verleumdungskampagne gegen ihn. Am 19. Oktober 1984 wurde er auf brutale Weise von Funktionären des Sicherheitsdienstes entführt und ermordet.

Pospíchal, Petr (1960), Tschechoslowakei
Publizist. Unterzeichner der Charta 77, Mitglied des „Komitees zur Verteidigung zu Unrecht Verfolgter" (VONS) und aktiv in der polnisch-tschechoslowakischen Solidarität. 1987 in Brünn verhaftet, angeklagt für die Verbreitung polnischer unabhängiger Publikationen und Kontakte zur in dieser Zeit illegalen „Solidarność" im Untergrund. In Polen wurden Unterschriften gesammelt, um mit einer Petition die Befreiung des tschechischen Dissidenten zu fordern, in Breslau wurden ebenfalls mit diesem Ziel Demonstrationen organisiert. Nach 1990 war er u.a. Tschechischer Botschafter in Bulgarien und Vorsitzender des Tschechischen Radio- und Fernsehrates.

Pszon, Mieczysław (1915–1995), Polen
Journalist und Politiker. Während des 2. Weltkrieges kämpfte er als Soldat der Heimatarmee. 1945 war er Entsandter der polnischen Exilregierung, die kommunistische Macht verurteilte ihn wegen Spionage zum Tode. Das Urteil wurde nicht vollstreckt, aber acht Jahre verbrachte er im Gefängnis. 1960 nahm er seine Tätigkeit als Redakteur für die Zeitung „Tygodnik Powszechny" auf. Wenige Jahre vor seinem Tod wurde er stellvertretender Chefredakteur. Er war ein Vorreiter der deutsch-polnischen Annäherung. 1989-90 war er Berater Tadeusz Mazowieckis.

Rathenow, Lutz (1952), Deutschland
Schriftsteller. Gemeinsam mit Jürgen Fuchs gründete er den „Arbeitskreis Literatur und Lyrik" in Jena (1973-75). 1977 aus politischen Gründen während der Wolf Biermann-Affäre exmatrikuliert. Seit 1978 freier Schriftsteller. Nach dem Erscheinen seines Prosadebüts „Mit dem Schlimmsten wurde schon gerechnet" in der Bundesrepublik 1980 verhaftet, jedoch nach Protesten wieder entlassen. Aktiv in der Friedens- und Bürgerrechtsbewegung, u.a. zusammen mit Bärbel Bohley, Gerd Poppe in der „Initiative für Frieden und Menschenrechte". Schrieb für inoffizielle Zeitschriften. Nach 1990 trat er gemeinsam mit Biermann und Fuchs für die Aufarbeitung der DDR-Vergangenheit im Bereich der Literatur ein. Seit 2011 Landesbeauftragter für die Unterlagen des Staatssicherheitsdienstes in Sachsen.

Reiprich, Siegfrid (1955), Deutschland
Physiker. Mitbegründer des „Arbeitskreises Literatur und Lyrik" in Jena-Neulobeda. 1975 Philosophiestudium, politische Exmatrikulation im April 1976 nach verweigerter Distanzierung von Jürgen Fuchs und dem Arbeitskreis Literatur. 1976-1979 Hilfsarbeiter im Jenaer Glaswerk Schott&Gen., September 1979 Studium der Feinwerktechnik an der Ingenieurschule Carl Zeiss Jena. 1980 erneut exmatrikuliert. 1978/79 Gründung eines illegalen, von der Staatssicherheit unentdeckten Lesekreises nach Vorbild der „fliegenden Universitäten", konspirative Nachrichtenübermittlung über Verhaftete; August 1981 Ausreise in Folge der Bearbeitung durch die Staatssicherheit. Unterstützung der Jenaer Freunde von West-Berlin aus. 1982-1990 Studium der Physik, Geophysik und Ozeanographie in Kiel, Tätigkeit als Wissenschaftler. 1989/90 Mitarbeit in verschiedenen Kreisen von Bürgerrechtlern.

Romaszewska, Zofia (1940), Polen

Physikerin. Nach den Arbeiterstreiks im Juni 1976 brachte sie sich in die rechtliche und finanzielle Hilfe für Opfer staatlicher Repressionen ein. Kurz danach begann sie, gemeinsam mit ihrem Mann, Zbigniew Romaszewski die sog. Radom-Gruppe zu leiten und führte eine Opferdatenbank. Sie war Mitarbeiterin des KOR und später des Komitees zur gesellschaftlichen Selbstverteidigung KSS „KOR". Ab Herbst 1977 führte sie mit ihrem Mann das Interventionsbüro des KOR. Sie nahm an der Erstellung der „Dokumente des Unrechts und Bericht über die Einhaltung der Menschen- und Bürgerrechte in der PRL" der Helsinki-Kommission teil. Im Dezember 1981 ging sie in den Untergrund und organisierte gemeinsam mit ihrem Mann das konspirative Radio „Solidarność". Im Juli 1982 wurde sie verhaftet und zu drei Jahren Gefängnis verurteilt. 1985 gründete sie mit ihrem Mann den Polnischen Fonds für Rechtsstaatlichkeit, 1986–89 wirkte sie in der Kommission für Intervention und Rechtsstaatlichkeit der Gewerkschaft „Solidarność".

Romaszewski, Zbigniew (1940), Polen

Physiker. 1976 wirkte er im KOR bei den Hilfsaktionen für die politischen Verfolgten in Radom und Ursus mit. Seit 1977 war er Mitglied des Komitees zur gesellschaftlichen Selbstverteidigung KSS „KOR". Gemeinsam mit seiner Frau Zofia leitete er das Interventionsbüro des KSS, das alle Vorfälle der Menschenrechtsverletzung aufnahm. Anfang 1980 gründete er das Helsinki-Komitee, eine Organisation, die die Einhaltung der KSZE-Beschlüsse überwachte. 1980–81 leitete er die Kommission für Intervention und Rechtsstaatlichkeit der Unabhängigen Gewerkschaft „Solidarność" und wurde ins Präsidium des Vorstands in der Region Masowien gewählt. Während des Kriegsrechts versteckte er sich und organisierte das im Untergrund sendende „Radio Solidarność". Dafür wurde er 1983 zu viereinhalb Jahren Gefängnis verurteilt. Seit Dezember 1986 leitete er die im Untergrund geschaffene Kommission für Intervention und Rechtsstaatlichkeit der „Solidarność". Im Juni 1989 wurde er von der Liste der „Solidarność" in den Senat gewählt und blieb Mitglied des Senats über sieben Kadenzen (bis 2011), von 2007–11 war er stellvertretender Vorsitzender (Vizemarschall) des Senats.

Rösch, Peter (1953), Deutschland

Lehre als Feinmechaniker und bis 1982 an der Universität Jena beschäftigt. 1971-1982 Mitglied der Offenen Jugendarbeit der Jungen Gemeinde Jena-Stadtmitte. In Folge des Protestes gegen die Biermann-Ausbürgerung Verhaftung und Verhöre. 1978-79 Wehrersatzdienst als „Bausoldat" in Bautzen. April 1981 Inhaftierung zusammen mit Matthias Domaschk in der Stasi-Untersuchungshaft in Gera wegen „Staatsfeindlicher Gruppenbildung", „Wehrkraftzersetzung" und „Schleusung staatsfeindlicher Nachrichten". Aktivitäten in der unabhängigen Friedensbewegung Jena und Halle, u.a. Mitarbeit am Aufruf „Abrüstung in Ost und West". 1982 Übersiedlung nach Westberlin. Aktiv in der Friedensbewegung. 1983-1989 zahlreiche Aktionen zur Unterstützung von Gruppen in der DDR. Seit 1991 aktiv in der Aufarbeitung der Stasi-Vergangenheit.

Rub, Frank (1952), Deutschland

Nachdem er 1971 der Schule verwiesen wurde, begann er die Arbeit in einer Steinmetzwerkstatt. Gleichzeitig belegte er Kunstkurse in der Abendschule, wo er Grafik und Malerei lernte. 1972 lernte er seine spätere Frau Ewa kennen. Gemeinsam mit Freunden gründeten sie einen kleinen Künstlerkreis, zu dem u.a. Luth Rathenow zählte. In der DDR gelang es ihnen, drei offizielle Ausstellungen zu organisieren. 1985 stellten beide einen Ausreiseantrag und lebten danach in Westberlin. 1991 kehrten sie nach Thüringen zurück.

Rudenko, Mykola (1920 – 2004), Ukraine

Dichter, Schriftsteller, Philosoph. Verteidiger der Menschenrechte, Kommunist aus Überzeugung. 1960 schrieb er einen offenen Brief an Nikita Chruschtschow über die Notwendigkeit politischer Reformen. In den Folgejahren schrieb er viele kritische Briefe an die Führung der KPdSU. Am 9. November 1976 erklärte er die Gründung der Ukrainischen Helsinki-Gruppe und veröffentlichte im Samsidat deren Programm; im Februar 1977 wurde er verhaftet und zu sieben Jahren Lager und fünf Jahren Verbannung für seine „verleumderischen" Werke und Äußerungen verurteilt. Seine Bücher wurden aus allen Bibliotheken der UdSSR entfernt. 1981 wurde auch seine Frau Raisa für die Verbreitung von Samisdat-Literatur verurteilt. Ihre Wohnung in Kiew wurde konfisziert. 1987 reisten sie nach Deutschland aus und später in die USA. 1990 Rückkehr in die Ukraine. Er war Gründungsmitglied der Ukrainischen Republikanischen Partei.

Ruml, Jan (1953), Tschechoslowakei
Menschenrechtsaktivist. Unterzeichner der Charta 77 und deren Sprecher. Mitgründer des „Komitees zur Verteidigung der zu Unrecht Verfolgten" (VONS). Engagiert in der polnisch-tschechoslowakischen Solidarität. Sohn des Journalisten und Dissidenten Jiři Ruml. Nach 1989 Innenminister der Tschechischen Republik.

Rybicki, Józef (1901–1986), Polen
Klassischer Philologe, Lehrer und Person des öffentlichen Lebens. Soldat in der Heimatarmee, Teilnehmer des Warschauer Aufstands. 1945 Vorsitzender des Vorstands der Vereinigung „Freiheit und Unabhängigkeit". In der Zeit des Stalinismus inhaftiert (1945-54). Er unterzeichnete 1975 den „Brief der 59", ein Protest gegen die Veränderungen in der Verfassung der Volksrepublik Polen (PRL). 1976-81 Gründungsmitglied des KOR und des Komitees zur gesellschaftlichen Selbstverteidigung KSS „KOR". Er nahm an redaktionellen Arbeiten in der Bewegung „Polnische Verständigung für Unabhängigkeit" (PPN) teil.

Šabata, Jaroslav (1927–2012), Tschechoslowakei
Politologe. In den 50er und 60er Jahren aktiv in der Reformbewegung der kommunistischen Partei. Er unterstützte den „Prager Frühling", Autor des „Kleinen Programms", das die Ziele der linken Opposition beschrieb. 1972–75 inhaftiert unter dem Vorwurf antistaatlicher Aktivitäten. Unterzeichner der Charta 77, seit 1978 deren Sprecher. Er initiierte viele Programmschriften der Charta. 1978–80 erneut inhaftiert. Im November 1989 eine der führenden Figuren der „Samtenen Revolution" in Brünn. Nach dem Umbruch u.a. Berater des Präsidenten der Slowakei.

Šabatová, Anna (1951), Tschechoslowakei
Unterzeichnerin der Charta 77 und deren Sprecherin. Während des Studiums in Brünn wurde sie festgenommen und inhaftiert für oppositionelle Tätigkeit und Verbreitung von Publikationen des Zweiten Umlaufs. 1978 war sie Mitbegründerin des Komitees zur Verteidigung zu Unrecht Verfolgter (VONS). Sie arbeitete mit polnischen Dissidenten im Rahmen der polnisch-tschechoslowakischen Solidarität zusammen, deren Sprecherin sie war. Tochter von Jaroslav Šabata, Ehefrau von Peter Uhl. Nach 1989 u.a. Beraterin des Sozial- und Arbeitsministers.

Sacharow, Andrej (1921–1989), Russland
Physiker, Publizist, Verteidiger der Menschenrechte, geistiger Führer der, sowjetischen Dissidenten. 1948-68 Mitarbeiter in geheimen Forschungsprojekten zur Entwicklung der sowjetischen Wasserstoffbombe; seit 1953 Mitglied der Akademie der Wissenschaften der UdSSR; seit Beginn der 60er Jahre protestierte er gegen Atomtests. Im Sommer 1968 wurde er aus den geheimen Forschungen zurück gezogen wegen „Illoyalität", beschäftigte sich fortan mit theoretischer Physik. In den 60er und 70er Jahren engagierte er sich für politische Gefangene, er unterzeichnete viele Protestbriefe; er nahm als Beobachter an politischen Prozessen teil, organisierte in seiner Wohnung Pressekonferenzen und gab der westlichen Presse Interviews, führte Hungerstreiks durch. 1975 erhielt er den Friedensnobelpreis; 1980–86 in Gorki interniert, wo er mit seiner Frau, Jelena Bonner, lebte und sich u.a. mit dem Verfassen von politisch-gesellschaftlichen Texten und seinen Erinnerungen beschäftigte. Im Dezember 1986 rief Gorbatschow in der Wohnung der Sacharows in Gorki an und informierte sie, dass sie nach Moskau und zu ihren „patriotischen Aufgaben" zurück kehren können.

Schtscharanski, Anatolij (Natan) (1948), Ukraine
Emigrationspolitiker, Verteidiger der Menschenrechte. 1973 stellte er einen Ausreiseantrag für Israel. Als dieser abgelehnt wurde, reagierte er durch aktives Engagement in der Bewegung der Juden, die in der UdSSR für ihr Recht auf Ausreise kämpften – sog. Refusniki. Er war Pressesprecher der Gruppe und wurde mit der Zeit zur Schlüsselfigur dieser Bewegung. Im Mai 1976 war er einer der Gründer der Moskauer Helsinki-Gruppe; er spezialisierte sich auf die Verteidigung des Rechtes auf Ausreise der Bürger der UdSSR. 1977 wurde er verhaftet und zu 13 Jahren Freiheitsentzug, davon 10 Jahre verschärftes Lagerregime, verurteilt. Das

Urteil rief eine Welle internationaler Proteste hervor. 1986 wurde er aus dem Lager nach Moskau geschickt, wo er über den Entzug der sowjetischen Staatsbürgerschaft und die Entscheidung, ihn aus dem Land zu schaffen, informiert wurde. Er wurde auf der Glienicker Brücke in einem Gefangenenaustausch in den Westen gebracht. Er ging nach Israel, wo er eine politische Karriere machte.

Solschenizyn, Alexander (1918–2008), Russland
Schriftsteller, Publizist, Enthüller des stalinistischen Terrors. Von 1941-45 kämpfte er an der Front, im Februar 1945 wurde er verhaftet für seine kritischen Bemerkungen zu Stalin in seiner privaten Korrespondenz und zu 8 Jahren Lagerhaft verurteilt, von 1953-56 in der Verbannung; 1957 rehabilitiert; 1962 schriftstellerisches Debüt mit der Erzählung „Ein Tag im Leben des Iwan Denissowitsch". In den 60er Jahren wurden seine Werke durch die Zensur verworfen und seitdem publizierte er im Samisdat oder im Westen. Im Mai 1967 schrieb er einen offenen Brief an den Schriftstellerkongress der UdSSR zum Thema Zensur. 1969 wurde er aus dem Schriftstellerverband verwiesen, 1970 erhielt er den Nobelpreis für Literatur; 1973 requirierte der KGB das Manuskript seines „konspirativsten" Buches, des dreibändigen Archipel Gulag, an dem er seit 1964 geschrieben hatte. Ein weiteres Exemplar des Textes konnte in den Westen geschmuggelt werden, wo es als Buch erschien. 1974 Aberkennung der sowjetischen Staatsbürgerschaft und Abschiebung in den Westen; er siedelte sich in der Schweiz und später in den USA an. 1994 kehrte er aus seinem Exil zurück nach Russland und wurde zum geistiger Führer der orthodox-nationalen Bewegung.

Steinsbergowa, Aniela (1896–1988), Polen
Juristin. Rechtsanwältin in politischen Prozessen, Aktivistin in der sozialistischen Bewegung. Eine der ersten Frauen in Polen in diesem Beruf, in der Zwischenkriegszeit verteidigte sie Kommunisten und Arbeiter. Während des Krieges Mitarbeit im Rat für Judenhilfe „Żegota", gleich nach dem Krieg Verteidigerin von Soldaten der Heimatarmee. In den 60er Jahren Mitglied des „Klubs des Krummen Rades", sie verteidigte Studenten, die nach dem März 1968 verhaftet wurden; Unterzeichnerin zahlreicher Protestbriefe der demokratischen Opposition, eine der Gründerinnen des Komitees zum Schutz der Arbeiter KOR, dem späteren Komitee zur Gesellschaftlichen Selbstverteidigung KSS „KOR".

Stomma, Stanisław (1908–2005), Polen
Jurist, Publizist, Politiker, Befürvorworter des deutsch-polnischen Dialogs. Langjähriger Redakteur und Publizist der katholischen Zeitschriften „Tygodnik Powszechny" und „Znak". 1957-76 Vorsitzender der Abgeordneten-Gruppe „Znak" im polnischen Parlament (Sejm). 1968 gemeinsam mit vier weiteren Mitgliedern der Gruppe legte er dem Präsidium des Sejm eine Anfrage zur Verteidigung der verhafteten Studenten vor. 1976 stimmte er als einziger Abgeordneter im Sejm gegen die politisch motivierten Veränderungen in der Verfassung (er enthielt sich der Stimme). Dafür wurde er in der nächsten Kadenz aus der Kandidatenliste für den Sejm ausgeschlossen. Er nahm an den Beratungen des Runden Tisch auf der Seite der Opposition teil. Am 4. Juli 1989 saß er als Senior-Vorsitzender (Marschall) der konstitutierenden Sitzung der 1. Kadenz des Senats vor.

Sulik, Bolesław (1929–2012), Polen
Journalist, Filmemacher; Seit 1946 lebte er in Großbritannien, arbeitete u.a. mit dem Radio Free Europe und der Pariser „Kultura" zusammen. 1991 kehrte er nach Polen zurück. Im April 1993 wurde er auf Empfehlung der „Demokratischen Union" in den Landesrat für Rundfunk und Fernsehen gewählt, dessen Vorsitzender er von 1995-99 war.

Svarinskas, Alfonsas (1925), Litauen
Katholischer Geistlicher. Im Widerstand gegen die sowjetische Herrschaft in Litauen nach dem Zweiten Weltkrieg kämpfte er viele Jahre für die Rechte der Gläubigen. 1946 nahm er Kontakt zu antisowjetischen Partisanen auf, wurde verhaftet und zu 10 Jahren Lager und 5 Jahren Entzug der Staatsbürgerrechte verurteilt. 1958 erneut verhaftet für den Besitz von „antisowjetischer Literatur" und zu 6 Jahren Lagerhaft verurteilt. 1972 beteiligte er sich aktiv an der Herausgabe der „Chronik der Katholischen Kirche in Litauen" und war einer der Initiatoren und Mitbegründer des Katho-

lischen Komitees zum Schutz der Rechte der Gläubigen. 1983 erneut verhaftet, zu 7 Jahren Lager und 3 Jahren Verbannung verurteilt. 1991 war er u.a. Militärgeistlicher der Litauischen Armee. 1992 verlieh Papst Johannes Paul II ihm den Ehrentitel *monsignore*.

Tamkevicius, Juozas Sigitas (1938), Litauen
Katholischer Geistlicher, Herausgeber der „Chronik der Katholischen Kirche Litauens". Die Priesterweihen erhielt er 1962. Er nahm Kontakt zu Moskauer Dissidenten auf, gab Informationen über Menschenrechtsverletzungen in Litauen an die „Chronik der laufenden Ereignisse" weiter. Im November 1978 war er Mitgründer des Katholischen Komitees zur Verteidigung der Rechte der Gläubigen, das im Samisdat 52 Dokumente über die Situation der Gläubigen in der UdSSR herausgab. 1983 wurde er zu 7 Jahren Lager und 4 Jahren Verbannung nach Sibirien verurteilt. Im November 1988 wurde er als einer der letzten litauischen politischen Häftlinge befreit. Heute ist er Erzbischof – Metropolit in Kowno.

Tichyj, Oleks (1927–1984), Ukraine
Lehrer, Autor im Samisdat, Verteidiger der Menschenrechte. 1957 verhaftet für einen offenen Brief an das Zentralkomitee der KPdSU, in dem er u.a. gegen die sowjetische Besatzung Ungarns protestiert hatte. Er wurde zu 7 Jahren Lager und 5 Jahren Entzug bürgerlicher Rechte verurteilt. Nach Abbüßen seiner Strafe konnte er nicht mehr Lehrer sein, er arbeitete physisch. Im Samisdat veröffentlichte er Texte und kümmerte sich um die Verbreitung der Samisdat-Drucke. Im November 1976 war er einer der Gründer der Ukrainischen Helsinki-Gruppe. Im Februar 1977 wurde er erneut verhaftet und für „antisojwetische Agitation und Propaganda" angeklagt, zu 10 Jahren verschärftem Lagerregime und 5 Jahren Verbannung verurteilt. Im Lager nahm er an Protestaktionen der politischen Häftlinge teil, u.a. Hungerstreiks, die seinen Organismus auszehrten. 1980 wurde in die Permer Lager verlegt, wo sein Gesundheitszustand sich schnell verschlechterte, er starb am 6. Mai 1984 im Gefängnisspital.

Tischner, Józef (1931–2000), Polen
Katholischer Geistlicher, christlicher Philosoph. Seine Predigt im Oktober 1980 auf dem Wawel während der Messe für die Gewerkschaftsführer war der Anfang einer Reihe von Texten, die er in der Wochenzeitung „Tygodnik Powszechny" veröffentlichte und die später unter dem Titel „Ethik der Solidadrität" herausgegeben wurden. Er reflektierte in seinen Texten die ethische Dimension der damaligen Ereignisse in Polen. Seine auf dem „Solidarność"-Kongress in Danzig 1981 gehaltene Predigt wird als eines der offiziellen Gewerkschafts-Dokumente angesehen. Johannes Paul II zitierte in seiner Predigt in Danzig 1987 Texte von Tischner als Aussagen, die am besten die Wahrheit über die „Solidarnosc" wieder geben.

Tschukowska, Lidia (1907–1996), Russland
Schriftstellerin, Publizistin im Samisdat. 1966 Autorin einer der ersten offenen Briefe zur Verteidigung der verfolgten Schriftsteller Daniel und Siniawski, ebenso trat sie zur Verteidigung von Alexander Solschenizyn auf; viele Jahre lang unterstützte sie die Menschenrechtsbewegung in der Sowjetunion.

Turowicz, Jerzy (1912–1999), Polen
Publizist, Schriftsteller. 1945-53 sowie 1956-99 Chefredakteur der Wochenzeitung „Tygodnik Powszechny" („Allgemeines Wochenblatt"), langjähriges Redaktionsmitglied der Monatszeitschrift „Znak". Engagiert in den Klubs der Katholischen Intelligenz. Unterzeichner zahlreicher Protestbriefe der polnischen Opposition. Führende Autorität der aufgeschlossenen, konziltreuen gesellschaftlich engagierten Strömung des polnischen Katholizismus. 1994 erhielt er zusammen mit Marion Gräfin Dönhoff den Deutsch-Polnischen Preis.

Uhl, Petr (1941), Tschechoslowakei
Maschinenbauingeniuer, Journalist. In Folge des „Prager Frühling" und seines politischen Engagements zu 4 Jahren Gefängnis verurteilt. Mitglied der Charta 77 und Herausgeber des „Informationsbulletins", Mitbegründer des „Komitees zur Verteidigung zu Unrecht Verfolgter" (VONS), wofür er erneut inhaftiert wurde. Engagiert in der Polnisch-Tschechoslowakischen Solidarität. Nach 1989 im Bürgerforum, Mitglied des Föderalen Parlamentes, später Beauftragter der tschechischen Regierung für Menschenrechte.

Vaculík, Ludvík (1926), Tschechoslowakei
Schriftsteller, Publizist. Im Juni 1968 schrieb er das politische Manifest „Zweitausend Wörter", in dem er das Reformtepo in der Tschechoslowakei kritisierte. Er wurde aus der KPCz ausgeschlossen und konnte nicht mehr in seinem Beruf arbeiten. In den 70er Jahren veröffentlichte er im Zweiten Umlauf, da er offiziell mit Publikationsverbot belegt war. 1972 gründete er den unabhängigen Verlag Petlice. Er war einer der Unterzeichner der Charta 77.

Venclova, Tomas (1937), Litauen
Lyriker, Essaist, Literaturwissenschaftler, Übersetzer, Verteidiger der Menschenrechte. 1957 gab er seine ersten Texte heraus, in den 60er Jahren veröffentlichte er in offiziellen Verlagen und gleichzeitig im Samisdat. Er unterschrieb Petitionen zur Verteidigung von politischen Häftlingen. 1975 verfaßte er einen offenen Brief an die Kommunistische Partei Litauens, in dem er die kommunistische Ideologie verwarf und um Ausreisegenehmigung bat. Im Herbst 1976 war er Mitbegründer der Litauischen Helsinki-Gruppe. Im Januar 1977 wurde ihm angeboten, innerhalb eines Monats die UdSSR zu verlassen, er ging in die USA und im Juni wurde ihm die sowjetische Staatsbürgerschaft abgesprochen. Er bekam politisches Asyl in den USA, lehrte an der Universität Berkeley, aktuell ist er Professor an der Universität Yale.

Vondra, Alekxandr (Saša)
(1961), Tschechoslowakei
Studium der Geographie, Arbeit im Museum, Herausgeber von Schriften im Zweiten Umlauf. 1987 unterzeichnete er die Charta 77 und wurde ihr Sprecher. Für 2 Monate verhaftet. Einer der Gründer des Bürgerforums im Jahr 1989. Später Berater des Präsidenten in Fragen der Außenpolitik, später Außenminister und Vizepremier für europäische Angelegenheiten.

Walentynowicz, Anna (1929–2010), Polen
Seit 1950 Schweißerin und Kranführerin in der Danziger Werft. 1968 entlassen, nachdem sie für die Rechte der Arbeiter eingetreten war. 1978 aktiv in den freien Gewerkschaften der Küstenstädte. Für ihre oppositionelle Tätigkeit im August 1980 disziplinarisch entlassen, einige Monate vor ihrer Rente. Diese Entscheidung der Direktion führte zur Ausrufung des Streiks in der Danziger Werft am 14. August, daraufhin wurde sie wieder eingestellt. Während des Kriegsrechts interniert, zwei Mal verhaftet und vielmals für 48 Stunden fest genommen. Sie kam bei der Flugzeugkatastrophe in Smolensk am 10. Mai 2010 ums Leben.

Wałęsa, Lech (1943), Polen
Arbeiter, Elektriker, Gewerkschaftsführer, Politiker. 1970 einer der Streikführer auf der Danziger Werft. 1976 für seine öffentliche Kritik an den konzessionierten Gewerkschaftsorganisationen aus der Arbeit entlassen. Ab 1978 Funktionär der „Freien Gewerkschaftsverbände der Küste", danach Mitarbeiter und Redaktionsmitglied der Arbeiter-Zeitung „Robotnik". Aktiv im Komitee zur Gesellschaftlichen Selbstverteidigung KSS „KOR"; 1980 Anführer des bahnbrechenden Streiks auf der Danziger Werft. 1980–90 Anführer der unabhängigen selbstverwalteten Gewerkschaft „Solidarność". Nach Einführung des Kriegsrechts wurde er interniert, später stand er unter ständiger polizeilicher Aufsicht. 1983 Friedensnobelpreis. 1989 Co-Autor der Vereinbarungen des Runden Tisches. 1990–95 Staatspräsident von Polen.

Woźniakowski, Jacek (1920), Polen
Kunsthistoriker und Publizist, engagierter katholischer Laie. Während des 2. Weltkrieges Soldat in der Heimatarmee; langjähriges Redaktionsmitglied des „Tygodnik Powszechny". 1957–59 Chefredakteur der Monatsschrift „Znak" („Zeichen"). 1953–90 Dozent an der Katholischen Universität in Lublin. Mitglied in der Gesellschaft für Wissenschaftliche Kurse (TKN), Mitarbeit in der Bewegung „Polnischen Verständigung für Unabhängigkeit" (PPN).

Wyszyński, Stefan (1901–1981), Polen
Katholischer Geistlicher. 1924 wurde er zum Priester geweiht. Vor dem Krieg war er u.a. in Arbeiterorganisationen aktiv. Während des Krieges Militärseelsorger der Heimatarmee. 1946 wurde er in Lublin zum Bischof geweiht, bevor ihn Papst Pius XII. 1948 zum Metropoliten von Gnesen/Gniezno und Warschau sowie zum Oberhaupt der Römisch-Katholischen Kirche in Polen (Primas) ernannte. Er setzte sich gegen die Diskriminierung der

Gläubigen im öffentlichen Leben und die zwangsweise Atheisierung der Gesellschaft ein. Im Rahmen der Repressionen des Staatsapparates gegen die Kirche wurde Kardinal Wyszyński im September 1953 verhaftet. Bis zum Oktober 1956 an verschiedenen Orten in Isolationshaft. 1965 einer der Initiatoren des Briefes des polnischen an die deutschen Bischöfe. 1980–81 vermittelte er in den Gesprächen zwischen der Regierung und der „Solidarność", in der er eine Chance für die Demokratisierung des gesellschaftlichen Lebens und die Eigenständigkeit der Nation erkannte.

Zawadzki, Wacław (1899–1978), Polen
Historiker, Bibliophiler, aktiv in der Polnischen Sozialistischen Partei (PPS). Während des 2. Weltkrieges organisierte er geheimen Unterricht im Warschauer Ghetto. Nach dem Krieg war er Direktor der Verlagsgenossenschaft „Wiedza" (Wissen). Er wurde aus der PVAP ausgeschlossen für einen Brief zur Verteidigung von Leszek Kołakowski. Einer der Unterzeichner des „Briefes der 59" gegen die Veränderungen in der Verfassung. Mitglied des KOR und des Komitee zur Gesellschaftlichen Selbstverteidigung KSS „KOR".

Zdebskis, Jouzas (1929–1986), Litauen
Pristerweihe im September 1952; er reiste als Missionar in entlegene Gebiete der UdSSR, wo er den nach dort deportierten zahlreichen litauischen Häftlingen und Verbannten insgeheim als Seelsorger diente und ihnen Post- und Geldsendungen zukommen ließ. Mitbegründer und Mitarbeiter der „Chronik der Katholischen Kirche in Litauen". 1971 einer der Gründer und Dozenten des geheimen theologischen Seminars im Untergrund. Im August 1971 wurde er verhaftet und zu einem Jahr Freiheitsstrafe verurteilt. Tausende Gläubige stellten sich hinter den populären Geistlichen. Am 13. November 1978 gründete Zdebskis zusammen mit den Priestern Sigitas Tamkevičius und Alfonsas Svarinskas das Katholische Komitee zum Schutz der Rechte der Gläubigen und verfasste den Großteil seiner 52 Erklärungen. 1986 kam er bei einem Autounfall ums Leben.

Impressum der Ausstellung *In der Wahrheit leben* im Schloss in Kreisau

Eine Ausstellung der Stiftung Kreisau für Europäische Verständigung

Konzeption und Realisierung:
Kreisau-Initiative Berlin,
Ośrodek KARTA Warszawa

Projektleitung:
Ludwig Mehlhorn

Autoren:
Katarzyna Madoń-Mitzner,
Ludwig Mehlhorn

Mitarbeit:
Fritz Delp, Tomasz Gleb,
Zbigniew Gluza

Grafische Konzeption:
Danuta Błahut-Biegańska

Grafische Gestaltung:
Agnieszka Kanafa

Fotobearbeitung:
Piotr Kanafa

Arrangement und Projektierung des Ausstellungssystems:
Andrzej Kabat, Stanisław Sasak

Unter Nutzung von Fotos und Dokumenten aus folgenden Quellen:

NIPC „Memoriał"–Moskwa, Lietuvos Gyventoju ir Rezistencijos Tyrimo Centras–Wilno, zbiory Ośrodka KARTA, Polska Agencja Prasowa – Warszawa, NAF „Dementi"–Wrocław, PAI-Expo–Warszawa, Libri Prohibiti–Praga, Charkowska Grupa Obrony Praw Człowieka, archiwum „Russkoj Mysli"–Paryż, archiwum „Tygodnika Powszechnego"–Kraków, Archiwum Zarządu Kanału Białomorskiego–Miedwieżegorsk, Wytwórnia Filmów Dokumentalnych i Fabularnych –Warszawa, archiwum Ministerstwa Spraw Wewnętrznych i Administracji–Warszawa, archiwum Solidarności Polsko-Czesko-Słowackiej –Wrocław, archiwum Fundacji „Pomost"–Radom, archiwum Zgromadzenia Sióstr Urszulanek SJK-Szarych–Warszawa, archiwum Zgromadzenia Sióstr Franciszkanek Służebnic Krzyża–Laski k/Warszawy, Gedenkstätte Deutscher Widerstand Berlin, Bundesarchiv Koblenz, Deutsches Historisches Museum Berlin, Chronos Film GmbH Kleinmachnow, Bildarchiv Preußischer Kulturbesitz Berlin, Landes-bildstelle Berlin, Havemann-Archiv Berlin, Charta 77-Archiv Schein-feld, Matthias-Domaschk-Archiv Berlin, Weiße Rose Stiftung München.

Privatarchive sowie der Autoren:

Tomasz Abramowicz, Bernd und Liane Albrecht, Jerzy Baranowski, Jiří Bednař, Anna Biała, Maciej Billewicz, Romuald Broniarek, Erazm Ciołek, Maria und Wolfgang Diete, Wojciech Druszcz, Anatolij Garanin, Joe Heydecker, Marcin Jabłoński, Stanisław Jakubowski, Aleksander Jałosiński, Tomasz Kizny, Wojciech Kryński, Janusz Krzyżewski, Jacek Kucharczyk, Hans-Helmut Kurz, Ivan Kyncl, Leszek Łożyński, Zbigniew Matuszewski, Tomasz Michalak, Mariusz Olczyk, Jewgenij Pawłow, Bartosz Pietrzak, Jaroslav Svestka, Teodor Walczak.

Kreisau, Juni 1998

Die Ausstellung wurde durch Mittel der Robert Bosch Stiftung ermöglicht.

Weitere Förderer:
ZEIT-Stiftung
Ebelin und Gerd Bucerius, Hamburg
Konrad-Adenauer-Stiftung
Heinrich-Böll-Stiftung
National Endowment for Democracy (USA).

Bildnachweis

Archiv der Bibliothek von Václav Havel (Archiv Knihovny Václava Havla)

AJT – Archiv Jerzy Turowicz

AM – Archiv Monacenses München

ARL – Archiv der Familie Lipski

ATP – Archiv der Wochenzeitung „Tygodnik Powszechny"

AZNL – Archiv der Blindenwerkstatt in Laski (Archiwum Zakładu dla Niewidomych w Laskach)

AZSU – Archiv des Ursuliner-Ordens (Archivum Zgromadzenia Sióstr Urszulanek)

BAK – Bundesarchiv Koblenz

BBF/DIPF/ARA – Bibliothek für Bildungsgeschichtliche Forschung des Deutschen Instituts für Internationale Pädagogische Forschung, Bestand des Adolf-Reichwein-Archivs

BPK – Bildarchiv Preussischer Kulturbesitz

CPAKDK – Zentrales Staatsarchiv Kino-Foto-Fono Dokumente in Krasnogorsk

DHM – Deutsches Historisches Museum

FORUM – Polnische Agentur für Fotographie FORUM

FOTONOVA – Presseagentur FOTONOVA

GDW – Gedenkstätte Deutscher Widerstand

IPN – Institut für Nationales Gedenken (Instytut Pamięci Narodowej)

IPA/OK – International Press Agency/Zentrum Karta

LAS – Litauische Spezialarchive (Lietuvos Ypatingasis Archyvas)

LB – Landesarchiv Berlin

LCBL – Litauisches Zentrum für Genozid-Forschung
(Lietuvos gyventojų genocido ir rezistencijos tyrimo centras)

LKA Stuttgart – Evangelisches Landeskirchenamt Stuttgart

LP – Libri Prohibiti in Prag

MDA – Matthias-Domaschk-Archiv /Robert-Havemann-Gesellschaft

Memorial – Archiv Gesellschaft Memorial e.V., Moskau

NAF Dementi – Unabhängige Fotoagentur Dementi

Nationalarchiv in Prag (Narodnyj Archiv)

OK – Zentrum Karta, Warschau (Ośrodek KARTA)

PAP/CAF – Polnische Presseagentur (Polska Agencja Prasowa)

PBvM – Privatbesitz Familie von Moltke

PBP – Privatbesitz Familie Poelchau

PBCvT – Privatbesitz Clarita von Trott zu Solz

PBD – Privatbesitz Familie Delp

PBG – Privatbesitz Eugen Gerstenmaier

PBR – Privatbesitz Familie Reichwein

PBSaS – Privatbesitz Saskia Steltzer

PBYvW – Privatbesitz Familie Yorck von Wartenburg

RHG – Robert-Havemann-Gesellschaft

WFDiF – Dokumentations- und Spielfilmstudio (Wytwórnia Filmów Dokumentalnych i Fabularnych)

ZNiO – Nationalbibliothek Ossolineum (Zakład Narodowy im. Ossolińskich)